"大国三农"系列规划教材

普通高等教育"十四五"规划教材

# 土地管理学

第3版

朱道林◎主　编
艾　东　吴克宁　吴顺辉◎副主编

Land Administration

中国农业大学出版社
China Agricultural University Press
·北京·

## 内 容 简 介

全书共分 15 章，包括土地管理基础理论和土地管理实践两大部分。1～6 章为土地管理基础理论部分，主要从土地管理的概念、学科体系、基本理论、历史演变、管理体制和管理政策等方面重点介绍有关基本概念、基本知识和基本原理；7～15 章重点围绕我国土地管理实践，介绍了土地权籍管理、土地规划管理、土地保护管理、土地征收与储备管理、土地供应管理、土地市场管理、农村土地管理及自然资源执法与督察等基本内容，最后对部分国家的土地管理进行了比较借鉴，重在介绍有关基本知识。本书主要作为土地资源管理专业、土地整治工程专业、土地科学与技术专业、自然资源登记与管理专业本科生的专业课“土地管理学”或“土地管理概论”的教材，一般设计 48 学时，3 学分。部分高校开设的“土地管理概论”和“建设用地管理”等课程，均可选用本教材。

**图书在版编目(CIP)数据**

土地管理学 / 朱道林主编. --3 版. —北京：中国农业大学出版社，2022.6(2025.5 重印)
ISBN 978-7-5655-2779-1

Ⅰ.①土…　Ⅱ.①朱…　Ⅲ.①土地管理-高等学校-教材　Ⅳ.①F301.2

中国版本图书馆 CIP 数据核字(2022)第 086291 号

**书　　名**　土地管理学　第 3 版
**作　　者**　朱道林　主编

**策划编辑**　梁爱荣　　**责任编辑**　韩元凤
**封面设计**　李尘工作室
**出版发行**　中国农业大学出版社
**社　　址**　北京市海淀区圆明园西路 2 号　　**邮政编码**　100193
**电　　话**　发行部 010-62733489，1190　　读者服务部 010-62732336
编辑部 010-62732617，2618　　出　版　部 010-62733440
**网　　址**　http://www.www.caupress.cn　　**E-mail** cbsszs@cau.edu.cn
**经　　销**　新华书店
**印　　刷**　涿州市星河印刷有限公司
**版　　次**　2022 年 8 月第 3 版　2025 年 5 月第 3 次印刷
**规　　格**　185 mm×260 mm　16 开本　21.25 印张　530 千字
**定　　价**　66.00 元

# 第3版编写人员


**主　　编**　朱道林

**副 主 编**　艾　东　吴克宁　吴顺辉

**编写人员**　（按姓氏笔画顺序排列）

丁　一　山西农业大学
王兆林　重庆工商大学
王承武　新疆农业大学
艾　东　中国农业大学
冯　喆　中国地质大学（北京）
朱道林　中国农业大学
吴克宁　中国地质大学（北京）
吴顺辉　华南农业大学
邵战林　新疆农业大学
张立新　中国农业大学
张贵军　河北农业大学
张惜伟　内蒙古师范大学
姜洪涛　内蒙古师范大学

# 第2版编写人员


**主　　编**　朱道林

**副 主 编**　艾　东　吴克宁　吴顺辉

**编写人员**　（按姓氏笔画顺序排列）

丁　一　山西农业大学
尹　君　河北农业大学
王承武　新疆农业大学
艾　东　中国农业大学
朱道林　中国农业大学
苏根成　内蒙古师范大学
李新举　山东农业大学
吴克宁　中国地质大学（北京）
吴顺辉　华南农业大学
邵战林　新疆农业大学
张月娥　贵州财经大学
张惜伟　内蒙古师范大学

# 第1版编写人员


**主　　编**　朱道林

**副 主 编**　师学义　尹　君　吴顺辉

**编写人员**　（按姓氏笔画顺序排列）

丰　雷　中国人民大学
尹　君　河北农业大学
艾　东　中国农业大学
朱道林　中国农业大学
师学义　山西农业大学
苏根成　内蒙古师范大学
李新举　山东农业大学
吴顺辉　华南农业大学
张惜伟　内蒙古师范大学
陈笑媛　贵州大学
赵艳玲　中国矿业大学

# 第3版前言

本书第3版修订，延续第2版篇章结构，在具体内容上进行了较大调整。此次修订，一是适应新时代土地管理发展的要求，调整与完善了在生态文明建设背景和自然资源管理体系下土地管理理念与内容的变化。二是适应修订后的《土地管理法》的要求，调整与完善了有关依法管理和审批管理的内容。三是适应现代管理理念的变化，突出基于公共管理的土地管理方式与方法。

2022年10月16日，习近平总书记在中国共产党第二十次全国代表大会上的报告中进一步强调指出：教育是国之大计、党之大计。培养什么人、怎样培养人、为谁培养人是教育的根本问题。坚持为党育人、为国育才。育人的根本在于立德。全面贯彻党的教育方针，落实立德树人根本任务，培养德智体美劳全面发展的社会主义建设者和接班人。为更好宣传贯彻党的二十大精神，结合课程教学进一步提高广大师生思想认识水平，基于本课程覆盖内容广、基础性强的特点，本次重印在相应章节（第1章、第2章、第5章、第8章、第9章、第12章、13章、14章）章前导读或本章小结部分结合教学内容融入了推动绿色发展，促进人与自然和谐共生；实施科教兴国战略，强化现代化建设人才支撑；坚持全面依法治国，推进法治中国建设，扎实推进依法行政；加快构建新发展格局，着力推动高质量发展，促进区域协调发展；全面推进乡村振兴；构建高水平社会主义市场经济体制等内容，希望各位老师、学生在使用本教材时结合实际进一步深入学习贯彻党的二十大精神，把立德树人和立志成才贯穿整个教学与学习过程。

本书第3版继续由朱道林主编，艾东、吴克宁、吴顺辉担任副主编，各章编写者分别为：第一、第二、第三章朱道林，第四章张立新，第五章王承武，第六章邵战林，第七章姜洪涛，第八章艾东，第九章丁一，第十章冯喆，第十一章张贵军，第十二章张惜伟，第十三章王兆林，第十四章吴克宁，第十五章吴顺辉。

土地管理，无论是学科研究还是实践工作，都处于快速发展时期，愿本书能为发展中的土地管理事业及其人才培养提供支撑，也诚望得到各界同仁的批评与指正。

**编　者**

2023年5月

# 第3版前言

# 第 2 版前言

土地作为稀缺资源，在任何经济社会，既是重要的生产要素之一，又是重要的资产。其投入到人类利用过程中首先涉及的是经济关系，任何经济主体均会自主追求土地利用的高经济效益，但土地作为公共资源，如何保证其利用过程中的社会效益和生态效益，在社会效益和生态效益与经济效益发生矛盾时如何进行协调，如何保证我们整个人类所共有的土地资源有效、合理以及可持续地利用，这就需要社会控制，需要政府从社会的角度和整个人类的角度，对土地利用过程以及由此所产生的人与人之间的社会经济关系进行干预——这就是土地管理。土地管理学正是研究土地管理客观规律的学科，并利用所探索的规律和规则，规范土地管理实践，提高土地管理效率。

20 世纪 80 年代以来，我国土地管理事业发展迅速，社会经济发展对土地资源的需求日益膨胀，由稀缺的土地资源所引起的社会经济矛盾也日益尖锐。尤其我国目前正处于社会经济转型和快速发展时期，土地资源的配置方式、经济关系等不断发生巨变，政府在社会经济发展中的地位、管理职能与方式也在不断转变，这些均是新时期的土地管理所必须要研究的课题。

本书定位为土地资源管理专业本科学生学习的基础教材，力求重点介绍土地管理的基本知识、基本原理和基本方法，并依据我国土地管理实践的要求，介绍土地管理实践的具体内容和方法，探索有效管理的途径。本书 2007 年出版第 1 版，得到各相关高校和实践单位的广泛使用。近 10 年土地管理实践发生了很多变化，土地管理研究新成果不断涌现，为使教材内容得到及时更新，我们组织修订出版第 2 版。修订以后，全书共分 15 章，包括两大部分内容。前 7 章为土地管理基础理论部分，主要从土地管理的概念、学科体系、基本理论、历史发展、管理体制和管理政策等方面重点介绍有关基本概念、基本知识和基本原理；后 8 章重点围绕我国土地管理实践，介绍了土地权籍管理、土地规划管理、土地保护管理、土地征收与储备管理、土地供应管理、土地市场管理、农村土地管理及土地监察与督察等基本内容，最后对各国(地区)土地管理进行比较借鉴，重在介绍有关基本知识。本书主要作为土地资源管理专业本科生专业课“土地管理学”或“土地管理概论”的教材，一般设计 48 学时，3 学分。部分高校同时开设“土地管理概论”和“建设用地管理”两门课程，均可选用本教材。

本书由朱道林主编，各章编写者分别为：第一、第二、第三章朱道林，第四章尹君，第五章王承武，第六章邵战林，第七章苏根成，第八章艾东、张惜伟，第九章丁一，第十、第十五章吴顺辉，第十一章李新举，第十二章张惜伟，第十三章张月娥，第十四章吴克宁。

由于知识、时间所限，书中错误、缺失与疏漏之处在所难免，我们竭诚希望广大读者给予批评指正。

**编　者**

2016 年 8 月

# 第1版前言

土地作为稀缺资源，在任何经济社会，既是重要的生产要素之一，又是重要的资产。其投入到人类利用过程中首先涉及的是经济关系，任何经济主体均会自主追求土地利用的高经济效益，但土地作为公共资源如何保证其利用过程中的社会效益和生态效益，在社会效益和生态效益与经济效益发生矛盾时如何进行协调，如何保证我们整个人类所共有的土地资源有效、合理以及可持续地利用，这就需要社会控制，需要政府从社会的角度和整个人类的角度，对土地利用过程以及由此所产生的人与人之间的社会经济关系进行干预——这就是土地管理。因此，土地管理学从学科属性上属于公共管理范畴。

20世纪80年代以来，我国土地管理事业发展迅速，社会经济发展对土地资源的需求日益膨胀，由稀缺的土地资源所引起的社会经济矛盾也日益尖锐。尤其我国目前正处于社会经济转型期，土地资源的配置方式、经济关系等发生了巨大变化，政府在社会经济发展中的地位、管理职能与方式也需要转变，这些均是新时期的土地管理所必须要研究的课题。

本书定位为土地资源管理专业本科学生学习的基础教材，力求重点介绍土地管理的基本知识、基本原理和基本方法，并依据我国土地管理实践的要求介绍土地管理的具体内容和方法，探索有效管理的途径。全书共分16章，包括2大部分内容。前8章为土地管理基础理论部分，主要从土地管理的概念、学科体系、基本理论、历史发展、管理体制和管理政策等方面重点介绍有关基本概念、基本知识和基本原理；后8章重点围绕我国土地管理实践，介绍了建设用地管理、耕地保护管理、征地管理、土地市场管理及农村土地管理等基本内容，最后对各国(地区)土地管理进行比较借鉴，重在介绍有关基本知识。本书主要作为土地资源管理专业本科生专业课"土地管理学"或"土地管理概论"的教材，一般设计48学时，3学分。部分高校同时开设"土地管理概论"和"建设用地管理"两门课程，均可选用本教材。

本书由朱道林主编，各章编写分工为：第一、第四章由朱道林编写，第二章由陈笑媛编写，第三章由苏根成编写，第五、第十五章由尹君编写，第六、第七章由师学义编写，第八章由丰雷编写，第九章由李新举、艾东编写，第十章由艾东、牟丽明编写，第十一章由赵艳玲编写，第十二、第十六章由吴顺辉编写，第十三、第十四章由张惜伟编写。

由于知识、时间所限，书中错误、缺失与疏漏之处在所难免，我们竭诚希望广大读者给予批评指正。

**编　者**

2007年6月

# 目　录

# 第一章　绪　　论

土地作为自然资源，在投入人类利用过程中又成为重要的资产，作为重要的生产要素之一，在人类生产生活中起着重要的基础性作用。因此，人类必须合理利用土地以满足可持续发展的要求，并基于可持续发展的目标实施对土地的管理，牢固树立和践行绿水青山就是金山银山的理念，站在人与自然和谐共生的高度谋划发展。本章在介绍土地的概念、特性的基础上，阐述土地管理的概念、对象、特性、原则、内容体系及方法。

## 第一节　土地的概念与特性

### 一、土地的概念

土地，最直接的解释是地球表层的陆地部分。但是随着社会生产力的发展、科学技术的进步和人类与土地的关系越来越密切，人们对土地的认识和理解也逐步深入和宽广。土地，是由气候、地貌、岩石、土壤、植被、水文、基础地质以及人类活动的种种结果组成的自然经济综合体。

首先，土地是自然的产物，但在人类的利用中又会产生经济结果。土地是自然存在的，不是人类劳动的产物，但在人类利用过程中会产生一系列的社会、经济结果，如产生经济收益、居住的舒适和安逸、改善自然景观等。因此，自从有人类活动以来，都在不断地改造和利用土地，人类的发展历史也是一部土地利用与管理的历史。

其次，土地既是资源，又是资产。土地是一种自然资源，地球表层是一个深厚、宽广、博大的自然资源库，包括气候资源、水资源、生物资源、矿产资源和土地资源等，土地资源是其重要的组成部分，同时构成其他资源的载体。随着土地资源进入人类的社会、经济活动领域，又形成一种重要的资产，这是由于土地作为生产要素在参与生产过程中会创造经济价值，与其他生产要素会产生损耗不同，土地利用过程并不产生磨灭，能够持续利用，因而具有集聚财富的功能，进而在持续利用过程中形成土地资产，并由于土地位置固定通常称为“不动产”。

最后，土地虽然以实物形态存在，但又依赖于产权。尤其是土地作为资产进入社会经济领域，由于它是一种不能移动的财产（不动产），其进行买卖、租赁，甚至利用过程中，都需要有明确的产权关系，因此从这一角度来说，土地产权关系是土地的重要构成部分之一。

#### （一）土地与土壤、国土、土地资源的区别

土地和土壤不是一个概念。土壤是指地球陆地表面具有肥力、能够生长植物的疏松表层。土地的含义要比土壤广泛得多。土壤只是土地表层的附属物，人力可以搬动土壤，却无法搬动

土地。

土地和国土，严格地说也不是一个概念。国土是指一国主权管辖内的版图，就其广义而言，包括一国的陆地、河流、湖泊、内海、领海、大陆架以及它的下层和上空。所以，就国土资源而言，它包括土地资源、生物资源、气候资源、水资源、矿产资源、海洋资源、旅游资源等。其中，土地资源是国土资源的重要组成部分。

土地和土地资源也是有区别的。土地资源是指土地总量中，现在和可预见的未来能为人类所利用，用以创造财富、产生经济价值的这部分土地。目前人们还很难断定，哪部分土地是绝对不能利用，不能为人类创造财富，绝对无经济价值的。所以，土地和土地资源在习惯上往往是通用的。

#### (二)土地管理中准确界定土地概念的重要性

我国的土地管理属于政府管理性质，即是由政府组织成立土地管理机构，为实现一定区域内的土地资源合理配置和有序利用所进行的管理活动。因此，土地管理属于行政管理性质，其管理依据是一定的法律和政策规定，在管理实践中要求必须准确界定土地的外延和内涵。

(1)土地概念的空间范围　众所周知，土地资源条件具有区域差异，因此土地又是一个区域和空间概念。但这里所谓的土地概念的空间范围，主要是指在土地管理实践中要准确界定土地的四至范围和上下空间，如在不动产登记过程中需采用文字及图示(宗地图、界址点图)等方式准确说明宗地的四至范围，涉及地下空间利用的需准确界定地上、地下空间的权属关系，地上的通行、采光关系等。

(2)土地概念的产权界定　作为资源，土地是一定的实物；但作为资产，土地产权关系就具有重要的作用。因此，从财产的角度，土地的概念界定必须准确界定其产权关系，包括产权类型、归属、期限等。

(3)土地概念的时间变化　随着时间的推移，土地资源条件、产权关系、利用状况等都会发生变化，因此在土地管理实践中，必须注意区分不同时间点的土地产权归属、利用方式，乃至政策、法律依据的变化等。

(4)土地概念的利用属性　《土地管理法》规定，我国实行土地用途管制制度，因此土地用途和利用状况是土地管理实践中界定土地概念的重要内容之一。如在土地征收管理中，如果涉及征占农用地，必须进行农用地转用审批；在建设用地供应管理中，必须明确所供应土地的用途、建筑密度、建筑容积率等条件。

### 二、土地的特性

#### (一)土地的两重性

对土地特性的把握是开展土地管理的基本要求。对土地管理来说，土地是自然经济综合体，具有两重性，主要体现在以下三个方面：

1. 土地既是劳动对象，又是劳动资料

劳动对象是人们在物质资料生产过程中将劳动加于其上的一切东西，因此在农业生产过程中，人们对土地的耕作、对土壤地力的培肥，都是以土地作为劳动对象。但是，有时土地又是劳动资料，劳动资料是人们在劳动过程中用来改变或影响劳动对象的一切物质资料和物质条件，又称劳动手段，像交通用地、城市建设用的建筑场地等，都是以劳动资料的形式参与生产过程的。

2. 土地既反映生产力，又体现生产关系

生产力是指人们征服和改造自然的能力，反映人们在生产过程中和自然界的关系，劳动者和生产资料是其两个基本要素，而生产资料又分为劳动资料和劳动对象，前文已经分析了土地既是劳动对象，又是劳动资料，因此在不同社会制度条件下，土地在参与生产过程中，反映不同的社会生产力水平。同时，土地又体现生产关系，生产关系是指人们在物质生产过程中结成的相互关系，它包括生产资料的所有制形式、生产者在生产中的地位及其相互关系和社会交换产品的分配形式等，而土地作为重要的生产要素之一，其所有制形式是任何社会制度的主要方面，社会集团对土地的拥有程度更是其社会地位的基本体现，因此，土地又是生产关系的基本体现。

作为生产资料的土地，在被人类利用的过程中，总是要反映出一定的社会中人与人之间的某种生产关系，包括占有、使用、支配和收益的关系。土地的占有、使用关系在任何时候都是构成社会土地关系的基础，进而反映了社会经济的性质。所谓土地问题，归根结底，是土地经济关系和土地利用的问题。土地的利用取决于许多社会的和自然的因素和条件。但是，起决定作用的还是在社会中占统治地位的生产方式，或是指在一定社会生产方式下的土地关系。

3. 土地既具有自然属性，又具有社会经济属性

土地作为自然体，有其自然特性，如形成土地表面形状的地形和空间、土壤、植被及水文地质等，这些特性及其条件，对因地制宜地评价土地的生产能力，配置各业生产用地，正确解决和处理土地开发利用和环境因素之间的矛盾具有重要的意义，同时土地的自然属性对农业生产和建设也都有直接的影响和作用，并影响着土地利用的效益。土地的社会经济属性，既反映了进行土地分配和再分配的客观必要性，也是进行地权管理、调整土地关系的基本出发点。土地的分配与再分配，不仅反映了土地利用的客观要求，也反映着一定的土地关系。这种土地关系既与土地制度、土地权属有关，也与土地利用的结果及其影响有关，甚至与所在区域的社会经济发展有关。

### (二)土地的基本特性

1. 土地是自然的产物

土地为自然所赋予，非人力所能创造，土地在人类出现以前就早已存在，人类不能制造土地，但人类的劳动可以改变和影响土地利用。在人类社会生产中，其他生产资料都是劳动的产物，而土地是自然本身的产物。土地的这一特性，要求我们必须珍惜和保护土地。

2. 土地面积的有限性

在社会生产发展过程中，生产资料的数量可以不断增加，但作为生产资料的土地，因受地球表面陆地部分的空间限制，土地的面积(数量)总量是有限的，既不能增加，也不会减少。正像马克思所说的那样，它不能像工业生产中那样随意增加效率相同的生产工具的数量，即肥沃程度相同的土地数量。人类可以围湖填海造地，但这只是对地球表层土地形态的改变。从总体看，人类只能改变土地的形态，改善或改良土地的生产性能，但不能增加土地的总量。所以

人类必须充分、合理地利用土地资源,不断提高集约化利用程度,随着技术进步不断开发利用难利用的土地,从而使有限的土地生产出更多的物质财富,以满足不断发展的社会经济增长的需要。

3. 土地的永久性

其他任何生产资料在使用过程中,都会产生损耗,都会逐渐陈旧或受到磨损,最后报废。但土地在使用过程中,只要合理利用,其肥力或生产力可以不断提高,成为持续不断的永久性的生产资料。当然,不合理地开垦和利用土地,将导致土地生态系统的破坏,使土壤肥力和土地生产能力下降,最后将受到自然界的惩罚,尽管如此,也只改变了土地的形态和利用能力。土地的这一特性,要求我们必须遵循土地利用的客观规律,对土地进行科学规划、正确利用。

4. 土地位置的固定性

其他生产资料可以移位,而土地的位置则是固定的,即地球表层的陆地是恒定的,其空间位置,包括任何一部分土地与其他部分土地的关系,也都是不能移动的,反映土地位置的固定性。人们不可能用土壤肥沃、地形平坦、交通便利的土地,来替换荒僻、交通不便、地形复杂和土壤肥力低劣的土地。因此,土地的利用与改良具有鲜明的地域特点,必须根据当地的自然生态环境因地制宜地组织生产,确定合理的土地利用结构和布局。土地位置是固定的,但其在被人类利用过程中所表现出的社会、经济位置,即土地区位条件则是可变的。例如,有些地区原为良好的住宅区,因附近建了工厂,以致变成环境污染的居住区,影响居住区的居住条件;相反,有些原为偏僻的居住区,由于基础设施、公共设施的兴建而变成优良的居住区,城市内的居住小区改造正体现了这一点。土地区位条件的改变也体现在城市内部,城市内道路和地铁线路及车站的增加或迁移,基础设施的扩建、改建等,都会影响其周边土地的经济价值和利用效益。

5. 土地用途的多样性

同一块土地可作为住宅用地、工业用地、商业用地、交通用地、农业用地,甚至旅游娱乐用地等使用,这就是土地的多用途性。由于土地用途的多样性与土地数量的有限性同时并存,引起不同用途之间的竞争与改变,例如农业用地转变为住宅用地、工业用地、交通用地,又如在一定的地区既有居住用地,也有林地、农地、工业用地等,这种多用途的并存随处可见。当然,土地尽管具有多用途性,但土地的最适宜用途往往只有一种,或少量的几种,特别是具有特殊使用要求的利用方式所能使用的土地往往有限,如农业生产所需的耕地,因此,在土地利用和管理过程中,应对土地进行合理规划,以保证土地资源的合理、有效使用。

## 三、我国土地的基本国情

我国定期对全国土地资源进行全面调查,以全面掌握土地利用变化情况。第三次全国国土调查数据(简称“三调”)是以 2019 年 12 月 31 日为标准时点进行调查汇总数据,与以 2009 年 10 月 31 日为调查时点的第二次调查(简称“二调”)结果相比(表 1-1),不同类型用地面积均有一定程度的变化。

**表 1-1　全国国土资源调查结果**

| 第二次调查结果(2009 年 10 月 31 日) | | | 第三次调查结果(2019 年 12 月 31 日) | | | 变化 | |
|---|---|---|---|---|---|---|---|
| 地类 | 面积/万亩 | 占比/% | 地类 | 面积/万亩 | 占比/% | 变化量/万亩 | 变化率/% |
| 耕地 | 203 076.80 | | 耕地 | 191 792.79 | | −11 284.01 | −6 |
| 水田 | 49 488.70 | 24.37 | 水田 | 47 087.97 | 24.55 | −2 400.73 | −5 |
| 水浇地 | 42 125.10 | 20.74 | 水浇地 | 48 172.21 | 25.12 | 6 047.11 | 14 |
| 旱地 | 111 463.10 | 54.89 | 旱地 | 96 532.61 | 50.33 | −14 930.49 | −13 |
| 园地 | 22 217.70 | | 园地 | 30 257.33 | | 8 039.63 | 36 |
| 果园 | 13 813.10 | 62.17 | 果园 | 19 546.88 | 64.60 | 5 733.78 | 42 |
| 茶园 | 2 195.00 | 9.88 | 茶园 | 2 527.05 | 8.35 | 332.05 | 15 |
| | | | 橡胶园 | 2 271.48 | 7.51 | | |
| 其他园地 | 6 209.60 | 27.95 | 其他园地 | 5 911.93 | 19.54 | −297.67 | −5 |
| 林地 | 380 924.30 | | 林地 | 426 188.82 | | 45 264.52 | 12 |
| 有林地 | 281 596.10 | 73.92 | 乔木林地 | 296 027.43 | 69.46 | 24 960.86 | 9 |
| | | | 竹林地 | 10 529.53 | 2.47 | | |
| 灌木林地 | 65 121.50 | 17.10 | 灌木林地 | 87 939.19 | 20.63 | 22 817.69 | 35 |
| 其他林地 | 34 206.70 | 8.98 | 其他林地 | 31 692.67 | 7.44 | −2 514.03 | −7 |
| 草地 | 430 970.10 | | 草地 | 396 795.21 | | −34 174.89 | −8 |
| 天然牧草地 | 326 777.00 | 75.82 | 天然牧草地 | 319 758.21 | 80.59 | −7 018.79 | −2 |
| 人工牧草地 | 2 804.00 | 0.65 | 人工牧草地 | 870.97 | 0.22 | −1 933.03 | −69 |
| 其他草地 | 101 389.20 | 23.53 | 其他草地 | 76 166.03 | 19.20 | −25 223.17 | −25 |
| 城镇村及工矿用地 | 41 966.50 | | 城镇村及工矿用地 | 52 959.53 | | 10 993.03 | 26 |
| 城市用地 | 5 291.40 | 12.61 | 城市用地 | 7 832.78 | 14.79 | 2 541.38 | 48 |
| 建制镇用地 | 5 584.10 | 13.31 | 建制镇用地 | 7 693.96 | 14.53 | 2 109.86 | 38 |
| 村庄用地 | 27 709.20 | 66.03 | 村庄用地 | 32 903.45 | 62.13 | 5 194.25 | 19 |
| 采矿用地 | 3 381.80 | 8.06 | 采矿用地 | 3 663.66 | 6.92 | 281.86 | 8 |
| | | | 风景名胜及特殊用地 | 865.68 | 1.63 | | |
| 交通运输用地 | 11 912.90 | | 交通运输用地 | 14 329.61 | | 2 416.71 | 20 |
| 铁路用地 | 590.60 | 4.96 | 铁路用地 | 850.16 | 5.93 | 259.56 | 44 |
| | | | 轨道交通用地 | 26.52 | 0.19 | | |
| 公路用地 | 3 499.00 | 29.37 | 公路用地 | 6 044.47 | 42.18 | 2 545.47 | 73 |
| 农村道路 | 7 678.10 | 64.45 | 农村道路 | 7 147.56 | 49.88 | −530.54 | −7 |
| 机场用地 | 83.30 | 0.70 | 机场用地 | 144.41 | 1.01 | 61.11 | 73 |
| 港口码头用地 | 49.60 | 0.42 | 港口码头用地 | 105.64 | 0.74 | 56.04 | 113 |
| 管道运输用地 | 12.30 | 0.10 | 管道运输用地 | 10.85 | 0.08 | −1.45 | −12 |
| 水域及水利设施用地 | 64 035.50 | | 水域及水利设施用地 | 54 431.78 | | −9 603.72 | −15 |
| 河流水面 | 12 025.80 | 18.78 | 河流水面 | 13 211.75 | 24.27 | 1 185.95 | 10 |

续表1-1

| 第二次调查结果(2009年10月31日) | | | 第三次调查结果(2019年12月31日) | | | 变化 | |
|---|---|---|---|---|---|---|---|
| 地类 | 面积/万亩 | 占比/% | 地类 | 面积/万亩 | 占比/% | 变化量/万亩 | 变化率/% |
| 湖泊水面 | 11 488.00 | 17.94 | 湖泊水面 | 12 697.16 | 23.33 | 1 209.16 | 11 |
| 水库水面 | 4 007.30 | 6.26 | 水库水面 | 5 052.55 | 9.28 | 1 045.25 | 26 |
| 坑塘水面 | 8 478.80 | 13.24 | 坑塘水面 | 9 627.86 | 17.69 | 1 149.06 | 14 |
| 沟渠 | 6 354.20 | 9.92 | 沟渠 | 5 276.27 | 9.69 | −1 077.93 | −17 |
| 水工建筑用地 | 1 148.60 | 1.79 | 水工建筑用地 | 1 203.19 | 2.21 | 54.59 | 5 |
| 冰川及常年积雪 | 8 292.60 | 12.95 | 冰川及常年积雪 | 7 362.99 | 13.53 | −929.61 | −11 |
| 沿海滩涂 | 2 610.20 | 4.08 | | | | | |
| 内陆滩涂 | 9 630.00 | 15.04 | | | | | |
| 其他土地 | 116 470.10 | | 湿地 | 35 203.99 | | | |
| 设施农用地 | 1 024.00 | 0.88 | 红树林地 | 40.6 | 0.12 | 原属林地 | |
| 田坎 | 12 328.00 | 10.58 | 森林沼泽 | 3 311.75 | 9.41 | 原属林地 | |
| 盐碱地 | 18 221.70 | 15.64 | 灌丛沼泽 | 1 132.62 | 3.22 | 原属林地 | |
| 沼泽地 | 5 581.20 | 4.79 | 沼泽草地 | 16 716.22 | 47.48 | 原属草地 | |
| 沙地 | 79 315.20 | 68.10 | 沿海滩涂 | 2 268.5 | 6.44 | 原属水域 | |
| | | | 内陆滩涂 | 8 829.16 | 25.08 | 原属水域 | |
| | | | 沼泽地 | 2 905.15 | 8.25 | 原属其他 | |

我国土地基本国情的具体特点主要体现在以下几方面：

### 1. 土地总量大，但人均占有量少

我国土地总面积为960万$km^2$，约占世界陆地总面积的1/15，占亚洲面积的1/4，仅次于俄罗斯和加拿大，居世界第三位。但是，由于人口众多，人均土地面积只有约10.3亩，不到世界平均数的1/3，仅相当于加拿大的1/47，美国的1/4。其中，人均占有耕地1.37亩，人均林地3.04亩，人均草地2.83亩，分别只相当于世界平均数的43%、18%和35%。

### 2. 土地类型多，但山地多于平地

我国地域辽阔，自然条件复杂，同时由于土地的水热条件组合的差异和复杂的地形地貌条件，以及各地多种多样的土地利用方式，形成了极为复杂而多样的土地类型。在全国各种土地类型中，山地多于平原，全国山地、高原、丘陵约占全国土地总面积的69%，其中山地占33%；平原、盆地占31%。很多山地由于海拔高、气温低、坡度大、土层薄和交通不便等因素，农林牧生产条件较差。

### 3. 土地资源的地区分布不平衡

我国平原、丘陵主要分布于东部，山地、高原主要分布于西部。若从大兴安岭经太行山、巫山至湘桂西部山地画一条线，可把全国土地划为东西两部分。在这一条线以东的大部分土地是海拔不到500 m的平原和丘陵，面积约占全国的1/3，但分布着2/3以上的人口和耕地；此线以西的大部分土地是海拔1 000 m以上的山地、高原和盆地，其面积约占全国的2/3，是我

国主要的牧区、林区或是干旱和半干旱农业区。全国绝大部分的耕地和内陆水域分布在东南部；一半以上的林地集中于东北部和西南部地区；86%以上的草地分布在西北部干旱半干旱地区。这一特点，决定了我国不同地区土地的人口承载力相差很大，东南部大于西部、西北部。

4. 难以利用的土地面积大，土地后备资源潜力不足

全国难以利用的沙漠、戈壁、冰川及永久积雪、石山、裸地等的面积，约占全国土地面积的1/3。我国有悠久的土地开发历史，绝大部分宜垦土地早已耕种，土地的后备资源十分有限，质量较好的宜垦荒地资源更加稀缺。

5. 水、土资源不平衡

我国水资源总量约为28 000多亿$m^3$(其中包括地下水天然资源8 000多万$m^3$)，居世界第6位。但是，人均只相当于世界人均的1/4，列第88位。长江、珠江、浙、闽、台及西南诸河流域的水量占全国总水量的82.3%，而这些地区的耕地，仅占全国耕地的36%；黄河、淮河及其他北方诸河流域水量约占全国总水量的17%，而耕地却占全国的63.7%。我国处于季雨地带，由于水资源的时、空分布不均衡，使季节性和地区性缺水更趋尖锐，决定了我国的土地利用将受水、土资源不平衡的因素制约。

# 第二节　管理与土地管理

## 一、管理与行政管理

### (一)管理

管理的出现是人类活动的特点所决定的，管理是人类各种活动中最重要的活动之一，管理无处不在，无时不在，它既是成功的要素，也是失败的根源，当今世界人们把科学、技术、管理称为现代化社会鼎足而立的三大支柱。

我国古代人把开锁的钥匙称为“管”，“管理”一词从词义而论是“管辖”“处理”的意思。英文中管理(management)的本义是“驾驭的技术”，可理解为“控制”“支配”。

管理概念本身具有多义性，它不仅有广义和狭义之分，还因时代、社会制度和专业领域的不同产生不同解释和理解。管理的含义大致有以下几种具有代表性的观点：美国早期著名的管理学家玛丽·福莱特(Volet)认为，管理就是借他人之力而实现目标。法国现代管理理论创造者亨利·法约尔(Fayol)提出，管理是由计划、组织、指挥、协调及控制等职能为要素组成的活动过程。决策理论学派代表人物西蒙(Simon)认为，管理就是决策，无非是从诸多供选方案中取其最优者并付诸行动的过程。经验主义派代表人物德鲁克(Drouk)认为，管理是一种不能移植，只能因人而异的管理者的经验、能力和技巧。管理科学学派索兴(Sosin)把管理视为用数学符号和公式来表示计划、组织、控制、决策等程序，以求最优解的途径。

不同学者从不同的角度对管理有不同的理解，但总体来说，管理是人类的一种有意识、有目的、有组织的活动。因此，通常将某一社会组织、团体为达到一定目的，对社会活动的各种因素或过程所进行的决策、计划、组织、协调、控制、监督等行为称为管理。

### (二)行政管理

行政一词,在我国历史典籍中早就出现过。在距今 2 000 多年前编写的《左传》中,就有“行其政事”“行其政令”的记载,意思是推行政令,执掌政务。在国外,2 000 多年前古希腊哲学家亚里士多德就使用过“行政”一词。现代英语中“行政”(administration)是从拉丁文 Administratre 而来的,意思是国家事务的管理。国际通用的《社会大辞典》解释“行政为国家事务管理”。

行政管理是在“行政”基础上提出来的概念。西方国家大约在 20 世纪 30 年代前后,我国在 20 世纪 80 年代以后,随着科学管理理论与方法的普及,尤其是随着科学管理理论与方法在政府管理中的应用,行政学与管理学发生相互渗透和边缘模糊现象,从而产生了行政管理和行政管理学等概念。20 世纪中期以后,随着政府行政管理与企业经营管理、公共行政与企业经营管理领域和学科领域的互相渗透,行政管理的概念得到了广泛的应用。

依据不同历史时期、不同国家和地区的政治历史和实践,政治学家、行政学家从不同角度或不同层面来理解行政,因而“行政管理”一词有着不同的解释,主要有以下两种:

(1)狭义的行政管理——从“三权分立”的角度来解释行政　认为行政是指除国家立法、司法系统以外的行政系统所从事的管理活动。这种观点以美国行政学家魏劳毕为代表,他提出了行政仅仅是指行政部门的政务活动的观点。台湾学者将这种观点称为“法律执行说”,在三权分立的国家,立法是制定法律,行政是执行法律,司法是维护法律。这种解释的优点是把“行政管理”概念的本质表述得较为明确,有助于人们把握行政管理的特点,把行政管理活动与其他类型的管理活动区别开来;其缺点是,它不能反映“三权”之间的相互渗透性,不能全面反映当代各国行政管理的现状和发展趋势。

(2)广义的行政管理——从政治与行政分离的角度来解释行政　认为行政管理是一种与政治分离的、实现国家目的的执行活动。这种观点以美国行政学家古德诺为代表,他认为政治与行政是相互分离的,“政治是国家意志的表现,行政是国家意志的执行”。

归纳来说,行政管理是指国家通过行政机关依法对国家事务、社会公共事务实施的管理。行政管理的主体是国家行政机关,客体是依法管理的国家事务、社会公共事务等,核心是进行公共权力和资源的有效配置。

## 二、土地管理的概念

在我国目前的制度体系下,土地管理是政府的基本职能之一。国家通过立法机构将意志表示规范化并用法律形式固定下来,并由国家管理机关——各级人民政府和自然资源管理部门来保证法律法规的贯彻执行,从而达到国家管理土地的目的。

土地管理是指为了保护和合理利用土地资源,满足社会经济不断发展的需要,运用行政、经济、法律和工程技术的综合性措施对全国城乡土地资源及其利用过程,以及由此所产生的人与人之间的权属、利益关系进行计划、组织、协调和控制等方面的行政管理活动。这一概念包括 5 个方面的含义:

(1)土地管理的主体　我国的土地管理是一种政府行为,其管理主体是政府。国家通过立法授权各级人民政府负责本行政区域内的土地管理,各级人民政府的自然资源管理部门代表国家和政府对土地实行统一管理。

(2)土地管理的客体　是指土地,以及土地利用中产生的人与人、人与地、地与地之间的关系,即全国城乡土地资源及其利用过程,以及由此所产生的人与人之间的权属、利益关系。

(3)土地管理的任务　是维护土地所有制、调整土地关系、合理组织土地利用和贯彻土地基本国策,目标是不断提高土地利用的生态效益、经济效益和社会效益,促进土地可持续利用,以满足社会经济发展日益增长的需求。

(4)土地管理的手段与方法　是综合运用行政、经济、法律、技术等手段管理土地。

(5)管理的职能　包括计划、组织、指挥、协调与控制。计划是预测未来,制定目标,决定策略和选择方案的一个连续过程。组织是指建立组织机构和配备工作人员,明确职、责、权,建立上、下各级机构的相互关系,以及横向之间的协作关系,以保证既定目标的实现。指挥是指土地行政管理领导者按既定目标和计划,对所属下级土地管理活动进行的指导,以实现管理目标的行为。根据土地管理机构的职责,协调人与人之间(包括国民经济各部门、社会各团体、单位和个人之间)在土地的分配、占有、利用、收益分配、处分等方面的关系,按照国家和社会的整体利益和长远需要统筹兼顾,搞好土地的分配和再分配,实施土地利用的组织、调控和监督。控制则是通过修正执行状况和原计划之间的偏差,确保预期目标实现的管理活动。

现阶段我国土地管理的实质是政府处理土地事务、协调土地关系的活动。政府处理土地事务,是指政府代表国家开展土地行政管理工作中的各种事务,如贯彻执行《土地管理法》及其相关的法律法规,组织编制国土空间规划,保护农用土地尤其是耕地和永久基本农田,制订土地利用计划,进行土地整治,实行土地有偿使用制度,做好土地使用权的出让和转让,征收集体土地,供应建设用地,查处违法占地,维护土地合法权益,调处土地权属纠纷,实施土地监测等。协调土地关系,是指政府在土地分配和再分配中对土地权属关系的调整,也就是政府在国民经济建设中,协调各部门、各单位或个人间用地关系,保证土地的充分、合理、可持续的利用。

## 三、土地管理的对象

研究土地管理,开展土地管理实践,首先必须明确土地管理的对象,也就是说要了解土地管理过程的作用点在哪,这样才能科学地、准确地分析土地管理过程的客观规律,对有效开展实践工作也是必需的。根据我国目前土地管理实践的客观状况以及社会经济发展的客观要求,土地管理的对象主要有以下 4 个方面:

### (一)土地资源

这是土地管理的基础,也是其他土地管理对象的基础。没有土地资源,也就无所谓土地管理;没有土地资源,也就没有土地资源的配置、利用以及土地权属关系。因此,土地管理的对象首先是土地资源。而且,这一土地资源是指全国所有的土地,既包括城市土地,也包括农村土地;既包括已利用的土地,也包括未利用的土地;既包括国有土地,也包括集体土地。这既是实行全国城乡土地统一管理政策的要求,也是由土地资源本身就是一个统一的整体,各类土地的利用具有相互影响、相互联系的客观规律决定的。

### (二)土地资源配置

土地资源配置实际是土地利用过程的前期阶段,也是能否实现土地利用的整体效益最佳的关键。由于土地资源是基本的生产要素之一,它在国民经济各部门之间的分配将不同程度地影响国民经济各部门的结构和比例关系，因此合理地配置土地资源是国民经济和社会发展的客观要求。

土地资源配置是一个转换土地用途和对土地做实体性改变的社会过程。有关政府部门、经济组织和个人，以不同的权利，带着不同的目的，参与这个过程，他们的合力最终决定土地资源的配置。在这一过程中，政府及政府的土地管理部门发挥着重要的、有时是决定性的作用。尤其在土地使用制度改革和经济体制改革以前，政府和政府部门既是用地计划制订和执行者，又是用地配置过程的审批和具体管理者，同时对有关土地权属变更进行确定和管理。在土地使用制度改革以后，土地市场逐步发育，一方面用地的需求不完全来自政府的计划；另一方面配置过程引入了市场机制，不再完全受行政力量的安排，比如用地者可以根据自己的需要和兴趣，在法律和规划许可的情况下，有确定用地面积和位置的自主权，当然还需要支付足够的(市场价格)经济补偿。但是，尽管在市场机制配置过程中，由于土地资源的特殊性和国家仍然掌握土地所有权，政府及政府部门仍要对土地的用途、位置、使用年限、利用方式和有关权属等进行规划控制和权属管理等。

#### (三)土地资源利用

由于土地利用过程涉及各个行业和部门，而且各行业、各部门的用地，或者各种类型的用地都遵循各自的内在规律，如农业用地中对土壤的水、肥、气、热的要求及农业用地内部结构的分配等，林业用地的合理开发与林分的确定等，涉及各部门内的土地利用过程，在土地管理中难以完全顾及，因而通常不是重点调控的对象。而重点主要在于两个方面：一是监督和保证土地利用过程符合法律、政策及土地所有者的要求，使土地利用过程中个人和企业的目标与国家和社会的目标相协调；二是协调各部门之间的土地利用关系，或不同用地类型之间的关系。具体主要有：

(1)农业利用与建设利用　这两种方式利用土地的功能不同，要求也不一样，尤其农业用地对土地的自然条件要求严格，在协调二者关系时通常考虑农业用地优先。

(2)中间开发过程利用与最终使用者的利用　前者是增加附加值的利用，使土地本身增加内涵和可利用程度；后者是创造附加值的利用，生产土地产品。前者不能没有，但不能仅停留在前者，前者和后者之间应有开发方向和量上的协调，否则就会出现问题。典型的例子如1992年由于过量土地开发，引起土地供给过剩，所开发的土地不能完全进入创造附加值的利用过程，不仅影响了土地市场的正常发育，还占用了大量资金，更严重的是浪费了土地资源。

(3)直接追求经济效益的利用与非直接追求经济效益的利用　经济效益是土地利用过程中的敏感问题。从经济学角度，任何经济组织利用土地都必然而且也应该追求土地利用的最大经济效益，但是就整个社会系统来说，又必然有某些不能直接产生经济效益的土地利用方式，来维持整个社会的运行，如军事用地、国防用地、交通用地、教育和行政机关用地等。因此，这两种用地在区域布局和量上的协调，是能否实现土地利用的社会、经济综合效益的关键。如工业用地和交通用地的关系，我国由于自20世纪80年代初以来经济发展迅速，而对基础设施投入，尤其是交通设施的建设不够，因而一度出现“交通瓶颈”，反过来制约经济发展。只是在近几年，各级政府大力加强交通建设，从土地和资金上进行投入，才使交通紧张状况有所缓解。

### (四)土地权属关系

土地作为重要的经济财产之一,历来是人们追求的目标。尤其是在经济社会,人们通常以能否拥有足够数量的土地财产作为衡量一个人身份和地位的重要指标。因此,土地作为一种位置固定的经济财产(不动产),其权属关系的确定和协调,通常是土地管理过程的核心内容。在具体的土地管理过程中,首先是对土地权属关系的确定和认可,这是使土地权利归属具有法律意义,或被社会承认的必要手段,一般要办理土地权属登记,颁发土地权属证书等;其次是对土地权属纠纷进行协调和处理,即在出现土地权属纠纷时,根据有关法律和规定,依据土地权属证明和事实,利用行政手段进行调处。随着土地市场的发展,土地交易的日益频繁,土地权属关系作为土地管理的对象之一,已越来越重要。

## 四、国家对土地进行行政管理的必要性

1. 土地资源是整个人类的资源,决定了必须进行社会性管理

土地资源是人类生存和发展的最基本资源,这一点目前已得到广泛的共识。然而,事实并不仅限于此,更重要的概念是:土地资源是整个人类的资源。这里的"整个"应包括不同的时间和空间的概念,即土地资源在投入人类的开发与利用过程中,其开发与利用的结果往往具有时间上的延续性和空间上的关联性。

土地资源开发与利用结果在时间上的延续性是众所周知的。首先,一定时期的土地利用结果是在人类的长期开发与利用过程中形成的,今天的美好环境是我们的前辈注重环境效益的土地利用方式的结果,今天的水土流失、土壤沙化、耕地资源紧张,也是前人过度开发或掠夺性经营造成的后果。以此类推,我们今天的合理开发与否,也会在未来产生完全相反的两种后果,甚至矛盾更突出,因为人类的需求已经增大而资源总量有限。当人们来到芝加哥最吸引人、公众利用率最高的绿色"黄金海岸"享受优美的环境或进行休闲时,人们不得不感谢D. Burnham 早在 1909 年所做的芝加哥规划,他借助立法手段规定沿密执安湖滨 32 km 长、至少 1 km 宽的土地不得用于除了公共绿地外的任何用途。而当人们来到非洲象牙海岸,却只能回忆和想象当初森林茂密的景象,当地人民还要承受经济衰退所带来的影响。其次,人类所共有的土地资源总量是有限的,今天的适度开发,明天就会有足够的潜在资源和可持续的土地利用;今天的过度开发和掠夺性利用,就会造成明天的土地资源紧缺和土壤退化,引起人类可利用的土地资源的减少和土地生产力的下降,而且这种损失往往是难以挽回的。中国政府近年来对曾是中华民族发源地的黄土高原进行整治,投入了大量的人力、物力,然而要取得成效却是极其艰难的,要让"流"出去的土再"流"回来,谈何容易。

土地资源开发与利用的结果在区域上的关联性也是明显的。就世界范围来说,森林用地面积的减少,可能会引起整个地球表面反射能力的变化和二氧化碳的不平衡,从而引起全球气候的变化;就地区性范围来说,林地、草地过量开垦或开发,引起土地覆被物的重大变化,常常会导致水文的变化和土壤侵蚀的加速,而且这些变化通常要超出直接受到影响的地区,引起下游地区洪水泛滥、泥沙淤积等。一个排放大量废水、废气的工厂的建设,其周围地区势必要遭到污染,并影响周围地区的土地利用方式。因此,一定地区内各种土地资源的利用方式是相互联系、相互影响的,完全从自身利益出发的土地利用方式将受到社会的反抗。

因此,土地资源不仅是其占有者的资源,也是非占有者的资源;不仅是当代人的资源,也是

子孙后代的资源。土地资源是我们整个人类的资源，为了保证整个人类利益的实现，必须有人从公共利益的角度出发，对土地资源开发与利用进行合理干预。

2. 土地利用既是经济过程，更是社会过程，需要通过公众干预实现全社会的利益

土地利用过程首先是一个经济过程，这是不言而喻的。土地资源作为重要的生产要素之一，在参与生产过程中总是为了获得更高的经济效益，产生更大的经济结果，其土地利用过程也就自然而然地受到各种经济因素的制约。如土地产品市场价格的变化，使土地使用者总是将土地用作更高价格的产品生产；一定时期的金融或财税政策，将影响土地投资者是否最终将资金投入土地开发；还有土地开发的成本、其他投资市场的状况、土地开发或利用产品的市场状况等，都直接影响土地使用者的土地利用过程。在经济社会，这种影响的根源是经济利益的驱动。

土地利用过程又是一个社会过程，这往往是不以土地使用者的个人愿望为转移的。其原因在于土地利用过程通常不可能是独立的，每一块土地的利用通常都会与周围的土地利用以及设施状况有关，都需要利用其周围的土地，比如用于交通、供水、供电等，而且对周围地块来说，该地块也是它的周围地块，也要满足有关公共服务。这就是土地利用的社会效果，任何土地使用者对土地的利用都要有意或无意地满足有关的社会效果。在满足社会效果的土地利用过程中，实际就实现了土地利用的社会过程。

然而，土地利用的社会效果在不同的土地利用过程中有不同程度的体现，这一程度的差别取决于土地利用的经济过程与社会过程的一致程度。有时是一致的，比如交通企业、能源企业等设施性企业的用地，通常既能获得较好的经济效益，又能充分满足周围地区交通和能源等的要求；但有时是不一致的，而且大多数情况下是不一致的，工业用地会引起周围地区的污染，追求土地高利用率下的城市“人造石林”会造成城市热岛效应等。

土地利用过程还是对人类生存环境的创造和改造过程。当然这种改造可能是向好的方向发展，也可能会向坏的方向发展。从人类的主观愿望上通常都是希望向好的方向发展，但是往往事与愿违。埃及尼罗河上的阿斯旺水坝，修建者本想获得经济效益和社会效益双丰收，即扩大农田灌溉面积，提高农田利用率，并利用水能增加能源，这些目标倒是实现了，却引起了红海海岸线缩短，捕鱼量下降，血吸虫病与疟疾流行等生态问题。

3. 土地资源利用与政府

在经济社会，土地利用过程追求高经济效益是必然的，也是自主的，但是如何保证社会效益和生态效益，在社会效益和生态效益与经济效益发生矛盾时如何进行协调，如何保证我们整个人类所共有的土地资源有效、合理以及可持续地利用，这就需要社会控制，需要政府从社会的角度和整个人类的角度，对土地利用过程以及由此所产生的人与人之间的社会经济关系进行干预——这就是土地管理。

但是，土地资源的利用过程是广泛的和开放的，要受到各种经济的或非经济的、政治的或非政治的因素的影响，整个发展过程有其自身的客观规律。社会控制或政府干预的过程不能是盲目的、不讲手段的，更不能是无目标的，行政管理过程只能是在深入研究其客观发展规律的基础上，采用科学的、合理的、有效的方法，对土地利用过程进行引导和调控，否则难以实现人类赋予行政管理的目标。而且对土地管理还有个认识问题，管理过程不是为了妨碍发展，而正是为了长期地、更好地发展。土地管理中有时对用地的控制表面看来好像限制了该项目的

发展，但执行这些限制恰恰是为了保证绝大多数人的长期利益，为了未来更好地发展。关键在于土地管理过程能否真正实现大多数人的长期利益和未来利益，这就要求土地管理过程的方法是科学的、目标是合理的，而且是有预见性的。因此，必须加强对土地管理的研究，并不断促进土地管理实践科学、有效。

## 第三节　土地管理的特性和原则

管理是人类社会活动的一个组成部分，随着人类活动的历史进程而不断演变。管理对象是在不断变化的，管理理论是过去事实的总结，隐含着对过去的管理现象所总结出的规律，同时又有它的自身的一些特殊性。土地管理也是如此。土地管理是国家行政管理的组成部分，是国家管理土地事务的活动，具有行政管理的一般属性和职能。土地管理首先须遵循土地的自然规律，具有自然属性；其次须维护土地所有制关系，遵循经济规律，具有经济属性；第三须对社会土地事务进行干预和管理，具有促进土地可持续利用，保障整个国民经济发展要求的社会属性。

### 一、土地管理的特性

土地管理除具有一般行政管理的权威性、强制性、政治性等一般特性外，还具有自己独立的特殊性，这是由土地管理的对象——土地资源的特殊性所决定的。

1. 土地管理的自然性：遵循自然规律

我们知道，行政管理过程本身可以是依据法律和政策而具有强制性，可以为了特殊的目的采取一些特殊的强制措施，这一切往往都是从公共利益出发。而土地管理的对象是人类共有的、不可再生的、数量有限的土地资源，土地资源的开发与利用在时间序列上具有延续性，今天的适度开发，明天就会有足够的潜在资源和可持续的土地利用；反过来，今天的过度利用和掠夺性开发，就会造成明天的土地资源退化、水土流失，引起人类可利用的土地资源的减少和土地生产力的下降。因此，土地管理过程必须考虑土地资源的自然属性，遵循自然规律，以促进和保证土地资源的可持续性利用为前提。

2. 土地管理的经济性：遵循经济规律

土地资源是重要的生产要素之一。在人类的社会生产过程中，它或作为生产资料，如农业生产和房地产建设，或作为生产场所，如工业生产和商业经营等，都起着重要的作用，在整个生产过程中，自然要转移价值或创造价值。因此，土地资源是人类重要的经济资源。而且，人类对土地资源的开发与利用过程，总是以追求最大经济效益或提供最大舒适程度或产生其他功利性的结果为目的，并从开发程度、利用方式和类型等方面不断进行调整，以保证其目的的实现。因此，从这个角度说，土地利用过程又是一个经济过程。

在经济社会，土地资源同时又是人类的一种重要财产。在土地私有制国家，土地所有权的广泛流动使土地经常成为公民普遍追求的经济财产，而且获得土地这种不动产的质量和数量状况，通常是一个人经济地位和社会地位高低的具体体现，这反过来又更加提高了土地作为财产的经济价值和社会价值。在我国虽然实行土地公有制，不允许土地所有权买卖，但是在实行土地使用制度改革以后，土地使用权同所有权分离，土地使用权可以依法进入市场流通，使土地使用权成为企业或个人的财产，也充分体现了土地的资产价值。而且，土地所有权仍归国家，并一定程度上实现了其所有权的经济意义(收取土地使用费等)。

土地管理是对土地资源及其利用过程所产生的一切社会经济关系所进行的行政控制和干预，必须保证土地资源利用过程创造更大的社会经济财富，满足人类社会经济生活不断发展的需要。尤其在市场经济条件下，行政管理过程必须遵循客观经济规律，并充分利用经济规律进行行政管理，这样才能保证行政管理过程的有效性。

3. 土地管理的社会性：保障公共秩序

土地资源是整个人类的资源，而土地利用过程通常是个别的经济行为。在这种情况下，如何保证土地资源利用过程中既满足个人的利益，又不损害整个人类或社会的利益？这就需要土地管理过程从整个社会的角度，来合理配置土地资源，协调土地资源利用过程中的个人与个人、个人与社会、单位与社会、单位与国家等方面的矛盾，最后实现土地资源的利用满足整个人类的需要，既满足使用者的需要，又满足社会的需要，或不影响其他社会个体；既满足当代人们的需要，又不损害子孙后代的利益。因此，土地管理过程更重要的是维护和保持土地利用过程的社会利益。尤其我国目前的土地管理，基本上把保护土地利用过程的社会利益作为行政过程的首要目标，例如，把“十分珍惜和合理利用每寸土地，切实保护耕地”作为基本国策。近年来开展的“保护耕地就是保护我们的生命线”的各种宣传和工作，以及自 1991 年 6 月 25 日第一个“土地日”以来，每年的“土地日”所开展的各种宣传，都体现了土地管理工作充分追求社会效益的目标。

1991 年 5 月 24 日，国务院第 83 次常务会议决定每年的 6 月 25 日(1986 年 6 月 25 日《中华人民共和国土地管理法》颁布)为全国“土地日”，自 1991 年以来每年的“土地日”均确定一个主题，作为该年土地日宣传和土地管理工作的重点。

| | |
|---|---|
| 1991 年 | 土地与国情 |
| 1992 年 | 土地与改革 |
| 1993 年 | 土地与经济 |
| 1994 年 | 土地与市场 |
| 1995 年 | 土地与法制 |
| 1996 年 | 土地与发展——保护我们的生命线 |
| 1997 年 | 土地与国家——爱护我们的家园 |
| 1998 年 | 土地与未来——集约用地，造福人民 |
| 1999 年 | 依法行政，合理用地 |
| 2000 年 | 保护耕地——为了美好的明天 |
| 2001 年 | 规划用地，利国利民 |
| 2002 年 | 规范土地市场，促进经济发展 |
| 2003 年 | 规范土地市场，促进可持续发展 |
| 2004 年 | 坚持科学发展观，珍惜每一寸土地 |
| 2005 年 | 节约集约用地，促进科学发展 |
| 2006 年 | 依法合理用地，促进科学发展 |
| 2007 年 | 节约集约用地，坚守耕地红线 |

| | |
|---|---|
| 2008 年 | 坚守耕地红线,节约集约用地,构建保障和促进科学发展的新机制 |
| 2009 年 | 保障科学发展,保护耕地红线 |
| 2010 年 | 土地与转变发展方式——依法管地 节约用地 |
| 2011 年 | 土地与转变发展方式——促节约守红线 惠民生 |
| 2012 年 | 建设高标准基本农田,保障国家粮食安全 |
| 2013 年 | 珍惜土地资源,节约集约用地 |
| 2014 年 | 节约集约利用土地,转变土地利用方式 |
| 2015 年 | 节约集约利用土地——推动土地利用方式根本转变 |
| 2016 年 | 节约集约用地,切实保护耕地 |
| 2017 年 | 土地与生态文明建设 |
| 2018 年 | 珍惜土地资源 建设美丽家园 |
| 2019 年 | 严格保护耕地 节约集约用地 |
| 2020 年 | 节约集约用地 严守耕地红线 |
| 2021 年 | 节约集约用地 严守耕地红线(“十四五”期间沿用此主题) |

## 二、土地管理的原则

土地管理原则是指土地管理部门及其工作人员从事土地管理活动所必须遵循的基本行为规则和标准。土地管理原则取决于土地制度和土地管理的总目标。我国的土地管理是建立在土地公有制基础上的,是以充分、合理利用土地,切实保护耕地为总目标。因此,我国土地管理必须遵循以下基本原则。

1. 坚持依法管理土地的原则

土地是不可再生资源,只有将土地管理纳入法制轨道,依法管理,才能有效地维护土地公有制和保证土地永续利用。我国《土地管理法》的颁布和施行,为依法统一管理土地提供了法律依据。在土地管理过程中,贯彻法制原则主要体现在两个方面:一是建立和完善法律法规,做到有法可依;二是要求严格依照法律和法规办事,做到有法必依,执法必严,违法必究。

2. 实行土地统一管理的原则

我国《土地管理法》第二条规定“中华人民共和国实行土地的社会主义公有制,即全民所有制和劳动群众集体所有制”。第五条规定“国务院自然资源主管部门统一负责全国土地的管理和监督工作。县级以上地方人民政府自然资源主管部门的设置及其职责,由省、自治区、直辖市人民政府根据国务院有关规定确定”。第九条规定“城市市区的土地属于国家所有。农村和城市郊区的土地,除法律规定属于国家所有的以外,属于农民集体所有;宅基地和自留地、自留山,属于农民集体所有。”可见,自然资源部被授权对全国城乡土地实行统一管理的职能。由于土地位置固定的特殊性,又提出了属地管理的要求,即由地方各级人民政府管理各行政区域内的土地。

3. 节约和集约利用土地,保护耕地的原则

中国是一个人多地少的国家,人均耕地面积约 1.37 亩,不足世界人均耕地的 1/2,现有耕地资源的不足,后备资源的缺乏,正日益严重地制约我国国民经济和社会发展。因此,土地管

理要把节约、集约用地和保护耕地作为自己的最基本任务和基本行为准则。一方面，在经济建设中，通过土地利用规划引导和调控土地节约和集约用地，提高投入产出效益；另一方面，严格控制建设用地指标，尽可能少占或不占耕地。对建设确需占用耕地的，必须严格按照“占一补一”原则，及时补充耕地。

4.效率与公平兼顾，公平优先原则

随着经济的快速发展，各行各业都需要用地。而人类拥有的土地又是有限的，因此，土地在国民经济各部门分配与调整时，要根据社会主义建设全局的需要，兼顾各单位、各部门的特点和各地段的自然经济条件，协调处理部门之间的利益分配，并坚持统筹兼顾，正确处理局部与全局、当前与长远的关系，合理安排好各部门各行业经济建设的用地需求。特别要注重处理好农地与建设用地间的分配关系，既要保护好耕地，把质量最好的土地优先用于农业，又要积极为各项经济建设提供必要的用地。土地是农业生产的基本生产资料，农业生产需要的只是土地的肥力，并不考虑土地的承载力。其他建设用地，一般不受土地质量的影响，只需考虑土地的承载力。为此，提供用地时，必须把质量好、肥力高的宜农用地，优先用于农业生产。正确处理和协调各方面用地的利益关系，促进土地利用的可持续发展。

土地作为公共资源，对于具体的土地使用者又是财产，在具体的土地利用和管理过程中，如国家建设征地、城市旧城改造中的拆迁等，均应坚持效率与公平兼顾，当私人利益与公共利益出现冲突，则应遵循公共利益优先的原则。

5.坚持生态、经济和社会效益统一的原则

从全局的、长远的观点来看，土地利用的生态、经济和社会三效益是一致的，具有良好生态效益的土地利用，必然会取得良好的经济效益和社会效益。但在人们对土地利用的过程中，常常会出现只重视眼前的经济利益而忽视长远的社会和生态环境利益的短期行为，如大量的毁林开荒、盲目围湖造田、随意采砂取土等，这些短期行为的后果在当时并不明显，需经过较长的时间才会显现出来，当人们注意到时，严重的后果已经产生了，如果要消除这种后果，就要付出昂贵的代价。因此，在土地管理实践中，必须要从长远利益出发，科学规划，坚持生态、经济和社会三大效益相统一。

6.公众参与原则

土地管理的公众参与是指在土地管理过程中，应允许土地利用相关利益主体和社会公众积极参与土地利用的监管与监督，建立土地利用与管理的社会制约机制，促进土地合理保护与开发，保证土地管理目标实现的过程。我国《土地管理法》修正时，通过新闻媒体公布，并广泛征求全国人民的意见，充分体现了这一点。社会公众不仅可以参与立法，也可以对自然资源管理部门的具体政策进行监督，直接参与土地利用与管理的具体活动。通过公众参与，完善土地管理的决策机制和监督机制，做到以人为本、公正透明，提高土地管理的科学性和公正性。

## 第四节 土地管理的内容与方法

### 一、土地管理的内容体系

土地管理作为一项实践工作，其内容体系非常复杂。土地管理既有丰富的业务技术内容，包括土地调查与统计、土地质量评价、土地价格评估、土地权属登记、土地规划编制、土地整治工程、土地利用监测等；又有很强的行政管理特色，包括土地政策制定与执行、土地立法与执法、土地规划管制、土地征收征用、用途转用审批、土地供应管理、土地市场监管、耕地及基本农田保护、土地监察与督察等。

按照土地管理的实践需求与理论逻辑，我们将土地管理的内容体系归纳为以下方面：

1. 土地权籍管理

土地权籍管理是人们认识和利用土地的自然和社会经济属性的重要措施之一，是整个土地管理过程的基础。土地权籍管理就是对土地及其利用状况、权利归属等进行登记造册，形成准确反映土地的位置（地界、地号）、数量、质量、权属和用途（地类）等基本状况的簿册。通常称为地籍，最早是为了征税而建立的一种田赋册，即按地亩征税课目设置的簿册。但是随着社会的发展，地籍的概念和内容有了很大的发展。现代地籍不仅是课税对象的登记簿册，还包括了土地产权登记、土地分类面积统计和土地级别、地价水平等内容的登记簿册。由此可见，土地权籍的作用从最初的以课税为目的的税收地籍，发展到产权地籍和为土地利用服务的多用途地籍。同时，随着科技的发展和社会的进步，土地权籍除采用簿册登记或统计以外，还编制地籍图，采用图、簿、册并用的手段。现代地籍又从图、簿、册逐步向利用电子计算机技术建立数据库和信息系统的方向发展。现阶段土地权籍管理的主要内容包括土地调查、土地登记、土地统计、土地级别确定、地籍档案管理等。

2. 土地规划管理

土地的多用途性、地域性和位置固定性，决定了对土地进行科学规划并按规划进行用地管理的重要性。土地规划管理，就是根据具有法律性质的、科学的土地利用规划进行土地利用空间布局和用途管制的过程。俗称“规划是用地管理的龙头”。我国的土地规划管理实践，首先是按行政区域编制各级土地利用总体规划，并经审批机关批准后实施，目前基本形成了国家、省级、地（市）、县（市）、乡镇 5 级规划体系；其次是依据规划制定的土地利用年度计划指标，这是依据规划采用年度指标管理的具体方式。

3. 土地保护管理

土地的自然属性和不可再生性决定了对土地资源属性进行保护的重要性。尤其对一些需要利用土地资源特定条件进行生产的行业用地，如农业、林业等主要需利用土地的土壤肥力条件、所处区域的气候与水资源条件等，必须予以保护以保障基本的生产需求。

当前我国土地保护的重点：一是耕地和基本农田保护，二是土地资源的生态管护。耕地保护是关系我国经济和社会可持续发展的全局性战略问题，事关我国的粮食安全问题。“十分珍惜、合理利用土地和切实保护耕地”是必须长期坚持的一项基本国策。耕地是人类赖以生存和发展的基础，面对中国耕地严重不足的严峻形势，采取各种措施，预防和消除危害耕地及环境的因素，稳定和扩大耕地面积，维持和提高耕地的物质生产能力，预防和治理耕地的环境污染，是保证土地得以永续和合理使用，稳定农业基础地位和促进国民经济发展的重大问题。因此，我国实行最严格的耕地保护制度，保证国家粮食安全。

4. 土地资源利用管理

土地资源作为生产要素必然要投入到人类的生产生活过程中予以利用，以发挥其资源价值。而且由于土地资源的有限性、位置固定性，决定了一定区域、一定条件的土地是稀缺的，稀缺资源在人类的经济活动中就存在着不断的配置与再配置，以满足不同行业、不同部门对土地利用的要求。为了保障土地资源配置与再配置顺利进行以满足人类社会经济活动对土地资源的需求，保护土地产权主体的合法利益，保证土地资源再配置与利用过程符合用途管制的要求等，就需要对土地资源利用与配置进行管理。

在我国现行土地制度体系下，土地资源配置方式主要有行政配置方式和市场配置方式两种。行政配置方式，包括集体土地征收或征用、国有土地划拨等，前者是将集体所有土地转变为国家所有的土地所有权、使用权再配置过程，后者是将国有土地使用权划拨给一定的单位使用。市场配置方式，就是采用市场交易的方式进行土地资源再配置，包括土地使用权出让、转让、租赁、抵押等，交易方式、交易价格由交易双方决定，政府按照产权管理、用途管制、市场调控的规则进行监督与管理。

5. 土地执法与督察

土地执法与督察管理，是对土地利用与管理行为是否合法、是否依规的监督与监察，是土地管理的重要方面。土地执法，是由县级以上人民政府国土资源行政主管部门按照法定程序和方式，依法对本行政区域内土地管理法律、法规的执行情况进行监督检查，并对违法者实施法律制裁的活动。土地督察，全称国家土地督察，是由国务院授权土地督察机构对各省（自治区、直辖市）以及计划单列市土地利用和管理情况进行监督检查的活动。我国自 2006 年开始建立国家土地督察制度，监督的对象是省级和计划单列市人民政府，在省以下直属管理体制下，自然也包括省级以下各级地方政府及政府的工作部门。

土地执法与督察管理是整个土地行政管理工作的重要环节，是强化土地行政管理、促进依法管理的重要手段。通过实施土地执法与督察，一方面可以保证国家的土地管理法律、法规得到全面的贯彻实施，提高广大干部群众珍惜土地、合理用地、依法用地的自觉性；另一方面可以有效地检查土地使用者、土地管理机关及其人员依法用地、依法管理的状况，既促进土地合理利用，也提高土地行政管理机关的威信。

## 二、土地管理的方法

土地管理是一项综合、复杂而且社会性很强的工作，涉及社会、经济发展的方方面面，因此，管理过程中所采用的方法非常重要，是能否进行充分、有效管理的基本前提。在实践中，人们常把土地管理的方法分为行政方法、法律方法、经济方法和技术方法等。

这里所谓的行政方法，是较狭义的概念，是指按照行政管理系统自上而下，通过行政命令、规定、通知、指示等方式，依靠行政组织和领导的权威来行使土地管理措施的过程。因此，它具有强制性、垂直性、单一性和无偿性等特点。

法律方法是指运用各种法律、条例和司法、仲裁等调整土地关系的行政管理过程。实践中主要包括两个环节：一是建立和健全各种法律、法规；二是严格进行行政执法和监督监察及相应的司法工作。这两个环节相辅相成，不可偏废。

经济方法是指根据土地管理过程的客观经济规律，充分运用价格、税收、信贷、利息、利润、工资、奖金、罚款等经济手段，调节和理顺各种土地关系，引导或约束人们合理组织土地利用的管理过程。其中价格、税收、信贷和利息等属于宏观经济调控手段，利润、奖金、罚款、工资等属于微观经济管理手段。在我国现行的市场经济条件下，土地市场逐步成熟，土地利用的经济机制和市场规律越来越明显，因此经济方法在土地管理过程中将占有越来越重要的地位。

技术方法是指在土地管理过程中所采用的测量、计算、统计、分析、评估、预测等措施体系。如土地面积的测绘技术、土地利用的动态监测技术、土地信息的数据库管理技术、土地利用规划、计划的预测技术等。这些技术的应用,是科学、客观、有效地进行土地管理的基础和保证。

下面具体地介绍几种主要的土地管理方法,而且不同的方法通常运用于土地管理的不同过程。

(1)命令和通知　这是属于行政性的方法,通常是在土地管理政策制定以后,通过行政命令或通知的方式予以发布和实施。适用于解决土地管理过程中的具体问题或局部问题,具有较强的针对性和灵活性。

(2)法规和条例　这自然是属于法律方法。是在土地管理过程中,发现土地问题或出现新的土地利用要求,土地管理部门和有关立法部门经过研究制定出一系列相对完整的规定,然后通过国家法律或条例的形式予以颁布和实施。这种方法适用于解决较宏观、影响范围较大,通常是全国性的问题,具有较强的强制性和权威性。而且法律一经制定,应有较长期的解决问题的生命力,要求制定法律过程中应有较长期的预见性,同时也是为了保证法律的相对稳定性。

(3)计划和规划　这是技术方法和行政方法的结合。在制订计划和规划时,通常要采用许多科学的、先进的技术手段,来保证计划和规划的科学性和合理性;在实施计划和规划时,又要采用一定的行政强制手段来保证计划和规划的完整实施。

计划和规划是土地管理过程中两种最常用的方法。在过去的计划体制下是这样,在目前的市场经济体制下也同样不可缺少,而且市场经济下往往由于追求经济利益的驱动,更需要政府从社会和宏观的角度,制订计划和规划来引导土地资源的市场配置过程和约束土地利用行为。例如,通过制订土地市场供给计划,促使土地市场的供求平衡;通过制订土地利用规划和城市规划,规定进入市场的土地用途和开发利用方式等,保证土地利用过程与周围的其他土地利用相协调,满足整个社会的需要。

(4)激励和处罚　这是一种利用经济或名誉对土地利用的合法行为、有益行为进行激励或鼓励,对违法行为、破坏行为进行处分、处罚或制裁的方法。是一种较微观的方法,适用于对具体的土地利用行为进行行政调处过程。例如,对于建房使用老宅基,不占新耕地给予经济上的奖励;对于超标占地、荒废土地给予经济处罚等。这种方法还可以结合税收、工资、金融投资和土地价格等共同使用,以达到良好的行政调控效果。

(5)关联和连带　这实际是一种技术方法,是在土地资源配置和土地利用管理过程中,采用一些相关联的措施进行行政调控的方法。这种做法在国外称为"关联项目"(linkage)。如为了鼓励开发边缘地区,若开发商能在投资于中心城区的同时,投资于待开发的边缘地区,则在中心城区的项目可以提高容积率;又如投资商业建筑、普通住宅的开发商,可规定其还需要进行配套建设,乃至进行保障性住房开发与建设等。

【本章小结】

1. 土地是由气候、地貌、岩石、土壤、植被、水文、基础地质以及人类活动的种种结果组成的自然经济综合体。

2. 土地具有两重性,主要表现在其既是劳动对象又是劳动资料,既反映生产力又体现生产关系,既具有自然属性又具有社会经济属性。土地是自然产物,具有有限性、永久性、位置固定性、多用途性等特性。

3.土地管理是指为了保护和合理利用土地资源,满足社会经济不断发展的需要,运用行政、经济、法律和工程技术的综合性措施对全国城乡土地资源及其利用过程,以及由此所产生的人与人之间的权属、利益关系进行计划、组织、协调和控制等方面的行政管理活动。

4.我国的土地管理属于政府管理行为,但在管理过程中首先要遵循土地资源的自然规律,其次要遵循经济规律,最终要满足社会经济可持续发展的要求,要遵循社会规律,保障土地利用的公共秩序。

5.我国土地管理的内容体系主要包括土地权籍管理、规划管理、保护管理、利用管理和监察督查等。土地管理的方法分为行政方法、法律方法、经济方法和技术方法等。

【习题及思考题】

1.什么是土地?简述土地与土壤、国土、土地资源的区别。

2.请思考土地概念界定与土地管理活动的关系,分析在土地管理中准确界定土地概念的重要性。

3.如何认识土地的两重性?土地的特性有哪些?

4.简述土地管理的概念和特性,土地管理的对象是什么?

5.土地管理内容体系有哪些?

6.土地管理的方法有哪些?举例说明不同方法在土地管理实践中的应用。

【参考文献】

[1]A·S·马瑟. 土地利用[M]. 北京:中国财政经济出版社,1991.

[2]周三多,陈传明,鲁明泓. 管理学——原理与方法[M]. 4版. 上海:复旦大学出版社,2003.

[3]甘藏春. 社会转型与中国土地管理制度改革[M]. 北京:中国发展出版社,2014.

[4]朱道林. 土地行政学[M]. 北京:中国农业科技出版社,1995.

# 第二章　土地管理学与土地管理教育

土地管理学产生于土地管理实践，是在人类长期的土地利用与管理实践中不断探索形成的规律性认识，并反过来指导土地利用与管理实践。本章主要阐述土地管理学研究对象、研究内容和研究方法，介绍土地管理教育发展与基本要求。

## 第一节　土地管理学的研究对象和内容

### 一、土地管理学的研究对象

1. 土地管理学产生于土地利用与管理实践

在人类历史上，土地问题的探索与研究历史悠久。土地科学问题的探索与发展源于人类利用土地中持续出现的问题与不断增长的需求。土地问题源于人类在生存与发展过程中对土地资源利用的需求，并由此所引起的对土地占有、分配、使用过程中的一系列关系乃至矛盾，为了解决这些矛盾，使土地资源满足人类不断变化与增长的需求，进而不断探索与发展，并逐步形成土地占有与使用制度、土地开发与利用技术、土地交易与收益分配的经济机制等。因此，人类对土地问题的研究，总是伴随着人类社会发展而不断发展与演化，通过不断归纳与提炼，形成相应的理论和技术体系。土地管理学研究，正是源于人类利用土地过程中的一系列制度和管制问题。

人类历史自有文字记载以来，仅有五千年左右。按照《人类简史》作者尤瓦尔·赫拉利（Yuval Noah Harari）所述，大约 7 万年前，“认知革命”让人类历史正式启动。大约 12 000 年前，“农业革命”让历史加速发展。而到了大约不过是 500 年前，“科学革命”可以说是让历史画下句点而另创新局。这应该是对人类历史发展的一种判断。如此来看，人类有历史记载的五千年历史，应该是始于“农业革命”时期。

从中外历史演变来看，土地问题层出不穷，解决手段也不断创新、演变与发展，并随着人类认知体系、科学体系的发展及学科研究交叉融合，逐步形成土地问题研究与探索的脉络体系。

自古以来的土地问题，主要集中在三个方面：一是土地分配问题，即土地制度如何设置，解决土地归谁所有的问题，如中国历史上先后出现井田制、分封制、赏赐制、占田制、均田制、公田法、私有制等，以及土地转移与交易方式，如买卖、交换、遗赠、兼并等，乃至归谁使用，如自耕、租佃等。二是土地利用问题，即土地如何开发利用以满足人类不断增长的衣食住行的需求，并进而探索出一系列土地开发利用的工程技术体系，如耕翻技术、灌排技术、梯田技术等。三是土地税赋问题,如中国历史上先后出现相地而衰征、初税亩、租庸调制、两税法、一条鞭法、摊丁入亩等,以及为保障征税而采取的调查、丈量、登记、土地质量评定、鱼鳞图册等。

因此,土地管理学的产生主要取决于社会经济发展对它的需要,土地管理工作对理论和方法的需要,以及土地科学工作者对它的探索、研究成果情况。当今世界,随着人口的剧增、各项建设事业的迅猛发展、耕地的锐减、生态环境的恶化,使得人口、土地、建设、粮食、环境成为举世瞩目的问题。如何协调好这五个方面的关系,使之朝着预定目标顺利地发展,是人类社会发展面临的首要问题。这就要求将土地管理作为一门科学来开展系统的、卓有成效的研究,以不断提高土地管理的科学水平,适应社会经济发展的需要。在市场经济条件下,土地利用往往受过分追求经济利益的驱使。如何保证土地利用过程中的社会效益和生态效益,如何协调土地使用者、不同用地部门以及国家与用地者的关系,都需要建立完善的土地管理体制,需要深入研究土地管理过程中的客观规律。因此,土地管理学是在社会经济不断发展的过程中随着土地管理实践的不断发展和完善而逐步产生和发展的。

2. 土地管理学的研究对象

土地管理学就是针对土地的特殊性,引用管理科学的基本理论,研究探索土地管理问题的科学,是介于土地科学和管理科学的一门交叉学科。它研究调整土地关系,监督、调控土地利用,使之达到预定目标的管理活动的规律性。也就是说,它研究的客体是以土地关系和土地利用为核心的土地问题,这是土地管理学与其他管理学的区别。

因此,土地管理学是研究有关土地管理过程的客观规律的学科,即研究土地管理的体制、内容、方法以及土地管理运行规律的学科。

土地管理学以国家对土地事务的各项行政管理活动为研究对象,是研究政府如何用最合适、最经济、最有效的方法处理土地行政管理工作的科学。具体地说,土地管理学的研究对象是运用行政学、经济学、管理学、法学、资源学、土壤学、生态学及其他相关学科的有关知识,研究国家机关通过行政、经济、法律、技术手段管理国家城乡土地事务的各项活动,研究土地行政管理的规律和行政调控的方法、手段,探索并不断完善国家的土地管理体制,提出能有效地执行国家的土地法规和政策的最优方案和措施的科学。其中管理城乡土地事务的各项活动,主要包括两个方面:一是实施土地管理机关的管理,如土地管理机构的设置、职责和公务员素质的提高与培养等;二是土地管理机关的日常业务管理,如城镇地政管理,农村地政管理,土地权属关系的确定与发证,土地市场的宏观调控,土地调查、登记与统计,土地利用的规划与监督,土地利用的计划控制等。

从土地管理学的学科性质来看,应属于理论与实践相结合的应用理论研究范畴。它是属于认识客观世界的研究,为认识土地管理过程的客观规律而研究,它的研究对象是土地管理过程的客观规律,在认识这一客观规律的基础上,进一步应用这一规律调整土地关系,改善土地管理过程,以实现更有效的土地管理。

土地管理学与土地经济学、土地规划学在研究对象上是有区别的。虽然它们都涉及土地关系与土地利用问题,但因它们都有各自不同的研究对象,因而它们是三门独立的学科。

土地经济学的研究对象是土地利用的经济原理和土地关系及其运动规律。它是把土地视为一个经济要素,研究其综合利用和分配的综合性经济学科。土地管理学的研究对象是土地关系和土地利用的管理活动的规律性,它着重研究如何调整土地关系,监督、调控土地利用,才能实现管理目标，为此，必须了解土地关系和土地利用本身运动的规律性，这就是土地管理学所依据的土地经济学原理。所以，土地管理学的研究对象是土地关系和土地利用这一社会现象管理的规律性，而不是土地关系和土地利用本身运动的规律性。虽然这是土地管理必须要涉及的范畴，但它毕竟是土地经济学研究的对象。

土地规划学的研究对象是组织土地利用的规律性，它着重研究合理组织土地利用的理论，规划设计和实施的方法。土地管理学则侧重研究对土地利用和土地权属管理的原理和方法，它借鉴土地规划学的研究成果，并运用于土地管理、但它不着重研究土地规划的理论和方法。

土地管理学是将整个土地管理过程以及管理过程中的一切职能，经济、法律、技术、行政等各种因素作为一个整体来研究的，它是研究这一整体运动规律性的学科。地籍管理、土地利用管理等则是研究管理过程中个别阶段或某项内容的学科。农村土地管理、城市土地管理是研究农村和城市土地管理特殊规律的学科，而土地管理学研究的是一般规律与特殊规律的结合。

## 二、土地管理学研究的内容体系

根据土地管理实践的需要，土地管理学研究的内容体系可分为基础理论研究、应用理论研究和应用实践研究三大部分(图 2-1)。基础理论研究是对土地管理实践以及土地管理学研究过程中基本理论问题进行的归纳、分析和探索，为应用理论研究和应用实践研究提供理论前提和依据。应用实践研究是对土地管理实践的具体业务内容进行归纳与分析，探讨土地管理实践的具体内容、方法和目标，是对土地管理基本理论的应用和检验。应用理论研究是介于前两者之间的分析探讨过程，一方面是基础理论研究的深化，使基础理论研究达到应用的要求；另一方面是为应用实践提供具体的、直接的土地政策、法律依据，同时也是土地管理实践的具体内容。三个部分相辅相成，互相联系，共同构成了土地管理学研究的完整的内容框架。

当然，基于完整学科体系的土地管理学研究尚处于发展之中，随着实践需求的日益强烈，学科基础理论研究的发展，土地管理学学科体系也发生变化并逐步完善。

- 土地管理学
  - 基础理论研究
    - 土地管理学科体系研究
    - 土地管理基本理论研究
    - 土地管理方法论研究
    - 土地管理比较研究
  - 应用理论研究
    - 土地管理体制研究
    - 土地管理政策研究
    - 土地管理法律研究
  - 应用实践研究
    - 土地权籍管理
    - 土地规划管理
    - 土地保护管理(耕地保护)
    - 土地利用管理
    - 土地执法与督察

**图 2-1　土地管理学内容体系**

## 第二节 土地管理学的研究方法

科学研究的目的和价值在于发掘知识并解决问题，解决前人未曾解决的问题。什么是研究(research)？它是事实的说明，清楚说明前人未曾说明清楚的事实。研究的结果是要建立新理论体系(包括研究方法、思想系统等)，是要说明、解释或预测我们所生存和生活的世界及其现象。一般研究过程包括研究假设，收集实际资料而给予验证，以一组客观的现象(变数)去说明另一组客观的现象，建立其间的一般性命题(proposition)，最后得出一个较完整的理论系统。

就方法论(methodology)而言，人们从事的研究，不外乎异中求同，或同中求异。前者是在大量资料中发现其间的共同性(nomothetic)，而后者则是发现其间的异质性(idiographic)。研究是一门“问题”的学问，旨在发现(而非“创造”)有用的知识。科学研究最根本的定义是“一种有系统的探索，以提供资讯，解决问题为目的”。

科学研究需要开放的态度，即不囿于权威而自我设限，心胸开阔而能接纳不同的意见或批判。面对“刻板印象者”“权威把持者”等的反对，要具有批判的勇气。要能够面对自己的缺失，具有自我批判的反省能力。面对学术批评时要有“好意”的认知和“感恩”之心。发现自己的研究所得结论与前人不同时，除非证实自己的资料(正、反面的相关资料)、方法、观点严重偏差，否则决不可因为任何非关学术的理由而放弃，应该坚持到底。

### 一、土地管理学的研究范式

“范式”这一概念和理论是由美国科学哲学家托马斯·库恩(Thomas Kuhn)1962年在《科学革命的结构》一书中提出并系统阐述的，后来被广泛应用于众多自然科学和人文社会科学的研究领域。其基本观点是，范式是科学家共同体所共同接受的一组假说、理论、准则和方法的总和，其构成科学家共同体的理想和信念，是使一门学科成为科学的必要条件或成熟标志。因此，具体针对某一学科的研究范式，应该是指从事这一学科研究的科学家群体，在研究本体、认识、方法上应遵循的共同规则，在开展科学研究过程中，研究观点可以不一致，但应该针对同一研究对象；研究结论可以相互迥异，但是必须遵循共同的理论和准则；研究结果可以大相径庭，但必须保证研究方法的科学与严谨。当同一学科的科学家群体中大多数人的研究理论、准则、方法基本一致时，这大概就是库恩所说的学科成熟的标志。然而，对于科学研究和学科发展来说，研究范式的重要性不仅在于形成一致的理论、准则与方法，而在于研究过程中针对同一研究对象，遵循基本一致的理论、准则与方法，这样才能保证在同一话语体系中争论与讨论问题，才更可能地辨明真理，发现规律。

土地管理学的研究范式，并未形成库恩所说的“成熟标志”，因为理论尚未成形，规律尚不明确。因此，更需要从研究范式上凝练确定的研究对象，遵循基本一致的理论、准则与方法开展科学研究，以促进学科发展并走向成熟。在本体论方面，重点针对土地管理实践过程及其客观规律开展研究，研究基于土地公共属性保障与可持续利用目标的土地管理实践及其运行的体制机制。在认识论方面，土地管理学研究的核心范畴应该是基于土地资源本质属性的土地管理基本理论和运行规律研究，在土地权籍管理、土地规划管理、土地保护(耕地保护)管理、土地配置管理、土地市场管理、土地监察督察等方面的知识架构基本形成；要探索基于土地资源公共属性、社会属性保障的土地管理行为规则，研究土地冲突解决与防控的法制、体制与机制；研究土地制度与土地利用的互作机理，探讨土地公共政策体系及其作用机制；探索规划管制的技术体系与空间布局理论，探究提高土地利用的生态、经济、社会效益措施，形成一套支撑土地管理实践健康发展的认识论体系。在方法论方面，首先，必须遵循科学研究的基本方法论规则，归纳演绎、比较分析、逻辑推理、理论联系实际等是通用的科学研究方法；其次，必须考虑针对土地资源特殊属性的方法论体系，如土地资源属性的自然科学方法论，土地位置固定的空间分析、定量研究方法论等；最后，要考虑土地管理学作为人文社科类学科，控制论、系统论、实践论等是基本理论规则，针对土地管理运行规律的制度分析、法学分析、公共政策分析、行为学分析等是基本方法。

## 二、土地管理学的研究方法

科学研究的方法，一要具有理论性和先进性，二要与其研究对象的实践特点相适应，要有利于研究和发现客观规律。土地管理学的研究对象是土地管理实践过程中的客观规律，是通过对土地资源及其利用过程的深入研究，为土地管理过程中合理、有效地协调土地关系提供理论依据。因此，其研究方法必须结合土地资源及其利用过程的特点以及土地管理的特殊性。

### 1. 理论联系实际的方法

前文已经论述，土地管理学是为认识土地管理过程客观规律而进行的研究，并反过来用于指导土地管理实践，属于应用理论研究范畴，因此其研究过程必须与实践相结合。通过对实践过程的深入、全面的调查分析，进行提炼，归纳成具有一般规律性的理论思想，再反过来用于指导实践工作，并得到检验和修正，使之逐步成为成熟的理论。尤其我国的土地管理工作，既要满足社会主义公有制的要求，又要符合市场经济规律的要求，可以说具有中国特色，必须立足于我国国情，采取实事求是的科学态度，理论联系实际，对复杂的土地管理现象、地政管理的环节和过程，抽象地概括出一般的原理、原则和方法，以此作为处理土地管理问题的准则，用以指导土地管理实践。

### 2. 比较研究法

比较研究法是以辩证唯物主义和历史唯物主义为基础，运用大量调查统计资料，对土地关系、土地利用及土地管理的历史、现状、未来进行对比分析和预测的方法。建立具有中国特色的土地管理学，必须结合我国的实际，对国外土地管理学说去粗取精，弃其糟粕取其精华，这就需要采用比较研究法。比较研究包括纵向比较和横向比较，宏观比较和微观比较，动态比较和静态比较，及其综合比较分析。对不同历史时期不同社会生产方式下的土地关系和土地利用以及管理活动的比较研究，对同一历史时期不同社会制度下的土地关系和土地利用以及土地管理活动的比较研究，可以揭示土地关系和土地利用以及管理活动的一般规律和特殊规律。我国土地管理实践已有 2 000 多年的历史，国外也有许多有益的土地行政管理经验，尤其是在市场经济条件下土地管理的体制和方法，故应通过纵向、横向的对比方式，对不同的历史阶段、不同国家的土地行政管理体制、制度体系、管理方法和技术进行全面地比较、分析，探究异同，权衡利弊，取长补短，探索出适合我国现阶段国情以及土地资源及其利用实践要求的基本理论。

3. 综合研究方法

采用多种学科，从各个方面、不同角度来考察和分析土地管理问题。土地管理学是在多学科的交叉中形成的，不是孤立的学科，与社会科学和自然科学有着广泛的联系。从学科的本身来说，土地管理学的研究内容较广泛，涉及行政管理、经济、规划、金融、法律等。所以，要系统地研究和掌握土地管理学，必须综合应用相关学科的知识来完成。土地管理学必须将土地关系和土地利用作为一个不可分的统一体来研究；将土地管理作为组织、技术和社会经济方面相互联系的统一体来研究。土地管理学只有对上述方面进行综合分析，才能使管理活动符合管理过程本身固有的规律。

4. 系统分析方法

土地管理是一个相互联系的有机整体。如果说全国土地管理是一个母系统的话，那么省、地、县、乡的土地管理则是不同层次的子系统。这就要求采用系统方法研究如何使各层次的土地管理系统的目标、职能、原则、方法、机构、干部、技术、结构和过程互相协调起来，使整体与部分、整体与外部环境互相协调起来。这就在客观上要求采用系统方法揭示它们之间的联系和运动的规律性，通过系统优化来提高系统的总体功能。

5. 归纳法与演绎法

归纳法是根据对某类事务中具有代表性的部分对象及其属性之间必然联系的认识，得出一般性结论的方法。演绎法是从一般性知识引出个别性知识，即从一般性前提得出特殊性结论的过程。演绎推理的前提与结论之间存在着必然联系，只要推理的前提正确，推理的形式合乎逻辑，则推出的结论也必然正确。

归纳与演绎二者可以互相补充、互相渗透，在一定条件下可以相互转化。演绎是从一般到个别的思维方法；归纳则是对个别事物、现象进行观察研究，而概括出一般性的知识。作为演绎法的一般性知识来源于经验，来源于归纳的结果，归纳法则必须有演绎的补充研究。

6. 现代技术方法

土地管理学研究需要进行大量的社会调查和统计分析，要得出科学的结论必须以全面系统的分析为基础，这就需要采用先进的科学技术，如利用系统工程、信息论、控制论等理论，采用仿真技术、“3S”技术、数学模型、人工智能等技术进行模拟研究、数据分析和信息化管理。

土地管理学的研究方法是多种多样的，而且会随着科学技术进步和土地管理事业的发展而不断发展变化，不存在一种完善的、任何情况下都适用的研究方法，我们应该在实践中不断探索新的、有效的方法，来研究和探索土地管理的理论与规律，为促进土地管理实践的正确发展提供理论依据。

## 第三节　土地管理教育

### 一、土地管理教育概述

土地管理教育是伴随着土地管理事业的兴起而产生、发展和壮大的，目前已基本形成了普通教育与成人教育同步发展，各层次的学历教育、继续教育、专业证书教育、岗位培训、短期业务培训等层次齐全、形式多样的教育教学体系。据不完全统计，目前全国已有近百所高等学校开展土地资源管理专业的本科、硕士或博士研究生教育，已基本形成了层次齐全的学历教育体系。

我国的土地管理学科发展与人才培养历史可以追溯到20世纪30年代的中央大学、金陵大学设置的地政学科。1949年以后，开始借鉴苏联的土地规划模式，先后派遣30余名留学生到苏联国立土地规划大学等高等学校，学习土地利用规划专业。1956年东北农学院首先创办全国第一个土地规划专业，它标志中国土地规划高等教育的开始。1960年夏为适应人民公社土地规划的要求，农业部在哈尔滨举办了土地规划讲习班，培养了土地规划干部300余人，随后在河北农学院、华中农学院、南京农学院增设土地规划专业。

1961年各地土地规划和土地利用机构进行了调整，除东北农学院外，其他三所高等学校的土地规划专业相继撤销。1966—1976年，土地规划专业被撤销，各级土地利用管理机构纷纷撤并，土地勘测设计部门被解散，专业人才转行流失，导致学科研究和教育停滞。

1978年，国家在农业部首先恢复了土地利用管理局。随着改革开放的全面推动，实践中不断涌现的土地问题迫切需要学科发展与人才培养予以支撑。1981年，华中农学院首先恢复土地利用规划专业本科招生，停滞了10余年的土地教育事业开始起步。

1986年，国家颁布了《土地管理法》，成立了国家土地管理局，地方各级政府相继成立土地管理机构，土地管理专业人才异常缺乏。为了尽快培养土地管理科学人才，土地教育出现了前所未有的发展机遇，许多高等学校相继恢复或新建了土地规划与利用、土地管理等本科专业。如中国人民大学、同济大学、中国农业大学、南京农业大学、浙江农业大学等都设立了土地规划与利用专业、土地管理专业等，招收和培养土地科学领域的专业人才，以满足社会对土地管理人才的需求。

1987年华中农业大学设立了第一个农业资源经济与土地利用管理硕士学科点，1992年南京农业大学设置了第一个农业资源经济与土地利用管理博士学科点，推动了土地管理领域硕士、博士研究生的培养。

1998年国家进行学科专业调整，将工学门类的“土地规划与利用”专业、经济学门类的“土地管理”专业合并为“土地资源管理”专业，设置于“公共管理”一级学科下，侧重“管理”领域培养人才，这一体系延续至今。至今全国有100余所高校招收土地资源管理本科生，90余所高校具有土地资源管理硕士授权点，20余所高校具有博士授权点(含部分自设博士点)。

近年来，随着土地科学学科建设的推动，以及土地管理实践人才需求的变化，相关高校陆续增设了新的土地领域本科专业。如中国地质大学(北京)、长安大学、中国农业大学等先后增设土地整治工程(082306T)专业；中国农业大学于2019年增设土地科学与技术(090205T)专业，中国地质大学(北京)于2020年增设自然资源登记与管理(120417T)专业等。这些新专业的开设，将有利于促进土地科学领域高层次人才的多学科交叉培养，保障土地管理实践的人才需求。

## 二、土地资源管理专业培养要求

1993年《普通高等学校本科专业目录》中，与土地有关的专业两个，即土地管理(020119)

和土地规划与利用(081405),其中前者属于经济学,后者属于工学。1998年教育部颁布的《普通高等学校本科专业目录》中将上述两个专业合并组成土地资源管理(110304),隶属于管理学门类公共管理学科,可授管理学或工学学士学位,研究生授予管理学学位,其学科代码为120405。2011年国家再次进行专业目录调整,发布《普通高等学校本科专业目录(2012年)》,在管理学(12)门类的"公共管理类(1204)"下设"土地资源管理(120404)",2020年新版普通高等学校本科专业目录延续这一设置。

教育部《普通高等学校本科专业介绍》中有关"土地资源管理"专业的内容为:

专业名称:土地资源管理

专业代码:120404

业务培养目标:本专业培养具备现代管理学、经济学及资源学的基本理论,掌握土地管理方面的基础知识,具有测量、制图、计算机等基本技能,能在国土、城建、农业、房地产以及相关领域从事土地调查、土地利用规划、地籍管理及土地管理政策法规工作的高级专门人才。

业务培养要求:本专业学生主要学习土地管理方面的基本理论和基本知识,受到土地规划、测量、计算机、地籍管理的基本训练,具有土地利用与管理的基本能力。

毕业生应获得以下方面的知识和能力:

1. 掌握管理学、经济学及资源学的基本理论;
2. 掌握土地调查、土地评估、土地整理、土地利用规划、地籍管理、土地信息系统应用及土地开发经营的技术;
3. 具有土地利用与管理方面的基本能力;
4. 熟悉国家有关土地利用与管理及可持续发展方面的方针、政策和法规;
5. 了解社会经济发展过程中土地利用与管理的发展动态;
6. 掌握文献检索、资料查询的基本方法,具有初步的科学研究和实际工作能力。

主干学科:公共管理、环境科学技术、应用经济学。

主要课程:土地资源学、土地规划学、土地管理学、土地经济学、地籍管理学、测量学、土地信息系统。

主要专业实验:地籍测量、土地规划设计、土地估价、土地信息系统。

修业年限:四年。

授予学位:管理学或工学学士。

相近专业:城市规划。

随着中国高等教育本科专业目录的调整,有关土地资源管理专业教学内容的改革与教材建设成果显著。大量的教材相继问世,既充实和完善了教学内容,又促进了土地科学的发展和完善。一方面已有的学科得到了充实和发展,教材内容更加适应土地管理事业的需要,如土地资源学、土地管理学、土地经济学、土地法学、土地利用规划学、不动产估价和地籍管理等;另一方面,一批新兴的分支学科的兴起和新教材的出版,不仅完善了土地科学体系,也充实了学科内容,如土地政策学、土地生态学、土地社会学等,这批学科从无到有,使土地学科体系进一步完善。

## 三、土地资源管理专业知识体系

土地管理的人才需求，是以土地管理实践工作和技术体系、知识体系为基础的。我国当前的土地管理，既具有很强的政策性和法律性，需要依据各种土地管理领域及相关的法律、法规和政策，这是行政管理的客观要求；又具有很强的技术性，从调查测绘到规划编制，从土地利用工程技术到信息技术，从土地价格评估方法到招标拍卖挂牌的市场交易方式，这些技术体系和知识体系，决定了土地资源管理专业人才培养的知识框架。

当前全国不同高校培养土地资源管理专业人才，尽管各高校针对本身的学科优势和特色，在培养方案和课程设置上有所不同、有所侧重，但是，按照土地资源管理专业人才知识结构的要求，除了通用基础知识要求以外，其培养的知识结构可归纳为以下 4 个方面：

(1)资源学与地学基础类课程　包括地质地貌学、土壤学、地理学或经济地理学、土地资源学、气候学或气象学等，这方面知识主要应用于解决土地利用的基本规律和要求，属于专业基础范畴，满足开展土地利用规划、土地整治、耕地保护等方面工作的基础知识要求。

(2)经济学、法学与管理学理论课程　包括经济学、管理学、法学、土地法学、土地经济学等，这方面知识主要应用于解决土地利用与管理的经济机制、法律规则、管理措施等方面，属于专业基础知识范畴。

(3)测绘、信息技术的现代手段课程　包括测量学、地籍测量、制图学、遥感基础、计算机类、3S 技术及智能技术类课程，属于现代技术与方法类课程，用于解决进行土地利用空间表达与分析、土地信息采集与处理等方面工作要求，是实现土地管理现代化、自动化、智能化的基础和手段。

(4)专业知识与技能类课程　包括土地管理学、土地利用规划学、土地资源调查与评价、地籍管理、不动产估价、城市规划、土地整治工程、房地产开发经营等，属于土地资源管理的具体业务知识，每一门课程基本涵盖该方面的具体业务知识体系，俗称“饭碗”课，即每一门课程就是一个就业领域。

【本章小结】

1. 土地管理学是研究有关土地管理过程的客观规律的学科，即研究土地管理的体制、内容、方法以及土地管理运行规律的学科，其研究对象是土地行政管理的客观规律和行政调控的方法、手段，探索并不断完善国家的土地管理体制等。土地管理学研究的内容体系可分为基础理论研究、应用理论研究和应用实践研究三大部分。

2. 土地管理教育是培养土地资源管理专业人才的重要过程。针对土地管理实践应用性强的特点，土地管理教育注重培养学生独立思考、解决实践问题的能力以及独立从事土地管理实践工作的能力，推进职普融通、产教融合、科教融汇，培养德智体美劳全面发展的社会主义建设者和接班人，推动土地管理事业的发展。按照实践中对土地管理人才的要求，其培养的知识体系可归纳为资源学与地学基础类、经济管理学与法学类、测绘与信息技术类、专业知识与技能类 4 个方面。

【习题及思考题】

1. 土地管理学的概念、研究对象、学科体系是什么？

2. 科学研究方法有哪些？简述土地管理学研究方法的特点。

3. 根据教育部关于土地资源管理专业的培养要求，谈谈如何学好专业基础课和专业课。

【参考文献】

[1]朱道林，谢保鹏. 论土地科学与相关学科的关系[J]. 中国土地科学，2015，29(3)：22-31.

[2]冯广京. 土地科学学科独立性及学科体系研究框架[M]. 北京：中国社会科学出版社，2015.

[3]朱道林，张立新，杜挺. 论土地管理学的学科内涵与研究范式[J]. 中国土地科学，2017，31(9)：7-14.

[4]托马斯·库恩. 科学革命的结构[M]. 2版. 北京：北京大学出版社，2012.

# 第三章　土地管理的基本理论

行政管理本身具有强制性和权威性等特性，但这并不说明行政管理过程可以不讲道理，尤其在现代社会体系下，行政管理过程必须遵循客观规律，否则难以有效地达到管理的目的。土地管理是以土地资源开发利用过程中所产生的人地关系为调整对象，以保证土地资源的开发利用满足社会经济综合协调发展为目标，因此管理过程必须遵循土地利用与管理过程的客观规律，否则将难以达到管理的预期目标。首先，土地管理过程应以当地的土地资源为基础，必须从当地土地资源的客观条件出发；其次，土地资源是整个人类的资源，既是国家的基础资源，又是国家的重要财产，国家为此制定了一系列法律和制度来规定和保护各种土地权益，因此土地管理过程必须维护土地制度，执行土地法律，即土地管理过程要符合法律制度框架；最后，土地资源的开发与利用是为了满足人类生存和发展的需要，为了满足社会经济综合、协调与可持续发展的需要，因此土地管理最终要符合社会经济发展的目标。这就是土地管理过程的三重规则。这三重规则规定了任何土地利用与管理行为范式，每一个规则都对具体的土地管理方案和措施产生影响，都值得进行深入而细致地研究。而且，在实践中这三重规则又是相互关联、相互作用的，必须综合全面地考虑。本章基于这三重规则框架，分别介绍土地管理的基础理论，包括资源学理论、制度理论、经济学理论及管理学理论。

## 第一节　资源科学理论

### 一、资源与资源科学

资源，是“资财之源”，是人类社会创造财富的源泉。资源按其属性分为自然资源和社会资源两大类。自然资源指自然界存在的对人类有用的自然物，例如土地、水、矿产、生物、气候等。社会资源包括各类自然资源经过人类社会多次加工制成的生产资料、生活资料、资本等实物资源和劳动力资源以及信息、科技与教育、管理等非实物资源。资源是一个历史的、动态的范畴，随着社会生产力的不断发展，自然资源与劳动力资源经历了历史性的变化，从自然资源向实物资源演变，又从实物资源扩展到非实物资源，劳动力资源也从体力劳动逐渐向智力劳动演变。

人类研究资源问题由来已久，但提出资源科学体系时间并不久。资源科学是由学科群构成的大科学领域，是研究资源系统的结构与功能及优化配置的综合性科学。它由自然资源学、社会资源学与知识资源学三大部门组成。至今仅自然资源学及其诸多分支学科发展较快。知识资源学是随着信息资源的日益发达及知识经济的兴起，于 20 世纪 90 年代才引起人们注意，并提上研究日程。

资源作为人类社会的生产资料已有上万年历史。工业革命促使矿产、土地、水、森林等部门资源科学的形成与发展。但是资源作为一门科学进行整体的、系统的、综合的研究则是近几十年的事，它在中国始于20世纪50年代的自然资源综合考察，经过近半个世纪的努力，尤其在20世纪80年代以后，随着国民经济的蓬勃发展，资源科学研究取得了长足的进展。在90年代，这一研究领域完成了两项标志性的成果：一项是由国家计委主持完成的42部《中国自然资源丛书》，另一项是由中国自然资源学会主持完成的《中国资源科学百科全书》。这两项成果系统地总结了近半个世纪以来中国资源研究的理论与实践，初步建立了资源科学的框架，对学科的理论体系进行了有益的探讨。

资源科学要研究与解决的主要矛盾是劳动力资源与自然资源之间的矛盾。人(力)与(自然)资源的关系是最基本的关系。自然资源的有限性与人类需求的无限性之间的矛盾将是长期存在的，中国人口众多，自然资源相对紧缺的矛盾已成为中国的一个基本国情，解决这对矛盾归根结底是要依靠自然资源与劳动力资源的优化组合和科学技术的进步。

人与资源这对矛盾中，人总是处在矛盾的主要方面。可以由于人类不合理地掠夺性地滥用资源，造成资源的流失、破坏、退化乃至枯竭和资源环境的恶化，加剧其紧缺程度；人类也可以运用自己的智慧——即智力资源，合理科学地利用资源，不断提高资源的利用率与产出率，使资源得到集约、高效、持续的利用。因此，资源科学工作者不仅要重视对自然资源系统深入的研究，也要加强对社会资源的研究和开展对知识资源的研究，更要重视彼此结合高层次的综合研究。中国是人力资源最丰富而自然资源相对紧缺的国家，如何扬长避短，把中国雄厚的人力资源与相对紧缺的自然资源不断地优化组合，是一个永恒的主题。

在人与资源的关系中，还要提及的是资源与环境的关系。资源与环境是互为依存、互为影响的。资源本身就是人类生存环境的一部分，而且是重要的组成部分，是环境中能被人们直接利用的那一部分，人类利用了资源也就利用了环境。环境的恶化则是资源不合理利用，资源的破坏、流失与污染的结果。因此，保护环境首先要从合理利用资源着手。环境是资源生成的动力和条件，资源环境的恶化反过来影响资源的生产力，甚至产生不可逆转的结果，从这个意义讲保护资源环境也就是保护资源的生产力。因此，资源科学研究与环境科学研究应密切结合，实现资源可持续利用与环境不断改善。

## 二、资源的特性

### 1. 资源在空间上的共生性与整体性

在自然界，气候资源、水资源、生物资源、土地资源、矿产资源是相互联系、相互制约的一个整体，它们在垂直空间上是共生的。在地球大陆的任意位置，土地资源、矿产资源、水资源、生物资源、气候资源等自然资源有机地组合在一起，共衰共荣，彼此间不断地进行物质和能量的交换。人们对某一类资源的合理利用或破坏，都会对其他资源产生有利或不利的影响。如一地森林资源的采伐、草原放牧，就可能造成水土流失与沙化等，因此，资源的存在与发展表现出明显的整体性。如果脱离对资源的整体性考虑，只顾及某一资源合理利用与保护是难以达到目的的。资源的共生性与整体性决定了对资源合理利用管理的综合性。农业生产是对全部农业资源的利用，即对土壤资源、水资源、生物资源、气候资源的同时利用，各类农业资源对农业生产具有同等重要性。可以断言，单一农业自然资源的农业利用不存在。农业生产是一类生物生产，由于土地利用的排他性，所以农地作为农业生产的同时不能作为非生物生产所用。由于这一原因，造成了资源整体性与资源管理立法的单一性之间的矛盾。

2. 资源分布的地域性

资源的分布，具有一定的空间范围和分布规律，表现出明显的地域性。气候资源、水资源、生物资源和土地资源的地域性分布规律主要受地带性因素的影响，但同时也受非地带性因素的制约；矿产资源和化石能源等的地域性分布规律主要受非地带性因素的制约。此外，资源开发利用的社会经济条件和技术工艺水平也具有地区发展的不均衡性，使社会经济资源也表现出一定的区域性特征。由于资源分布的区域性特征，就要求资源的调查、评价，特别是对资源的保护与开发利用要做到因地制宜。

3. 资源的相对有限性与绝对无限性

时间、空间和运动是无限的，物质与能量也是无限的，但在具体的时空范围内，就人与资源的关系而言，资源特别是自然资源又是有限的。从哲学观点出发，自然资源是相对有限性与绝对无限性的辩证统一。资源特别是自然资源的绝对无限性是人类无限生存下去和社会无限发展、进步的重要条件。而资源的有限性则为经济、合理地利用资源，有效地保护和管理资源提供了要求和依据。

4. 资源利用的多宜性

无论是单项自然资源，还是复合性的资源，都具有多功能、多用途和多效益的特征。诸如土地资源可以作为农业、林业、牧业、渔业、建筑业、交通运输业等各种使用方向；一条河流既是农业灌溉水源，又可作为电力部门的动力源，还可以是交通部门的运输线，当然可以作为工业的水源以及旅游用地等；森林资源的多功能性、多宜性更为明显。自然资源的多宜性，带来了资源利用的复杂性。显然，不是所有资源的多宜性功能都具有同等重要的意义。因此，在资源开发、区域规划和地区发展战略研究时，就需全面权衡利弊，特别是面对社会多种需求、资源广泛利用时，资源的多宜性功能抉择就更显重要。

5. 资源系统的全球性

资源的全球性可以说是资源系统的地域性与整体性在全球尺度上的具体体现。首先，全球自然资源是一个整体系统，一个国家或地区的资源利用往往会超过其主权范围而波及世界其他地区。其次，全球资源分布的地域性与不平衡性，导致了全球区域性的资源短缺与优势互补问题。最后，有些资源是全球性共享资源，诸如公海中的自然资源、北极的资源，以及界河、多国流域和迁移性资源等。因此，在研究资源开发时，除了要立足本国外，也要放眼世界，了解国际上资源的供需状况及发展前景。这就涉及资源开发利用的国际合作问题。

## 三、土地管理的资源基础

任何国家和地区的土地管理都必须以其土地资源条件为基础，其土地管理的政策、法律及行政措施等都必须与其土地资源条件相协调，否则将不可能达到应有的管理效果。

1. 土地的自然属性决定一切土地利用与管理行为必须遵循自然规律

土地作为自然资源，其自然属性取决于其是自然产物，表现为具有位置固定、总量有限、可永续利用、多用途使用等特性，这是土地的基础属性，决定了土地是区别于其他资源乃至资产的。任何土地利用或者针对土地的管理行为都必须遵循自然属性，比如坡度太大不宜开垦，必须退耕还林，防止水土流失；软土地基，必须予以加固方能用于建设建筑物。遵循自然属性是保障土地资源可持续利用的前提。在基于土地自然属性进行管理时，一方面，土地总量有限，不可再生，决定了自然供给无弹性；另一方面，土地作为生产要素，属于自然要素，不可由人类创造，又是影响生态环境的重要基础，决定了必须以合理开发与有效保护为前提进行开发利用。

2. 水资源及气候条件、土壤与地质、地貌条件决定土地利用方式

人类任何土地利用或管理行为都必须遵循土地的自然条件，而一定区域内土地的水资源状况、气候条件、土壤质量及地质、地貌条件等都决定着其利用方式和利用程度，如我国西北地区土地资源丰富，而水资源短缺，导致土地沙漠化，土地利用能力极低；东北地区土壤肥沃，人少地多，而其气候寒冷，决定了其土地自然生产能力仍然较低。我们在“以粮为纲”的年代，进行全国大开垦，尤其将一些坡地开发为耕地，从而导致水土流失，这是不遵循自然规律进行土地利用与管理的典型体现，从而招致自然的惩罚——水土流失，环境恶化，又不得不退耕还林、还草，劳民伤财。

3. 土地资源调查、评价与土地统计是土地管理的基础和前提

要进行有效的、合理的土地管理，其前提是必须摸清家底。土地资源调查就是为查清一定国家、一定地区或一定单位的土地数量、质量、分布及其利用状况而进行的测量、分析和评价工作，为合理调整土地利用结构和农业生产布局、制订农业区划和土地利用规划提供科学依据，并为进行科学的土地管理创造条件。在我国目前实行土地用途管制制度体系下，准确、全面地掌握全国土地利用类型是土地管理最基本的工作。

## 第二节　制度理论

人类开发利用土地资源总是在广泛的制度框架内进行的。在我国土地管理界曾有一句名言，“土地管理管的并不是土地，而是利用土地的人”。这句话至少说明两个问题，其一，土地资源并不仅仅是简单的自然资源，它在开发利用过程中涉及社会经济的方方面面，在土地利用过程中所体现出的社会、经济关系往往是人与人之间的关系；其二，人类在开发利用土地资源过程中需要遵循社会的既有秩序和国家的管理要求。因此，制度因素是土地利用过程中的基本框架。

### 一、制度的概念

在经济社会中，制度用来固定人类生活的范围，规定人类生活的形式。实际上，现实世界是一张联结不断的制度网，制度涉及人类利益的每一个方面。财政经济、国家体制、工作要求、生活规律、民族习俗等各种秩序都是制度。各种制度的结构可能是僵硬的或灵活的，在其应用中也可能是严格的或宽松的，但是不管怎样，它们构成一致的准则，个人只有在危险时刻或冒着危险才会违反准则。当然，制度是人类自己制定或养成的，用来维护大多数人的利益，当人类出现一种迫切的要求时，一项制度往往就随之产生了。

总的来说，制度代表已建立的社会秩序和已形成的行为方式，它们是社会的行为准则。在许多方面，如经济、教育、家庭、法律和政治制度等基本制度方面，它们提出一个控制系统，指出

什么是个人和群体可接受的行为，什么是社会、国家或他人不允许的行为。各个控制系统既不是统一的，也不是互斥的。相反，它们是必然交织和相互依赖的。一串串制度秩序和行为方式存在于各个系统之中，它们建立了控制系统的运行模式，这就是整个社会的制度框架。

与上述所谓社会制度相比，国家制度是一个更政治化的概念。国家制度(state system)有的国家又称为政治制度(political system)，是指一个国家的统治阶级为实现和巩固其阶级专政而采取的统治方式方法的总称，包括国家政权的阶级实质(即国体，指社会各阶级在国家中的地位)、组织形式(即政体，指统治阶级采取何种形式组织自己的政权机关)、国家的结构形式(即单一制还是复合制，指国家的整体与部分、中央政权机关与地方政权机关之间的相互关系)以及为保证国家机器运行的一系列基本的具体的制度。国家制度是社会制度的有机组成部分，土地管理所依据的土地制度是国家制度的重要组成部分。

## 二、秩序与经济生活

在传统观念中，更多的是从政治学角度研究制度。但在现实社会中，从经济学角度认识制度同样重要。制度的关键功能是增进秩序：它是一套关于行为和事件的模式，它具有系统性、非随机性，因此是可理解的。存在社会混乱的地方，社会的交往必然代价高昂，信任和合作也必然趋于瓦解，而作为经济福祉主要源泉的劳动分工则变得不可能。因此，制度在经济交往中能够促进秩序，在众多个人努力设法克服资源稀缺时影响行为模式。秩序鼓励着信赖和信任，并减少合作的成本。当秩序占据主导地位时，人们就可以预见未来，从而能更好地与他人合作，也能对自己冒险从事创新性试验感到自信。这样，人们在寻找能与之合作的专家方面将更易于发现其所需要的信息，更易于猜测什么可能是这种合作的代价和回报，结果是发现和应用更有用的知识。

经济学是研究稀缺性的。这意味着偏好一种行为的决策必然包含着放弃其他可选行为。这样的决策总是主观性的：各种可选方案要由不同的单个决策者来评估。因此，本书的每位读者都正放弃将他或她的时间用于其他事情。经济学家称资源的其他有价值用途为“机会成本”。很显然，一位读者的机会成本可以是听一堂课，而另一个机会成本可以是去海滩度假。即使被一项选择所排挤掉的其他机会在技术上是相同的——例如，因为正在读这本书，我们就不能去听一场摇滚音乐会——但在我们中间，满足的价值仍将因人而异。你感觉到的机会成本可以比我们感到的高许多。这一点非常重要：经济决策应尽可能地由个人做出，而不是集体做出。因为个人了解其主观机会，而集体决策者则缺乏充分的信息。

在一切要由具备不同欲望和能力的不同个人做出这类选择并评估其机会成本的场合，秩序和信赖都受到欢迎。信息因秩序而易于被传递给他人，而一个复杂的劳动分工也因秩序变得可能。因此，对多种多样处于变化着的环境中的人来讲，支撑秩序的制度在内容上与使人们满意的经济成果有极大的关系。

因此，制度是人类相互交往的规则。它抑制着可能出现的、机会主义的和乖僻的个人行为，使人们的行为更可预见并由此促进着劳动分工和财富创造。制度，要有效能，总是隐含着某种对违规的处罚。如果重复的人际交往遵循着某种可识别的模式，就说明秩序处于主导地位。如果具备了多组制度，它们充分地结合在一起引导着人的行动，从而使人的行为是非任意性的并基本上可以预见。

制度是如何产生的？一种可能性是规则及整个规则体系靠人类的长期经验积累而形成。

人们也许曾发现过某些能使他们更好地满足其欲望的安排。例如，向约见的人问好的习惯可能已被证明是有用的。有用的规则如果被足够多的人采用，从而形成了一定数量（临界点）以上的大众，该规则就会变成一种传统并被长期保持下去，结果它就会通行于整个共同体。当规则逐渐产生并被整个共同体所了解时，规则会被自发地执行并被模仿。不能满足人类欲望的安排将被抛弃和终止。因此，在我们日常生活中占有重要地位的规则多数是在社会中通过一种渐进式反馈和调整的演化过程而发展起来的。并且，多数制度的特有内容都将渐进地循着一条稳定的路径演变。我们称这样一种规则为"内在制度"(internal institutions)。

其他类型的制度因人类的设计而产生。它们被清晰地制定在法规和条例之中，并要由一个诸如政府那样的、高踞于社会之上的权威机构来正式执行。这样的规则是由一批代理人设计出来并强加给社会的。这些代理人由一个政治过程选举出来。我们称这些制度为"外在制度"(external institutions)。一旦制度被统治者、议会或官员外在地强加于社会之后，一个基本问题也就产生了，即本应按公民利益行事的政治代理人往往会超越其权限，为自己的利益而使用规则和执行规则。由于这个原因和其他一些原因，政治过程本身就必须服从一定的规则。外在制度的有效性在很大程度上取决于它们是否与内在演变出来的制度互补，例如司法系统是否支持一个社会的道德、文化习俗和礼貌等。

## 三、土地制度框架

土地制度通常包括土地所有制度、土地使用制度和土地管理制度三大方面。

### (一)土地所有制度

1. 土地所有制度的含义

土地所有制度是指人们在一定社会条件下拥有土地的经济形式。它是整个土地制度的核心，是土地关系的基础。土地所有权是土地所有制度的法律体现形式。土地所有权是土地所有者所拥有的、受到国家法律保护的排他性专有权利。

土地所有制度在土地私有制国家属于财产制度的范畴，而在我国实行土地公有制，因此，土地所有制度重点是规范土地所有权的划分与归属，并由一系列国家的基本法律来予以明确。

人类社会自从产生了阶级和国家以后，任何一种土地所有制度都必须由国家法律确认和保护才能得以实施。土地作为一种生产资料或财产，有其特殊的存在方式，如果没有国家法律的保护，任何一种土地所有制都难以得到实现。

2. 我国现行的土地所有制度

自从1949年新中国成立以后，经过社会主义革命和建设，我国实现从新民主主义向社会主义的转变这，建立了社会主义制度。社会主义制度的基本特征是生产资料的社会主义公有制。生产资料归劳动者共同占有，劳动者成为生产资料的主人，在社会化大生产的基础上实现劳动者与生产资料的结合。这就是生产资料社会主义公有制的实质。

土地是最重要的生产资料之一。根据《中华人民共和国宪法》和《土地管理法》的规定，中国现行的土地所有制为社会主义土地公有制，有全民所有制和劳动群众集体所有制两种形式。

《宪法》第十条规定："城市的土地属于国家所有。农村和城市郊区的土地，除由法律规定属于国家所有的以外，属于集体所有；宅基地和自留地、自留山，也属于集体所有。”第九条规定：“矿藏、水流、森林、山岭、草原、荒地、滩涂等自然资源，都属于国家所有，即全民所有；由法律规定属于集体所有的森林和山岭、草原、荒地、滩涂除外。”《土地管理法》第二条规定：“中华人民共和国实行土地的社会主义公有制，即全民所有制和劳动群众集体所有制。全民所有，即国家所有土地的所有权由国务院代表国家行使。”第九条规定：“城市市区的土地属于国家所有。农村和城市郊区的土地，除由法律规定属于国家所有的以外，属于农民集体所有；宅基地和自留地、自留山，属于农民集体所有。”

3. 土地所有权的转移

随着经济的发展和社会关系的变化，必然要发生土地所有权的转移。土地所有权的让渡和转移，一般情况下是有偿的，如土地买卖，有时也可以是无偿的，如土地赠与、遗赠等。土地所有权的让渡和转移，是土地所有者处分权的具体体现。

在土地私有制社会，土地作为一种商品进行买卖是经常发生的。在我国现行的土地公有制条件下，土地所有权是不能买卖的，也不能以其他形式非法转让土地。由于我国土地所有制只有国家所有和集体所有两种形式，因此，根据有关法律规定，土地所有权的转移只有一种形式的单向流动，即国家对集体土地的征用，集体土地所有权转移为国家所有。

### （二）土地使用制度

1. 土地使用制度的含义

土地使用制度是指国家对土地使用的程序、条件、形式及土地使用权属关系的法律规定。土地使用制度是土地制度的又一个重要组成部分。土地使用制度的核心和法律体现形式是土地使用权。土地使用权是土地使用者依法对土地进行利用、管理并取得收益的权利。

任何一个社会，只要存在着土地所有权，土地的使用就不会是完全自由的和任意的。在土地使用权与土地所有权分离的情况下，土地所有者和土地使用者都要按照一定的规范（程序、条件和形式）来确定两者的权利和义务，而这种规范通常是以国家法律、政策的形式得以体现，或直接体现在国家行政管理过程中，这就构成了土地使用制度。

土地使用制度以土地所有制度为前提和基础。我国实行城市土地国家所有、农村土地集体所有的城乡二元制度，相应的土地使用制度也就存在区别。

2. 城市国有土地使用制度

我国现行的城镇国有土地使用制度是经过 20 世纪 80—90 年代的改革，将过去无偿、无限期、无流动（土地使用权的转让）的单一行政划拨体制，转变为有偿、有限期、可流动的使用，可以依法进行土地使用权交易的有偿使用与行政划拨方式并存的土地使用制度。

土地行政划拨制度是将原国有土地划拨给各企事业单位或个人使用，或将集体土地通过征用转变为国家所有，再将土地使用权划拨给国家企事业单位使用的制度。而土地有偿使用制度是在不改变土地国有的前提下，采取拍卖、招标、协议等方式将土地使用权有偿、有限期地出让给土地使用者；土地使用者获得的土地使用权在其使用年限内可以转让、出租、抵押或者用于其他经济活动，合法权益受国家法律保护；土地使用权期满，土地连同地上的建筑物由政府无偿收回；需要继续使用的，可在土地使用权到期前的一年内提出申请，经批准，期限可延长，同时按当时市场状况补交地价。

3.农村集体土地使用制度

我国农村土地实行集体所有,由农村集体经济组织及其成员经营使用,且由于农用地与农村建设用地在用途管制上的区别,其在使用制度上也存在区别。

集体农用地使用制度,自20世纪80年代以后,我国农村经济逐步改革,普遍实行了家庭联产承包责任制,即把集体所有的土地等生产资料承包给农民以户为单位独立经营,自负盈亏。除向集体上交提留和向国家交纳农业税以外,其余全部收入归农民个人。这种家庭联产承包制度,实际上也是把土地使用权与所有权分离开来,赋予生产者直接的土地使用权,将土地使用权与生产产品分配权直接挂钩,体现按劳分配原则,极大地调动了农民生产积极性,促进了农业生产的迅速发展。

进入21世纪以后,我国实现了快速城镇化,农村也发生了巨大变化,为适应新时代的要求,国家推动新时期农村土地使用制度改革,实施"三权分置"。所谓"三权分置",就是农村集体土地所有权、承包权、经营权可以分别存在,可以分别归属不同的经济主体。过去实行的"家庭联产承包责任制",实际上是"两权"分离,即承包经营权与集体土地所有权分开,在保持集体所有的公有制前提下,实现了以家庭为单位的承包经营。而"三权分置"就是进一步将经营权与承包权分开,满足农户拥有承包权前提下,将经营权转移给农业生产者,满足现代农业、规模农业、新型农业经营主体的生产用地需求,在保持集体土地所有制、农户成员权的承包权收益前提下,实现土地资源再配置。

农村集体建设用地使用制度,主要是指乡(镇)村集体经济组织和农村个人投资或集资,进行各项非农业建设所使用土地的方式和要求,具体包括宅基地、公益性公共设施用地和经营性建设用地,有关制度要求见本书第十三章。

### (三)土地管理制度

土地管理制度通常称为土地管理体制,是指土地管理机构的设置、行政职能权限的划分及土地管理的基本运行方式和原则的总称。一定国家或社会的土地管理体制通常受到国家的政治制度、经济体制以及土地制度、甚至文化传统等的影响。土地管理过程总是在一定的行政环境和行政体制下进行的,土地管理体制是土地管理活动的基本依据和框架,是土地管理学研究的重要内容之一,本书将在第五章进行讨论。

## 第三节　土地经济理论

土地利用过程是一个经济过程,因此土地利用的结果总是追求利益最大化,同时土地作为人类一种重要的财产——不动产,又是一种投资领域,其资产功能在市场的、非市场的运行过程中,都会必然地遵循各种经济规律,同时受到各种经济因素的制约。而在土地管理过程中,对这些经济规律的掌握,并根据这些经济规律进行有效的管理,是十分必要的。

### 一、土地利用的经济性

1.土地是重要的生产要素之一,在参与生产过程中起着重要的经济作用

土地对农业生产来说,是基本的生产资料,为农产品的生产提供场地和土壤条件;对各种

建设占用来说，提供基本的场地，没有土地就没有各行业、各部门的生产。因此，可以说国民经济各部门的生产和发展最终都要落实在一定的地域空间上。所以，在一定时期，土地资源的分配与利用状况最终影响国民经济各部门的协调发展状况。

土地利用就是各种类型的土地按照一定的方式被利用的总和。一定的经济结构必须通过相应的土地利用结构得到反映，反过来，就可以通过调控土地利用结构来宏观调控经济结构。因此，深入研究土地利用结构与经济结构之间的关系极为重要。然而土地资源具有系统性、地区差异性和数量有限性，要实现土地利用的合理化，就必须保持土地利用系统的良性循环，由此取得土地利用的最大经济效益、社会效益和生态效益，为国民经济的协调、持续发展打下基础。

2. 土地是人类重要的财产之一，在土地利用和交易过程中又体现着人与人之间的经济关系

财产本身是个复杂的法律概念，许多人从能被拥有或占有的物体的角度去考虑，然而从法律意义上讲，财产并不是由物构成的，而是由“人对物的权利”所构成的。土地作为人类重要的财产，由于土地本身的特性，常被称为不动产。对不动产来说，其权利状况是其更重要的内容。人们在拥有或购买这种不动产过程中，就不能像购买动产那样（如买一台电视机，可以放在自己的房间里，能够完全排他地自己使用；购买一辆小汽车，可以锁在自己的车库里，用与不用全由自己决定）可以任意移动其位置并保证自己拥有和使用，而不动产可以移动和变化的就是它的权属关系。

首先，土地财产的权属关系离不开法律的确认。土地在进入市场进行流通，实现其价值转移时，其流通的根本形式就是土地权属的变更。因此，土地市场交易往往以一定的契据、合同等法律文件为依据，权利的取得必须以法律为依据方为有效，并按地籍管理和土地市场管理的有关要求进行变更登记，使其权属的变更得到法律确认。

其次，土地作为财产，其权属是有限度的。在土地私有制国家，土地财产权以所有权为核心，任何单位、政府和个人都可以获得土地所有权，但是国家仍然保留征用权、征税权等。在我国，实行土地公有制，所有土地归国家所有和劳动群众集体所有，同时实行土地使用权同所有权分离，因此我国的土地市场实质是土地使用权市场，土地成为私人或单位财产也是以土地使用权为核心。任何单位和个人都可以依照法律程序获得土地使用权，但国家仍然保留土地所有权、因公共事业急需时的征用权和向土地使用者规定土地利用方式等权利。当然，国家在行使这些保留权利时，应以保护社会公众利益和保持土地资源可持续利用为目标。

除此之外，土地权属的限制性有时也来自个人，这是由土地相邻关系的特殊性所引起的。例如相互毗邻土地的拥有者，为了行使自己的权利，而对相邻土地的使用造成限制，如过水、交通、管线的通过等。最关键是引起相互干扰的情况，如遮阳、噪声及其他污染等，这些都会在相互使用过程中受到限制。政府在土地管理过程中，确定土地利用布局和土地利用方式时，以及在具体的土地利用过程中调整土地利用关系时，就需要时刻注意这些问题。

3. 土地利用收益通常决定着用地配置

由于土地利用的结果是要获得尽可能多的经济产品，因此土地资源开发方式和用途的确定总要受到其可能带来的经济产品的影响。对于土地开发者或土地使用者来说，在允许的情况下，总是将土地用于最有效的利用方式或类型。这种土地利用效益对土地用途的影响关系，美国学者雷利·巴洛维先生在其著作《土地资源经济学》一书中用地租三角形进行了充分的论

述(这里的地租实际就是土地利用的纯收益)。

如图3-1所示,4个三角形($EOP'$、$FOR'$、$GOS'$和$HOT$)表示4种不同土地用途间的竞争。从全面来看,这4种用途可代表商业用地、住宅用地、农用耕地和林地或牧场用地;对城区来说,它们可表示大商场用地、轻工业用地、服务业用地和居住用地;若以农业为例,则可能分别代表牛奶生产用地、蔬菜用地、粮食生产用地和放牧地。从各个三角形上看,在任何一个位置上,某一用途能比任何其他用途有较高的土地利用收益,从单个经营者的经济立场来说,这种用途总是该土地的最高层次和最佳的利用。

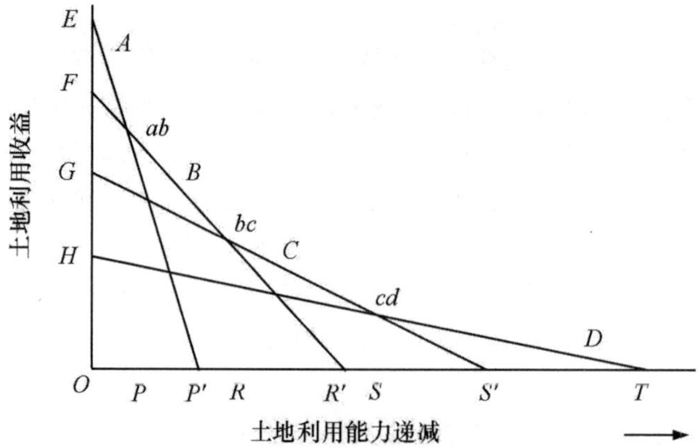


**图3-1 土地利用收益对土地用途分配的作用关系**

这种土地利用收益对土地用途的影响,在我国目前的土地制度下,至少在两个层面上起作用:一是作用于国家或政府对土地资源的配置上,如在土地利用规划和城市规划中,各种土地利用的布局以及在土地行政管理实践中对各种用地的安排,从充分发挥土地利用经济效益的角度,都应考虑这一规律的作用;二是作用于具体的土地使用者或土地开发经营者,他们在开发利用土地过程中,总要考虑如何利用才能获得更大的经济效益,然后再具体确定土地开发利用方式。在这一过程当中,也可能会有两种情况发生,一种是合法的利用,另一种是非法的利用。例如,土地使用者擅自改变土地用途甚至转移土地使用权,擅自改变批准的规划设计,提高规划容积率和建筑密度等,这些对个人来说,可能会带来可观的经济效益,但对社会来说,则可能会引起该区域整个土地利用的不和谐,甚至引起更大的土地问题,这正是政府的土地管理所要解决的问题。

## 二、土地报酬递减规律

### 1. 土地报酬递减规律的提出

当人们对土地的利用达到一定的深度和广度的时候,就会发现土地报酬的变动存在着一定的规律性。"土地报酬递减规律"是18世纪法国资产阶级经济学者杜尔哥(1727—1781)和英国安特生(1739—1804)分别同时提出的。杜尔哥对这一规律的表述是:"如将农作物种子投入肥美但丝毫未经劳力整备的土壤中,一定是全部损失的;倘施用人力耕锄一次,则可获得一些收获量;倘耕锄两次或三次,其收获量将不止二、三倍,可能增至四、五倍,其增产的比例大于劳资投放量增加的比例。及至某点，收获量的比例增加为最大；过此点后，如仍继续增多投放量，产品虽可续增，但比例数必渐减，直至地力耗竭，再增加投放单位，决不至有任何产量增加。”在这里，杜尔哥已经比较清楚地表述了土地报酬递减规律的基本内容。英国农场主安特生在其1777年发表的关于谷物法的著作中指出：“在合理的经营制度下，土地的生产率可以无限制地逐年提高，最后一直达到我们现在还难以设想的程度”，同时认为，在一定的科学技术条件下，这种提高是有限的，从而一定数量的土地能供养的人口是有限的。

2. 土地报酬变动的规律性

土地报酬递减规律成立的前提是，在技术不变的条件下，在一定的土地面积上，一个可变的生产因素（如肥料）同其他投入量不变的固定生产因素（如土地）相配合进行生产时，如果可变生产因素的投入量连续增加，则产量的变化先是递增然后转为递减。这里指的是投入与产出的实物量变化，不涉及二者的价格变动。其变化形式如图3-2所示。设图中 $X$ 为可变生产因素（如肥料），土地为固定生产因素，$Y$ 为农作物产量，$TP$ 为总产量曲线，$AP$ 为平均产量曲线，$MP$ 为边际产量曲线，则三个阶段的变化情况如下：第Ⅰ阶段 $OQ$ 中的 $OF$ 段，由于可变因素 $X$ 投入量不足或过少，配合比例过小，所以产量 $Y$ 等于零；随着可变生产因素（肥料）$X$ 的增加，产量 $Y$ 开始递增，初始时产量增加率大于 $X$ 的增加率，表现出总产量、平均产量和边际产量曲线都一齐上升。当总产量以递增率增加到 $S$ 点后，总产量的增加率开始递减，故 $S$ 点称为转向点。这时边际产量达到最大点 $G$，即边际产量曲线 $MP$ 的顶点，过此点后，总产量以递减率增加，边际产量下降，直到 $N$ 点为止，为第Ⅰ阶段。此时对应 $N$ 点的平均产量等于边际产量，即平均产量曲线 $AP$ 与边际产量曲线 $MP$ 相交于 $AP$ 曲线的最高点，平均产量达到最大。

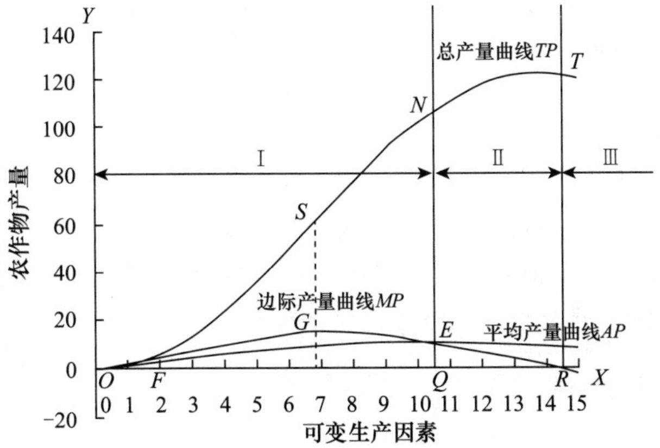


**图3-2　土地报酬变动规律示意图**

第Ⅱ阶段为 $QR$，总产量曲线继续以递减率增加，增加的幅度继续小于可变因素 $X$ 增加的幅度，直到 $TR$ 为止。在此阶段中，边际产量与平均产量都继续下降，直至边际产量达到零，总产量达到最大值 $T$ 点为止。过此点后，边际产量为负值，总产量和平均产量因而都表现为递减，此为第Ⅲ阶段。

通过以上三个阶段的分析，从投入产出关系看，主要在于投入的变量资源与固定资源（土地）的比例关系是否配合得当；二者之间在配合比例上协调与否和协调程度的大小，决定着土地报酬(收益)和生产力,即土地利用和各项变量资源利用效果的大小。以此作为投入生产资源适合与否的尺度。第Ⅰ阶段由于变量资源与固定资源(土地),在数量配合比例上前者少而后者多,配比不够均衡协调,所以产出效果反映在报酬上虽有利可图,生产上升也很快,但资源利用和生产潜力的发挥却很不充分。因此,在变量资源 $X$ 较充裕的可能条件下,就应连续追加变量资源的投入,使总产量和平均产量继续提高,而不应停留在本阶段的任何一点上止步不前;否则,将不能集约利用土地资源,而限制农业产量的进一步增长。

第Ⅱ阶段是边际报酬和平均报酬同时递减的阶段。由于投入的变量资源与固定资源的配合比例在数量上较为接近而适当,所以每次增加的投入资源都带来总产量的增加。因此,此阶段内的报酬递减,对于生产的发展不仅没有妨害,而且随着变量资源投入的不断增加,继续使总产量上升,以至于最后终于达到了最高点。这表明,在集约经营中只要总产量在增长,就不必担心边际报酬和平均报酬递减。但是,当总产量达到最高点之后,变量资源的投放也就达到了最终点,而不应继续增加其投放量。因此,合理利用土地和投放变量资源的适宜范围,必当落在第Ⅱ阶段之内。

在第Ⅲ阶段,随着变量资源投入的增加,不仅带来了边际报酬的负增长和平均报酬的进一步递减,而且导致了总报酬的递减。也就是说,各项投入产出效果均已无利可图,因而是生产投资的终止阶段。若继续投放可变生产因素,则每增加一单位投入,必将增大损失,投入越多,损失越大。

## 三、土地投资理论

土地作为一种生产要素和财产,很久以来就被人们作为投资的主要领域。只是由于不同的国家或地区的国家制度及土地制度的差异,使土地进入投资领域的程度有所不同。在一些国家和社会,大多数土地被国家、王族或几个主要家族拥有,或者由于风俗习惯和阶级观念的影响抑制了土地持有权的买卖;而在另一些国家和社会,土地大部分为私人所有,使得土地在进入各个生产或消费领域时,都要充分体现出其资本价值,例如在美国几乎每一块土地都被视为具有交易的可能性。

在我国,实行的是土地公有制,但自从 20 世纪 80 年代中后期进行土地使用制度改革以来,实行土地使用权与所有权分离,使得土地使用权能够在市场上进行交易,这样既促进了土地资源的优化配置,提高了土地资源的利用率和利用效益,又在大量的土地交易过程中,盘活了土地资产,积累了资金,进而促进了整个经济的发展。

### (一)土地投资过程的特性

1. 土地投资较多地受到传统观念和社会制度的影响

从经济财产的角度,土地是不动产,在私有制社会,拥有不动产的数量和质量是衡量一个人的生存条件、社会地位的基本依据之一。因此,历史上人们常常将拥有土地作为终生奋斗的首要目标。在中国几千年的封建社会里,那些拥有土地所有权的人们,几乎无一例外地拥有特殊的经济、社会政治地位,所谓“有土斯有财”。这些好处虽然在新中国成立后的社会主义改造中被土地公有制所取消,但是这些痕迹仍然在大多数人们的脑海中存在。在国际上,19 世纪成千上万的欧洲移民漂洋过海来到美国和加拿大,其主要驱动力就是能在美洲大地上获得一块属于自己的土地及其所有权。

当然，这都是在土地私有制条件下的情况。在我国目前，实行土地公有制，土地所有权不可能成为私人或单位拥有的对象，但是在近年来的土地使用制度改革中，实行土地使用权与土地所有权分离，土地使用权可以依法进行交易，这给在土地公有制条件下进行土地投资提供了可能。近年来我国土地市场活跃，通过土地进行招商引资获得巨大的社会经济效益，正说明了这一点。

2. 土地投资具有长久性和固定性

土地投资之所以被人们广泛地重视，是因为它的耐久性和位置固定性，这是由土地资源本身的特点决定的。大多数土地资源开发项目都具有较长寿命的优势。这些资源现在可以利用，许多年以后，仍然具有相当大的价值。所谓土地是不动产，正在于此。

然而，土地的这种耐久性，并不意味着适宜土地利用的条件，如地貌、气候、土壤、水、空气等不会改变，不会被破坏、污染，恰恰相反，人们只有正确处理同土地的关系，切实注意保护和改良土地，才会实现土地的永续利用。

土地投资的长久性的负面效应是占用资金时间太长。有人比喻投资土地好像“造林投资”，需要长达十几年甚至几十年的时间才能逐步回收投资。而且在这段时期内，土地市场的变化也是难以预想的，可能会引起土地价格的上涨，但也可能会引起土地价格的下降。因此，投资人将资金投入土地时，应事先做好心理准备，以免因为土地价格长期低下，而拖垮投资人的财务。

3. 土地投资具有增值性，对投资者来说能抵御通货膨胀

土地增值是指土地利用过程中土地价格的增加值，就是说它是地价的增加值，是土地价格的一部分。按照马克思的地价理论：“土地价格不过是资本化的地租”，那么反过来，地租就必然是地价的利息化了。这说明地租与地价之间存在着类似利息和本金之间的相互对应关系，这样就可以从地租的角度来分析地价的增加值。

土地增值是客观存在的，它不仅反映在土地交易中，还反映在土地利用中。只要有人类对土地的利用，作用于土地的活动，都会引起土地的增值(包括负增值)。这实际上反映了土地级差的可变性。例如，平整土地、兴修水利、改善交通、扩建城市等大规模的基本建设活动，改善了土地的生产条件或环境条件，提高土地利用的能力，引起土地正增值；与此相反，由于对土地的掠夺性经营，导致土地的生产能力下降，破坏了其良好的环境条件(较多地发生于农业、林业、采掘业等)，引起土地负增值。同时，作为不动产的土地，由于其位置的固定性和总量的不变性，随着人类社会活动的发展和经济环境的变化，常常也会发生增值。

土地增值的形式多种多样，归纳起来主要有以下 4 种情况。

(1)由于土地经营者增加对土地的投资所引起的土地增值　这种土地增值实际上对应的是级差地租Ⅱ的资本化。但这对应的仅指由于对土地增加投资以后，各个资本的生产率不同的情况下，较高的生产率所产生的超额利润部分。而仔细分析一下，在这里土地价格的增加是否还应包括投入土地的资本本身呢？这里还是借助于马克思的关于土地资本的理论加以说明。按照马克思所说的土地资本，应该区别分为两类：其中一类是“比较短期的，如化学性质的改良、施肥等”，这种投入土地的资本，能直接改变土地的物理、化学、生物性能，同土地本身的性能结合在一起，可以把它称为狭义的土地资本；另一类则“是比较长期的，如修排水渠、建设灌溉工程、建造建筑物等”，这类土地资本与土地本身的功能并不直接联系，只是存在于土地之

上，我们称它为广义的土地资本。狭义的土地资本由于其作用是短期的，而且其功能已经与土地功能结合在一起，并通过土地产品表现出来，已经反映在土地经营的利润或超额利润之中，因此土地价格中不应再包括一次这种土地资本本身。至于广义的土地资本，更不应计入土地价格之中，它应属于建筑造价，否则房价（包括其他建筑物价格）与地价就合二为一了。既然两类土地资本都不包含在土地价格之中，自然也就不包含在土地价格的增值之中。因此，对土地增加投资所引起的土地增值只表现为级差地租Ⅱ的资本化。

（2）由于土地周围设施的改善所引起的土地增值　有的文献把这种土地增值称为"城市土地投资的地租效应的扩散性"。这种情况是指在一定区域范围内，对某一块土地或某一地区的土地进行投资，进行土地建设或土地附属物的建设，不仅会增加该地块本身的级差地租Ⅱ，而且由于该项建设所产生的功能会扩散到相邻土地、周围土地或更远的受影响土地，从而提高这些土地的利用能力和经济效益，提高其级差地租的水平。实际上这里已经把这种土地增值和级差地租对应起来了。现在的问题在于这是什么形态的级差地租？要说清这个问题，我们先从引起这种级差地租提高的对周围土地的投资说起。如图 3-3 所示，我们的研究对象是 A 地块及其经营者。首先，对周围土地的投资是由 A 地块的经营者进行的，这时由于他并不是对自己的土地进行投资，因此投资给他带来的利润或超额利润并不是直接的，而是通过改善周围土地的利用条件，从而提高自己土地（A 地块）的利用能力，即提高了 A 地块的区位条件，这一改善了的区位条件才给他的投资带来超额利润，因此这一超额利润应该是级差地租Ⅰ。例如，某一地区集资修建道路或某种公共服务设施等，这些投资对投资者来说并不能直接增加经营利润，而是通过改善该地区的区位条件来提高其经营利润。

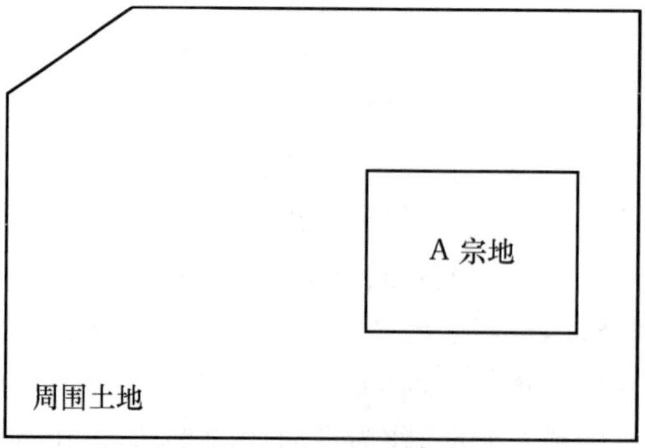


**图 3-3　土地增值相邻关系示意图**

我们再来看看 A 地块的经营者并没有参与对周围土地的投资，而只是由于周围土地自己经营的需要自己进行投资，或者由国家进行投资，从而影响到 A 地块的利用功能。例如，A 地块经营饭店，周围某些地块经营旅馆，现在旅馆增加投资，扩大经营面积和改善经营条件，使旅客大大增加，这样使得饭店的顾客也会增加起来，使 A 地块的经营利润得到增加（当然情况相反的话也有可能引起地价的负增值）。这种完全由于周围土地的投资，从而改善了整个地区的区位条件，引起超额利润的增加，这种超额利润仍然是级差地租Ⅰ。之所以称它是级差地租Ⅰ，另一个原因是这种超额利润的增加是区域性的，总是伴随着一定区域内所有土地经营的超额利润共同提高，因为基础设施的增加、区位条件的改善是一定区域内所共有的。这样也与马克思关于“级差地租Ⅱ的基础和出发点……是级差地租Ⅰ”的论述相吻合(这有利于分析一定地区的所有土地的增值)。

(3)土地利用类型的变化所引起的土地增值　最明显的例子是由农用地变为建设用地所引起的地价增加值。从地租的角度来考虑,这种土地增值不过是由农业地租转变为建筑地段地租(城市地租)所增加的地租的资本化。那么由农业用地转变为建设用地为什么会引起地租的增加呢?其原因不外乎有两个:一是从理论上讲,由于部门差别引起的。由于农业部门资本有机构成要远远低于其他部门(工业、商业、建筑业等)的资本有机构成,农产品的价值就必然大于由平均利润率形成的社会生产价格,这样在社会交换中农业部门的超额利润就要远低于其他部门,因此其获得的地租量就少,尤其存在工农产品价格剪刀差情况下更是如此。二是从土地利用的集约度上,建筑设施比农业利用能更大限度地将资金集中固定于一定面积的土地上,从而大大提高土地利用的效益,使其超额利润远高于农业利用。正如马克思指出的,“建筑上使用的土地……它的地租的基础,和一切非农业土地的基础一样,是由真正的农业地租调节的”。

至于由农业用地转化为建设用地所增加的地租应该属于什么形态的地租还需要进行具体的分析。由于马克思在分析地租时是以这样的假定为前提条件的,即资本主义生产关系在农业中已占统治地位,资本在国民经济各部门之间,在农业和工业之间可以自由转移,平均利润、生产价格已经形成。从这一假定出发,不同部门的土地利用的绝对地租就应一致。因此,由农业用地转化为建设用地所增加的地租就主要是由于建筑设施利用的集约度更高引起的,因而应是级差地租;但实际上正如我们前面分析的一样,不同部门的资本有机构成不一样,存在着不同值的绝对地租。就是说,对建筑地段来说,其最边远或最差的土地上所必须支付的最低限度的地租,就是建筑地段的绝对地租,但它并不与农业绝对地租等值,而是在量上包含着农业绝对地租和级差地租。因此,由农业用地转变为建设用地所增加的地租,在量上相对于原农业地租应包括其建筑地段绝对地租中高于农业绝对地租部分和级差地租。

(4)由于时间的推移、人口的增加和社会经济的发展所引起的土地增值　这实际上是由于土地供不应求所导致的土地增值,它是由土地本身的特性——总量的不变性和位置的固定性决定的。在一定区域内,随着人口的增加,人类社会活动的发展和经济环境的变化,对土地的需求就会越来越大,但土地总量是有限的,只有通过提高已利用土地的利用集约度,扩大对未利用土地的利用来满足要求,这样引起原来低收益的土地提高收益,原无收益的土地也产生了收益,从而导致土地增值。这是土地私有制国家的资本家购买地产的主要原因之一。

很明显,这种由于土地供不应求所引起的土地价格的增加值,通过绝对地租的增加得到反映,是绝对地租的资本化。因为由于人类对土地需求的增加,以至于利用更差的土地,使得更差的土地也提供地租。

### (二)土地投资的杠杆原理

古希腊物理学家阿基米德说过:“给我一个支点,我便可以撬起地球。”这便是著名的杠杆原理。将杠杆原理应用到经济学上,那就是用最少的钱,做最大的买卖。而人们拥有的资金总是有限的,如果单凭自己所拥有的有限的资金去做买卖,买卖数额也会受到限制。也就是说,用够买一辆自行车的钱去买汽车,显然是不可能的。解决的办法就是向别人借钱,向银行贷款,于是一种新的可能就产生了:即便你仅有只够买一辆自行车的钱,你仍然可以买得起汽车。

杠杆原理对土地投资十分重要，因为土地买卖通常数额巨大，动辄百万、千万，甚至上亿元，即便一个单位或个人一次能够拿出这种巨额投资，但是长期占用大量资金也不是有效率的。杠杆原理运用于土地投资的基本过程是抵押贷款。当你难以一次拿出巨额资金购买土地时，你只要有能力支付部分首期付款，就可以得到土地的拥有权，剩下的余额你可以申请抵押贷款去支付。当你能够付清全部地价款，但在进一步的经营中苦于流动资金太少，这时同样可以将土地设定抵押，从银行获得贷款。这里虽然又多了一笔利息支出，但资金灵活运用，可获得更大的效益，相应的利息支出就微不足道了。

这种杠杆原理之所以在土地投资中得到广泛深入的应用，其主要原因不外乎有两个方面：一是土地具有位置固定的特性，属于不动产，所谓"跑得了和尚跑不了庙"，投资者可能会远走高飞，但是他所投资的地产却是跑不了的，这是银行能够贷款的根本原因；二是在对土地设定抵押后，投资者仍然可以继续使用和开发他所拥有的土地，并在使用和开发过程中获得收益，这是抵押的最大好处。

当然，杠杆原理的运用必须根据当时当地的国家的金融政策、土地投资政策的规定进行，因为一般情况下每个国家、地区在不同时期的金融政策、土地交易政策都是不同的，投资者必须在这些政策框架内运用杠杆原理。

### （三）土地融资规律与土地管理

由于土地本身的特殊性，它在进入投资领域也表现出特殊的经济规律。在土地管理过程中，掌握并运用这些特殊的经济规律是十分重要的，尤其在市场经济条件下，管理过程也必须遵循客观经济规律，否则难以进行有效的行政调控和管理。

1. 合理引导和调控土地投资的数量和结构

我们说土地是一种重要的投资领域，如果能有效地利用土地进行招商引资，既有利于土地资源的合理开发和利用，又有利于地区经济的发展。但是，一定时期和一定地区内土地开发投资的数量和结构上都应有一个量的概念，否则不但不能筹集资金，反而会大量占用资金，既浪费土地资源，又影响经济发展。我国 1992 年的土地"开发热"，虽然在短时间内对一定地区来说获得了较大的经济效益，如少数省份土地出让收入成为第二财政，甚至有近一半的财政收入来自土地出让，不可谓经济效益不明显，然而由此造成的问题也是深远的。首先，大量占地引起耕地资源紧张，造成的土地资源损失是不可挽回的。据统计仅 1992 年一年各种开发区占地多达 1.5 万 $km^2$，是当年各种建设占地计划指标的 7.5 倍；其次，如此大量的开发占用过多的资金，引起金融紧张，1993 年初的全国金融危机以及当年 7 月的金融整顿对各种开发区产生的釜底抽薪式的影响，都说明了这一点；最后，过量开发引起供给过剩，造成各开发区竞相压价，低价出让，甚至白送土地，以期得到短期繁荣，导致土地资产大量流失。据资料表明，1992 年全国实际共批租土地 220 $km^2$，出让总收入 525 亿元，而中央财政最多只拿到 26.25 亿元，每平方米约 240 元。广东 1992 年实际出让 88 $km^2$，收取出让金 94 亿元，占该省当年财政收入的 42.5%，但每平方米地价只有 107 元。因此，对土地开发或土地投资的宏观调控和管理在任何情况下都是非常必要的。

2. 合理分配土地增值收益

认识土地增值的目的在于在土地交易和土地利用过程中准确测算土地增值收益，准确测算土地价格，并在此基础上合理确定土地增值收益的分配方向，使促成土地增值者获得应有的收益，其最终目的是通过合理分配土地增值收益这一经济杠杆促进土地的合理利用。相反，如果土地增值收益分配不合理，就会引起各种土地利用的问题。最明显的例子是前几年蔓延全国的土地隐形市场中所出现的问题，如用地单位自行转让已经增值了的土地使用权，使得大量本应归国家所有的土地增值收益流入个别单位腰包；由于在行政划拨过程中只注重对原土地使用者的适当补偿，而对由此所引起的土地增值未能给予足够的重视，使得行政划拨后的土地转让过程中土地增值收益无偿地流入了单位和个人手中；还有城镇近郊干部职工建私房屡禁不止，其原因之一就是在取得住房的同时，还占有了由农地变为建设用地所引起的土地增值收益。对这些土地增值收益不进行调节和合理分配，不仅损害了国家和集体的经济利益，更重要的是破坏了土地合理利用，影响土地市场的正常发育，甚至扰乱国家的经济秩序。

由于土地增值表现为不同形态地租的资本化，所以土地增值的分配可以以地租的分配为依据。在我国土地属于国家所有和集体所有，同时土地使用权与所有权分离，因此地租的分配应兼顾国家、集体和个人三方面的利益。其分配的基本原则应该是使导致土地级差的主体能够获得其应有的收益。从地租的产生来看，级差地租Ⅰ应主要归国家或集体所有，即应归社会所有。因为，土地肥力较好、位置有利的土地使用者，其劳动生产率之所以高，是因为垄断并使用了其他单位和部门不能具有的“自然力”，而土地和它具有的“自然力”是社会历史形成的财富，当然土地区位条件改善也有人为活动改善的，但这种改善也是依靠一定区域内的社会投资，甚至是国家投资，由此所产生的级差地租Ⅰ当然应归国家和社会所有。级差地租Ⅱ，由于是土地经营者自己增加投资所产生的，应归土地经营者所有，这样会促使其更好地使用土地，促成土地级差地租的产生。

## 第四节　制度经济学理论

我国土地管理属于政府行政管理范畴。在我国现行政府管理体制下，政府在进行土地资源配置与管理过程中既是公共管理者，又具有“经济人”性质，因此，利用制度经济学理论研究政府土地管理行为和目标选择的制约机制和规律是非常有意义的。

### 一、委托代理理论

委托代理理论是制度经济学研究的主要内容之一，主要研究的委托代理关系是指一个或多个行为主体根据一种明示或隐含的契约，指定、雇佣另一些行为主体为其服务，授予代理人一定的决策权利，并根据后者提供的服务数量和质量对其支付相应的报酬。授权者就是委托人，被授权者就是代理人。

在我国土地管理实践中存在着明显的委托代理关系，比如法律规定城市土地属于国家所有，但是由于土地被地方政府实际占有，相应的土地管理权、土地收益权均在地方政府，出现所有权与控制权的分离，进而形成客观上的(即隐含的)委托代理关系。

#### 1. 委托代理问题

在现代社会经济体系中，人们成为代表他人的代理人是很普遍的。例如，一家公司的董事会雇用经理人，经理们按照董事会委托要求负责公司日常经营；或者公民选举政治家来为与自己利益有关的某些任务做决策。在这种委托代理关系中,委托人与代理人的效用函数不同,委托人追求自己的财富最大化,代理人则追求自己的工资津贴收入、消费水平和闲暇时间最大化,由此产生不对称信息下代理人逆向选择和道德风险问题,这被称为“委托代理问题”。

在现代公司治理体系中,委托代理关系产生于所有权与控制权的分离,并由于委托人与代理人利益函数不同、信息不对称、制约机制不完善等,而出现委托代理问题。

在委托代理关系中,如果没有有效的制度安排,代理人的行为很可能最终损害委托人的利益,当人们受雇于大企业或政府组织时,委托—代理问题常常屡见不鲜。他们往往自行忙于他们自己觉得惬意的活动,而不一定是忙于促进组织或集体目标的活动,如为所有者促销和赢利,或者实现委托人的其他目标。这经常导致很高的组织成本。公司中的经理和雇员可能提出各种各样的计划来,如组织大量的会议、研究项目、在职课程,以及建立扭曲或分散风险责任的协调委员会等。他们可能会证明需要旅行和其他一大堆看似“必不可少”的活动,其中有许多要占用他们的时间并增加管理费用,但对促进公司盈利却未必产生贡献。然而公司的所有者即经理们的雇主,却并不知道哪些成本是必需的,哪些是多余的。

2.代理人的利益趋向及制约机制

为了建立双方互利的委托代理关系,通常有如下三种动力机制来供代理人用于激励委托人尽其所能:

(1)利益一致的激励体系　尽管委托人、代理人具有不同的利益倾向,但是双方均是针对共同的机构(如公司)或事业,只有通过共同努力促进共同的企业或事业发展,方能实现共同的利益。在一定的激励下,代理人能出于团结的考虑而将委托人的目标作为其自己的目标。在只涉及少数人的场合,比如说在一个小公司里,合作者能高度忠于所有者,或者所有者能直接要求其同事按他的利益行事;即使在一个较大的经营单位中,合作者们也能靠教育形成忠于委托人的习惯,这能节约监督成本和其他交易成本。

(2)完善的监督与管理制度　可以用直接监管和强制命令的办法来控制代理人。如果委托人对代理人的行动和可能采取的行动了如指掌,就可以用指令来指挥代理人,如果他们不服从,委托人需有惩罚乃至替换的权利。

(3)有效的契约机制和代理人规则体系　建立有效的激励规则,使代理人出于其自身利益的考虑而追求委托人的利益(间接控制)。例如,即使在委托人的利润与代理人无直接关系,但代理人仍需努力提高利润率,以便完成其业绩指标。

## 二、公共选择理论

公共选择理论,有广义和狭义两种解释。广义的公共选择理论是经济学理论的一个重要流派。丹尼斯·穆勒将其概括为“公共选择可以定义为非市场决策的经济学研究,或者简单地说,是将经济学应用于政治科学。公共选择的主题就是政治科学的主题,即国家理论、投票规则、投票者行为、党派政治学、官方政治学等。然而,公共选择方法论则是经济学的方法论”。所以公共选择理论被认为是最名副其实的“政治经济学”。狭义的公共选择理论是作为行政管理学的一个流派而存在的,它将公共选择的方法应用于公共行政管理领域,其关注的重点是政府的管理活动及各个领域公共政策的制定和执行。

在制度经济学中研究公共选择,主要是研究那些公共物品的资源配置问题。在财产体系中,那些不能被独占运用的财产,即其成本和获益不能被内部化,从而这些资产不可能靠私人竞争者在自愿的双边契约中来配置。它们是:①免费品。对这类物品,不存在分配问题,从而也不存在经济选择的必要。②纯共享品。对这类物品,无须配给,因为在使用者中不存在争胜;但是,它的总供给却必须由集体选择来决定,因为它们的供给要耗费资源。③共同财产。尤其是在其成员身份具有强制性的团体中的共同财产。

②类和③类需要集体选择,这要由某种集中化的政治程序来决定。与私人选择相比,这种选择会在配置上和知识搜寻上造成一些难题。具体地说:

(1)当别人不能被排除于财产运用之外时,就必须有两个以上的缔约当事人来进行协议。由于集体决策牵涉较多的参与者,他们的机会成本不断变化,目的也各不相同,所以要达成明确的决策会比较困难。而制定决策的交易成本大都要比私人的双边选择高。

(2)由于个人的偏好必须合为一体,形成一致,集体决策就不可能像形形色色的私人选择那样充分地满足个人欲望的多样性。

(3)在互惠、等价的私人交易中,付出和获取是明确相连的。这样,决策者从自己的决策得到完全的反馈。相反,集体选择牵涉多边的付出和获取。其中,利益通常是间接的和非相互性的,所以决策制定者得不到直截了当的反馈。例如,一个共同体的集体选择可以是要修筑一条分流市内交通量的环城道路。这会影响必须为修路出钱的纳税人,它又会对居民产生不同的影响。有的人可能会发现,交通噪声的减少会使他们受益。而另一些人则可能发现,他们的生意会变得难做起来。因为这是一桩"一揽子交易",成本和获益被混在一起,且不相等,所以关于这条环城道路的决策在获得多数通过之后,必须按适当规则由共同体来强制实施。否则,人们就会受诱惑而选择不付钱,靠搭便车白享受其获益。在成本和获益不对等的场合——不像在私人的、自负其责的决策中那样——会存在"败德危害"的诱惑、"公地灾难"的危险,以及很高的用于违法监督和强制执行等成本。

(4)公共选择还有一个更进一步的问题。以刘易斯·卡罗尔这个笔名闻名于世的牛津数学家,查尔斯·道奇森,在他 1865 年的《艾丽丝漫游奇境记》一书中就已经为此问题而烦恼过。这个问题与肯尼思·阿罗(1951 年)在一项使他赢得诺贝尔经济学奖的分析中称为"不可能定理"的发现有关。阿罗证明,个人偏好的混合不可能靠表决程序来加总,从而不可能确保个人所偏好的选择也被集体决策所选中。他证明,会出现各种不一致,它们不会让许多个人偏好无矛盾、无冲突地实现加总。与分散而多样化的个人"货币选票"相比,"集体意志"不可能得到完美的表现。

(5)除了极小的群体外,集体选择必须靠代表来进行。这种代表可以是自封的,也可以是选举出来的。他们将各种个人偏好掺合在一起以便做出具有可行性的决策。由代表来做集体选择需要有三个基本的安排:①必须就集体表决的规则和程序达成一致。例如,该规则可以是全体一致同意(这要求耗费极高的协商成本),也可以是 2/3 多数或 51%多数同意。这些规则和程序还必须规定如何接受选票,以及要授权代表们就哪些事务做决策。②因为与私人财产的双边交易不同,在付出和获益之间不存在直接的相互关系,所以集体决策中的"付出"必须依靠政治选择来决定,如靠规定税率来决定。会有相当大的激励促使个人减少其贡献(但要"搭便车"享受获益)。这样,监督和强制执行就变得必不可少,这必然会产生相应的代理成本。在较小的集体(地方政府、各种俱乐部)中,参与者们也许能看到"付出"(税负)和"获益"(源于集体行动的好处)之间的某种对应性。在那种场合,代理成本也会相对较低。但在像国家那样的大型集体中,以及在个人感到无权无势的集体中,团结是很脆弱的。于是,监督成本和强制执行成本会相应地直线上升。③第三种安排要规定应如何分配集体创造的效益，当公民们相互争胜时，他们应根据什么准则来获取那些共同财产(common-property goods)。这需要政治权力，并会造成政治权力自身的委托代理问题。

(6)运用政治权力会造成委托—代理问题：公民—委托人如何才能确保他们的代理人一旦被任命，真能言必信，行必果？当政治系统全都由追求其自己目标的政党组织、有组织的利益集团和谋求私利的官员所占据时，这样的问题将层出不穷。在多级的按少数服从多数原则做决策的过程中会出现一个有关的政治选择问题：如果像党纲那样的原则性决策是根据一批集体选择做出的，而具体决策则在以后由当选政党或委员会中特殊的有关个人来做，那么很可能就只有委托人选票的51%中的51%(即26%)在决定政策，甚至更少。那时，多数人会觉得权利遭到剥夺。完全可以想象，在一个群体中，在一项特殊的公共选择上具有重要利益的很小的少数派在制定决策，从而也可以说，“多数派被贪婪的少数派所利用”。

(7)在一个复杂社会中，公民若想了解全部公共选择，要承受极其高昂的信息成本。他们更情愿停留于“理性的无知”之中。如果公民想使他们的个人偏好具有政治分量，他们必须另外再投入很高的组织成本，且往往只能得到有限的获益。因此，对于委托人来讲，消极无为并容忍在一定程度于己不利的集体选择往往是合算的。尽管这种理性的无知是可以理解的，然而，它会助长对群体团结的侵蚀，助长不安全感和权利丧失感。尤其是当财产运用方面的大部分决策都要服从于集体选择时，就更是如此。于是，追求非集体性经济决策的改革(将社会化财产私有化或转化为俱乐部品)就可能成为一个途径，通过它，能强化自发性共同体的内聚力以及对自愿规则的固守和信任。

## 三、政治行动和设租

### (一)基本概念

设租是指具有一定公权力的行政官员配置“租金”的活动。“租金”指不是靠市场中的竞争努力而获得的收入。它们来源于提供给私人支持者或由政治精英支持者构成的有组织集团的政治特权。典型的情况是，政治干预将产权从无组织的多数人那里再分配给有组织的少数人；然后，这些少数人就能与实施干预的政府代理人分享他们的租金。

既得利益者由政治上积极主动的主体联合而成。这类主体在谋求偏袒其收入地位和赋予其政治影响力的行政干预上利益一致。

权力“市场”是一种过程。这类市场中的需求来自对再分配产权的政治性干预有需要的生产者，而它的供给者则是各种政府主体。政府主体代表既得利益对自由竞争进行干预。根据这一与经济市场的简单类比，权力市场的需求方大都向市场干预的供应方(议员、政治家、官员和法官)支付干预价格，其方式是货币支付和政治支持。

### (二)政府中的委托—代理问题

集体行动问题并不是单纯由知识问题和对集体行动可行性的无根据乐观态度而引起的。纵观历史，与公共权力有关的另一个关键问题是政府代理人——不论其是世袭的统治者、民选议员、部长还是被任命的政府官员——都存在受利益诱惑而按其私利行事的可能。因此，委托—代理问题在公共组织和行政组织中也普遍存在。因为，代理人(官员)作为内部人，比他们的委托人(外部公民)更了解情况。然而,与企业代理人——经理要受竞争约束的企业不同,在政府里,对委托代理问题缺少这样的自动监察。这造成了更大的信息不对称,并最终为代理人机会主义造成了更多的机会。

委托—代理问题呈现在集体行动的所有层面上。它往往源于有组织利益集团与政府机构之间的共谋。在多数政治系统中都存在着政治市场,它服务于干预和针对政府普适制度的歧视性变通:许多生产者都寻求对其行业的干预,以期缓和无休止的严峻竞争。政治性干预市场的供给方,政治家、官员和法官,从事设租活动(rent-creation)。这给政治家和官员带来了好处:他们获得了影响权势集团的能力,也获得了政治支持和物质支持,无论这些支持是给予政党的还是给予干预者个人的。政治干预通常还带来一种充当保护人的满足感,并能靠关心自己伙伴的保护人声誉生活。

设租者与不按公民——委托人利益行事的寻租者之间的联盟可以从许多时代和国家得到证明,并可以在集体行动的所有层面上见到。例如,英格兰的伊丽莎白女王一世、法国的路易四世和其他重商主义的君主都曾把与世界某一地区贸易的垄断权授予联系密切的商人,比如与印度和美洲的贸易权。作为交换,政府同商人们共享垄断收益,其形式是进入国库和他们个人钱箱的资金。在近代,靠关税和配额阻挡国际竞争的保护为国内的农业和工业创造了租金,也为保护主义政府创造了回扣的好处。在此过程中,制度重点从商业性的正和心态(positive-sum mentality)转向再分配性的政治维护心态和经济停滞。

各种现代议会制民主政体都由投票联盟支配,这类联盟往往受惠于利益集团。那样,议会的多数就会向他们的客户集团提供歧视性特惠。议会多数派的形成常常以给予各种利益集团的其他施舍为基础。这种现象在美国已被称为"log rolling"①(投桃报李)。它遵循着议员们严格的政治理性,即他们想要再次当选。为了实现这一目标,他们必须收买向他们提供政治支持和资金支持的压力集团。这只能靠他们对代表和要迎合其他压力集团的政治家表示赞同的途径来实现。投桃报李变成了许多议会里的一种生活方式,它极大地助长了政治性再分配和寻租活动的兴起——但同时它也助长了对民主制的普遍幻灭和对政治过程的玩世不恭。在极端情况下,这可能使得广大公众在民主政体遭受极权体制进攻时拒绝捍卫民主。20 世纪 20 年代和 20 世纪 30 年代初期,德国的魏玛共和国被残忍的特殊利益集团代表所支配,因而在极权主义者的进攻降临时,它没有得到人民的捍卫。

在政府代理人卷入设租活动的地方,他们会对收入和生活机会进行再分配,并使公共生活政治化和情绪化。成功的寻租联盟会成为样板,诱发其他集团的仿效。一旦人人都必须在市场中竞争这个前提(与对政治偏袒的竞争正相反)遭到否定,资本所有者团体和有组织劳工团体就会在越来越多的行业里联合起来要求政治特惠。那时,受偏袒的行业极易变成有组织劳工垄断的战利品。受保护的行业会变得无利可图,并为获得更多的保护而喧嚣叫嚷。那时,官员们会提高干预强度,以便搪塞政治批评和维护自己的政治、物质利益。

① "log rolling"可能源于英语中的一条谚语"Roll my log and I'll roll yours"。按字面直译,它是指在运送木材上相互帮助。在涉及政治家的活动时,它寓指政客间的相互捧场和支持。

# 第五节 管理学理论

管理学是研究管理理论、方法和管理实践活动的一般规律的科学。管理科学的初创阶段，始于19世纪末至20世纪初，基本标志为被誉为“科学管理之父”的泰罗发表了《科学管理原理》。同期问世的还有法约尔的“管理过程理论”和韦伯的“行政组织理论”。这3种理论统称为“古典管理理论”。管理科学的第二个里程碑是“行为科学理论”。它产生于20世纪20年代，创始人是美国哈佛大学教授乔治·奥尔顿·梅奥和费里茨·罗特利斯伯格等。后来，行为科学在其发展过程中，又形成一些新的理论分支。现代管理理论是以系统理论、决策理论、管理科学理论等学派为代表，其特点是以系统论、信息论、控制论为其理论基础，应用数学模型和电子计算机手段来研究解决各种管理问题。

20世纪50年代以后，管理科学在广泛应用过程中，同许多社会科学和自然科学交叉、渗透，产生了种种管理学分支。如管理社会学、行政管理学、军事管理学、教育管理学、卫生管理学、技术管理学、城市管理学、国民经济管理学等。今天，管理科学已经扩展到各个领域，形成了内容广泛、门类齐全的独立学科体系。管理现代化是应用现代科学的理论和方法，提高计划、组织和控制的能力，以适应生产力发展的需要，使管理水平达到当代国际先进水平的过程，也是由经验型的传统管理转变为科学型的现代管理的过程。

一般认为，从20世纪50年代开始，西方主要发达国家在高度工业化的同时实现了管理现代化，管理现代化所包含的内容极其广泛，主要有管理思想的现代化、管理组织的现代化、管理方法和手段的现代化等几个方面。管理现代化是一个国家现代化程度的重要标志。工业、农业、科学技术、国防的现代化，乃至整个国民经济的现代化都离不开现代化管理，现代化管理能够有效地组织生产力要素，充分合理地利用各种资源，大大提高各种经济和社会活动的效率，从而成为推进现代化事业的强大动力。

管理有自然属性和社会属性，管理的自然属性反映了社会劳动过程本身的要求，在分工协作条件下的社会劳动，需要通过一系列管理活动把人力、资金、物质等各种要素按照一定的方式有效地组织起来，才能顺利进行；管理的社会属性则体现了统治阶级的利益和要求，在一定的生产方式下，需要通过管理活动来维护一定的生产关系，实现一定的经济和社会目标。在经济管理中，管理的自然属性表现为科学合理地组织生产要素，处理和解决经济活动中物与物、人与物之间的技术联系，如生产中的配料问题、生产力布局、规划，以及机器设备的技术性能对操作者的技术水平和熟练程度的要求等，都体现自然规律和技术规律的要求，不受社会的经济基础和上层建筑的影响；而经济管理的社会属性则表现为调和完善生产关系，处理调整人与人之间的经济利益关系，如分配体制、管理体制等，都由社会、经济规律支配。在现代社会的发展中，科学管理起着越来越重要的作用，科学管理直接带来了经济效益、社会效益，在物质资源有限的情况下，管理资源的作用显得尤其重要。

## 一、管理学一般理论

### 1. X-Y 理论

美国管理学家麦格雷戈(Douglas McGregor)于1957年提出了X-Y理论。麦格雷戈把传统管理学称为"X理论",他自己的管理学说称为"Y理论"。X理论认为:多数人天生懒惰,尽一切可能逃避工作;多数人没有抱负,宁愿被领导、怕负责任,视个人安全高于一切;对多数人必须采取强迫命令、软硬兼施的管理措施。

Y理论的看法则相反,它认为,一般人并不天生厌恶工作,多数人愿意对工作负责,并有相当程度的想象力和创造才能;控制和惩罚不是实现管理目标的唯一办法,还可以通过满足职工爱的需要、尊重的需要和自我实现的需要,使个人和组织目标融合一致,达到提高生产率的目的。

麦格雷戈认为,人的行为表现并非固有的天性决定的,而是其所在的组织或群体中的管理实践造成的。剥夺人的生理需要,会使人生病。同样,剥夺人的较高级的需要,如感情上的需要、地位的需要、自我实现的需要,也会使人产生病态的行为。人们之所以会产生那种消极的、敌对的和拒绝承担责任的态度,正是由于他们被剥夺了社会需要和自我实现的需要而产生的疾病的症状。因而迫切需要一种新的,建立在对人的特性和人的行为动机更为恰当的认识基础上的新理论。麦格雷戈强调指出,必须充分肯定作为组织或单位主体的人,员工的积极性是处于主导地位的,他们乐于工作、勇于承担责任,并且多数人都具有解决问题的想象力、独创性和创造力,关键在于管理方面如何将职工的这种潜能和积极性充分发挥出来。

2. 彼得原理

每个组织都是由各种不同的职位、等级或阶层的人排列所组成,每个人都隶属于其中的某个等级。彼得原理是美国学者劳伦斯·彼得在对组织中人员晋升的相关现象研究后,得出的一个结论:在各种组织中,雇员总是趋向于晋升到其不称职的地位。彼得原理有时也被称为向上爬的原理。这种现象在现实生活中无处不在:一名称职的教授被提升为大学校长后,却无法胜任;一个优秀的运动员被提升为主管体育的官员,而无所作为。对一个组织而言,一旦相当部分人员被推到其不称职的级别,就会造成组织的人浮于事,效率低下,导致平庸者出人头地,发展停滞。因此,这就要求改变单纯的根据贡献决定晋升的职员晋升机制,不能因某人在某个岗位上干得很出色,就推断此人一定能够胜任更高一级的职务。将一名职工晋升到一个无法很好发挥才能的岗位,不仅不是对本人的奖励,反而使其无法很好发挥才能,也会影响管理职能的发挥,给单位和事业带来损失。

3. 酒与污水定律

酒与污水定律是指把一匙酒倒进一桶污水,得到的是一桶污水;如果把一匙污水倒进一桶酒,得到的还是一桶污水。在任何组织里,几乎都存在几个难弄的人物,他们存在的目的似乎就是为了把事情搞糟。最糟糕的是,他们像果箱里的烂苹果,如果不及时处理,它会迅速传染,把果箱里其他苹果也弄烂。烂苹果的可怕之处,在于它那惊人的破坏力。一个正直能干的人进入一个混乱的部门可能会被吞没,而一个无德无才者能很快将一个高效的部门变成一盘散沙。组织系统往往是脆弱的,是建立在相互理解、妥协和容忍的基础上的,很容易被侵害、被毒化。破坏者能力非凡的另一个重要原因在于,破坏总比建设容易。一个能工巧匠花费时日精心制作的陶瓷器,一头驴子一秒钟就能毁坏掉。如果一个组织里有这样的一头驴子,即使拥有再多的能工巧匠,也不会有多少像样的工作成果。如果你的组织里有这样的一头驴子,你应该马上把它清除掉,如果你无力这样做,就应该把它拴起来。

4. 木桶定律

木桶定律是讲一只水桶能装多少水，这完全取决于它最短的那块木板。这就是说任何一个组织，可能面临的一个共同问题，即构成组织的各个部分往往是优劣不齐的，而劣势部分往往决定整个组织的水平。木桶定律与酒与污水定律不同，后者讨论的是组织中的破坏力量，最短的木板却是组织中有用的一个部分，只不过比其他部分差一些，你不能把它们当成烂苹果扔掉。强弱只是相对而言的，无法消除，问题在于你容忍这种弱点到什么程度，如果严重到成为阻碍工作的瓶颈，你就不得不有所动作。

5. 马太效应

《新约·马太福音》中有这样一个故事：一个国王远行前，交给3个仆人每人一锭银子，吩咐道：你们去做生意，等我回来时，再来见我。国王回来时，第一个仆人说：主人，你交给我的一锭银子，我已赚了10锭。于是，国王奖励他10座城邑。第二个仆人报告：主人，你给我的一锭银子，我已赚了5锭。于是，国王奖励他5座城邑。第三个仆人报告说：主人，你给我的一锭银子，我一直包在手帕里，怕丢失，一直没有拿出来。于是，国王命令将第三个仆人的一锭银子赏给第一个仆人，说：凡是少的，就连他所有的，也要夺过来。凡是多的，还要给他，叫他多多益善。这就是马太效应，反应当今社会中存在的一个普遍现象，即赢家通吃。对管理者而言，马太效应告诉我们，要想在某一个领域保持优势，就必须在此领域迅速做大。当你成为某个领域的领头羊时，即便投资回报率相同，你也能更轻易地获得比弱小的同行更大的收益。而若没有实力迅速在某个领域做大，就要不停地寻找新的发展领域，才能保证获得较好的回报。

6. 零和游戏原理

零和游戏是指一项游戏中，游戏者有输有赢，一方所赢正是另一方所输，游戏的总成绩永远为零。零和游戏原理之所以广受关注，主要是因为人们在社会的方方面面都能发现与零和游戏类似的局面，胜利者的光荣后面往往隐藏着失败者的辛酸和苦涩。20世纪，人类经历两次世界大战、经济高速增长、科技进步、全球一体化以及日益严重的环境污染，零和游戏观念正逐渐被双赢观念所取代。人们开始认识到利己不一定要建立在损人的基础上。通过有效合作皆大欢喜的结局是可能出现的。但从零和游戏走向双赢，要求各方面要有真诚合作的精神和勇气，在合作中不要小聪明，不要总想占别人的小便宜，要遵守游戏规则，否则双赢的局面就不可能出现，最终吃亏的还是合作者自己。

7. 华盛顿合作规律

华盛顿合作规律说的是一个人敷衍了事，两个人互相推诿，三个人则永无成事之日。多少有点类似于我们“三个和尚没水吃”的故事。人与人的合作，不是人力的简单相加，而是要复杂和微妙得多。在这种合作中，假定每个人的能力都为1，那么，10个人的合作结果有时比10大得多，有时甚至比1还要小。因为人不是静止物，而更像方向各异的能量，相互推动时，自然事半功倍，相互抵触时，则一事无成。我们传统的管理理论中，对合作研究得并不多，最直观的反映就是，目前的大多数管理制度和行为都是致力于减少人力的无谓消耗，而非利用组织提高人的效能。换言之，不妨说管理的主要目的不是让每个人做得更好，而是避免内耗过多。

8. 手表定理

手表定理是指一个人有一只表时，可以知道现在是几点钟，当他同时拥有两只表时，却无法确定。两只手表并不能告诉一个人更准确的时间，反而会让看表的人失去对准确时间的信心。手表定理在企业经营管理方面，给我们一种非常直观的启发，就是对同一个人或同一个组织的管理，不能同时采用两种不同的方法，不能同时设置两个不同的目标，甚至每一个人不能由两个人同时指挥，否则将使这个企业或这个人无所适从。手表定理所指的另一层含义在于，每个人都不能同时选择两种不同的价值观，否则，你的行为将陷于混乱。

9. 不值得定律

不值得定律最直观的表述是：不值得做的事情，就不值得做好。这个定律再简单不过了，重要性却时时被人们忽视遗忘。不值得定律反映人们的一种心理，一个人如果从事的是一份自认为不值得做的事情，往往会保持冷嘲热讽、敷衍了事的态度，不仅成功率低，而且即使成功，也不觉得有多大的成就感。因此，对个人来说，应在多种可供选择的奋斗目标及价值观中挑选一种，然后为之奋斗。选择你所爱的，爱你所选择的，才可能激发我们的斗志，也可以心安理得。而对一个单位或组织来说，则要很好地分析职员的性格特性，合理分配工作，如让成就欲较强的职员单独或牵头完成具有一定风险和难度的工作，并在其完成时，给予及时的肯定和赞扬；让依附欲较强的职工，更多地参加到某个团体共同工作；让权力欲较强的职工，担任一个与之能力相适应的主管。同时，要加强员工对企业目标的认同感，让员工感觉到自己所做的工作是值得的，这样才能激发职工的热情。

10. 蘑菇管理

蘑菇管理是许多组织对待初出茅庐者的一种管理方法，初学者被置于阴暗的角落（不受重视的部门，或打杂跑腿的工作），浇上一头大粪（无端的批评、指责、代人受过），任其自生自灭（得不到必要的指导和提携）。相信很多人都有过这样一段蘑菇的经历，这不一定是什么坏事，尤其是当一切刚刚开始的时候，当几天蘑菇，能够消除我们很多不切实际的幻想，让我们更加接近现实，看问题也更加实际。一个组织，一般对新进的人员都是一视同仁，从起薪到工作都不会有大的差别。无论你是多么优秀的人才，在刚开始的时候，都只能从最简单的事情做起。蘑菇的经历，对于成长中的年轻人来说，就像蚕茧，是羽化前必须经历的一步。因此，如何高效率地走过生命的这一段，从中尽可能汲取经验，成熟起来，并树立良好的值得信赖的个人形象，是每个刚入社会的年轻人必须面对的课题。

11. 奥卡姆剃刀定律

12 世纪，英国奥卡姆的威廉主张唯名论，只承认确实存在的东西，认为那些空洞无物的普遍性概念都是无用的累赘，应当被无情地剔除。他主张如无必要，勿增实体。这就是常说的奥卡姆剃刀。这把剃刀曾使很多人感到威胁，被认为是异端邪说，威廉本人也因此受到迫害。然而，时间并未损害这把刀的锋利，相反，经过数百年的岁月，奥卡姆剃刀已被历史磨得越来越快，并早已超载原来狭窄的领域，而具有广泛、丰富、深刻的意义。奥卡姆剃刀定律在管理学中可进一步演化为简单与复杂定律：把事情变复杂很简单，把事情变简单很复杂。这个定律要求，我们在处理事情时，要把握事情的主要实质，把握主流，解决最根本的问题，尤其要顺应自然，不要把事情人为地复杂化，这样才能把事情处理好。

12. 破窗效应

美国斯坦福大学的心理学家菲利普·辛巴杜(Philip Zimbardo)于 1969 年做了一项试验。他找了两辆一模一样的汽车，把其中的一辆摆在帕罗阿尔托的中产阶级社区，而另一辆停在相对杂乱的布朗克斯街区。停在布朗克斯的那一辆,他把车牌摘掉了,并且把顶棚打开。结果这辆车一天之内就给人偷走了,而放在帕罗阿尔托的那一辆,摆了一个星期也无人问津。后来,辛巴杜用锤子把那辆车的玻璃敲了个大洞。结果呢?仅仅过了几个小时,它就不见了。

以这项试验为基础,政治学家威尔逊和犯罪学家凯琳提出了“破窗效应”,认为如果有人打坏了一个建筑物的窗户玻璃,而这扇窗户又得不到及时的维修,别人就可能受到某些暗示性的纵容去打烂更多的窗户玻璃。久而久之,这些破窗户就给人造成一种无序的感觉。结果在这种公众麻木不仁的氛围中,新的无序甚至犯罪就会滋生、繁荣。

“破窗效应”多用于社会治安管理,但对企业管理、行政管理同样重要。主要在于,组织或企业中对待随时可能发生的一些“小奸小恶”的态度。特别是对于触犯管理核心价值观念的一些“小奸小恶”,小题大做的处理是非常必要的,以防止“千里之堤,溃于蚁穴”,正是及时修好“第一个被打碎的窗户玻璃”的明智举措。

## 二、公共管理理论

公共管理是以政府为核心的公共部门运用管理学、政治学、经济学、法学、社会学、系统科学等多学科理论与方法对国家和公共组织进行有效治理的管理活动。因此,普遍认为,公共管理是以政府为核心的公共治理活动,其过程需要广泛应用各种方法提升政府治理能力,提升政府绩效和公共服务产出与品质,目标是实现公共福祉和公共利益最大化。

在管理学中,公共管理与私人部门管理是有明显区别的,公共管理强调政治权威、多元制衡、法律支配、多元理性,强调政府手段,追求公共利益;而私人部门管理强调经济权威、自主性、意思自治、经济理性,强调市场机制,追求私人利益。

### (一)市场失灵与政府干预

在现实经济运行中,一般认为价格的决定在多数情况下并不是人为的操纵,而是由“看不见的手”发挥作用,并称之为“市场机制”(Market Mechanism),认为市场机制是通过市场供需均衡,使资源配置达到最有效益的方法。

然而,经济学研究发现,完全竞争市场需要依据 6 项假设而成立:

(1)市场中买卖人数很多,且无人可以影响价格,所以每个人都是价格的接受者(price taker)。

(2)市场出售的产品,其品质都是一样的,具有同质性。

(3)市场买卖双方,对于市场的相关信息都能充分掌握。

(4)产品的成本与效益都反映在供给与需求线上。

(5)没有任何人为限制,每个人均是追求自利,所以不会有价格协定或勾结情形。

(6)厂商可以自由进出产业。

显然,经济实践不可能完全符合市场竞争的假设,这就有了市场失灵(market failure)。市场失灵,就是因市场缺陷而引起的资源配置的无效率。市场失灵包括两种情况:一是市场机制无法将社会资源予以有效配置;二是市场经济无法解决效率以外的非经济目标,如公共产品的提供、市场中的垄断、外部性等。

市场失灵为政府干预提供了理由和要求,而政府干预则需要公共治理规则。

### (二)政府治理工具

政府职能定位,包括两个独立的问题:一是政府应该干什么;二是政府如何去做。前者涉及政府职能定位,后者涉及政府治理工具(instruments of government)选择。从某种意义上讲,政府选择用何种方式达到政府的治理目标,则显得更为重要。

治理工具,也称之为政策工具(policy instrument)或政府工具(tools of government),它是指政府将其实质目标转化为具体行动的路途(the ways)和机制(the mechanism),政策工具乃是政府治理的核心,没有政策工具,便无法实现政府的目标。

政策工具主要包括:权威(authority)、诱因(incentives)、能力建立(capacities building)、象征劝勉(symbolic and hortatory)以及学习(learning)等。

对于公共物品和服务的提供,不论是由公共部门还是私人部门,其方式有:①政府部门直接提供;②委托政府其他部门;③契约外包;④经营特许权;⑤补助;⑥抵用券;⑦市场供给;⑧志愿服务;⑨自我协助;⑩政府贩售特定服务。

政府可运用多元政策工具以实现自己的治理目标。运用何种治理工具,政府干预市场到何种程度,完全视问题情势、政府主观偏好、资源拥有程度、目标的正确性与选择性、对市场依赖程度、相对成本等综合因素而定。

### (三)政府失灵

不完全市场和不充分信息问题无论是在公共部门,还是在私人部门都是相同的,也是相当普遍的,加之其他方面的原因,“政府失灵”也是普遍存在的。

所谓“政府失灵”(government failure),是指由于政府机制存在的本质上的缺失,而无法使资源配置效率达到最佳的情形。典型的政府失灵的类型及其原因有以下几个方面。

(1)成本和收益的分离:过剩和成本提高　无论市场怎样不完善,它都是与生产成本的活动相联系,这种联系是由价格决定的。政府活动因为缺乏任何价格的指引,便割裂了这种联系,因为维持政府活动的收入具有非价格来源,即来源于政府的税收等。由于缺乏这种联系,使得政府产生的价值同生产它的成本割裂。这种割裂意味着资源错误配置的程度增加,因此,无论公共政策采取何种方式(管制、直接提供),政府活动的一个趋势是明显多余的成本,从而导致社会资源的浪费。另外,政府预算也会因利益集团的游说造成生产过剩和重复投资的问题。

(2)政策制定的复杂性和低质的政策　公共政策的制定是一个复杂的政治过程,由于理性选民的无知(rational voter ignorance)、政府集团对公共政策的影响、等级制和官僚制本身的障碍、政治家的偏好因素,以及政府部门的本位主义和机关利益等各种因素的综合存在,使得政府的公共政策并不能反映公共的利益,也不符合有效率的资源配置。

(3)内部性问题　公共组织为了进行其内部的管理,需要发展它们的标准或规则,这些标准或规则即内部性(internalities),用来评估机构的运行和机关人员的行为。这些标准很接近“私人”的组织目标,因为在机构内的动力是由个人或集体的行为产生,而不是机构为公共的目的和责任产生的。政府组织内部性是规范组织运作的重要因素。正如外部性因素对市场经济的影响一样,内部性也同样影响着政府。外部性意味着社会成本和利润没有包含在私人决策的考虑之中,而内部性则意味着“私人”的或组织的成本和利润很可能支配公共决策者的计算。市场失灵的核心是外部性,而政府失灵的核心是内部性。

## 三、政府的职能

我国的土地管理,从机构上属于政府的职能部门,行使政府的权力并为国家利益服务;从管理的内容上,是以合理配置土地资源、协调土地利用关系及确定和保护土地产权关系为核心,对土地利用过程中所产生的各种权利义务关系进行协调和管控;从管理的方法上,是以国家的土地制度、法律、政策为依据,采用各种行政手段进行计划、组织、协调和控制;从管理的目标上,是为了保护国家的土地资源,使土地资源的开发与利用充分满足国民经济不断发展的需要。因此,土地管理的实质是国家及地方政府处理土地事务、协调土地关系的活动,是行使公共权力的过程,而非一般的组织管理工作,因此从性质上属于政府行政管理或公共管理的范畴。而土地同时又是生产要素,在参与生产过程中成为经济品,政府在对这种经济品进行管理过程中必然要涉及经济主体的利益,乃至政府作为“经济人”的利益。那么,政府如何准确界定自己的“公共人”和“经济人”边界?准确界定政府职能成为关键。

经济学家始终非常重视研究政府的职能。萨缪尔森提出政府的四项经济职能是:①提高经济效率。政府通过促进竞争、控制诸如污染这类外部性问题以及提供公共品等来提高效率。②改善收入分配。政府通过税收和支出项目等手段,向某些团体进行倾斜的收入再分配,从而增进平等。③通过宏观经济政策稳定经济。政府通过财政政策和货币政策保证宏观经济的稳定和增长,并减少失业,降低通货膨胀。④执行国际经济政策。

世界银行在《1997 年的世界发展报告——变革世界中的政府》中提出,有 5 项基础性的任务处于每个政府使命的核心地位。如果这 5 项任务不完成,就不可能取得可持续的、共享的、减少贫困的发展。这 5 项任务是:①建立法律基础;②保持非扭曲的政策环境,包括宏观经济的稳定;③投资于基本的社会服务和基础设施;④保护承受力差的社会阶层;⑤保护环境。

总的来说,经济学对政府基本职能的认识尽管存在差异,但基本方向是一致的。其实,我们更应关心的是政府如何坚守或执行这些职能,即政府管理如何才能达到“既不缺位也不越位”。

### (一)保护性职能

靠集体行动保护秩序和法治的做法可谓源远流长。其源头大概可上溯至永久定居的村庄、集镇和城市出现的时候。在这些共同体内,为了裁决冲突,并尊崇或制定能据以解决或避免共同体成员间冲突的原则(外在制度),出现了族长、国王和法官等。最初,第三方裁决者的角色可能被授予了受人尊敬并富有经验的长者,但后来出现了正式的、产生统治者的宪法性安排。集体行动、政治权力和政府概念也由此而产生:为了共同体利益,一些特定的行动被付诸实施,特定的官员或官方组织获得了凌驾于普通公民和公民团体之上的权威和强制性权力。在这些情况下,都必须由宪法性安排来决定集体行动的基础:如何任命代表,如何分配集体行动的成本和获益。

政府最突出的保护性职能是防止一些公民受另一些公民的强制。如果我们处于无政府状态中,如果强制只能靠其他各方的“暴力潜能”来制约,如果所有公民都必须抵抗他人以保卫其财产,那将会代价极高(极高的排他成本和强制执行成本)。它们会抑制大量有利的劳动分工并阻碍繁荣。因此,雇用一个代理人,赋予他保卫和平的使命,是很有利的做法。为了有效,代理人必须握有实施强制的权力。同时,必须保证代理人(即政府)不用其权力反对委托人(即公民)。

在政府的保护性职能中,有相当一部分是通过政府管制来实现的,如保护健康和安全的管制。这样的管制常常有其经济上的合理性,因为它们解决了外部性。例如,在一个产业中不受限制地使用一种专门的私人资产有可能危及工人们的安全,而保护工人的途径是管制该类资产的使用,并制定出安全规则。外部性还会在与环境和健康有关的问题上发生。公共健康管制的一个目的是要减少信息成本和其他交易成本。例如,一种得到政府认可的药品在规定限度内是可以安全服用的,无须公民自己花费财力研究服用该药品的后果。或者,在某些地段限制车速的规则可以减少车祸的发生。但是,必须永远牢记管制的终极目的,即制度服务于公民。但现在,许多国家在健康、安全和环境方面正实施着的大量管制却并不符合这一标准,各种为了管制而管制的激增,不仅造成了监管成本大幅度提升,也偏离了“服务于公民”的初衷。因此,对公共管制措施中的每一项,都必须根据其可能给整个制度系统带来的成本和获益来加以评估。

### (二)生产性职能

对属于纯共享品的物品和服务来讲,要想不让未付钱者享用,即使可能也代价极高。而且,共享品一旦被提供出来就不会稀缺。因为在一定的限度内,对它们的需求之间不存在争夺。在这种情况下,私人所有者只能容忍那些没有为努力获取和维护共享品承担成本的人搭便车,与此相同,实施公共供给并靠强制性税收来筹资也确有其根据。在这种场合,私人所有者不可能恰当地行使其产权,包括不可能行使排除他人的权利。这显示出了一种制度缺陷。这方面的一个经典例子就是街道照明:如果一个社会成员为享受街道照明的好处而出钱建立的街道照明系统,则其他社会成员都能免费享受到这一舒适。这种自然共享品的另一个经典例子是抵御外部侵略的国防:如果一个社会成员要提供国防军,则其他所有的公民都将得到这一保卫的好处,且不会被排除在外。与能被独享的获益相比,获取一种物品的成本越大,则努力获取这种物品的动力就越弱。“搭便车”的可能性——独享的不可能性——阻止了面向这类物品和服务的市场。与成本和获益能由个人充分内部化的私人品(private goods)相比,共享品将供给不足。在政府供给具有显著正外部效应的场合,纯共享品是一种极端情形。

政府在决定要提供什么以及如何在公民中分摊成本时,有可能主要对某些组织集团的偏好做出响应,因此,极易产生隐性再分配的问题。这类问题可以通过财政分权化而在一定程度上得到抑制。当部分公民和资本能向最可能提供理想共享品组合和其他地区特征的政区流动时,也能在一定程度上抑制这种问题。这是因为,纳税人和生产要素在地区之间的可流动性(开放性)能在一定程度上控制想在共享品的供给和筹资上对成本和获益进行再分配的政府。

对于不可能轻易排除他人使用但对它的需求中存在争夺的那些物品,可以靠外在的规则和政府指令来配给获取机会。究竟是靠社会化财产还是私人竞争者来生产那样的物品和服务是次要的。重要的是要用公共资源来供给物品和服务。就获取途径而言,用社会化财产生产那些物品和服务肯定不具有必然性。

### (三)提供获取公共物品的机会

政府的这一职能与生产职能有关系,但区别也是明显的。在那些考虑不占主导地位的场合(如在教育和医疗服务方面),可以靠公共预算来进行间接供给:用公共资金收购物品和服务，政府充当质量监管者，而不是生产者。

政府实施这一职能需要注意以下三个方面的问题：

(1)应当将如何为共享物品和服务的供给活动筹措资金与是否应使用政府拥有(社会化)的生产手段来生产这些物品和服务区分开来。从政府管理角度来看，靠公共预算为公民提供特定物品和服务是必要的，那么有效利用私人生产或受补贴的获取权往往是较便宜的供给方式，这种方式还能向公民们提供较多的选择。因此，公共生产节约交易成本并能避免竞争性私人供应者的重复建设。

(2)公共物品的所有和控制与公共物品垄断区分开来。即使在政府组织从事生产活动的场合，仍有理由要求在不同的公共机构之间(如在为不同公共机构所有但已公司化了的电厂、医院和大学之间)展开竞争，并要求在公共机构与私人机构之间展开竞争(如允许私人通信公司、公共汽车或民航公司与公共部门中相同服务的提供者进行竞争)。

(3)在共享品的社会化生产上，就公共物品在使用中所发生的全部成本和回报提供充分而透明的信息，并使政府拥有的生产者服从严格的预算控制。当公共物品生产投资被公司化时，即它们的活动在管理上是与涵盖政府一般活动的预算相分离时，可稽查性就是基本要求。执行硬预算约束并拒绝为亏损的公共企业提供补贴，并不总是一件容易的事。但是，只要竞争压力不足，而公共管理者稽查力度又很差，那么公共物品提供者就会转而为自身利益服务(高薪、配置冗员、超量的在职消费等)。

### (四)改革社会化生产

改革有可能缓解与公共生产相关的各种问题。例如，可以通过将社会化生产活动移交给相互竞争的下级政府，使社会化财产转变为某种俱乐部品等；或者，使社会化生产私有化，同时保证获取这些物品和服务的权利继续存留于公共领域之中。另外，可以改革会计系统，使之与运作最佳的私人企业看齐。激励和监督方面的现代管理技能可能有助于为纳税人获取效率红利。为了实现这一目的，经理们的监管者必须为经理们制定出明确而可测度的产出目标，但在选择被用来生产该产出的方法和如何购买必要投入的方法上，必须让经理们承担责任。只有在公共部门的经理们任期有限并按业绩取酬时，这样的责任体系才能起作用。

### (五)对产权的再分配

在许多国家，对收入和财富进行再分配都是政府的主要职能之一。即没收某些人的产权并将它们再分配给另一些人。这种行动立足于各种“社会公正”方面的概念。在欧洲，政府曾长期用公共收入资助“流浪儿和寡妇”，而公共组织如公共贫民院曾照顾过贫民们的基本需要。在这一过程中，安全和公正被等同于在面对变化时维护一定的社会地位和经济地位，还被等同于收入的财富分配上的平等。倡导由政府进行再分配的人还对其再分配方案的实践可行性抱有乐观态度，并以这种态度为其立论的基础，完全不重视认识问题、理性的无知、道德风险和代理人的自私自利。

可以用两种政策手段来尝试再分配：一种是运用政府的强制权力来征税和分派转移支付，以弱化甚至消除竞争博弈的后果；另一种是通过直接干预立足于私人产权的竞争，通过影响财务资本、物质资本和人力资本的积累，通过干预缔约自由，改变市场的运行。

产权是市场过程的结果。对产权的再分配可以依靠国家的征税和转移收入的强制权力。

这方面的例子如累进所得税制，它并不对所有的货币所得一视同仁，而要考虑财产所有者的收入流规模。转移可以由直接的现金支付方式构成，但也可以由转移真实资源的方式构成。例如，政府可以决定向平均收入较低的地区提供更多由政府拥有的基础设施等。

【本章小结】

1. 土地是自然资源，要求土地管理必须遵循土地的自然规律，土地合理利用要考虑土地自然属性。

2. 人类在开发利用土地资源过程中需要遵循社会的既有秩序和国家的管理要求，制度因素是土地利用过程中的基本框架。土地制度包括土地所有制度、土地使用制度和土地管理制度。

3. 土地作为生产要素，其参与生产过程中必然表现出经济规律，土地管理同样需要遵循相应的经济规律。包括土地报酬定律、土地价格机制、土地投资规律等。

4. 土地作为不动产，决定了土地产权关系的重要性。制度经济学正是通过产权与经济的结合分析经济现象，包括委托—代理理论、公共选择理论、寻租理论等。

5. 土地管理属于部门管理或者行业管理，在性质上属于行政管理。管理学的基本理论是土地管理的理论基础；土地管理作为政府管理，需要遵循政府管理经济的基本规则，需要处理好政府与市场的关系。

【习题及思考题】

1. 资源的特性有哪些？举例说明土地利用或土地管理实践中违反资源条件的做法所引起的危害，并说明土地管理实践中遵循自然规律的重要性。

2. 什么是制度、内在制度、外在制度？简述我国的土地所有制度和使用制度。

3. 为什么说土地利用具有经济性？土地利用的经济结果对土地资源布局产生什么样的影响？

4. 土地投资的特性有哪些？如何根据土地投资规律进行土地管理？

5. 按照委托—代理理论，举例说明我国土地管理实践中的委托—代理关系，并说明代理人在什么情况下会机会主义行事？有什么措施能促使代理人不机会主义行事？

6. 我国政府在进行土地管理过程中既是公共管理者，又具有“经济人”性质，请举例说明政府土地管理实践中哪些行为属于管理者行为，哪些行为属于经济人行为。

【参考文献】

[1]封志明. 资源科学的研究对象、学科体系与建设途径[J]. 自然资源学报，2003，18(6)：742—752.

[2]柯武刚，史漫飞. 制度经济学——社会秩序与公共政策[M]. 北京：商务印书馆，2000.

[3]雷利·巴洛维. 土地资源经济学——不动产经济学[M]. 谷树忠，等译. 北京：北京农业大学出版社，1989.

[4]张成福，党秀云. 公共管理学[M]. 3版. 北京：中国人民大学出版社，2020.

[5]朱道林. 土地资源利用与政府调控[M]. 北京：中国农业大学出版社，2011.

# 第四章　我国土地管理的历史发展

我国土地管理有着悠久的历史。虽然它在历史上有过不同形式、不同名称，但是作为国家政府对土地的统治和管理却在任何一个社会阶段都是存在的。鉴古而知今，了解土地管理的历史变化，有利于分析影响和制约土地管理的主要因素，为研究和分析土地利用与管理规律提供借鉴。本章分别从土地制度、土地管理体制、土地管理目的和内容等方面的历史演变进行分析，探讨土地管理的历史发展规律。本章仅针对1949年以前的不同历史时期进行分析，新中国成立后的土地管理变化将在以后相关章节介绍。

## 第一节　我国土地制度的历史演变

土地制度是国家基础性制度，是基本经济制度和基本政治制度的集中体现。受不同时期的国家制度或社会制度影响，在我国不同历史阶段的土地制度形式及国家（王朝）对土地的控制程度均存在一定的差异。

### 一、夏商周时期的土地制度

一定时期的生产力发展水平是土地制度乃至国家制度的决定因素。人类社会由刀耕火种的农业文明开始，由于需要对固定区域的土地进行耕种并获得食物，进而逐步演化出对土地的占有与使用关系，从原始的氏族共有，到统治者占有，不断演化。到原始社会末期，随着金属工具的使用和种植业与畜牧业以及其后与手工业的分工（社会第一次大分工与第二次大分工），剩余产品的增多，交换的经常化，逐渐出现了私有制，氏族组织瓦解，而逐渐为国家所代替。其中，井田制是商朝后期形成的典型土地制度形式。

井田制源起于何时，历史研究并没有确定的说法，有文献认为起源于商朝，但是一般一致认为成熟于周朝。据《中国土地制度研究》记载：

井田的区划，以一区为百亩，九夫为井，四进为邑，四邑为邱，四邱为甸，四甸为县，四县为都。沟洫耜，皆广五寸，二耜为耦，一耦之伐，广一尺深一尺的曰畎；田首倍之，广二尺深二尺曰遂。九夫为井，井间广四尺，深四尺，称之曰沟；方十里为成，成间广八尺，深八尺，称之曰洫。方百里为同，同间广二寻，深二仞，称之曰浍，专用之于达于河川。田中除天子亲耕的籍田以外，近郊之地有宅田、仕田、贾田；远郊之地，有官田、牛田、赏田、牧田。其他尚有公邑田、小都田、大都田。

井田制的授田、还田遵循的规则主要有：①每一个人均给予必要的生活土地，保障没有饥民。②土地分配以生活安定为基本标准。余夫授田二十五亩，结婚则授百亩。③区分田地质量，上田一夫百亩，中田一夫二百亩，下田一夫三百亩。可以每年耕作的，为不易上田；每隔年耕作的，为一易中田；二年休耕一年耕作的再易下田。④土地虽分配人民，但所有权仍归政府，以防范私有兼并，更使土地分配适合于耕作能力，避免发生剩余土地，不自耕作，出租获利。⑤规定授田的年龄，二十而授，六十而还。授田以家为单位。⑥宅地也由官给，一户五亩，不得私有。

由此可见，井田制作为一种土地分配制度，有其特殊价值，体现了先人的智慧。其基本思想，一是耕者有地，体现土地作为人类生存之基础的保障性质。二是公私兼顾，1/9 作为公田，体现了土地公共属性。三是经界分明，相邻关系明确。

## 二、秦至清时期的土地制度

根据史学界划分，从秦统一六国（公元前 221 年）开始，到清朝鸦片战争（公元 1840 年）为止，一般称为封建社会。在秦到清这一漫长的社会发展历程中，土地制度及土地管理都随着社会的风云变化而在各朝代有所不同。总的来说，这一时期的土地所有制主要有两种形式，即地主土地所有制及封建王朝土地所有制。虽然这一时期的土地制度由于朝代的不断更迭处于不断循环往复状态，但各朝代土地制度的内容并没有创新和进步。

### （一）秦汉时期土地的私有化

经过春秋战国，随着生产力的提高，交换行为的频繁，部分贵族、平民中贫富分化加剧，井田制度逐渐开始崩溃，到了秦代完全破坏。秦商鞅变法“除井田，开阡陌”使民可以买卖土地。推行“名田制”，统一征收赋税，并且允许土地买卖。公元前 216 年秦始皇颁布诏令“使黔首自实田”，要求全国人民报告自己占有的土地数量，承认了土地私有权，并允许土地买卖，到汉代时土地买卖已非常盛行。

随着土地私有，土地兼并随之出现。据《汉书・食货志》记载：

至秦则不然，用商鞅之法，改帝王之制，除井田，民得卖买，富者田连阡陌，贫者亡立锥之地。又颛川泽之利，管山林之饶，荒淫越制，逾侈以相高；邑有人君之尊，里有公侯之富，小民安得不困？又加月为更卒，已复为正，一岁屯戍，一岁力役，三十倍于古；田租口赋，盐铁之利，二十倍于古。或耕豪民之田，见税什五。故贫民常衣牛马之衣，而食犬彘之食。重以贪暴之吏，刑戮妄加，民愁亡聊，亡逃山林，转为盗贼，赭衣半道，断狱岁以千万数。汉兴，循而未改。

汉代土地兼并之弊更甚，到东汉末年，土地私有制已接近成熟期，大家族制度盛行，地主在同宗内实行族权统治；身份性地主产生，很多大地主依靠“累世经学”达到“累世公卿”。另外，在秦汉时期还存在部分国有（王有）土地，主要包括：山林薮泽、未开发土地、皇帝的苑囿（牧场、园林等）、各级官府经营的公田及分布在边区的屯田等。

### （二）三国时期的屯田制

东汉末年出现了长期战乱，加之疾疫、灾荒，使“大乱之后，民人分散，土业无主，皆为公田”，社会上存在大片可资利用的荒田。在这种情况下，为了保证粮食的供给，曹魏于公元 196 年在秦汉屯田的基础上开始大规模实施屯田，并取得了很大成效。随后，蜀汉和东吴政权也纷纷仿效，在自己控制的地区实行屯田。屯田的位置主要在西部边境地区（今甘肃省敦煌、酒泉等地），主要是由征伐西域和匈奴的军士来进行，其目的主要是为了解决军粮的远途运输问题。耕种屯田的军士称田卒，每亩纳租四斗，每人平均耕种 20 亩左右。

为了推动屯田制，在曹魏时期形成了一整套的管理机构，规定了基层组织、劳力编制及屯租的缴纳办法等。在性质上，屯田的本质是徭役。在形式上，屯田主要分民屯和军屯两类。民屯主要通过招募贫民和组织流民入屯，由各州郡设置的典农中郎将、典农校尉、典农中尉等主持屯田。民屯的田租很重，通常是“持官牛田者官得六分，百姓得四分，私牛而官田者与官中分”。军屯又分为两种形式：一种是为了军事需要而设置的临时或长期性的屯区，另一种是领兵将领于军事驻地设置的屯田。三国时期的民屯分布很广，这对当时统治者安集流亡，解决粮食问题起了很大作用。

### （三）西晋的占田制

西晋统一三国后，为调动农民的生产积极性，武帝实行占田制，其内容主要是：按照男女老幼，而授以一定数额的土地。准许人民依其耕作能力，多占土地而少课其税，以求恢复农业，但规定了最高占田数及应课税的面积。对官吏按官品位高低规定其占田数和荫客数，以控制豪强广占土地，具有限田的意义。

据《晋书·食货志》记载，法定占田数额及男女课田的年龄规定如下：

男子一人，占田七十亩，女子三十亩。其外，丁男课田五十亩，丁女二十亩，次丁男半之，（次丁）女则不课。男女年十六已上至六十，为正丁；十五已下至十三，六十一已上至六十五，为次丁。十二已下，六十六已上，为老小：不事。远夷不课田者，输义米，户三斛；远者五斗。极远者输算钱，人二十八文。

占田制是在当时连年战乱，人口消亡，土地荒置的条件下，政府为招徕流散农民，复兴农业，增加赋税来源所采取的一种土地制度。

### （四）北魏隋唐的均田制

均田制是在西晋的占田制基础上实行的，从北魏（公元 485 年）至唐中叶（公元 756 年），历经北齐、北周、隋、唐，共五个朝代，先后延续了近 280 年。开始在黄河流域推行，至隋、唐统一中国后推行到江南一些地区。

北魏的均田制将田地分为露田和桑田。露田为栽培谷物的地，桑田为种植桑、枣、榆等的地。受露田的人民，到了六十岁或者死亡的，还之于官，桑田则许其为永业。规定桑田为永业田可以不还，这是照顾地主既有利益的体现。而对露田，规定只能种植谷物，不准栽树，且要“还”“授”，体现了土地由统治者所有的关系。《魏书·食货志》记载的均田令部分内容如下：

诸男夫十五以上，受露田四十亩，妇人二十亩，奴婢依良，丁牛一头，受田三十亩，限四牛。所授之田，率倍之；三易之田，再倍之，以供耕作，及还受之盈缩。诸民年及课，则受田；老免及身没，则还田。奴、婢、牛，随有无以还受。诸桑田不在还受之限，但通入倍田分；于分虽盈，没则还田，不得以充露田之数……诸桑田皆为世业，身终不还。恒从见口，有盈者无受无还；不足者受种如法。

均田制的土地分配方式分为百姓受田和官吏受田。百姓受田主要是按劳力强弱将土地分给农民耕种，并在老、死时由政府收回改授他人，取得耕种权的要按规定缴纳租调。官吏受田在北魏时就有官职分田,是将田地的收入作为官吏俸禄的一部分,离职要还地,交与新上任者。在隋的均田法令中规定官吏受田分三种:一是上述的职分田;二是永业田;三是公廨田。公廨田的收入作为官署办公费用。永业田可世袭并允许买卖,职分田与公廨田统称公田,不允许买卖。

均田制产生的条件主要有:其一,制度承袭。北魏统治者是鲜卑族,在实施均田制之前,"计口授田"的制度就已经实行了一百多年,加上在此以前有西晋占田制的基础,均田制就是占田制与计口授田的综合。其二,地广人稀。自西晋以后,中国北部长期战乱,农民或战死、饿死大半,或逃避战乱放弃田园,这就使中国北部许多肥沃的土地荒芜,为推行均田制提供了物质基础。其三,缓解民族矛盾和阶级矛盾的要求。当时农民为了逃避沉重的租调和差徭,纷纷避在本族的豪绅地主门下,作他们的"部曲"或"佃户",致使北魏政府控制的户数越来越少,难以实现税赋收入,政府为了增加赋税,控制小农,就必须某种程度上保护小农。

均田制发展到初唐时期,由于人口增加迅速,而可分配土地有限,土地越来越不够分配。另外,统治者利用各种手段掠夺土地,再加上唐朝允许土地买卖,农民在遭到自然灾害及人为灾害下,或在繁重的徭役下,只有典贴贷卖自己的土地,从此均田制遭到破坏。

### (五)宋至清的土地私有制

#### 1. 宋朝的土地私有制

宋朝的土地制度,主要是土地私有制,也仍有比重较小的土地国有制。私有土地包括新兴的地主和自耕农所有的民田。民田作为人民的私有地,可以自由处分和耕作,只纳田赋;国有土地则包括营田、屯田、官庄等名目,是官使人民耕作而征收地租的。宋朝在官田的管理上有两个现象,"广置营田"和"尽鬻官田",宋朝除了把官田中的相当一部分用作屯田和营田外,又出卖官田来筹措收入。宋朝实行"不抑兼并"的土地政策,国家不再对土地进行再分配,不再限制土地私有制的发展,允许土地自由买卖和兼并。因此,宋朝的土地兼并比前代更为激烈。《宋史·食货志》对宋朝的土地兼并之势,记载如下:

> 豪强兼并之患,至今日而极。国朝驻跸钱塘,百有二十余年矣。境土日荒,生齿日繁,权势之家日盛……百姓日贫,经制日坏,上下煎迫,若有不可为之势……谷粟之产,皆出于田。今百姓膏腴,皆归贵势之家;小民百亩之田,频年差充保役……不得已,则献其田于巨室,以规免役。小民田减而保役不休,大官田日增而保役不及……

宋朝虽然对土地买卖不再限制,但要求买卖土地的双方必须在政府机构办理买卖手续,并向当地官府呈报。这种规范化的土地买卖制度,是国家对合法土地自由买卖的保护。

#### 2. 元朝的土地制度

元朝的土地分为官田和私田两种。官田掌握在政府手中,元朝在统一全国的过程中获得了大量土地,包括金代的屯田、南宋的官田、无主荒田和新侵略的民田等。统治者把这些土地作为归国家所有的土地,进行重新分配,多用作军队的屯田、官吏职田和贵族、官僚、寺观的赐田,有余则由政府直接招佃收租。私田包括蒙古贵族、汉族地主和自耕农的土地。

因而,元朝形成了 4 种土地制度:一是国有土地制,元朝统治者大肆圈占的土地;二是领主土地所有制,元朝政府赏赐给贵族、官僚和功臣的份地,实则是其私人领地,这些贵族和官员对份地享有世袭权、征税权和治民权,领地内的农民是领主的私人奴婢,不向国家交税但他们向领主服劳役、交纳赋税,实际上是农奴制;三是封建地主土地所有制,包括蒙古族地主和汉族地主;四是自耕农土地私有制。这时就全国而言,地主所有制占据主要形式。

3.明朝的土地制度

明朝时期的土地同样分为国有土地和私有土地。国有土地包括:屯田、官田、庄田。明朝初年的屯田制,分为军屯、民屯、商屯三种形式,但军屯是主干。明朝之前,在长江下游和淮河流域实行屯田,以资军需、民用,从而壮大了力量。明朝初年,国家统一,战事减少,令诸将率其所部在驻防地区实行屯田,由卫所分负其事。在边疆防务较重要地区,将士三分守城,七分屯种;内地二分守城,八分屯种。每位士兵受田50亩为一份,给予耕牛农具。在明朝的建立与巩固过程中,军屯政策起了一定的积极作用。作为军屯的补充,明政府成立之初,还实行商屯,又叫“开中盐法”,即令商人运粮到边境交纳军粮,领回盐票(当时称盐引),到内地取盐。明朝除军屯、商屯之外,还有民屯。元末明初,因战争的破坏,或赋税的沉重,中原地区农民或死亡,或逃亡他乡,造成人口锐减和大片土地荒芜。为了尽快地恢复社会经济,稳定新的统治秩序,最大限度地使劳动力和土地直接结合起来。明政府将地少人多地区的民众迁徙到地多人少的宽乡,进行垦荒屯田。明朝官田的名目繁多,广义上讲,没官田外,还有入官田、还官田、学田、草场、牲地、苜蓿地、陵园坟地等,贵族的庄田、百官的职田等都算官田。

明朝私有土地主要是指民田,民田由自耕农和地主所占有。明朝初年,自耕农占有土地数量较大。明朝中后期土地高度集中,广大自耕农失去土地,或者成为地主庄园的佃户,或者成为流民。官田也日趋减少,国有土地制已日趋崩溃,与其相对的是地主占有的民田日益扩大,当时全国耕地的90%以上是民田。由于土地买卖频繁,朝廷对土地兼并不进行干预,加速了土地兼并,庶民地主大量增加,也就是中、小地主增多。土地自由买卖,在一定意义上瓦解了旧制度,又起到扩大和巩固地主制经济的作用。

4.清朝的土地制度

清朝和明朝一样,也有官田,主要有官庄、旗地、屯田三种形式。官庄的来源主要是承袭明朝的官田、籍没田及清朝建立后所圈占的土地。清军入关后到顺治初年,由于生产方式落后和统治方式的影响,以强制手段大规模地将关内汉族耕地圈占为满族贵族、将领、士兵们的庄田或牧场。通过大规模圈地,清朝皇室所属内务府、宗室王公和禁旅八旗建立起大量庄田。为了组织庄田的生产,又开始大量强征汉族民众为庄田上的农奴,强征民众为农奴被称为“投充”,圈地投充直接破坏了农业生产和社会稳定,极大地激化了阶级矛盾。

为了缓和社会矛盾,争取汉族地主对清王朝的支持,康熙下令禁止圈地,并实行了更名田。更名田是民田的一种,也称“更名地”。明代藩王的田庄、土地遍布各地,明末战争中,王室贵族大都被杀被逐,丧亡殆尽,而这些田庄、土地或因战乱荒芜,或因藩王勋戚逃亡后为农民所占有,也有不少土地为当地豪强侵占。为了加速垦荒,增加赋税收入,康熙七年(1668年)下诏将这些庄田变价卖给农民。次年,又将土地无偿分给原种之人,令其耕种,照常征粮。因为耕种者只需登记姓名就可以获得土地而不需要购买,因此这些土地称为“更名田”。更名田的实施,使耕种者拥有合法土地所有权,只需向国家缴纳赋税,这在一定程度上满足了农民的土地要求,促进了清朝初期经济的恢复和发展,缓和了清朝前期尖锐的阶级矛盾和民族矛盾。

## 三、近代中国土地制度的演变

近代中国的社会动荡,体现在土地所有制上也是不断动荡变化的,但是其基本制度仍然是地主土地私有制，只是在不同时期的革命者提出一些新的主张。

1. 太平天国的“上帝”所有

1863年太平天国定都南京，颁布了“天朝田亩制度”，明确宣布世界上一切土地和财产都归“上帝”所有，因此每个人都可以从“上帝”那里取得一份土地，土地分配原则是按人口和土地质量平均分配。这一主张在当时起了鼓舞人心、推动革命的作用，但由于太理想化，在当时的社会条件下很难实现。在实践中太平天国占领的大部分地区仍然承认地主的土地所有权，向地主征收田赋，只有局部地区给农民颁发田凭。

2. 孙中山的平均地权

平均地权是同盟会的革命纲领之一。但起初这一平均地权是平均地主垄断城市土地之权，是资本主义的土地纲领。辛亥革命失败后，孙中山由旧三民主义转变到新三民主义，一方面重申原来平均地权的主张；另一方面提出“耕者有其田”的口号，这是孙中山平均地权论的重大发展。

3. 中国共产党领导下的土地革命

中国共产党在成立之初，就认识到土地问题的重要性，因此推动“耕者有其田”的土地革命。国内革命战争时期，从1928年到1931年先后颁布了《井冈山土地法》《兴国土地法》《中华苏维埃共和国土地法》《土地暂行法》，规定“凡属于地主的土地一律无偿没收”，富农的“出租部分的土地一律没收”“没收的土地一律归苏维埃政府分配给少地、无地的农民使用。禁止一切土地的买卖、租佃、典押等”。通过实施土地革命，防止新的土地兼并。到了抗日战争时期，日本帝国主义同中华民族的矛盾上升为中国社会主要矛盾，中国共产党审时度势，以民族利益为重，及时调整土地政策，把“地主减租减息、农民交租交息”作为党在抗日战争时期解决农民土地问题的基本政策。解放战争爆发后，中国革命形势发生了新的变化，为满足农民群众获得土地的迫切愿望，中国共产党土地政策由减租减息重新回到“耕者有其田”的土地革命。1947年10月颁布的《中国土地法大纲》明确提出“废除封建及半封建性剥削的土地制度，实行耕者有其田的土地制度”。

## 第二节　土地管理体制的历史沿革

土地管理体制，就是土地行政管理过程的组织构成，不同的行政管理体制就有不同的行政管理内容和效果。

### 一、夏商周时期的土地管理体制

中国早在夏代就建立了土地管理机构，当时统治者为了维护其统治，以人(劳)及土地为基础征收赋役，从上到下建立了相应的机构。据《史记夏本纪》载，夏王朝有“六卿三正”，其中“三正”的“牧正”掌土地农事。商代的官吏主要分为“尹”“臣”“宰”三种，其中“尹”和“臣”里都有管理土地和农业生产的官职。到了西周时期，政府机构逐步完善，王朝设有天官、地官、春官、夏官、秋官及冬官，其中地官司徒管理土地，内设立大、小司徒主事，其中大司徒负责均平土地，区别各地产物，划分土地等级及制定赋税征收办法；小司徒协助大司徒，掌管全国土地和户口，确定各地应征收的赋税定额。

## 二、秦至清时期的土地管理体制

### 1. 秦汉时期

秦统一六国后，强化了中央集权制。秦中央机关建立“三公九卿”制，“三公”为丞相、太尉及御史大夫，“九卿”为郎中令、卫尉、宗正、太仆、廷尉、典客、治粟内史、少府、奉常。土地田赋之事由治粟内史负责，另有少府掌山海池泽之税以供皇室之用。汉承秦制，汉初土地仍由治粟内史负责，汉武帝时期将治粟内史改称大司农，掌管土地和征收田赋。秦汉时期在地方实行郡、县制，太守主管郡内全部事宜，郡守有属官农都尉，管理农业及土地。郡以下设县，县令主管土地事宜。在县以下还设有基层代理，通过基层代理保证徭役的摊派及赋税的征收。

### 2. 隋唐时期

隋朝机构变革较大，建立了以三省六部为主体结构的中央官制，设立尚书、中书、门下三省掌政，始设吏、礼、度支、兵、刑、工六部。其中度支部掌管全国的土地赋税，度支部中的左户掌管全国户籍；右户掌管全国的公田和私田所收的田租及户调，后度支部改为民部。地方上，郡(州)、县设户曹管田赋，县下设里正、保长、党长掌管土地赋役。唐朝沿袭隋制，土地管理部门由隋朝的民部改为户部，户部内分设户部、度支、金部、仓部四司。州、县管理土地的为置司户，掌管土地、户口、赋役。州、县下置里长、乡长掌管均田、税赋的具体工作。

### 3. 宋朝时期

宋朝初期官制承唐制，后将户部分为左右曹，并将职权做了明确规定。据《宋史·职官志》记载：“以版籍考户口之登耗，以税赋持军国之岁计，以土贡辨郡县之物宜，……，以物券责之理直民讼，凡此，归于左曹。以常平之法平丰凶，时敛散，以免役之法通贫富、均财力，……，以农田水利之政治治荒废、务稼穑，……，凡此归于右曹。”地方上，州、府、县管理土地的为户曹。县下设里正、户长、乡司，掌管土地和赋役。

### 4. 元朝时期

元朝基本仿照历代汉族官制，建立了一套中央集权的统治机构。设中书省、枢密院、御史台，其下设六部，其中户部仍管理土地。全国分为13个大政区，设11个行中书省，行省下设路、府、州、县。行省管理土地的为行署。路、州、县管理土地的为户曹。州户曹为司户参军，县户曹为司户佐。县下设社长、里长掌田赋人丁事宜。

### 5. 明清时期

明朝皇权有所加强，不设丞相，分权于六部。初期土地管理和征收税粮之事，均由中书省负责。洪武十二年(公元1379年)，明太祖废中书省，政归吏、户、礼、兵、刑、工六部。将原中书省掌管的户口、田土、税粮等事改由户部施行。划全国为13个布政使司(即省)、两个直隶地。省以下设府、州、县。府州县设户房管理土地田赋。县下基层设里甲，管理人丁田赋等。

清朝仍承明制，由户部掌土地管理事务。地方建制恢复了行省，行省下设道、府、州、县、厅。清初分为18个行省，后增为22行省。布政使司掌土地管理。光绪三十年(公元1904年)县下始设“官中”管理田房事宜。光绪三十二年(公元1906年)“厘定官制”改变了一些部名，将户部改称度支部。度支部下设十司，其中田赋司掌土地田赋。府、县设户房掌管土地赋税。

### 三、民国时期的土地管理体制

1. 中央地政机构

1913年，袁世凯在内务部设全国土地调查筹备处。后因改行经界办法，撤销了全国土地调查筹备处，于1915年成立经界局，并进行国内外考察，制定土地清丈办法，开展试点工作。1916年将经界局裁撤，地籍整理业务划归内务部。

1927年国民政府定都南京后，在内务部设土地司，1936年改称地政司，直到1942年在中央设立独立的地政机构，称地政署，内设地籍、地价、地权三处。地籍处负责土地测量、土地登记、土地图册保管、土地调查、公有土地清理及土地重划等事项；地价处负责规定地价、地价申报、土地改良物估价、地价等级标准的拟定及地价册编定等事项；地权处负责地权调整规划、地权诉愿处理、土地征收、土地使用统制、土地金融指导等事项。

1947年将地政署扩大为地政部，内设地籍、地价、地权、地用四司。地籍司、地价司及地权司的业务与地政署时一样，只是把土地调查、土地使用统制及土地重划等事项划给了地用司，地用司除了以上三项外还负责土地及房屋租赁管制。

2. 省市土地管理机构

民国初期，省级地政机构情况各异，均按各省急于开展的地政工作而设置机构：有的省份急需开荒而成立垦务机构，如察哈尔的垦务总局、江西的垦务局；有的省份急于搞清地籍，则成立地籍与清赋机构，如吉林的土地清丈局等。虽然后来国民政府多次提出省级地政机构设置的要求，但直到1942年，各地土地管理机关的名称才趋于统一，称为地政局，直属省政府。

市级土地管理机关比较统一，1926年广州市首先设立土地局。1927年后各大都市由于人口增加，地价飞涨，土地投机盛行，土地问题日趋严重，各市政当局纷纷设立地政专管机构。

3. 县土地管理机构

县级地政机构是具体办理土地管理业务的机构，健全与否，对地政工作的影响很大。1926年广东省开始在中山等十余县先后成立土地局。自此，到1937年也只有广东及江苏两省在县设有主管地政的机构，其他各省设置的各不相同，其名称有：土地清丈处、土地整理处、土地登记处等。

## 第三节 土地管理目的和内容的演变

### 一、“井田制”下的土地管理内容

井田制出现于商朝，到西周时发展很成熟，到春秋时期，井田制逐渐瓦解。井田制是把耕地划分为多块一定面积的方田，周围有经界，中间有水沟，阡陌纵横，像一个井字。一人耕种大约100亩(约合今70公亩)。100亩为一个方块，称为“一田”。一井分为9个方块，周围的8块田由8户耕种，谓之私田，私田收成全部归耕户所有；中间是公田，由8户共耕，收入全归封邑贵族所有。同时“井”是灌溉单位，八家共用一井，一口井之水量可用来灌溉一井的田地所需。一井的面积是方一“里”；一百井是方十里，叫一“成”，可容纳九百个劳动力；一万井是方百里，叫一“同”，可容纳九万个劳动力。“方里而井，井九百亩，其中为公田，八家皆私百亩，共养公田，公事毕然后敢治私事。”可见，井田分“公田”和“私田”，奴隶要先在奴隶主的公田上劳动，然后才准许去耕种私田。

商周时期，国家实行分封制，受封的各级奴隶主贵族对土地只有享有权而无私有权，不能自由处置土地，不得私相转让，授受土地，土地转授要通过王命。受封者还要向国王承担义务，就是要向国王交纳贡赋。在国王所有的土地所有制下，农村公社作为基本单位，国王将不同数目的村社连同居于其地的村社农民，赏赐给各级奴隶主贵族。国王和各级奴隶主贵族，通过农村公社的管理机构和管理人员对公社农民的生产活动进行组织、管理和监督。农村公社的管理人员称为“父老”“里正”“里君”“里居”等，公社的这些管理人员也就成为代表国王和贵族来统治和剥削公社农民的官吏。他们通过执行国王和贵族的政令，组织和管理村社中的生产、征收租税、监督劳役等。这一时期，土地管理的目的主要是为了维护统治者的利益、防止土地兼并、征收土地税赋、增加国家财政收入。

## 二、秦至清时期的土地管理内容

自秦以后，各朝代为巩固其统治，对全国的人口、户籍、地籍等建立了一整套登记制度，并通过地方长官及乡里组织掌握人户及地产，构成封建王朝控制人民及征收赋税的基础。

### (一)地籍管理

《秦纪》中记载秦献公十年(公元前 375 年)，“为户籍相伍”(意思是编造户籍调整五家组织)的记事，一般认为是户籍的初次出现。自汉迄唐，八九百年间，政府最重视的是户籍的编制，地籍仅为户籍中的内容之一，因当时的纳税及徭役均为按人口数和户数来分配和计算。唐中叶以后，尤其宋以后，私有土地日益发达，土地分配日益不均，为此政府将以丁男为对象的租庸调制改为以丁和土地为对象的两税法(每年夏、秋两次收税)，土地在税收上的作用加大。随之在宋朝就产生了各种单行的地籍，如方帐、庄帐、占基簿等。因地主在逃避税赋时，隐瞒地比隐瞒人困难，“就地问粮”也比“编审户则”简便，所以自明末清初“摊丁入地”以来，地籍便成为征派赋役的主要依据。

因土地面积不实，影响税收，东汉光武帝进行了历史上第一次全国性的土地丈量。到宋时，农田清丈比较受重视，历朝皇帝都进行过小规模的清丈，北宋实行方田均税，南宋时期推行经界法，明朝共进行了两次全国性的土地清丈，并编制成我国土地登记制度历史上有重大意义的鱼鳞图册，清朝没有进行过全国范围内的清丈工作，沿用了万历年间所编的鱼鳞图册。

### (二)土地买卖与租佃管理

土地买卖是土地私有制的必然产物。进入汉后，土地买卖成为一种常见的社会经济现象。土地买卖关系的成立一般以订立“契约”为凭。自唐代开始出现了典权，土地所有者订立典约将土地典与他人，但保有赎回权利，跟现在的抵押权差不多。政府通过立契收税来管理土地的典卖，即典卖土地立契后要向政府交税。在均田制的后期就已产生了土地的租佃关系，租佃关系是以地主土地私有制为基础的一种经济关系，租佃关系的管理是建立租佃契约。

### (三)土地税赋管理

土地赋税制度是统治者行使国家职能、调节分配关系、维护统治地位的重要工具,因此成为历代统治阶级土地管理的重要内容之一。

1.唐朝以前的赋税

夏、商、周三代在井田制的土地制度基础上,实行"贡""助""彻"的赋税制度。春秋战国时期赋税制度逐步形成,以鲁国的"初税亩"为代表,开始实行计亩征税,即"履亩而税",征收实物。齐国"相地而衰征",楚国的"量入修赋",秦国的"初租禾"等均是田税。战国时期,赋税制度已经形成了租、赋、役"三征"的结构。秦朝的赋税制度仍是三征结构,田租是按亩征收,其形式是征物;赋则计口出钱,属于人头税;此外是力役。汉代的田租实行比例税制,东汉末年,赋役制度发生了较大变化,将按比例征收的田租改为定额征收,按口征收的赋改为按户征的税。北魏实行均田制后,推行三长制和租调力役制。

2.租庸调制

唐朝建立后实行租庸调制,仍然是南北朝至隋朝时期租调力役制的继续和发展。租庸调制的特点是"人丁为本",即以丁为征税单位,唐朝对妇人不受田,所以以丁计算。租庸调制规定人丁可以缴纳绢布代替力役,称为庸。以庸代役,可使百姓不因服役而耽误农时。租庸调制是与均田制相适应的,唐朝的均田制规定只有男丁受田,而租庸调制"以丁为本",所以受田对象和负担赋税的对象是一致的。

3.两税法

两税法是中国古代赋税制度演变的最重要转折点,赋税结构、计税方式都发生了巨大变化。唐朝中期以后,均田制已经名存实亡。德宗继位后,建中元年(公元780年)颁行两税法,改为户税及地税,以土地及财产的多少作为征收标准,分夏、秋两季征收。由于两税法具有很多优点,宋、元至明朝中叶的赋税制度基本上以两税法为基础。

4.方田均税法

北宋熙宁五年(公元1072年),王安石在宋神宗的支持下开始在全国实施方田均税法。政府重新丈量土地,按亩收税,官僚、地主不得例外。为了保证方田均税法的顺利实施,还制定了有关均税的具体方法。方田均税法先后实施14年,完成了全国总垦数的50%左右,主要分布在平原地区。方田均税法一方面增加了国家财政收入;另一方面查清了黑地,使有地者都纳税,平均了赋税负担。但受到大地主及官僚的阻扰,他们利用清丈中的缺点,加上一些地方官不按规定办事,增加税额,等级划分不合理,丈量也存在问题,最终导致方田均税法未能全面完成。

5.经界法

方田均税法失败后,土地面积和赋税更加混乱,富者田多税少,平民田去税存,政府坐失常赋,财政日益困难。为了清查土地,征收税赋,增加财政收入,南宋政府于1143年(绍兴十三年)实行经界法。所谓经界法,就是按照地块的不同形状,采用不同的方法,逐块丈量,计算田亩的面积,调查确定地块的质量,如实载入"砧基簿(即地籍簿)"。经界法是产权登记的雏形,该制度有两个特点:一是土地所有者的土地只有在砧基簿上登记后,方具有法律效力,有地契,而不在"砧基簿"上登记者,视为非法交易,土地没收归公;二是每地块均画一形状草图,标明四至。

6. 鱼鳞图册

为了保证赋役的征调，明朝建立后，就着手编制鱼鳞图册作为征收依据。鱼鳞图册简称鱼鳞册，是指把管辖区内的“田地以丘相挨，如鱼鳞之相比”。图册分为总图和分图。总图是把一个州、县或一个乡、都、里管辖内的田地绘制在一起，挨次排列，形似由许多鱼鳞片所构成的图案。分图以每一小块土地为单位绘制，图内绘有简单的地形图状、面积、四至，并注明土质、税则等级（上、中、下地），以及小块土地的地名（土名）和官府的统一编号、业主姓名和所在都、里、甲等。一式四份，分存户部、布政司、府、县各级土地管理机构。明万历 6—9 年（公元 1578—1581 年），曾又一次进行全国性的大规模土地清丈，并普遍绘制了新鱼鳞图册，登记入册的土地大大增加，而且较为可靠。

7. 一条鞭法

明代中叶后，赋役制度进行了改革，实行一条鞭法，把各州县的田赋、杂税和差徭，悉并为一条，统一征收，除繁趋简。具体内容上，把各项差徭和杂税的折色银，部分摊入土地，即把里甲、均徭、杂泛等役目，归并为一，统一折成银两，按粮（田地）丁的不同比例摊派。田赋征银，除规定部分地区征收粮举，供皇室、官僚食用外，其余一律收折色银。这在法律意义上肯定了银在赋役征收中的主要地位。一条鞭法的出现和实行，是中国封建赋役制度史的一次重大变革，它改变了历代赋役平行征收的形式，而使赋和役合而为一。同时规定“一概征银”这就使得劳役制逐渐消失，农民对封建国家的依附关系有所松弛，有利于促进商品经济发展。

8. 摊丁入亩

摊丁入亩是清代前期在农业赋役制度上实行的一项重要改革。清军入关后，贵族官僚阶层大量兼并土地，出现大量无地、少地农民。如此，广大贫民地少人多，丁役负担基本上压在他们身上。鉴于这种情况，康熙晚年时便在广东实施了摊丁入亩试验，到雍正时则正式向全国推广。其具体做法是一改之前丁银（包括人头税、徭役等）和地银（即田赋）分别收取赋税的办法，将丁银并入田赋中一并征收，这样地多者便需要承担较多的赋税，地少者则赋税较轻。摊丁入亩比明代一条鞭法更前进了一步。此办法一方面减轻了无地农民的负担；另一方面，田地税赋增重也很大程度上抑制了土地兼并，为清政府保存了一定数目的自耕农，有利于政府财政收入和社会的稳定。

## 三、近代中国的土地管理内容

清朝末期，土地管理的目的仍是保护封建土地所有制及为国家税收提供土地数据，在法规制定与地籍整理方面均无较大的进展，基本沿袭了旧制。

民国时期的土地管理是通过土地立法和地籍整理来进行的。地籍整理包括土地测量、土地登记及土地使用调查等项工作内容。所谓土地测量，即确定土地地形位置；土地登记即土地权属登记；土地使用调查即查定土地类别，把全国土地划分为生产用地、建设用地、交通用地、水利用地、森林事业用地以及山地保留地六类。国民党政府于 1930 年 6 月制定和公布了第一部土地法，1949 年又修订和公布了新的土地法。同时还先后制定了《土地法施行法》《地政部组织法》《地价调查估计规则》《土地建筑改良物估价规则》《荒地勘测法》《土地重划办法》《公有土地管理办法》等有关土地的执法规定。土地法的主要内容是地籍整理和地权、地价（土地税）的管理。同时规定全国土地管理工作均由地政部掌握，下设地籍司、地价司、地权司、总务司等;各省、市、县均设地政局,受中央地政部领导。

此时,土地管理工作中心是地籍整理,这一点从前面介绍的其土地管理机构的设置可以看出。民国期间的地籍整理以推行“平均地权,耕者有其田”为其基本目的,但收效甚微。当时存在的问题是地政机关与财政机关对地籍整理的方法有不同意见,财政机关着眼点在赋籍,认为应采用治标办法,先举办土地陈报,解决土地税的收税面积,然后再举办测量登记,以求迅效;地政机关的着眼点在地籍,认为地籍整理,若求确切,应采用治本的办法,实施测量与登记。其结果是,财政部门主办土地陈报,地政机关主办土地测量及登记,同时分别进行。抗战胜利后,主要进行地权清理,另行换发土地权利书状,在完成了地籍测量的地区,进行土地登记。为实施“平均地权”,国民政府地政机构还设置了地价管理机构,进行地价管理,制定标准地价,并规定土地所有者应向地政机关申报地价。

## 第四节　土地管理的历史变化规律

土地管理作为人类活动的基本内容和制度,自从有了国家,出现阶级社会就贯穿于整个历史过程中。土地制度、土地管理体制与管理内容不仅在历史的发展中形成,并不断引导着历史的发展。不同历史时期,我国的土地管理在土地制度、土地管理体制、土地管理内容等方面发生了巨大的变化,由简单到复杂,由单一到全面,并随着社会体制的变革而不断演进。

### 一、土地制度变化的循环往复

迄今为止的中国历史,是一部土地制度的变更史。从夏朝开始进入奴隶社会,到秦汉进入封建社会,直至清朝封建社会的灭亡,长达几千年的历史发展过程中我们可以清楚地看到,在这么长的历史阶段变化和频繁的朝代更替过程中,中国农村封建土地制度呈现出惊人的周期循环。每次新朝代的产生都跟前一朝代最初产生相似,而每一个朝代发展变化的过程又是惊人的相同。先是推翻旧的王朝,然后恢复生产,制定新的土地政策和制度,重新分配土地,优惠与鼓励土地的分散经营,进而走向土地的兼并而出现大量土地向地主阶级的集中,最后导致地主阶级与农民阶级矛盾的激化,随之农民起义,建立起新的王朝,接着又是新的一轮循环。

这一周期性的超稳定的循环,虽然会随着生产力的提高和工商业的发展而减小对社会和政治的影响,但是这一特征给我们一个重要的启示:土地管理反映社会生产发展的客观需求,其目标和内容随着社会生产力的发展而不断调整与完善。制度体系的健全、权力制衡关系的规范化,是土地制度体系建设和不断优化的根本要素之一。建立适应人与地之间协调关系的土地制度,是一切社会发展和经济增长的关键。

### 二、土地管理体制随历史与实践发展的不断演进

土地管理体制,是随着历史演变、社会经济的发展,随着全社会对土地资源合理利用及土地管理实践工作重要性认识的不断深化而发展变化的。

从夏、商、周三代到战国时期,各王朝都设地官负责主管土地的行政管理事务,并进行土地、道路、沟渠的设计和井田规划;到了魏晋以后,天官改为六部,其中户部掌管全国户籍、地籍、财政税收等行政管理工作;发展到半殖民地半封建社会,国民党中央政府专设地政部,统一

管理全国土地。因此,上述各时期的土地管理基本上属于土地统管体制,而且更多地注重土地利用过程管理。

## 三、土地管理内容的逐渐丰富

奴隶社会和封建社会的土地管理主要集中在农地利用的管理,半殖民地半封建社会加强了城乡土地的全面管理,尤其是进行土地交易管理,如其地政部下设的地价司、地权司就体现了这一点。我国现阶段的土地管理的内容更加丰富,从城市土地到农村土地,都进行土地资源调查、土地利用规划、地籍调查、土地登记、建设用地审批、土地使用权出让转让、地价评估等等。可以说涉及了土地资源调查、利用、配置和土地资产及其价值实现的各个方面。新时期土地管理工作在国土空间规划、生态文明建设以及自然资源资产管理等多个维度上进行了全面升级。

## 四、土地管理目的与手段由单一到多样

在奴隶社会和封建社会,土地管理主要是为了征税,所谓的“鱼鳞图册”就是按土地所有者的土地面积大小征收土地税的最基本依据;而现在,社会主义条件下的土地管理则是以保证国家的土地资源最合理有效利用为首要目标,以土地持续利用为基本前提,以实现土地资源的合理有效利用、为促进国家社会经济全面发展提供基本保证。

奴隶社会的土地管理手段主要是采用井田制,封建社会发展到户籍、地籍和土地税收综合管理,并进行土地清查和登记,建立账簿和图册,主要是为各王朝征税服务。到了半殖民地半封建社会,土地管理手段更加细化,由税收地籍发展到产权地籍,进行详细的地籍整理,按县级行政区域分区,区分段,段分宗,按宗编号,并进行地籍测量和土地登记。

由此可见,土地管理是国家管理的一个重要方面,并随着社会制度、国家体制的变革而不断变化发展。土地管理实践的历史发展,为土地管理学的产生和发展奠定了实践基础。

【本章小结】

1. 中国历史上不同时期的土地制度在形式上存在着差异,但基本以土地私有制为基础。在不同历史阶段,分别出现井田制、屯田制、占田制、均田制、私有制等,通过土地制度的设置,解决了土地归谁所有的问题。

2. 土地管理体制,是土地行政管理过程的组织构成,在中国的历史发展过程中,逐步建立了一套从中央到地方的管理体制,通过设置土地管理职能机构来加强土地管理。

3. 土地管理内容,自古以来始终以权籍为基础,管理土地的买卖与租佃,尤其在土地税收方面形成了一整套体系。中国历史上先后出现初税亩、租庸调制、两税法、方田均税法、一条鞭法、摊丁入亩等赋税制度,以及为保障征税而采取的调查、丈量、登记的经界法和鱼鳞图册等。

4. 土地管理的历史发展与时俱进,为保障经济社会发展,应根据社会主要矛盾的变化,不断调整土地关系,建立适应各个历史阶段的土地制度作为推动社会发展的重要手段和基础建设,完善土地法律和政策,改革土地管理体制,调整土地管理内容。

【习题及思考题】

1. 从不同历史时期的土地所有与占有关系来看，分别存在土地共有、王有、国有、公有、地主所有、自耕农所有等形式，这些土地所有关系分别属于什么情况？简述相互之间的区别与联系。

2. 井田制的主要内容是什么？

3. 简述鱼鳞图册的主要做法与作用。

4. 我国土地管理的历史变化规律是什么？

5. 为什么说土地制度是国家的基础性制度？

【参考文献】

[1]赵俪生. 中国土地制度[M]. 武汉：武汉大学出版社，2013.

[2]长野郎. 中国土地制度的研究[M]. 强我译. 北京：中国政法大学出版社，2004.

[3]钱穆. 中国历代政治得失[M]. 北京：生活·读书·新知三联书店，2012.

[4]岳琛，王之伦，曹建. 中国土地制度史[M]. 北京：中国国际广播出版社，1990.

# 第五章　土地管理体制

土地管理体制是实施土地管理的基础和前提，不同体制有不同的管理方式及管理内容，乃至管理效率也会存在差异。土地管理体制的建立，既受到国家基本政治制度和经济制度的影响，也受到政府机构改革的影响。2018年国务院机构改革，组建自然资源部，整合相关部门职责，转变政府职能，优化政府职责体系和组织结构，实现自然资源统一管理，凸显山水林田湖草生命共同体的重要原则。本章重点介绍土地管理体制的概念、内涵及模式，对不同土地管理机构设置模式和职责权限划分模式进行比较分析，对我国现阶段土地管理体制的沿革，现行土地管理机构设置及职能划分以及土地管理体制特征进行介绍。

## 第一节　土地管理体制概述

土地资源作为人类生存与发展的物质基础，随着人口的增加、社会经济的快速发展，日趋成为制约人类社会发展的重要因素。我国土地资源管理的发展过程表现为国家行为逐步增强，从分散管理转向全国城乡土地统一管理的体制，由以行政管理为主逐步转向法制化管理，由单一的计划管理逐步转向计划管理与市场管理并重的管理模式，以实现土地资源的可持续利用。

### 一、土地管理体制及模式

1. 土地管理体制的概念

体制一词在词典中的解释为：①国家、国家机关、企业、事业单位等的组织制度。②文体的格局；体裁。具体可以理解为：体制为制度的中间层次。制度，可分为3个层次：根本制度、体制制度和具体制度。根本制度属宏观层次，是指人类社会在一定历史条件下形成的政治、经济、文化等方面的体系，如封建宗法制度、资本主义制度、社会主义制度等；体制制度属中观层次，可以是某些社会分系统方面的制度，如政治体制、经济体制、文化体制等，也可以是国家机关、企业、事业单位整体意义上的组织制度，如领导体制、学校体制等；具体制度属微观层次，是指要求大家共同遵守的办事规程或行动准则，如财务制度、工作制度等。

土地管理体制是指有关土地行政管理的组织结构、职责权限结构及其运行方式所形成的体系和管理制度。其主要内容包括各级土地行政管理机构的设置及相互关系，各级土地行政管理机构的职责和权限划分，各种职责和权限的相互关系及运行方式。其中，土地管理机构是土地管理的组织形式和组织保证，职责权限是土地管理的职能形式和功能保证，运行方式则是土地管理组织形式和职能形式的动态反映和动态结合。

2. 土地管理体制模式

根据土地管理机构的设置及相应的职责、职权划分，土地管理体制可分为集权、分权、集权与分权相结合 3 种模式。

所谓集权是指国家依法设立专门的土地管理行政机构，统一管理全国的土地和城乡地政；所谓分权是指根据各行业用地的需要，由各职能部门分别建立土地管理机构，分别管理本系统、本部门所使用的土地；所谓集权与分权相结合是指国家依法统一管理与部门依法分别管理相结合的体制，即国家设置统一管理全国土地的职能机构，按照法律规定的职权统一管理全国土地，具体负责组织协调各行业、各部门用地关系，系统研究、制定和实施国家统一的土地政策、法规、规章和土地利用总体规划、年度计划，统一管理城乡地政等，同时，各部门、各系统也设立土地管理机构，负责管理本部门、本系统的用地管理。

## 二、影响土地管理体制的主要因素

土地管理体制作为上层建筑的重要组成部分，既要受到土地制度、经济体制和基本政治制度的制约，又要受到文化传统、各国经验以及政府机构改革的影响，土地管理体制的建立、完善和改革必须充分考虑这些因素的作用。

1. 土地制度的影响

土地制度是土地的所有制、使用制和土地管理制度的统一体。土地制度的核心是土地所有制，它是土地关系的基础。土地管理的实质就是维护国家及统治阶级的利益，因此土地制度的性质决定土地管理的性质，不同的土地制度，要求有不同的土地管理体制。土地制度是我国最基础的政治经济制度，土地公有制是中国特色社会主义制度的基本构成，这是推进土地管理制度改革的前提。我国土地制度改革过程是在坚持社会主义土地公有制的基础上，重点改革不适应生产力发展和经济体制改革的土地使用制度和土地管理制度，随着土地制度的变革也要求土地管理体制做出相应的变革。

2. 经济体制的影响

经济体制是社会经济系统的基本框架和基本运行原则的组合，包括所有制关系、经济政策结构、资源配置方式 3 个要素。其中所有制关系对经济体制的整体有着决定性的影响，决定经济体制的社会性质。作为上层建筑范畴的管理体制，必然要与社会经济的发展、经济体制的变革相适应。不同土地所有制形式下的土地管理体制的性质、特点不同，即使在同一土地所有制形式下，经济体制的变革，也会导致土地管理体制的变革。例如，我国在计划经济体制下，土地配置的形式是行政划拨，不仅土地资源的重要性难以体现，土地资产的功能也不能得到充分的发挥，客观上为实行多头管理的体制提供了可能。在我国建立社会主义市场经济体制后，不仅要求实行集中、统一管理土地的体制，而且要求土地管理机构的管理职能由原来单一的土地资源管理扩大到土地资源管理和土地资产管理并重。计划经济体制向市场经济体制的转变还使得土地管理活动的运行方式和基本原则发生了相应的变化。

3. 基本政治制度的影响

一个国家的基本政治制度，主要包括国家政权的组织形式、结构形式、管理形式及其运行机制，它与经济体制一起影响该国的行政管理体制，现代西方资本主义国家的行政管理体制无不受到“三权分立”、议会制的影响，而我国的行政体制则深受“议行合一”、民主集中制等的影响。土地管理体制也不例外,其性质和运行方向取决于国家的基本政治制度,应与基本政治制度相适应,并随基本政治制度的发展变化而变化。

4.民族文化传统和各国经验的影响

一个国家在其长期的历史发展过程中形成的政治观念、价值观念、文化传统必然对其行政体制产生深远的影响。而国与国之间政治、经济、文化的交往,又必然引起各国行政管理体制的相互影响和渗透。近年来,随着我国改革开放的深入,土地行政管理也借鉴和吸收了大量国外先进经验和做法,对我国土地行政管理的发展起到了积极的推动作用。

5.政府机构改革的影响

政府机构改革是当今世界行政改革的潮流。随着我国经济体制改革的深入,对外开放不断扩大,行政体制改革成为深化经济体制改革、促进经济和社会发展的迫切需要。由于历史条件和客观环境的制约,政府机构设置在不同时期往往存在不同的需求,为满足解决不同时期主要矛盾的要求,及时进行政府机构改革是必然趋势。在这样的背景下,2018年,国务院再次进行了政府机构改革,按照"必须树立和践行绿水青山就是金山银山的理念,统筹山水林田湖草系统治理。为统一行使全民所有自然资源资产所有者职责,统一行使所有国土空间用途管制和生态保护修复职责,着力解决自然资源所有者不到位、空间规划重叠等问题",组建了自然资源部,行使国务院管理土地的主要职责。

## 第二节　我国现行的土地管理体制

### 一、我国现代土地管理体制的沿革

我国的土地管理体制是随着社会经济的发展、社会对土地资源的合理利用以及对土地管理工作的重要性认识的不断深化而发展变化的。新中国成立以后,我国土地管理体制变化大致可以分为两个阶段:一是1986年以前的多头分散管理体制;二是1986年以后的城乡统一管理体制。

#### (一)1986年以前的多头分散管理体制

在新中国成立初期,为适应土地改革、社会管理和国民经济发展的需要,按照1949年9月通过的《中央人民政府组织法》规定,在政务院内务部下设地政局,负责全国各类土地统一管理,以在全国范围内消灭封建土地制度,建立农民劳动者个人土地所有制度和国家所有制度,保证"耕者有其田",为实现土地的社会主义改造创造基本条件,进而形成了土地的统一管理体制。然而,随着政府管理部门分工的细化,土地管理工作开始分散。1952年城市基建规划及考核移交给新成立的建筑工程部;1953年城市地政和房产合并为地政房产管理委员会,以后又改称房地产管理局。各部门用地由各部门自行管理,存在着各自为政的状况,例如铁道部管理铁路用地,交通部门管理公路等交通用地。而各部门土地管理机构设置也不统一,有的设,有的没设。1954年国家撤销了地政局,在农业部设立土地利用总局;1956年土地利用总局与有关部门的人员集中组合成立农垦部,主管全国荒地开发和供应农场建设工作,而城市房地产管理工作移交新成立的城市服务部,从而结束了土地的全国统一管理体制。

20世纪50年代到1986年以前，我国对土地的管理是由多个行政主管部门多头分散进行的，即分部门、分系统建立土地管理机构，归口管理本系统、本部门所使用的土地。国务院各职能部门，如民政部、林业部、铁道部、交通部、建设部、工业部等职能部门都分散管理各自的建设用地，从而形成了各自为政、政出多门的分散的土地管理体制。从中央到地方没有一个统一的土地管理机构和制度，各个部门之间职责权限划分不清，政出多门，管理方式主要依靠行政手段，缺乏集中统一的土地管理系统和强有力的法律手段。在这种管理体制下，土地利用缺乏统一的规划指导和数量控制，利用管理失控，乱占耕地和滥用土地的现象十分严重。据统计，仅1985年全国耕地净减少量就达1 513.8万亩。面对这种情况，国家采取了一系列重要措施制止乱占耕地，其中一项措施就是建立国家土地管理局，作为国务院的直属机构，统一管理全国的土地。

### (二)1986年以后的城乡统一管理体制

1.“条块结合，块块为主”阶段

在分散的土地管理体制下，城乡非农业建设乱占滥用土地的问题日益突出，有的地方甚至出现了猛增的势头。乡镇企业和农村建房乱占耕地、滥用土地的现象极为突出。许多地方耕地大量减少，有的省一年减少一个中等县的耕地面积，有的城镇郊区农民几乎已无地可种。在这种情况下，1986年3月中央政府下发了《关于加强对土地管理、制止乱占耕地的通知》，通知明确指出“为了加强对全国土地的统一管理，决定成立国家土地管理局，作为国务院的直属机构”。1986年6月25日，第六届全国人大常委会第十六次会议通过并颁布《土地管理法》，标志着我国土地管理工作开始纳入依法管理的轨道，开创了我国土地管理的新局面。1986年制定的《土地管理法》规定“国务院土地管理部门主管全国土地的统一管理工作，县级以上地方人民政府土地管理部门主管本行政区域内的土地管理工作，机构设置由省、自治区、直辖市根据实际情况确定。乡级人民政府负责本行政区域内的土地管理工作”。

1986年国家土地管理局的成立，结束了我国土地的分散管理体制，确立了全国城乡统一的土地管理体制，形成了中央、省(自治区、直辖市)、市(地)、县(市)、乡(镇)五级土地管理体系。这也标志着我国的土地管理体制开始由分散多头管理转向集中统一管理，由以往的行政管理为主转向行政、法律和经济手段相结合的综合管理新阶段。土地管理的各项工作得到加强，组建了从中央到地方20多万人的土地管理队伍，初步形成了以《土地管理法》《城市房地产管理法》为主的法律法规体系框架，为社会主义市场经济体系的建立和依法管理土地资产奠定了基础。这种体制在业务上实施垂直管理，即业务上从中央到地方不同层级的政府之间上下贯通的土地职能部门和机构接受上级部门的“条条”管理；在行政上实施分级管理，即每一级地方政府内部按照管理内容划分出的土地职能部门受本级政府的领导，实施“块块”管理。这种“条块”结合，以“块块”为主的(强化地方政府土地管理权)管理体制，对保护耕地、保证建设用地需求，建立土地市场起到了积极的作用，也为引发地方保护和地方利益欲望种下了隐患。由于这种体制确定了五级政府分块管理辖区内土地的模式，地方地政部门隶属于同级政府，在土地管理上只能服从于地方政府，特别是在市场经济条件下，地方政府成为相对独立的利益主体，受利益驱动机制的作用，在土地利用的行为导向上往往只考虑局部和短期的需要，难以考虑合理利用土地、保护耕地的全局和长远利益。

随着改革的深化和形势的发展，1988年修改的《土地管理法》已经明显不能适应社会主义市场经济的需要。1992年后我国形成以住宅为主的房地产扩张狂潮，与此同时，全国出现开发区热，各类开发区遍布城乡，耕地保护面临的形势十分严峻。开发区热、房地产热导致耕地面积锐减，人地矛盾日益尖锐。在这种背景下，党中央、国务院于1997年4月15日下发了《关于进一步加强土地管理切实保护耕地的通知》(即通称的中央11号文件)。这是我国新时期土地管理事业的纲领性文件。1998年8月29日，第九届全国人大常委会第四次会议修订并通过的《土地管理法》于1999年1月1日施行。这次修订，不是个别条文的变动，而是土地管理方式和土地利用方式的重大变革，是土地管理思想发生根本转变的集中体现。1998年修订的《土地管理法》重新划分了中央和地方的土地管理职权，将涉及土地管理宏观决策性的权利，包括土地利用总体规划的审批权、农地转用和土地征用的审批权、耕地开垦的监督权、土地供应总量的控制权集中在中央与省两级政府。同时，将土地管理执行性的权力下放到市、县政府，如土地登记权、规划和计划的执行权、在已经批准的建设用地区域内具体项目用地的审批权、土地违法案件的查处权等。这种职权的划分有利于调动中央与地方两个方面的积极性，有利于引导建设用地的集约利用，也有利于实现国家土地管理的政策性目标。修订的《土地管理法》第5条规定:"国务院土地行政主管部门统一负责全国土地的监督和管理工作。县级以上地方人民政府土地行政主管部门的设置及其职责，由省、自治区、直辖市人民政府根据国务院有关规定确定。"此项规定标志着我国土地管理体制转变为国家和省两级管理，以省为主的模式。这有利于加强中央和省级政府对土地宏观调控的职能，强化土地资产国家管理的力度。

1998年3月，第九届全国人民代表大会第一次会议批准国务院机构改革方案，决定国家土地管理局与地质矿产部、国家海洋局、国家测绘局合并组建国土资源部，作为国务院的组成部门，履行全国国土资源的规划、管理、保护与合理利用及监督检查的职能。保留国家海洋局和国家测绘局作为国土资源部的部管国家局。省、自治区、直辖市及省以下的地方机构改革从2000年起逐步进行。

2004年之前，我国的土地管理体制可概括为"条块结合，块块为主"，上下级土地主管部门自上而下的领导比较虚化，以政策和业务指导为主，同级地方政府则通过管理人、财、物特别是掌握了土地主管部门党政负责人的任免权将地方土地主管部门完全掌控。而地方土地主管机关作为同级人民政府组成部门，自身职能履行受限太多，缺少上级主管部门支持与监督，往往只能成为地方政策的执行者。按照当时的土地管理运作模式，土地管理部门无法监督地方政府的行为，更不能处罚地方政府主导的违法行为。而且下放到市、县级的审批权限过多，但基层政府往往存在资源保护意识淡漠，发展思维激进，守法观念缺乏的情况，逾越法律自行其是的现象较为严重。

2.省级以下垂直管理阶段

国家为进一步加强对国土资源的宏观调控，强化省级人民政府保护国土资源的责任，落实最严格的耕地保护制度，切实加强矿产资源管理，推进依法行政，推动国民经济和社会可持续发展，2004年4月国务院下发了《关于做好省级以下国土资源管理体制改革有关问题的通知》(国发〔2004〕12号)，这份文件可以看作确定国土资源实行省以下垂直管理体制的纲领性文件，正式明确了省以下土地管理机构实行垂直管理，即省级以下土地管理部门的土地审批权和主要领导任免权上收至省级政府。这项改革旨在进一步加强国家对国土资源的宏观调控，实行最严格的耕地保护制度，强化省级人民政府对国土资源管理的责任。改革的主要内容包括三个方面，一是理顺省级以下国土资源行政管理体制；二是完善土地利用总体规划编制和土地审批管理体制;三是强化省级人民政府及其国土资源主管部门的执法监察职能。将省以下的土地审批权限、国土部门的人事权限统一集中到省级国土部门,由原来的地方政府任命国土资源部门负责人,变成现在的上级国土资源部门任命,人事上的改革使得管理层次更加紧密,为更好地统一规范本区域内的国土资源使用提供了保障,也有效地避免过去的市、县、乡一级的擅自审批、越权审批的乱批土地行为。2004 年的国土资源管理体制改革就是用"条条"来限制"块块",约束地方政府对土地的开发权限,减少地方政府的利益,强化国家的利益。

2004 年国家开始全面清理各类开发区,轰轰烈烈的土地市场治理整顿席卷全国。2004 年 10 月下旬,在宏观调控取得积极成效,初步遏制了乱占滥用土地的势头之后,《国务院关于深化改革严格土地管理的决定》(即国务院 28 号文件)适时出台。文中重申强调要严格依照法定权限审批土地。农用地转用和土地征收的审批权在国务院和省、自治区、直辖市人民政府。各省、自治区、直辖市、人民政府不得违反法律和行政法规的规定下放土地审批权。各级政府要认真履行土地资源利用保护的权利和责任,调控新增建设用地总量的权力和责任在中央,盘活存量建设用地的权力和利益在地方,保护和合理利用土地责任在地方各级人民政府,省、自治区、直辖市人民政府应负主要责任。此外,文件还指出要完善土地执法监察体制,建立国家土地督察制度,设立国家土地总督察,向地方派驻土地督察专员,监督土地执法行为。

2006 年 7 月,国务院下发了《关于建立国家土地督察制度有关问题的通知》,国土资源部向全国派驻 9 个国家土地督察局,以切实加强土地管理,完善土地执法监察体系。至此,相对集中管理、自上而下监督的土地统一管理模式基本形成,即国务院国土资源行政主管部门统一负责全国土地的管理和监督工作,实行国家、省、市、县四级管理,在领导班子管理体制上,实行中央与省双层管理、省级以下垂直管理的体制。

2006 年 8 月,《国务院关于加强土地调控有关问题的通知》(国发〔2006〕31 号)的出台,标志着以 2004 年《国务院关于深化改革严格土地管理的决定》为开端的新土地管理体制和机制改革,至此基本构建完成。31 号文拉开了通过调整中央和地方关系来落实宏观调控的序幕,开始从土地收益分配的源头上对土地调控机制进行标本兼治的战略部署,标志着我国土地宏观调控体系的初步构建。31 号文有效切断了建设用地低成本盲目扩张的利益驱动,把管理的重点更多地放在调整利益关系和完善土地市场建设等经济手段上。国家开始从土地利用规划和计划、土地出让、土地审批、土地征用、土地收益分配、土地监管、耕地保护、土地管理责任制度等方面来全方位构建土地调控网。

总的来看,自 2004 年土地管理体制改革以来,国家对国土资源的宏观调控进一步加强,省级人民政府保护国土资源的责任得到强化,国土资源执法监察的职能和队伍得到加强。初步实现了几个方面的转变:一是实现了资源统筹集约利用的要求,改变了传统的对各类资源分散管理的状况,加强了主要资源的统筹规划、集中管理;二是改变资源管理从属于产业开发活动的状况,使资源管理相对独立地成为社会管理的行政职能;三是从计划分配式的直接管理资源转到以市场配置起决定作用的资源供应政策调控上来;四是从重开发管理和事后监督转到以保护和合理利用为核心、强化事前监督上来;五是从主要靠行政手段管理资源转到依靠法律、经济与行政手段相结合,加强执法监督和依法行政上来。

3. 自然资源统一管理阶段

党的十八届三中全会决定提出,健全国家自然资源资产管理体制,统一行使全民所有自然资源资产所有者职责;完善自然资源监管体制,统一行使所有国土空间用途管制职责。中共中央、国务院印发的《生态文明体制改革总体方案》也对完善自然资源管理体制提出了具体要求。2018年3月，国务院组建自然资源部，整合了国土资源部、国家发展和改革委员会、住房和城乡建设部、水利部、国家林业局、农业部、国家海洋局和国家测绘地理信息局与自然资源管理相关的职责，形成了统一的自然资源管理部门，为资源管理和生态文明建设提供了重要的机构保障，这是对自然资源开展统一管理的重要举措。自然资源部的主要职责全面兼顾到了自然资源两类属性，不仅将继续深入开展基于自然资源社会经济属性的价值管理，负责全民所有自然资源资产的全方位确权登记、资源有偿使用等工作，而且更加注重国土空间用途管制、生态修复、耕地保护等工作，进一步强化了对自然资源实体的管理。土地作为最重要的自然资源和其他自然资源的载体，在高度集中统一的自然资源管理体制中占据基础和核心地位。

总体来看，随着社会发展和管理理念变革，我国土地管理体制改革路径和改革目标也在不断发生着变化。基于"山水林田湖草是一个生命共同体"理念，土地管理的部门调整和职责划分意味着分散管理逐步开始向统一管理转变，权责更加集中和明晰，有利于对自然资源的整体规划和开发利用，对自然资源开展综合管理、构建统一的管理体制和制度体系是当前主要趋势。

## 二、土地管理机构设置模式

### (一)土地管理机构设置的目的

不管何种土地管理模式，都有其特定的设置目的。对不同的土地管理机构设置进行比较，就必须首先对土地管理机构设置的目的进行详细分析。

土地管理行政机构设置的目的有：

1. 落实土地政策

我国的土地基本国策是："十分珍惜、合理利用土地和切实保护耕地。"根据这一基本国策，土地管理机构的职责主要是对土地利用进行严格管理，包括编制土地利用规划，把紧供地关口，严格用地审批，强化用地监督，保护耕地资源。因此，土地管理机构设置必须有利于征地、供地、批地、用地的严格控制和监督，有利于耕地保护。

2. 执行土地法律

土地法律是调整土地在开发、流转、利用、治理、保护、管理过程中发生的各种社会关系的法律规范的总称。执法是行政部门的法定职责，土地管理机构的法定职责包括执行土地法律。土地管理机构的设置，不仅要有利于在全国范围内有效的法律法规的执行，也要有利于只在特定范围内有效的地方性法规的执行。

3. 维护土地合法权益

维护合法权益是行政部门的重要职责，维护土地合法权益是土地管理机构的重要职责。土地权属包括土地所有权、土地使用权和土地他项权利。维护合法的土地权益包括维护土地所有者、土地使用者和土地他项权利拥有者的合法权益。因此，土地管理机构设置不仅要有利于维护土地使用者的合法权益，还必须有利于维护土地所有者和土地他项权利拥有者的合法权益。

4. 保护土地资源

土地管理机构的职责包括保护土地资源。保护土地资源与珍惜和合理利用每寸土地紧密联系在一起。众所周知，我国土地面积约 960 万 $km^2$，居世界第三位，但人均耕地面积只有 0.09 $hm^2$，相当于世界平均水平的 1/3。同时，我国又是一个人口众多的大国。因此，合理用地，节约用地，保护土地就显得更加重要。

5. 促进社会经济可持续发展

"可持续发展"是指人类在相当长一段时间内，在不破坏资源和环境承载能力的条件下，使自然-经济-社会的复合系统得到协调发展。"可持续发展"包括两个含义：一是要"发展"，可持续发展要以经济增长为前提，没有"增长"的可持续就没有生命力的可持续，"可持续"的目的是更好地促进经济增长；二是要"可持续"，经济发展必须以保护自然为基础，与资源和环境的承载力相协调，不能以破坏生态环境为代价。因此，要促进社会经济可持续发展，土地管理机构设置不仅要有利于促进社会经济的快速发展，同时也必须要有利于维护社会经济发展的可持续性。

## (二)土地管理机构设置模式及比较

1. 非专门性和专门性土地管理机构

土地管理机构按照其职责权限范围的不同，可以分为两种情况：第一种是不设置专门的土地管理机构，而将土地管理工作分散到有关的主管部门或综合到某一主管部门，可以称为非专门性土地管理机构；第二种是设置专门的土地管理机构，专门负责土地管理。

(1)非专门性土地管理机构　非专门性土地管理机构包括两种情况：第一种是将土地管理工作分散到各有关部门，可称为土地管理机构分散化；第二种是将土地管理工作与其他有关行政管理工作综合到某一主管部门，可称为土地管理机构综合化。

土地管理机构分散化是指将土地管理部门分散到各有关主管部门，如将城市土地管理事务分散到建设主管部门；将农村土地管理事务分散到农业主管部门、林业主管部门、畜牧业主管部门、渔业主管部门等。土地管理机构分散化容易造成土地管理工作的政出多门，条块分割，降低行政管理效率，增加行政管理成本，贬损公众对行政的信任，降低行政服务质量。因此，我国自 1986 年以来，已经摒弃这种分散、多头式管理体制，而实行集中、统一式管理体制。

土地管理机构综合化是指将土地管理工作综合到某有关主管部门，如将土地、矿产、水域、房产、建设、规划、测量等有关部门两个或两个以上综合至某一主管部门。目前在我国，通常情况下，是将土地、房产、规划、测量、地矿，甚至包括建设部门在内综合成一个机构。这种机构设置模式，有利于部门分工的整合，缩短行政办公流程，减少部门职责冲突，提高行政服务质量。

(2)专门性土地管理机构　专门性土地管理机构是指由一个指定部门负责土地事务的管理。如各级人民政府成立土地管理局，专门对土地权属登记、土地权属流转、土地开发利用、土地保护、土地监察等进行管理。这种机构设置模式有利于行政管理专业化及业务流程一体化。

(3)专门性土地管理机构与非专门性土地管理机构比较　专门性土地管理机构的行政效率较综合性土地管理机构要低，综合性土地管理机构相对于专门性土地管理机构在业务流程的缩短方面有其综合性优势。

在行政效果上，对国家和地方而言，专门性土地管理机构设置模式下，由于土地规划、房产、建设等多个部门都对同一行政事件有管理权,可能会存在政出多门、互有冲突、难以协调等问题。综合性土地管理机构设置模式下,可以较好地避免部门利益冲突,针对同一行政事件,制定统一的规章制度,采取统一的手段措施,树立良好的政府形象,更好地服务社会。

2.垂直性与平行性土地管理机构

按照土地管理机构由谁设置,人、财、物由谁管理等方面的不同,土地管理机构可以分为两类:一是垂直性土地管理机构;二是平行性土地管理机构。

(1)垂直性土地管理机构　垂直性土地管理机构是指下一级土地管理机构由上一级土地管理机构设置,下一级土地管理机构的人、财、物由上一级土地管理机构委派与管理,下一级土地管理机构的职责权限由上一级土地管理机构在法定权限范围内指定,下一级土地管理机构听命于上一级土地管理机构。这种机构设置模式有利于宏观土地政策的层层落实,减少来自横向层面的干扰和影响。

(2)平行性土地管理机构　平行性土地管理机构是指土地管理机构由人民政府设置,土地管理机构的人、财、物由设置它的人民政府管理,土地管理机构的职责权限由设置它的人民政府在法定权限内确定。下一级人民政府的土地管理机构与上一级人民政府的土地管理机构在人、财、物上无直接的管理与被管理关系。土地管理机构完全是设置它的人民政府的一个职能部分,听命于设置它的人民政府。这种机构设置模式有利于地方人民政府微观性土地政策的落实。

根据我国现行的《土地管理法》,土地管理机构由人民政府设置,共分为四级:国务院土地行政主管部门,省(自治区、直辖市)人民政府土地行政主管部门,地(市)人民政府土地行政主管部门,县(区)人民政府土地行政主管部门。至于乡(镇)人民政府,一方面,必须履行土地管理职责;另一方面,法律没有明确规定乡(镇)人民政府必须设置专门的土地管理机构,是否设置专门的土地管理机构由乡(镇)人民政府决定。

(3)垂直性土地管理机构与平行性土地管理机构比较　在行政效率上,无论垂直性土地管理机构还是平行性土地管理机构,相对人而言,所要历经的业务流程并无区别。但是,在平行性土地管理机构设置下,同级土地主管部门、规划主管部门、房产主管部门、建设主管部门全部隶属同一级人民政府;各部门的人、财、物统一由人民政府安排与调配,土地主管部门遇到需要规划、房产、建设等部门以及人民政府协助、配合或协调的问题,可以通过人民政府得到较好的协商解决。在垂直性土地管理机构设置模式下,需要以土地所在地人民政府名义组织开展的土地事务,需要隶属于人民政府的规划、房产、建设主管部门的协助配合,在这种情况下,则可能存在垂直管理与平行管理之间的矛盾与冲突,降低行政效率。因此,在垂直土地管理机构设置模式(主要指省级以下土地管理机构设置模式)下,由于土地管理机构与人民政府之间的沟通程序增加,同时也因为不同层次的利益关系,可能会加大土地管理部门与人民政府之间的摩擦,最终导致管理成本的增加和行政效率的降低。因此,从行政效率的角度看,平行性土地管理机构设置较垂直性土地管理机构设置更有效率。

在行政效果上,在垂直性土地管理机构设置模式下,由于土地转用审批权、土地征用(收)审批权与土地供应权的分离,地区(市)、县、乡(镇)人民政府不再直接从土地征用(收)、土地使用权出让方面获取收益,而是通过利益的垂直分配间接获得,这种垂直管理与垂直分配体制将有利于控制省级以下人民政府的转地、征地和供地行为,因而也更有利于国家宏观土地政策的落实,控制建设用地总量,保护基本农田,维护土地所有者权益,促进土地可持续利用。因此,在行政效果上，垂直性土地管理机构设置模式更有利于全局性、战略性、整体性土地政策的贯彻落实。

## 三、土地管理机构职责权限的划分

### (一)土地管理机构职责权限划分的目的

“责权明确”是管理的重要原则。对土地管理机构的职责与权限进行明确的划分，有利于强化土地管理的行政效果，提高土地管理的行政效率。土地管理机构职责权限划分的目的与土地管理机构设置的目的是一致的，都是为了降低行政成本，强化行政效果，提高行政效率，兼顾各方利益，促进社会经济的可持续发展。

### (二)土地管理机构职责权限划分模式

土地管理机构职责权限的划分模式主要有3种：集权式、分权式及统分结合式。

(1)集权式　集权式是指将有关审批权限集中至某一主要部门或某特定级别机构。如将规划审批权、农用地转用审批权、土地征用(收)权、土地供给权、土地监督权等主要的土地管理机构职责权限全部集中至国务院，这种模式即为集权式。

(2)分权式　分权式是指将土地审批权限按管理机构级别逐级下放，各级人民政府在法律规定的范围内均有审批权限。如将规划审批权、农用地转用审批权、土地征用(收)权等在中央与地方进行分割，中央和地方人民政府依据法律各自享有一定的权限。我国的土地管理职责权限的划分模式主要为分权式。

(3)统分结合式　统分结合式是指将土地管理职责权限按其性质不同，某些土地管理职责由中央履行，权限也集中于中央；某些土地管理职责由中央与地方分别依法履行，其审批权限也分别依法归于中央与地方人民政府。

### (三)土地管理机构的职责范围及其权限划分

1. 土地管理机构的职责范围

根据《土地管理法》和自然资源管理部门关于土地管理的要求，土地管理机构的职责范围主要包括以下方面：①履行全民所有土地、矿产、森林、湿地、水、海洋等自然资源资产所有者职责；②开展土地资源调查监测评价；③负责不动产统一确权登记；④负责土地资源资产有偿使用；⑤负责土地资源的合理开发利用；⑥负责建立空间规划体系并监督实施；⑦负责统筹国土空间生态修复处理；⑧负责落实耕地保护制度与政策；⑨负责土地征收、国有土地使用权划拨、出让、转让的管理；⑩负责国土空间用途管制；⑪负责调处土地权属纠纷；⑫负责查处土地方面的违法行为。

2. 土地管理机构的权限划分

根据《土地管理法》，我国土地管理机构的权限划分如下：

(1)不动产登记的权限　根据《不动产登记暂行条例》，不动产登记由不动产所在地的县级人民政府不动产登记机构办理；直辖市、设区的市人民政府可以确定本级不动产登记机构统一办理所属各区的不动产登记。跨县级行政区域的不动产登记，由所跨县级行政区域的不动产登记机构分别办理。不能分别办理的，由所跨县级行政区域的不动产登记机构协商办理；协商不成的，由共同的上一级人民政府不动产登记主管部门指定办理。国务院确定的重点国有林区的森林、林木和林地，国务院批准项目用海、用岛，中央国家机关使用的国有土地等不动产登记，由国务院国土资源主管部门会同有关部门规定。

(2)处理土地权属纠纷的权限划分　根据《土地管理法》，土地所有权和使用权争议，由当事人协商解决；协商不成的，由人民政府处理。单位之间的争议，由县级以上人民政府处理；个人之间、个人与单位之间的争议，由乡级人民政府或者县级以上人民政府处理。当事人对有关人民政府的处理决定不服的，可以自接到处理决定通知之日起 30 日内，向人民法院起诉。

(3)编制审批规划的权限　《土地管理法》第二十条规定：土地利用总体规划实行分级审批。省、自治区、直辖市的土地利用总体规划，报国务院批准。省、自治区人民政府所在地的市、人口在一百万以上的城市以及国务院指定的城市的土地利用总体规划，经省、自治区人民政府审查同意后，报国务院批准。除此以外的土地利用总体规划，逐级上报省、自治区、直辖市人民政府批准；其中，乡(镇)土地利用总体规划可以由省级人民政府授权的设区的市、自治州人民政府批准。

(4)保护土地资源　根据《土地管理法》，各级人民政府应当采取措施，引导因地制宜轮作休耕，改良土壤，提高地力，维护排灌工程设施，防止土地荒漠化、盐渍化、水土流失和土壤污染。国家对耕地实行特殊保护，严守耕地保护红线。《土地管理法》规定省、自治区、直辖市人民政府对本行政区域耕地保护负总责，其主要负责人是本行政区域耕地保护的第一责任人。国务院对省、自治区、直辖市人民政府耕地保护责任目标落实情况进行考核。由省、自治区、直辖市人民政府监督占用耕地的单位按照计划开垦耕地或者按照计划组织开垦耕地，并进行验收。《土地管理法实施条例》规定县级人民政府应当按照国土空间规划关于统筹布局农业、生态、城镇等功能空间的要求，制定土地整理方案，促进耕地保护和土地节约集约利用。县、乡(镇)人民政府应当组织农村集体经济组织，实施土地整理方案，对闲散地和废弃地有计划地整治、改造。县级以上地方人民政府应当采取措施，预防和治理耕地土壤流失、污染，有计划地改造中低产田，建设高标准农田，提高耕地质量，保护黑土地等优质耕地，并依法对建设所占用耕地耕作层的土壤利用做出合理安排。

(5)办理建设用地审批　建设用地审批涉及农用地转用审批、土地征收审批以及供地审批。按照《土地管理法》规定，永久基本农田转为建设用地的，由国务院批准。在土地利用总体规划确定的城市和村庄、集镇建设用地规模范围内，为实施该规划而将永久基本农田以外的农用地转为建设用地的，按土地利用年度计划分批次按照国务院规定由原批准土地利用总体规划的机关或者其授权的机关批准。在已批准的农用地转用范围内，具体建设项目用地可以由市、县人民政府批准。在土地利用总体规划确定的城市和村庄、集镇建设用地规模范围外，将永久基本农田以外的农用地转为建设用地的，由国务院或者国务院授权的省、自治区、直辖市人民政府批准。征收永久基本农田、永久基本农田以外的耕地超过 35 $hm^2$ 的、其他土地超过 70 $hm^2$ 的，由国务院审批，除此以外的土地征收，由省、自治区、直辖市人民政府批准。

(6)办理未利用地开发审批　根据《土地管理法实施条例》，按照国土空间规划，开发未确定土地使用权的国有荒山、荒地、荒滩从事种植业、林业、畜牧业、渔业生产的，应当向土地所在地的县级以上地方人民政府自然资源主管部门提出申请，按照省、自治区、直辖市规定的权限，由县级以上地方人民政府批准。

(7)乡镇村使用土地的审批权限　农村集体经济组织使用乡(镇)土地利用总体规划确定的建设用地兴办企业或者与其他单位、个人以土地使用权入股、联营等形式共同举办企业的，应当持有关批准文件，向县级以上地方人民政府自然资源主管部门提出申请，按照省、自治区、直辖市规定的批准权限，由县级以上地方人民政府批准。乡(镇)村公共设施、公益事业建设，需要使用土地的，经乡(镇)人民政府审核，向县级以上地方人民政府自然资源主管部门提出申请，按照省、自治区、直辖市规定的批准权限，由县级以上地方人民政府批准。农村村民住宅用地，由乡(镇)人民政府审核批准。上述用地涉及占用农用地的，依照农用地转用规定办理审批手续。

(8)制止、查处土地方面的违法行为　根据《土地管理法》，县级以上人民政府自然资源主管部门对违反土地管理法律、法规的行为进行监督检查。

## 四、现行的土地管理体制

我国实行全国土地统一管理的土地管理体制。2019 年修订的《土地管理法》第五条规定“国务院自然资源主管部门统一负责全国土地的管理和监督工作。县级以上地方人民政府自然资源主管部门的设置及其职责，由省、自治区、直辖市人民政府根据国务院有关规定确定”。在中央，统管全国土地的机构是中华人民共和国自然资源部；在地方，统管土地的机构是各级地方人民政府自然资源管理部门，即地方各级人民政府自然资源管理局(厅)。

### (一)土地管理机构

1986 年 6 月 25 日，第六届全国人民代表大会常务委员会第十六次会议通过了《土地管理法》；1988 年 12 月 29 日，第七届全国人民代表大会常务委员会第五次会议通过了《关于修改〈中华人民共和国土地管理法〉的决定》；1998 年 8 月 29 日，第九届全国人民代表大会常务委员会第四次会议又对《土地管理法》进行了修订。《土地管理法》规定，“国务院土地行政主管部门统一负责全国土地的管理和监督工作”“县级以上地方人民政府土地行政主管部门的设置及其职责，由省、自治区、直辖市人民政府根据国务院有关规定确定”。

1998 年 3 月，国务院进行机构改革，由地质矿产部、国家土地管理局、国家海洋局和国家测绘局共同组建国土资源部，保留国家海洋局和国家测绘局作为国土资源部的部管国家局，按照机构改革方案的说明，国土资源部的主要职能是:土地资源、矿产资源、海洋资源等自然资源的规划、管理、保护与合理利用。在国务院机构改革方案中，国务院机构被分为 4 类:宏观调控部门，专业经济管理部门，教育科技文化、社会保障和资源管理部门，国家政务部门。国土资源部放在教育科技文化、社会保障和资源管理部门一类中，与教育科技文化、社会保障一起作为国民经济发展的基础保障部门，是我国经济发展的后劲所在。这充分突出了国土资源在国民经济中的基础地位。

为了统一不动产登记管理，2014 年国土资源部成立了不动产登记局，加挂在地籍管理司下，负责承担指导监督全国土地登记、房屋登记、林地登记、草原登记、海域登记等不动产登记工作。不动产登记局的挂牌成立，是建立和实施不动产统一登记制度的重要一步，为实施登记机构、登记簿册、登记依据和信息平台“四统一”的不动产登记制度提供了组织保障。

为了从管理职能上实现“两规合一”，促进城市规划转型与土地利用方式转变相互融合，使空间规划与土地利用规划更一致。很多省市积极推进规划、国土机构合并。早在 1987 年，天津就在全国范围内首度试水合并国土和规划的职能。天津之后，沈阳、上海、深圳、武汉都陆续设立了规划国土合一管理的模式，规划、国土这两个职能部门合并至少有2个好处：一是对统筹整合资源进行城市战略性、全局性发展有利；二是减少内耗，大大提高行政效率。这种模式有利于城市快速扩张的需要，有利于规划导控效能保障。

综观现状，全国各大城市在城建部门的权力架构中采取了不同的模式：北京是"国土、住房＋建设、规划"、上海是"国土＋规划、建设＋交通、住房"、深圳是"国土＋规划、建设＋住房"、天津是"国土＋住房、建设、规划"。在上述大城市中，各城选择了"国土、规划、住房、建设"不同的排列组合模式，"国土"作为单列部门的城市不多，大多以"国土＋规划"或"国土＋住房"的模式合并成一个职能部门。此外，规划单列为独立职能部门的城市不少，"建设＋住房"组合成一个职能部门的城市也普遍。而且，不少城市其实都有过不同模式重新拆分又合并的经历，其中值得一提的是深圳和天津。深圳2001年是"规划＋国土"，2004年是"国土＋住房"，2009年又回到"国土＋规划"。而全国首个"规划＋国土"的城市天津，2005年之后机构就进行调整，目前是"国土＋住房"的模式。除此之外，即便在相同组合的城市，有些职能的交叉也不尽相同，比如，深圳的规划国土委把房地产市场管理权力握在手里，住房建设局在房屋管理这块的职能主要是管保障房，而广州则把住房建设管理和房地产市场调控的职能划入住房建设委。2014年，根据机构改革方案，广州市国土资源和房屋管理局的职能被分拆，将原来的"国土资源"分拆出来与规划局合并，将"房屋管理"职能分拆出来与城乡建设委合并，两个新部门分别叫住房和城乡建设委员会、国土资源和规划委员会。2016年北京市为解决城市发展特别是城市管理中的一些问题，推进规划国土机构合并，组建城市管理委员会。

2012年党的十八大提出中国特色社会主义"五位一体"总体布局，开创了自然资源管理新局面。党的十八届三中全会做出全面深化改革的重要部署，在生态文明领域提出健全国家自然资源资产管理体制。2018年修订的《宪法》将生态文明纳入国家根本大法的范畴，生态文明的法律地位得到进一步凸显，我国也逐步形成了以宪法为根本、各类生态文明领域专项法规相互配合的自然资源和生态环境监管法律法规体系。党的十九届三中全会对深化党和国家机构改革做出具体部署，为了实现对山水林田湖草等自然要素及生态系统的用途管制和综合治理，决定整合国家相关部门关于自然资源管理、生态环境保护、污染物防治等方面的交叉职责，组建自然资源部，统一行使全民所有自然资源资产所有者职责及所有国土空间用途管制和生态保护修复职责。

基于"统筹山水林田湖草系统治理"的要求，2018年国家组建自然资源部，实现自然资源管理机构由"分"到"统"的关键一跃，我国自然资源监管机构逐步实现了集中统一综合化设置。此次改革将国土资源部的职责，国家发展和改革委员会的组织编制主体功能区规划职责，住房和城乡建设部的城乡规划管理职责，水利部的水资源调查和确权登记管理职责，农业部的草原资源调查和确权登记管理职责，国家林业局的森林、湿地等资源调查和确权登记管理职责，国家海洋局的职责，国家测绘地理信息局的职责整合，组建自然资源部，作为国务院组成部门。

土地管理机构的每一次改革和调整，都是围绕着实现"治理能力现代化"的总目标。1998年，改革主要是按照大部门体制设计要求，实现自然资源的初步统筹管理，从而提升治理能力；2008年，主要聚焦职能转变，取消部分行政审批事项，强化宏观调控职能，加强土地供需调控和总量平衡，以及国土规划、土地利用总体规划的整体控制作用。2018年的改革，着眼于转变政府职能，坚决破除制约，使市场在资源配置中起决定性作用，更好地发挥政府作用，围绕推动高质量发展，建设现代化经济体系，加强和完善政府经济调节、市场监管、社会管理、公共服务、生态环境保护职能，结合新的时代条件和实践要求，着力推进重点领域和关键环节的机构职能优化和调整，构建起职责明确、依法行政的政府治理体系，提高政府执行力，建设人民满意的服务型政府。

### (二)土地管理机构的职责

#### 1. 国务院土地主管部门的职责

国务院主管土地的部门是自然资源部。根据 2018 年 8 月国务院批准的自然资源部主要职责内设机构和人员编制规定，自然资源部的主要职责是：

(1)履行全民所有土地、矿产、森林、草原、湿地、水、海洋等自然资源资产所有者职责和所有国土空间用途管制职责。拟订自然资源和国土空间规划及测绘、极地、深海等法律法规草案，制定部门规章并监督检查执行情况。

(2)负责自然资源调查监测评价。制定自然资源调查监测评价的指标体系和统计标准，建立统一规范的自然资源调查监测评价制度。实施自然资源基础调查、专项调查和监测。负责自然资源调查监测评价成果的监督管理和信息发布。指导地方自然资源调查监测评价工作。

(3)负责自然资源统一确权登记工作。制定各类自然资源和不动产统一确权登记、权籍调查、不动产测绘、争议调处、成果应用的制度、标准、规范。建立健全全国自然资源和不动产登记信息管理基础平台。负责自然资源和不动产登记资料收集、整理、共享、汇交管理等。指导监督全国自然资源和不动产确权登记工作。

(4)负责自然资源资产有偿使用工作。建立全民所有自然资源资产统计制度，负责全民所有自然资源资产核算。编制全民所有自然资源资产负债表，拟订考核标准。制定全民所有自然资源资产划拨、出让、租赁、作价出资和土地储备政策，合理配置全民所有自然资源资产。负责自然资源资产价值评估管理，依法收缴相关资产收益。

(5)负责自然资源的合理开发利用。组织拟订自然资源发展规划和战略，制定自然资源开发利用标准并组织实施，建立政府公示自然资源价格体系，组织开展自然资源分等定级价格评估，开展自然资源利用评价考核，指导节约集约利用。负责自然资源市场监管。组织研究自然资源管理涉及宏观调控、区域协调和城乡统筹的政策措施。

(6)负责建立空间规划体系并监督实施。推进主体功能区战略和制度，组织编制并监督实施国土空间规划和相关专项规划。开展国土空间开发适宜性评价，建立国土空间规划实施监测、评估和预警体系。组织划定生态保护红线、永久基本农田、城镇开发边界等控制线，构建节约资源和保护环境的生产、生活、生态空间布局。建立健全国土空间用途管制制度，研究拟订城乡规划政策并监督实施。组织拟订并实施土地、海洋等自然资源年度利用计划。负责土地、海域、海岛等国土空间用途转用工作。负责土地征收征用管理。

(7)负责统筹国土空间生态修复。牵头组织编制国土空间生态修复规划并实施有关生态修复重大工程。负责国土空间综合整治、土地整理复垦、矿山地质环境恢复治理、海洋生态、海域海岸线和海岛修复等工作。牵头建立和实施生态保护补偿制度，制定合理利用社会资金进行生态修复的政策措施，提出重大备选项目。

(8)负责组织实施最严格的耕地保护制度。牵头拟订并实施耕地保护政策，负责耕地数量、质量、生态保护。组织实施耕地保护责任目标考核和永久基本农田特殊保护。完善耕地占补平衡制度，监督占用耕地补偿制度执行情况。

(9)负责管理地质勘查行业和全国地质工作。编制地质勘查规划并监督检查执行情况。管理中央级地质勘查项目。组织实施国家重大地质矿产勘查专项。负责地质灾害预防和治理，监督管理地下水过量开采及引发的地面沉降等地质问题。负责古生物化石的监督管理。

(10)负责落实综合防灾减灾规划相关要求，组织编制地质灾害防治规划和防护标准并指导实施。组织指导协调和监督地质灾害调查评价及隐患的普查、详查、排查。指导开展群测群防、专业监测和预报预警等工作，指导开展地质灾害工程治理工作。承担地质灾害应急救援的技术支撑工作。

(11)负责矿产资源管理工作。负责矿产资源储量管理及压覆矿产资源审批。负责矿业权管理。会同有关部门承担保护性开采的特定矿种、优势矿产的调控及相关管理工作。监督指导矿产资源合理利用和保护。

(12)负责监督实施海洋战略规划和发展海洋经济。研究提出海洋强国建设重大战略建议。组织制定海洋发展、深海、极地等战略并监督实施。会同有关部门拟订海洋经济发展、海岸带综合保护利用等规划和政策并监督实施。负责海洋经济运行监测评估工作。

(13)负责海洋开发利用和保护的监督管理工作。负责海域使用和海岛保护利用管理。制定海域海岛保护利用规划并监督实施。负责无居民海岛、海域、海底地形地名管理工作，制定领海基点等特殊用途海岛保护管理办法并监督实施。负责海洋观测预报、预警监测和减灾工作，参与重大海洋灾害应急处置。

(14)负责测绘地理信息管理工作。负责基础测绘和测绘行业管理。负责测绘资质资格与信用管理，监督管理国家地理信息安全和市场秩序。负责地理信息公共服务管理。负责测量标志保护。

(15)推动自然资源领域科技发展。制定并实施自然资源领域科技创新发展和人才培养战略、规划和计划。组织制定技术标准、规程规范并监督实施。组织实施重大科技工程及创新能力建设，推进自然资源信息化和信息资料的公共服务。

(16)开展自然资源国际合作。组织开展自然资源领域对外交流合作，组织履行有关国际公约、条约和协定。配合开展维护国家海洋权益工作，参与相关谈判与磋商。负责极地、公海和国际海底相关事务。

(17)根据中央授权，对地方政府落实党中央、国务院关于自然资源和国土空间规划的重大方针政策、决策部署及法律法规执行情况进行督察。查处自然资源开发利用和国土空间规划及测绘重大违法案件。指导地方有关行政执法工作。

(18)完成党中央、国务院交办的其他任务。

2.县级以上人民政府土地主管部门的职责

这里所说的县级以上人民政府土地主管部门(不含县级)包括省级政府、省级政府所在地的市政府、国务院批准的大中城市和经济特区市政府负责管理土地的部门等。根据《宪法》《土地管理法》等法律，参照国务院土地主管部门的职责，上述机构的主要职责有：

(1)宣传、贯彻和执行国家土地法律、法规和政策，并结合本地情况，拟订土地管理方面的地方性法规和规章草案。地方性法规立法权在省级人大及其常委会，省级政府及其地政部门只承担起草任务；有关土地管理方面的规章制定权在省、市政府，政府的地政部门只有起草或者拟订初稿的职责。

(2)负责本辖区内的土地调查、权籍调查、不动产确权登记、土地统计核算与动态监测评价、土地分等定级价格评估、城乡地籍地政等工作。

(3)负责建立本辖区国土空间规划体系并监督实施。组织编制并监督实施国土空间规划、详细规划和涉及国土空间的各类专项规划。负责编制和监督实施本辖区内的城乡建设规划。

(4)负责组织实施本辖区土地用途管制,组织拟订并实施土地年度利用计划、土地征收征用管理以及土地用途转用。

(5)负责本辖区土地权属管理,依法保护土地、矿产资源等自然资源所有者和使用者的合法权益。

(6)负责建设用地的审核、报批。负责本辖区内土地使用权出让的组织、协调、审查和出让方案的落实,并对土地转让、出租、抵押和收购等土地市场进行管理、监督。负责城乡建设用地供应、政府土地储备、土地开发和节约集约利用,监督管理农村集体非农土地使用权的流转。

(7)负责统筹本辖区国土空间生态修复。组织编制国土空间生态修复规划并实施有关生态修复重大工程;负责国土空间综合整治、土地整理复垦、矿山地质环境恢复治理等工作。

(8)查处土地违法案件,会同有关部门解决土地权属纠纷。

(9)负责本辖区土地管理方面的宣传、教育、科技等管理工作。

(10)承办上级机关和当地政府交办的有关事项。

3.县级人民政府土地主管部门的职责

(1)宣传、贯彻和执行国家土地法律、法规和政策,本省(自治区、直辖市)有关土地方面的地方性法规、规章和政策。

(2)负责实施本辖区内的土地调查、登记、统计、核算和动态监测工作,会同有关部门根据土地调查成果评定土地等级。

(3)拟订并组织实施国土空间规划、其他专项规划和年度计划;编制和实施本辖区的城乡建设规划。

(4)负责组织实施本辖区土地用途管制,实施土地,特别是耕地保护措施。

(5)负责本辖区土地权属管理工作,具体核发土地权属证书,会同有关部门调处土地权属纠纷。

(6)协助县级政府实施本辖区内有关土地征收征用、划拨的具体工作,负责建设用地的审核、报批;负责本辖区内土地使用权出让的组织、协调、审查和出让方案的落实。对辖区土地转让、出租、抵押、收购等土地市场进行管理、监督。

(7)负责统筹本辖区国土空间生态修复。负责编制国土空间生态修复规划、国土空间综合整治、土地整理复垦、矿山地质环境恢复治理。

(8)检查、监督土地使用者土地利用情况,查处土地违法案件。

(9)负责本辖区土地方面的宣传、教育、科技等管理工作。

(10)承办上级机关和当地政府交办的有关事项。

4.中央及地方各级政府土地管理职权的划分

(1)中央及省级政府的土地管理专有权　凡属事关国家利益和社会稳定、民族发展全局的土地管理应由中央和省级政府专有,主要包括国土空间规划的编制审批权、农用地转用批准权、土地征收征用权。

(2)县级以上人民政府的土地管理职权 ①土地登记发证权(其中集体土地所有权、集体土地建设用地使用登记发证权由县级人民政府行使,中央国家机关使用的国有土地的登记发证权为中央专有);②土地行政复议的处理权、国土空间规划的编制权、开发国有荒山荒沟荒地荒滩的批准权、国有土地使用权的划拨以及收回的批准权等;③农村非农用地批准权以及收回集体土地使用权的批准权。

(3)县级人民政府地政部门的土地管理职权 土地调查权、土地分等定级的评定权、土地统计权及监督检查权、行政处罚权等项职权。

### (三)我国现行土地管理体制的特点

我国现行土地管理体制有以下几个特点:

(1)强化了国家管理土地的职能,实行国家和省两级管理以省为主的管理模式。凡属事关国家利益和社会稳定、民族发展全局的土地管理权都由中央和省级人民政府行使。自然资源部对省级自然资源主管部门实行业务领导,省级自然资源主管部门主要领导干部的任免,需征得自然资源部的同意。省级以下鼓励实行垂直管理。

(2)具体划分了中央与地方各级人民政府及其土地管理部门的权限。中央和省级人民政府的职权有土地利用总体规划审批权、农用地转用批准权、土地征收征用权、建设用地总量和耕地保有量控制权等;县级以上地方人民政府及其土地管理部门的职权有土地登记发证权(中央国家机关使用的国有土地除外)、土地权属争议处理权、土地利用总体规划编制权、开发国有荒山、荒地批准权、土地划拨批准权、收回国有土地批准权和土地行政处罚权等。在 2019 年修订的《土地管理法》中适应“放管服”的改革需要,对农用地转用审批权限进行了调整,按照是否占用永久基本农田来划分国务院和省级政府的审批权限,取消了原来按照项目性质划分农转用审批权限的规定。新《土地管理法》在严格保护永久基本农田的前提下,适当下放了农用地转用审批权限,涉及永久基本农田的农用地转用由国务院审批;永久基本农田以外的农用地转为建设用地的审批事项授权各省、自治区、直辖市人民政府批准。此外,新修订的《土地管理法》删去了省级人民政府批准征地报国务院备案的规定,按照“谁的事权谁负责”的原则,省级人民政府决定征收的事项。新《土地管理法》赋予省级人民政府更大的用地自主权,更有利于压实地方责任,地方政府用地更加方便、高效,有利于促进重大项目投资。

(3)实行了全国城乡土地的统一管理。由自然资源部代表国务院依据法律和国务院的规定行使中央政府统一管理土地的职权。我国土地管理体制经历多次调整,总体态势是由多部门分散管理走向大部制集中统一管理。2018 年新一轮政府机构改革实现了自然资源资产所有者职责、国土空间用途管制和生态保护修复职责的“两统一”,从而在更高层面上强化了土地集中统一管理。

【本章小结】

1. 土地管理体制是指有关土地行政管理的组织结构、职责权限结构及其运行方式所形成的体系和管理制度。不同国家的土地管理体制不尽相同,往往会受到土地制度、经济体制和政治制度的制约,又要受到文化传统和各国经验的影响。

2. 根据土地管理机构的设置及相应的职责、职权划分,土地管理体制可分为集权、分权、集权与分权相结合 3 种模式。

3. 新中国成立以来，我国土地管理体制变化大致可以分为两个阶段：一是 1986 年以前的多头分散管理体制；二是 1986 年以后的统一管理体制。我国的土地管理体制经历了由分散、多头管理向集中、统一管理转变的过程。

4. 土地管理机构按照其职责权限范围的不同，可以分为专门性土地管理机构和非专门性土地管理机构。按照土地管理机构由谁设置，人、财、物由谁管理等方面的不同，土地管理机构可以分为垂直性土地管理机构和平行性土地管理机构。

5. 我国实行全国土地统一管理的土地管理体制，实行国家和省两级管理以省为主的管理模式，对省以下土地管理机构实行垂直管理。土地统一垂直管理在维护土地所有权，遏制资源性资产的流失，理顺国土资源管理体制，确保中央政令畅通，强化国土资源参与国家宏观调控等方面发挥了显著的作用。

【习题及思考题】

1. 简述我国现行土地管理体制的基本特征。

2. 试比较不同土地管理机构设置模式的优缺点。

3. 我国现行土地管理体制还存在哪些缺陷？应如何改进和完善？

4. 结合委托代理理论，试分析我国土地垂直管理体制设计及实践中存在的问题及治理途径。

【参考文献】

[1]毕宝德. 土地经济学[M]. 北京：中国人民大学出版社，2020.

[2]林毅夫. 关于制度变迁的经济学理论：诱致性变迁与强制性变迁[M]. 上海：上海三联书店、上海人民出版社，1994.

[3]陆红生. 土地管理学概论[M]. 北京：中国农业出版社，2018.

# 第六章　土地政策

政策是行政管理的基本要素，也是重要手段，土地管理过程同样需要政策支撑。本章以公共政策及其分析方法为基本理论，介绍政策和土地政策的含义，分析土地政策的特点和功能；结合我国土地管理实践，阐述我国的土地管理政策体系及其类型。

## 第一节　政策与土地政策

### 一、政策的概念

自从人类社会产生了阶级和国家以来，不论在哪种社会制度条件下，政策都作为一种约束或引导机制而存在。尽管政策无处不在，但对“政策”的理解，在不同的国家或地区、学者之间存在一定的差异。美国经济政策学家包尔丁(K. E. Boulding)认为，“所谓政策，就是支配为既定目标而采取行动的各种原则”。在苏联及东欧地区国家中，政策是指国家发展某一部门或事业的思想、战略和策略之目的、任务、实际实施的机制总和。从西方政策科学研究领域来看，政策内涵已基本固定，即：①政策是为目标、价值和实践而设计的一项计划；②政策是政府要做或不做的决定；③政策作为重要活动即为公共政策。

因此，对于政策的理解我们可以从广义和狭义两个层次来认识。广义的政策是指国家或组织团体所制定的各种决策；狭义的政策是指一个比较大型的行政组织为完成某项任务而制定的各种目标、准则、方案或办法。

### 二、土地政策与地政

土地政策可以理解为国家、政府、政党或单位为保护土地产权利益，实现土地资源优化配置而制定的计划或行动准则。土地是人类生存和发展不可替代的资源，因此所有国家都将土地政策作为治国安邦的重要政策，从宏观层面上体现了土地政策的政治意义。例如，我国封建王朝为维护土地所有制制定了所有关于土地分配、买卖、租赁、兴修水利、垦殖荒地、征收赋税的政策。另外，从微观层面来看，各土地所有者或使用者也极力推行有关土地政策而谋求土地收益的最大化。因此，土地政策有宏观与微观之分，本章着重阐述宏观的土地政策。

土地政策与地政是不同层次的概念。地政可理解为各级政府对于辖区土地行政管理而推行各种行政手段的总称，包括地权行政、地籍行政、地用行政、地价行政等几类专业性的行政工作，其工作繁多，概言之主要是对土地及其附着物的拥有者或使用者进行登记、测量；对土地进行出租、买卖，规定地价，评估地价；对都市（及城市）与农村区域性土地按照政府发展经济的宏观要求和地方的实际情况，进行合理配置和使用，必要时政府还应筹措资金对局部性地域进行整理和重划（其中包括具体地段的开发和复垦），以使该地域的土地得以更合理地利用；对一些因政府发展经济急需的用地，由地政机关具体承办土地的征收和重划工作，此外，还要对社会发展承办科研、教育的协调业务等。

由此可见，地政并非土地政策的简称，它是从政务角度来认识土地问题，其层次相对较高。土地政策与地政关系可简述为：土地政策为地政之依据，地政则是土地政策的实施。

## 三、土地政策体系

土地政策是一个庞大的系统，对土地政策系统地进行分类，明确这些政策类型间的相互关系，在理论和实践上均具有极其重要的意义。然而土地政策分类是一个复杂的问题，按不同标准有不同分类，例如：从土地利用、开发、整治、保护的全过程来看，有土地开发政策、土地利用政策、土地整治政策、土地保护政策；从经济再生产来看，有土地投资政策、土地市场政策、土地经营政策、土地收益分配政策等。从地域来看，有国外、国内土地政策，城乡土地政策，经济发达与落后地区土地政策；按用途类型分，有耕地政策、园地政策、林地政策、牧草地政策、交通用地政策、工矿及居民点用地政策、水域用地政策、未利用地政策；从土地利用之目的来看，有土地经济政策、土地生态政策、土地社会政策；从影响范围来看，有宏观、中观、微观土地政策之分；按历史时期划分，有古代土地政策、近现代土地政策、当代土地政策；按不同时期所需要解决的特殊问题分，有地价稳定政策、地域土地开发政策、外商投资企业土地政策等；按产权来分，有土地所有政策、土地使用政策等。

## 四、土地政策的特点

（1）政治性　土地是立国之本，任何一个统治者或者统治阶级要治邦安天下，都必须占有足够数量的土地，并制定自己的土地制度。土地政策就是为维护这一土地制度而制定的，因此带有较强的阶级性和政治性。由于各国的国体和政体不同，土地政策体现的国家意志和利益也不一样。土地公有制国家的土地政策是为了维护土地公有制，保护土地产权拥有者的合法权益，促进土地资源的合理利用而制定和执行的，从根本上体现了社会和人民的要求；而土地私有制国家的土地政策是为了维护土地私有制，保护少数人的利益，为资本家服务。因此，不同制度条件下的土地政策具有不同的政治属性。

（2）强制性　土地政策是国家、政府、政党或单位为保护土地产权利益，实现土地资源优化配置而制定的计划或行动准则，并通过命令、法规等予以体现，采用行政措施予以实施，因此土地政策具有强制性，任何组织、单位和个人都必须遵守，对违背者要予以处罚和制裁。

（3）历史性　土地政策的历史性表现在两个方面：一是同一国家在不同历史时期土地政策不一样，这是因为时过事异，土地政策环境已有变化，土地政策也因此而识“时务”；二是土地政策本身则是历史发展的产物，归根到底是由于社会经济演化，导致土地稀缺而产生土地垄断的结果。纵观人类社会发展的历史，在原始社会时期，没有私有财产、阶级和国家，虽然存在土地的占有，但由于地广人稀，生产力水平不高，土地可以被无限制地占有和自由利用，因此，不存在土地所有权关系，也就谈不上土地政策问题，土地所体现的只是其资源特征，即作为万物生存的基础和生育的源泉，并成为一切生产的元素和原动力。随着社会生产发展以及社会生产方式和人地关系中人与人关系的变化，土地制度随之产生并不断演变，土地政策必然也是社会经济发展、生产方式变革和人地关系变化的结果，并在不同的条件下呈现出不同的形式和内容，即土地制度的历史性决定了土地政策的历史性。由于资源稀缺而导致对每人狩猎范围的界定，从而出现产权及产权制度，于是也便会产生与此相对应的土地政策问题。

(4)区域性　制定政策必须因“地”制宜，土地政策也是这样。土地是不动产，它固定于某个地域或地段，不同的周边环境(经济、政治、社会及自然条件等综合系统)产生不同的土地周边环境，具体到某一地块，影响其个性的因素更为繁多，主要有风俗习惯、气候条件、地质状况、交通设施、市容与环境、商业街设置、灾害状况、污水处理、邮电通信、给水排水、电力设备、学校、医院、公共设施、公园等因素，这些都构成了极其复杂的土地政策环境。土地政策之制定决不能忽视这些因素，否则，土地开发利用则难以有效进行。

(5)相对稳定性　土地政策的稳定性是指土地政策在其有效的范围内相对保持不变，这主要受制于土地政策目标、效益和功能。土地政策的稳定性包含阶段性和连续性两层含义。土地政策的阶段性是指不同历史时期，土地政策具有不同的内容；而土地政策的连续性则是指保持土地政策合理内容的继承性和衔接性。然而稳定是相对的，变动则是绝对的，土地政策变动是指主观和客观情况发生变化而对其所做的修改、补充或废止。土地政策之所以会产生变动，主要是由于主观认识的不断深化、客观情况的变化及政策的实施性和阶段性所致。因此，土地政策具有相对稳定性。

(6)针对性　土地政策是人们主观意识的表现，是对土地管理客观实践的反映，即是为解决土地管理中的实际问题而制定的。因此，具有明显的针对性和目的性。如我国实施土地增值税，是为了规范土地、房地产市场交易秩序，合理调整土地增值收益，维护国家权益；实施《永久基本农田保护条例》，是为了对永久基本农田实施特殊保护，促进农业生产和国民经济发展；等等。

(7)预测性　正如系统学家R·M·克朗所说：“人类已经发展到历史上这样一个阶段，在这个阶段人必须能够自己塑造未来，否则就会因软弱无力而被不希望有的后果吞掉。因此，改善政策制定问题和人类的命运第一次联系起来。”可见，作为指导未来土地分配及开发利用的土地政策，不仅是对未来加以预测和描述，更是为未来土地资源优化配置服务。

(8)及时性　及时性是土地政策的突出特点，土地政策是否及时对土地管理的成效有决定性的影响，但又不是遇到问题瞎表态，而是要按土地政策制定和实施的要求抓住机会、抓紧时间，及时做出决策。20世纪90年代初，全国各地出现土地开发热，耕地大面积被圈占，造成耕地大量减少，严重影响了农业生产和国民经济协调发展。为此，1992年11月18日，国务院制定了关于《严格制止乱占滥用耕地的紧急通知》，为及时有效地保护有限的耕地资源敲响了警钟。十分珍惜和合理利用每寸土地，切实保护耕地，是我国必须长期坚持的一项基本国策。

## 五、土地政策的功能

国家管理土地的手段、措施多种多样，诸如行政、法律、经济、纪律、宣传、教育等，而土地政策则是最基本的，且与其他土地管理手段交织在一起。例如《土地管理法》《城市房地产管理法》《永久基本农田保护条例》等都是一种成熟化、定型化的土地政策，行政、经济、法律等的手段也必须体现在这些土地政策上。可见，土地管理是依靠土地政策来实现的。土地政策具有以下三种功能。

### (一)导向功能

土地政策对人们开发利用土地行为及土地经济运行具有引导作用，即土地政策的导向功能。它具有超前性、规范性特点，主要表现为：

第一，为土地管理事业的发展和土地资源开发利用提出了明确的目标。例如，《中共中央关于建立社会主义市场经济体制若干问题的决定》中指出："以家庭联产承包责任制为主的责任制和统分结合的双层经营体制，是农村的一项基本经济制度，必须长期稳定，并不断完善。在坚持土地集体所有的前提下，延长耕地承包期，允许开发性生产项目的承包经营权，允许土地使用权依法有效转让。"这无疑会在一定程度上提高农民耕地经营的积极性，从而提高农业劳动生产率和土地生产率。

第二，为实现土地政策目标规定行为规范和行为准则。例如，《中共中央关于建立社会主义市场经济体制若干问题的决定》中指出："我国人多地少，必须十分珍惜和使用土地资源，加强土地管理。切实保护耕地，严格控制农业用地转为非农业用地。国家垄断城镇土地一级市场。实行土地使用权有偿有限制出让制度，对商业性用地使用权的出让，要改变协议批租方式，实行招标、拍卖。同时加强土地二级市场的管理。建立正常的土地使用权价格的市场形成机制。通过开征和调整房地产税费等措施，防止在房地产交易中获取暴力和国家收益的流失。"从而规范和发展了房地产市场。

### (二)协调功能

土地政策的协调功能是指土地政策对社会经济发展过程中的各种失衡状态的制约、调节能力，如协调地区之间、行业之间、阶层之间、利益群体之间的关系，谋求土地供需缺口下的社会经济协调、有序发展。土地政策之所以具有协调功能是因为：一是土地政策的本质属性决定的，即土地政策是土地收益分配的调节器。例如，我国人多地少，土地后备资源贫乏，吃饭与建设在用地上的矛盾十分突出。而"一要吃饭，二要建设"的方针政策，在《城乡规划法》《永久基本农田保护条例》等有关法律保障下，将会得以贯彻，从而有效地协调了吃饭与建设的用地矛盾。二是土地政策体系的内在要求。土地政策之协调功能要求土地政策之间、土地政策与其他相关政策之间的搭配组合必须纵向一致，横向协调，形成相互配合、相互补充的优化配置，从而发挥土地政策或其他相关政策的整体效应。但是，由于政出多门，尤其是建设部门和自然资源管理部门认识不一致，致使一些城市房地产管理混乱，主要表现是管理重叠、收费混乱、相互扯皮、纠纷不断。因此，土地政策之配套、协调也是一个长期的、复杂的过程，具有多维性、动态性和适度性特点。

### (三)控制功能

土地政策的控制功能是指土地政策制定者通过土地政策对人们的土地开发利用行为以及土地经济运行的制约和促进，从而实现土地资源的优化配置。土地政策之所以具有控制功能，一是由于土地政策的规范性。例如，由于目前我国土地必须先出让然后才能进入市场，政府通过制订严格的土地出让计划，便可以达到调控土地市场之目的。二是由土地政策控制在土地管理中的核心地位所决定的。土地政策控制具有强制性和惩罚性，以借助完善的土地政策体系，及时有力地实现土地政策功能，从而杜绝控制"真空地带"、控制滞后和乏力现象之发生。

## 第二节　政策研究与公共政策分析方法

政策科学是一门研究公共政策现象和寻求政策解决方案的应用性、综合性科学。在西方，它的产生和发展已经走过了半个世纪。公共政策一般指政府为解决现实和潜在的社会问题而做出的决定和行动，所以公共政策研究在学科渊源上属于政治学。尽管一些学者呼吁建立相对独立的"政策科学"学科，但仍然有许多学者把公共政策研究看作政治科学的一个分支学科。由于政府的决定和行动涉及社会生活的方方面面，并对其产生广泛的和深远的影响，这使公共政策现象成为一个极其复杂的社会现象。公共政策研究必须结合相关的社会科学学科的参与，因此它又是一个结合了众多社会科学领域的综合性研究。

公共政策研究的兴起和发展始终围绕着一个十分现实的问题：如何使政府的决定和行动更合理并且更有效。公共政策研究一开始就具有十分强烈的应用性目的，并要求运用和发展科学的、可行的研究方法和手段。这种综合性研究和应用性目的的特点使公共政策研究与传统政治学在研究取向和方法上有了很大的差别。它不但使得许多从事政治学研究的学者越来越关注公共政策取向的研究，并致力于从其他社会科学中寻找新的研究方法。

然而，公共政策研究作为一门分支学科，其理论发展一直充满着矛盾。政治学家往往将他们的注意力集中在制定公共政策的过程，而公共行政学则将其研究兴趣集中于政策的实质性内容以及应用。这使得公共政策学科朝着理论研究和实质性政策问题研究两个方向发展。这两个方向既相互排斥又相互依存。

### 一、政策制定的原则

任何一项政策的正确、科学与否，直接影响政策实施和执行过程的正确性、科学性和有效性。因此，在制定政策过程中，首先必须遵循政策制定过程中的基本原则。

(1)目标明确原则　目标是一切活动的方向。土地管理政策是为土地管理过程指明方向和提供依据的，其目标既要与土地管理目标对应，又要具体、明确。目标通常有远期、中期和近期之分，对应的政策也有长期政策、中期政策和短期政策，如围绕土地利用的社会、经济和生态效益而制定的各项政策通常是长期的、相对静态的；而土地开发、复垦年度计划指标则是短期的、有弹性的。

(2)全面、准确收集信息原则　准确而全面的信息资料是保证所制定的政策科学、可行的基础。正如毛泽东同志说过的："指挥员正确的部署来源于正确的决心，正确的决心来源于正确的判断，正确的判断来源于周到的和必要的侦察手段，将侦察得来的敌方情况的各种资料加以去粗取精、去伪存真、由此及彼、由表及里的思索。然后将自己方面的情况加进去，研究双方的对比和相互关系，因而构成判断，下定决心，做出计划。"这里的经过判断，下定决心而做出的计划，对政府部门来说就是制定政策。可见，要保证政策的科学性和正确性，必须掌握大量的、准确可靠的、全面系统的信息和资料，并进行系统地研究、归纳、整理、比较选择，才能制定正确的政策。

(3)可行性原则　在制定政策时必须考虑政策的可行性，否则主观愿望再好的政策由于执行不力或没有可操作性也会被束之高阁，甚至会对实践过程带来损害。如农村土地政策的制定必须考虑农民的实际承受能力，否则会引起农民的不满，甚至弃田，造成大量农用地荒芜，无人种粮的恶果。

(4)多方案择优原则　政策的制定，要根据政策对象的复杂性制定出多种方案，以供权衡利弊，对比选优。在选优过程中，不但要把多种方案进行比较，而且要把各种方案同实际联系起来比较，运用严密的逻辑，根据可靠的数据资料，把抽象的定性分析与具体的定量分析结合起来，才能选出相对最优方案。

(5)系统性原则　土地管理过程和土地利用过程都是复杂的系统，指导这些过程的土地管理政策就必须全面、完整地研究这些系统，其政策本身也应该是系统。因此，土地政策要综合分析整体与局部、内部条件和外部环境、当前利益与长远利益、主要目标与次要目标以及以上诸因素之间的互动关系。土地管理政策涉及范围广泛，错综复杂，很多利害关系不易取舍，只有运用系统原则，注重整体性、综合性、相关性，才能制定出科学的土地管理政策。

(6)有效性原则　政策选优实际上是选择能够促进或保证土地利用的社会、经济、生态效益这三大效益往往是相互矛盾的，要满足经济效益最大，往往需要以损害社会利益和生态利益为前提；要充分满足社会的要求，有时就会损害某个或某些经济体的经济利益。在这种情况下，就要考虑所制定政策的主要目标和所要调整的对象的具体情况，尽量满足所要解决的主要矛盾的要求。在土地政策制定的过程中，土地资源是稀缺的、不可再生的资源，是整个人类的资源，是人类社会赖以生存和发展的基础，因此，通常情况下土地管理政策对三大效益的选择顺序是生态效益、社会效益，最后才是经济效益，也就是说保证土地资源的可持续利用，保证人类的生态环境是最主要的，尤其在我国目前人多地少，土地资源紧张的情况下更应如此。

(7)动态性原则　实践是千变万化的，而政策总是要解决实践问题的，因此任何政策应针对实践的变化及时调整。土地管理过程会由于土地资源状况、土地利用问题及有关外部环境的变化而变化，因此，一个能够有效指导土地管理过程的土地管理政策也应该是能够随之变化的、有弹性的。这一方面要求在制定政策过程中应有前瞻性、预见性，使得政策能够适应未来变化的要求；另一方面，要求在政策实施过程中，应随时进行反馈，以便及时地对有关政策进行修正、调整，以满足处理新情况的要求。

## 二、政策制定的程序

任何政策的制定通常要经过反复调查、分析研究、比较选择等一系列的过程。研究政策制定的程序可以加深认识政策制定的客观规律，以利于政策的贯彻执行。古今中外，任何政策的出台都是要经过一番研究过程的。如在我国古代，关系到国家大事的政策，一般是通过统治者们所收容的一些有识之士、幕僚、门客、谋士的献谋献策，然后由统治者拍板定案制定出来的；到了唐代初期，这种献谋献策还形成了制度，如唐高祖和唐太宗在位时，在前朝议事程序基础上，确定了“三省制”，各负其责。随着现代科学技术的飞速发展，政策问题已成为行政管理中事关事业成败的关键问题，得到行政部门的普遍重视。尤其如何在政策制定过程中保证政策的科学性和有效性，这就要求有一个科学、合理地制定政策的程序。

### 1. 明确问题，确定目标

首先要明确所制定的政策要解决什么问题，或在实践中发现某种问题需要政策来解决，然后根据这些问题和将可能出现的问题，确定所要制定政策的目标。这一过程是制定土地管理政策的起点。明确问题是制定政策的第一个环节，不仅要发现已暴露出来的问题，尤其要注意发现那些隐含的问题,还要注意将来可能会出现的问题,这就要求必须做深入细致的调查研究。正如毛泽东同志所指出的:“调查就像‘十月怀胎’,解决问题就像‘一朝分娩’,调查就是解决问题。”陈云同志也曾强调指出:“我们做工作,要用百分之九十以上的时间研究情况,用百分之十的时间决定政策。”在调查研究中,科学的研究方法十分重要,美国的凯普纳和催戈二人创立的“KT 分析法”值得参考。其步骤是:第 1 步界定问题,即了解问题产生的时间、地点、条件,弄清问题的性质、范围、程度、特征以及它的影响;第 2 步分析原因,即对界定的问题查清其表面原因、直接原因、间接原因以及根本原因;第 3 步是确定改革目标。目标是指在一定环境条件下,在预测的基础上所希望达到的结果。确定目标必须根据需要和可能,做到主观与客观相结合,还必须考虑价值准则。任何土地政策的制定与实施,其政策目标都应是有价值的,价值指标一般有 3 类,即社会价值、经济价值、学术价值。具体价值观的确定应根据实践的需要而定。如我国在制定清理整顿土地隐形市场的政策时,其目标是显化隐形市场,培育、规范合法的土地市场,其结果是既维护了土地权属主体的合法权益,又促进了土地使用权的流动,充分体现了市场经济条件下土地资产的价值,而不是回到传统的土地流通体制,遏制土地资产特性。

2. 科学预测,拟订方案

科学预测是为了准确掌握未来可能发生的情况,以使所制定的政策能够有效地解决实践中的问题。政策问题确定后,就要拟订实现目标的方案。拟订方案需弄清 3 个方面的情况:首先,弄清同政策问题相关的环境和条件中,有哪些有利和不利的因素,未来环境和条件会发生什么变化;其次,弄清过去在国内外是否出现过类似的问题,采取过哪些方法,效果如何,有什么值得吸取的经验或借鉴的教训;最后,弄清今天的科学技术能提供哪些解决问题的新途径和办法等。在此基础上,按逻辑推理的方法进行预测,同时拟订政策方案。

3. 评估择优,选定方案

评估择优是按照政策目标提出的要求进行系统分析,全面评价。具体来说,就是建立各种方案的模型,并对其结果进行评估,在权衡利弊得失的基础上选取其一,或综合分析,以得到一个最优化的政策方案。尽管如此,政策最优化都是相对的,因为拟订的政策目标不可能完全量化,收集到的信息往往不全,政策目标的多元化且相互牵制,以及政策制定、执行人员及机构等的主观原因,都会影响政策的最优化。因此,针对政策选优问题,西蒙(美国学者,行政管理学家,1978 年获得诺贝尔奖)曾提出用“满意”的原则,代替亚当·斯密(Adam Smith)传下来的最优原则。在择优过程中,无论采取数学分析法,经验判断法或是经验法,都不是十全十美的,它们各有千秋,需要政策制定者灵活应用。

4. 实施反馈,修正完善

反馈就是控制系统把信息传送出去,又把其作用结果返送回来,并对信息的再传出发生影响,产生新的控制作用,并达到新的实施目的。政策制定后,还应根据方案的特点,制定出具体的实施措施,把政策的目标用指标、进度、责任等形式分别落实到执行单位。在贯彻执行过程中,对政策的可靠性和灵活度进行分析,发现故障及时修正、调整,以达到政策制定的预期目标,促进政策执行的合理化和科学化。

## 三、公共政策分析方法

公共政策分析是把科学的理论方法，应用于解决政策的选择和实施问题，这些政策包括国内、国际及国家安全事务等方面。政策分析的目的不是产生某种一锤定音的政策建议，是要帮助人们对现实可能性和期望值有逐渐一致的认识，产生一种新型的社会关系及政策效果。概括来说，公共政策分析是指政策分析人员和决策者运用理论知识和科学的方法，针对实践中的问题，分析政策要素、问题原因、解决路径及可能的政策预期等，提出政策方案和政策措施等。

公共政策分析的主要作用，一是通过深入细致的政策分析，发现问题的要害和症结所在。二是减少决策失误。在所有决策过程中，独立的、科学的政策分析，都能够帮助决策者做出更好的选择，来减少决策失误。三是改善公共部门在决策过程的低效状况。造成公共部门决策低效的原因是多方面的，有参与决策的决策者或者潜在的决策者人数多的原因；有各利益集团的目标难以统一的原因等。要消除或者改善造成公共政策部门在决策上的低效，深入、科学的政策分析是必然选择。四是增强决策的预期性和取向性。相对于决策者而言，独立的、科学的政策分析，有利于更多地考虑一些不确定的因素，有更强烈的以社会为中心的政策伦理取向。这一点无疑会促使公共部门在决策时进行更全面的衡量。

### （一）公共政策分析的基本要素

政策分析一般包括五个基本要素：政策目标、备选方案、政策效果、政策评价标准和政策模型。

1. 政策目标

确定解决问题的目标，是政策分析的中心任务，确定目标是政策分析的前提。围绕政策问题，设定目标的具体方法有两种：一是把总目标分解成更低层次的子目标；二是量化，给出目标必须实现的数量界限。

2. 备选方案

要实现某一政策目标，可以采用多种手段，它们统称为备选方案。拟定可供选择的各种备选方案，是政策分析的基础之一。

3. 政策效果

衡量政策效果的尺度经常用效益和有效性表示。效益有 3 个方面：经济效益、社会效益和生态效益。在投入—产出模型分析之下，政策效果基本上由两个因素所决定：一是执行的成本：也就是在政策执行中耗费的人力、物力、财力资源，同时还包括其他因为政策执行所导致的隐性消耗；二是执行的结果：也就是在政策执行后所带来的效益。它既包括已经产生而且可以计算的部分效益，又包括因为政策执行而将要带来的、可以测算的部分效益。

4. 政策评价标准

在政策分析过程中，要使决策者做出科学、有效的决策，就需要建立合适的政策评价标准。评价标准要遵循人类社会所追求的理性规则，包括：

（1）经济理性　是指政策是否对社会有效率，是否以最低的成本提供最大的效益，或者以最低的成本达到某一固定的效益；

（2）社会理性　是指判断政策的内容是否与社会上已有的规范与价值一致，要求政策在维持社会制度中做出贡献；

(3)技术理性　是指政策能否对社会产生效用，从而解决人类所面临的科学技术问题；

(4)法律理性　是指政策是否符合成文的宪法和法律，以探讨政策在社会上的合理性问题；

(5)本质理性　也就是政策是否含有前面谈到的四种理性中的两种或者两种以上的内容，以及能否解决各项理性之间的冲突问题。

政策评价往往是综合性评价，不能只用一个方面的标准来评价。

5. 政策模型

在进行政策分析时，要善于把复杂问题简化为易于处理的简单模式。政策模型由变量与关系组成。模型可分为图示及符号模型、物理模型、形象模型、运筹学模型、确定型模型、随机模型等。

### (二)公共政策分析的程序

根据政策分析的5个方面要素，政策分析的过程也相应地被分为5个阶段：①阐释目标：说明和限定问题，并且确定目标；②寻找方案：识别、设计、审查各种备选方案；③预测效果：研究并且预告未来环境，或者操作条件；④构造模型：构造并且使用模型来确定效果；⑤评估方案：比较并排列各种备选方案。

把政策分析过程进行5个阶段的划分，仅仅是为了便于研究起见。在实践中，这五个阶段往往是互相渗透，互相联系衔接的。

1. 阐释目标

目标是政策分析五大要素中最重要的因素，所以，阐释目标就是政策分析过程中最重要的一步。阐释目标的内容包括4点：①分析有关问题和争论点；②弄清这些争论的来龙去脉；③说明目标；④发现起作用的主要因素以及取得对它们之间关系的初步认识。

在阐释目标中，常常使用“要点文件”，它列出与目标有关的各种因素，并且初步分析这些因素之间的关系，提出实现目标应该做的各种准备工作。要点文件实际上是规范化与程序化的限定问题和阐释目标的方法。

要点文件应该包括的内容有10个方面：①背景：明确提出政策目标，提供作为政策目标问题的来源和背景。②理由：说明这个问题为什么会成为政策目标，以及为什么要为这项分析提供资金。③范围：说明这个问题涉及哪些人(目标群体)，他们的年龄、种族、收入、特殊需求以及地理位置等有关因素，都应该加以考虑。④受益人和损益人：进一步说明目标实现对哪些人有利，对哪些人不利。其中，谁受益、谁付钱是最核心的问题。⑤相关计划与活动：列出目前正在实施的、影响我们研究问题的计划与活动，并且分析这种影响。⑥目标讨论：请一些人参加对目标的讨论，特别要讨论有争议的目标。⑦备选方案：确认备选方案的全部范围，提供有关备选方案的信息，包括效用、成本等。⑧标准和效用：确定标准并且明确对备选方案的效用量，从中选取最有希望的方案。⑨分析框架：对方案做成本—收益比较，考虑有权采纳该方案的合适的决策层，把分析假设公之于众，注意政策的制约因素，特别是政治和法律的制约因素。⑩建议：提出应该略去的、不值得进一步分析的问题。

要点文件只是政策分析的准备。

2. 寻找方案

根据政策目标搜寻、设计出所有可能的备选方案，并且整理已有的方案。在此基础上，收集与方案有关的资料和数据，并且进行分析。

3. 预测效果

根据备选方案的内容和性质，以及方案实施的环境和条件，对方案的效果做出估计。

4. 构造模型

主要是构造一个或多个关于政策系统及其环境的模型；根据模型，对政策系统的操作进行分析，并且对政策系统的工作方式和工作性能做出估计。事实上，构造模型和预测效果是不可分割的、紧密相连的分析过程。

5. 评估方案

选择一定的（一个或多个）标准，把各种备选方案按照优先顺序排列起来，使决策者更容易做出选择。

### （三）公共政策分析的方法

1. 系统分析方法

公共政策分析中的系统分析，是一种根据公共政策客观具有的系统特征，着眼于整体与部分、整体与结构，以及系统与环境等的相互联系和相互作用，求得优化的整体目标的现代政策分析方法。

（1）系统分析的特征　作为一种决策工具，系统分析方法有四点特征：一是整体性。看作一个系统，确定系统的边界，对系统的组成部分进行分析，确定各子系统。二是有机关联性。系统与外部之间的相互作用，系统内部各子系统之间的相互作用。三是开放性。需考察外部环境对政策系统的影响，准确、全面地分析系统输入要素对政策系统的作用机理。四是有序性。系统分析是一个有章可循的过程，在公共政策过程这一大系统中，系统各要素之间的各子系统总是按照“输入—输出—反馈”这一逻辑形式进行物质、能量和信息的交换，保证政策系统得以正常运行。

（2）系统分析的内容　主要包括 3 个方面：一是政策系统的环境分析；二是政策系统的目标分析；三政策系统的结构分析。

2. 定性分析方法

定性分析方法对于把握事物发展的本质和规律，确定决策目标选择和评价行动方案等都具有重大作用。通常公共政策分析都要回答四类基本问题：一是事实分析即是什么？在什么时间和地点？是什么程度？事实的产生可能会改变问题所要达到的价值。二是价值分析即因为什么？为了谁？应优先考虑什么？价值是问题能否解决的主要经验标准。三是规范分析即应该是什么？应该怎么样？政策执行的结果是要达到所谋求的价值与利益。四是可行性分析即是否行得通？公众是否允许这样做？需要确定客观现实中的能力与可能。

（1）事实分析　事实，简单地说就是客观存在的现实。事实分析，要对社会的事物、事件、关系及其相互作用进行描述、观察、计数、度量与推理。事实分析中最重要的是尊重客观实际，排除一切主观干扰。同样一个客观事实，人们在观察上明显地表现出主体的价值观。呈现在人们面前的事实,是具有价值的事实。从政策分析的目的看,政府行为的选择,既依赖于政府目标,又会考虑到政府资源。事实分析需要在统一的目标下全面回答“是什么”“期望什么”“应该是什么”。

(2)价值分析　是研究考察人们的社会价值观念以及价值规范,并且确定价值准则的分析过程与方法。在政策研究中开展价值分析,对于发挥政策的导向功能和调控功能,对于正确评价政策效果,都是绝对不可少的。价值分析,不仅能帮助人们树立正确的价值观,端正制定政策的思想,有效地解决政策中的价值冲突,还有助于调节政策制定的全过程,使政策能被其对象所认同。价值分析力求回答“我们应该做什么”的问题。

(3)规范分析　规范,一般是指规则、标准或者尺度。社会规范是指人们为实现其理想,根据特定的观念制定的,供一个社会群体诸成员共同遵守的行为规则和标准,它限定人们在一定环境中应该如何行动。人们的行为是多种多样的,规范研究的形式也是多种多样的,如科学规范、道德规范、审美规范、宗教规范和法律规范等。很显然,这些规范形式和内容,均在政策的制定与实施中,从不同方面表现出来。

公共政策不仅要规范个体与群体的行为,而且要不断地解决人们行为中所产生的矛盾与冲突,达到对社会公共事务实行有效控制之目的。政策行为是政府最重要的一种政治活动,所以在社会活动中,政策的规范性有着更为特殊的意义。从政治的角度来看,政策规范所具有的社会教化作用是极其强大的。

(4)可行性分析　是对规范研究中所提出的方案进行考证,论述在客观现实的基础上是否具备了条件与能力。在政策分析中,可行性分析的重要方面包括:①经济上的可行性;②政治上的可行性;③行政上的可行性;④法律上的可行性;⑤技术上的可行性。可行性分析力求回答“我们能够做什么”的问题。

3.数学模型分析法

数学模型分析法是运筹学的重要内容。通过运用数学分析法对可以定量化的政策进行研究和分析,从而求得最佳方案。

数学模型分析法的主要内容是数量化、模型化和计算机化,中心是建立数学模型,把变量同目标以及变量之间的关系,用数学方程式表达出来,编成计算机的程序模型,以便进行计算,得出目标及各变量的关系数据,为制定政策提供依据。

各种政策采用什么数学模型,与政策问题的性质与特点有关,主要取决于3个因素:第一,问题本身包含的变量数目;第二,政策环境是否确定;第三,时间因素的影响。这3个方面因素不同,形成不同的政策决策类型,每一种类型的决策有相应的数学工具。单变量静态确定型决策,一般采用算术、基本代数、微分学中的古典极值原理;多变量静态决定型决策,一般采用线性规划、矩阵代数、非线性规划等模型;单变量静态概率型决策,采用概率论基本原理;单变量动态确定型决策,可采用微分方程;多变量静态概率型决策,可运用多元统计分析,多变量动态确定型决策,可采用动态规划和自动控制理论;单变量动态概率型决策,可采用存货理论、排队论和马尔科夫过程等;多变量动态概率型决策,可采用复杂的随机过程论。

## 第三节　我国土地管理政策体系

土地管理政策是指在土地管理过程中所制定并实施的一系列政策措施体系。具体地,是指土地管理组织为履行土地管理职能，贯彻执行土地制度和法律，以实现土地利用预期目标的一系列政策措施体系。

土地管理政策是一个庞大的系统，对土地管理政策系统地进行分析，明确这些政策类型间的相互关系，在理论和实践上均具有极其重要的意义。土地管理政策是土地管理过程中的指挥系统，贯穿于土地管理的各个方面、各个层次；土地管理政策类型关系到政府土地工作的成败与国民经济的发展，古今中外各国政府无一例外不是通过政策来指导社会协调发展的。政策正确，则社会发展协调；反之则发展受阻，甚至危及社会稳定。因此，有必要对土地管理政策类型进行系统的分类。

然而土地管理政策类型分类是一个复杂的问题，在具体的实践中，各国的学者根据不同的角度和具体的实际要求，对土地管理政策类型进行了分类，形成了一个比较完整的体系。我们在具体运用中，应该根据实际情况，选择合适的分类标准，做出正确的分类。

## 一、我国现阶段土地管理政策类型体系

在现行土地管理政策体系中，我们见到的分类有以下几种：

(1)按照土地管理政策主体在行政组织中所处的地位不同，可以分为国家的土地管理政策，如“十分珍惜和合理利用每寸土地，切实保护耕地”是我国的基本国策；地方土地管理政策，如各省(自治区、直辖市)所制定的各种土地政策；基层土地管理政策，如“山东省宁津县农村宅基地有偿使用办法”等。

(2)从土地管理业务机构设置角度，土地管理政策可以分为地籍管理政策、土地规划管理政策、建设用地管理政策、土地监察管理政策等。

(3)按经济再生产标准分类，土地政策可以分为土地市场政策、土地价格政策、土地金融政策、土地税收政策等。

(4)按照地域差异分为国外土地管理政策和国内土地管理政策；城市土地管理政策和农村土地管理政策；沿海地区土地管理政策和内地土地管理政策；经济发达地区土地管理政策和经济落后地区土地管理政策；开发区土地管理政策和一般地区土地管理政策等。

(5)按照土地所有制不同分为资本主义国家土地管理政策和社会主义国家土地管理政策。

(6)按历史发展过程分为古代土地管理政策、近代土地管理政策和现代土地管理政策。

(7)按土地产权类型分为土地所有权政策、土地使用权政策、土地收益权政策和土地处置权政策等。

(8)按土地利用类型分为耕地利用政策、园地利用政策、林地利用政策、牧草地利用政策、交通用地利用政策、工矿与居民点利用政策、水域用地政策、未利用地开发与利用政策。

(9)按土地利用的全过程标准分类，土地政策可以分为土地征收与征用政策、土地生态政策、基本农田保护政策、土地复垦政策等。

土地利用政策是在土地管理过程的基础上制定的一系列政策措施体系，我国目前土地管理实践的基本内容有地籍管理、土地权属管理、土地利用管理和土地市场管理等方面，是紧密联系在一起的完整的系统，我国土地管理政策类型也是一个完整的系统。

## 二、土地产权政策

土地产权实质上是以土地作为客体的各种权利的组合，是一束权利，它由土地所有权、土

地占有权、土地使用权、土地收益权、土地处分权等组成。按土地产权标准分类，分为土地所有权政策、土地使用权政策、土地收益权政策和土地处置权政策等。

### (一)土地所有权政策

土地所有权是土地所有制的核心，是土地所有者的法律表现形式。土地所有权是土地所有者拥有的、受到国家法律保护和限制的排他性的专有权利。土地所有权包括土地占有权、土地使用权、土地收益权和土地处分权等方面的内容。

根据具体的国情，我国土地所有权分国有土地所有权和农村集体土地所有权。国家土地管理局于1995年发布了《确定土地所有权和使用权的若干规定》，对国有土地所有权和农村集体土地所有权的确定做了详细叙述。

### (二)土地使用权政策

#### 1.土地有偿使用政策

为了推进土地使用制度改革，进行土地有偿使用，正确处理和协调各种关系，党和国家制定了一系列政策。主要有：①国家按土地数量和质量规定等级，按不同等级征收土地使用税。②运用经济手段控制非农业用地。国家要区别土地的不同用途和不同等级，征收不同数量的土地税和土地使用税。③凡用于对境外(外商、港澳台胞、海外华侨、外籍华人)出售、出租房屋(包括出售、出租整套建筑物的部分财产)的国有土地一律纳入政府有偿出让轨道。④凡改组或新建股份制企业时，涉及的土地使用权必须作价入股。

#### 2.城镇国有土地使用政策

(1)土地使用权出让政策　土地使用权出让，应当由市、县人民政府依法统一组织，有计划、有步骤地进行。出让计划由市、县人民政府自然资源管理部门制定。经同级人民政府审核，报(省、自治区、直辖市)人民政府批准执行。

(2)土地使用权转让政策　土地使用权转让就是原受让方对已经获得土地使用权的土地按规定投入一定资金进行开发后，通过有偿出售、交换和无偿赠与等方式，把土地使用权连同地上附着物转让给新的受让者。新的受让者则承袭原受让者与当地政府建立的土地使用权让受双方的经济关系及相应的权利义务。

(3)土地使用权出租政策　土地使用权出租，是指土地使用者作为出租人将土地使用权随同地上建筑物、其他附着物租赁给承租人使用，由承租人向出租人支付租金的行为。土地使用权出租的标的物具有复合性，即不仅包括土地使用权，还包括土地上的建筑物即其他附着物。土地使用权出租时将土地使用权有限期地租给别人使用，租期届满后可以收回该使用权。出租行为并没有使出租人完全丧失土地使用权。出租人作为受让人同国家订立的出让合同中的权利义务并没有转移给承租人，出租人同国家的权利义务关系不变，仍须履行出让合同规定的权利义务。

(4)土地使用权抵押政策　土地使用权抵押，是指土地使用者将其依法取得的土地使用权作为清偿债务的担保的法律行为。土地使用权抵押的标的物不仅包括土地使用权，还包括地上建筑物及其他附属物。抵押人抵押土地使用权及地上建筑物和其他附属物时，其使用范围内的土地使用权也随之抵押。

3.农村集体土地使用政策

(1)农用土地有偿使用政策　农村土地有偿使用主要包括农用地土地税、农业土地有偿承包、农用土地有偿转让。①农业土地有偿承包。集体土地所有者可以将本集体的土地按人或按人劳比例平均承包到户,长期经营。承包户除交纳集体提留外,还要交纳土地使用费,作为土地所有者的法定收入。②农用土地有偿转让。集体和农户在承包期内可以将土地使用权转让,集体经济组织作为土地所有者的代表,也可以将土地使用权直接转让。土地转让可以采取转包、出租、抵押、入股等多种形式。

(2)农村集体建设用地有偿使用政策　农村集体建设用地有偿使用主要包括宅基地有偿使用、乡镇企业有偿使用地。①农村宅基地有偿使用形式很多,概括起来有两大类:宅田挂钩法和直接收费法。②乡镇企业有偿使用地:凡占有集体所有土地的乡镇办企业、村办企业、联营企业和个体企业均按规定交纳土地使用税。

## 三、土地利用政策

### (一)土地征收政策

土地征收是国家为了社会公共利益的需要,依法将农民集体所有土地变为国有土地的行为。土地征收的过程,就是将待征土地的集体所有权转变为国有土地所有权的过程。

土地征收的特点是:它是一种政府权力,土地征收的主体是政府:土地征收具有强制性,被征单位(集体和个人)必须服从,不得阻挠土地征收:土地征收具有补偿性,土地征收必须给予合理的补偿或是公平的补偿。

### (二)土地生态政策

我国土地生态政策主要有:

(1)人与土地生态系统的协调发展政策　在人地关系中,人口总量是可变量,而土地总量是不变量,严格控制人口增长,减少人口总量,才能实现人类自身建设与自然建设的同步和统一,实现人地协调。

(2)环境保护政策　我国的环境保护政策可归为3大政策:①预防为主、防治结合、综合治理;②“谁污染,谁治理”,综合技术改造、防治工业污染;③强化环境管理。

(3)农业生产的合理布局政策　合理布局农业生产就是要根据区划成果,从各地自然资源优势出发,做到宜农则农、宜林则林、宜牧则牧,农林牧副渔全面发展,农工商全面经营,从而突破自然经济单一型的生产结构,发展我国具有优势的山水资源,向生产的深度和广度进军,提高农村经济水平,切实改善农业生态环境,形成良性循环的土地生态系统。

(4)发展生态农业的政策　生态农业系统是根据生态学和经济学的原理,应用现代科学技术方法所建立和发展起来的一种多层次、多结构、多功能的集约经营管理的综合农业生产体系,发展生态农业是治沙、治碱、控制水土流失的有效措施,是保护国土资源、实现土地生态系统的良性政策。

(5)生态环境教育政策　进行生态环境教育,提高人们的环境意识,是土地生态政策中十分重要的内容。生态环境保护,需要法制建设与道德教育同时并举、双管齐下。

### (三)耕地与永久基本农田保护政策

永久基本农田,是指按照一定时期人口和社会经济发展对农产品的需求,依据土地利用总体规划确定的不得占用的耕地。近年来,为了落实中央关于严格耕地保护及生态文明建设的要求,提出了永久基本农田划定、实施高标准农田建设规划、提升耕地质量行动、推进剥离耕作层土壤再利用,以及国家重点水利工程建设项目的征地补偿与耕地占补平衡政策调整等一系列任务。耕地保护政策重点包括:一是进一步完善耕地占补平衡制度,耕地占补平衡将更加注重空间均衡、生态效应,探索建设占用耕地补充责任的多元化实现途径,推进补充耕地的跨区域国家统筹。二是持续推进永久基本农田划定。三是防范农地"非农化""非粮化",进一步深化管控性保护、激励性保护、建设性保护相结合的耕地保护机制。四是进一步完善耕地保护目标责任考核机制。

### (四)土地利用规划计划政策

1.土地利用规划

土地利用规划也称土地规划,是指在土地利用过程中,为达到一定的目标,对各类用地的结构和布局进行调整或配置的长期计划,是根据土地开发利用的自然和社会经济条件,历史基础和现状特点,国民经济发展的需要等,对一定地区范围内的土地资源进行合理的组织利用和经营管理的一项综合性的技术经济措施。

土地利用规划体系是由不同类型、性质、等级、层次以及不同内容和时序的土地利用规划所组成,并形成相互联系的有机整体。我国的土地利用规划体系按等级层次分为土地利用总体规划、土地利用详细规划和土地利用专项规划。

自 2019 年以来,《中共中央国务院关于建立国土空间规划体系并监督实施的若干意见》(以下简称《若干意见》)等一系列"多规合一"的规范性文件和编制标准相继出台,国土空间规划编制工作逐步推进,对一定区域国土空间开发、保护、利用、修复在空间和时间上做出安排。新的规划体系在形式上较多继承了土地利用规划的做法,特别是坚持"能用、管用、好用"的原则,更是一直为土地利用规划工作所遵循。为适应国土空间治理现代化的需求,需对国土空间规划的改革方向、发展目标和时代使命有更深刻把握。新形势下,对科学理性规划精神的追求也更加重要。

2.土地利用计划

土地利用计划是根据土地利用总体规划和经济、社会发展的需要,对各类用地数量的具体安排,是指国家对计划年度内新增建设用地量、土地整治补充耕地量和耕地保有量的具体安排。土地利用年度计划是实施土地利用总体规划的主要措施,是当年农用地转用审批、建设项目立项审查和用地审批、土地整治和土地管理的依据。1999 年 2 月 24 日国土资源部第 4 次部务会议通过了《土地利用年度计划管理办法》,2004 年 10 月 29 日、2006 年 11 月 20 日和 2016 年 5 月 10 日分别进行了三次修订并发布实施。

现阶段,我国土地利用规划计划政策主要是在以往政策实施的基础上:一是进一步推进了土地利用总体规划完善调整;二是持续推进"多规合一"和城市开发边界划定;三是进一步强化土地利用计划管理。为实现建设用地总量控制和减量化管理,自 2016 年开始,将在目前开展的“多规合一”和城市开发边界划定工作基础上，逐步研究出台基于生态保护红线、永久基本农田红线、城市开发边界的国土空间治理和管控政策，进一步健全国土空间用途管制制度，在此基础上整合现有空间规划，构建新型的国土空间规划体系。

### (五)节约集约用地政策

节约集约利用土地，是指通过规模引导、布局优化、标准控制、市场配置、盘活利用等手段，达到节约土地、减量用地、提升用地强度、促进低效废弃地再利用、优化土地利用结构和布局、提高土地利用效率的各项行为与活动。

节约集约用地主要包括三层含义：一是节约用地，就是各项建设都要尽量节省用地，想方设法不占或少占耕地；二是集约用地，每宗建设用地必须提高投入产出的强度，提高土地利用的集约化程度；三是通过整合、置换和储备，合理安排土地投放的数量和节奏，改善建设用地结构、布局，挖掘用地潜力，提高土地配置和利用效率。

我国人多地少，耕地资源稀缺，当前又正处于工业化、城镇化和农业现代化快速发展时期，建设用地供需矛盾十分突出。切实保护耕地，大力促进节约集约用地，走出一条建设占地少、利用效率高的符合我国国情的土地利用新路子，是关系民族生存根基和国家长远利益的大计，是全面贯彻落实科学发展观的具体要求，是我国必须长期坚持的一条根本方针。

土地节约集约利用是生态文明建设的根本之策，是新型城镇化的战略选择。党中央、国务院高度重视土地节约、集约利用，针对我国经济发展进入新常态，处于经济增长换挡期、结构调整阵痛期、前期刺激政策消化期“三期叠加”的阶段特征，对大力推进节约集约用地提出了新要求。2008 年 1 月 3 日，国务院发布了《国务院关于促进节约集约用地的通知》(国发〔2008〕3 号)；2014 年 5 月 22 日，国土资源部发布了《节约集约利用土地规定》(国土资源部令第 61 号)；2014 年 9 月 12 日，国土资源部发布了《国土资源部关于推进土地节约集约利用的指导意见》(国土资发〔2014〕119 号)。

现阶段，我国节约集约用地政策在以往制度框架的基础上，逐步转向细化完善、强调政策支撑作用、注重业务全流程规范管理等。具体表现为：一是鼓励盘活利用存量土地；二是开展低效工业用地调查清理；三是规范节地评价考核制度体系。

配合国家宏观经济供给端结构性改革，未来土地供应的方向为补短板，重点保障创新驱动发展战略、大力推进大众创业万众创新，支持培育发展新产业、新业态发展用地；土地供应的重心将放在调控区域经济平衡、倒逼土地利用方式转型、引导土地利用结构优化、促进土地用途混合布局等方面；建设用地的结构优化、闲置用地处置、低效用地再开发将成为未来满足发展用地需求的主要途径。

### (六)土地复垦政策

土地复垦政策是指对在生产过程中，因挖损、塌陷、压占等原因造成的土地破坏，采取整治措施，使其恢复到可供利用状态的活动。对于中国这个土地资源相对比较贫乏的国家，加强土地复垦工作，对于有效缓解人地矛盾，改善被破坏区的生态环境，促进社会安定和谐，具有十分重要的作用。2011 年 2 月 22 日，国务院第 145 次常务会议审议通过了《土地复垦条例》。同年 3 月 5 日，国务院总理签署了中华人民共和国国务院令第 592 号，《土地复垦条例》正式颁布施行，标志着我国土地复垦进一步法制化、规范化。2012 年 12 月 11 日国土资源部第 4 次部务会议审议通过《土地复垦条例实施办法》，2012 年 12 月 27 日国土资源部令第 56 号公布。该《办法》分总则、生产建设活动损毁土地的复垦、历史遗留损毁土地和自然灾害损毁土地的复垦、土地复垦验收、土地复垦激励措施、土地复垦监督管理、法律责任、附则等 8 章 54 条，自 2013 年 3 月 1 日起施行。

我国的土地复垦政策主要有：①生产建设活动损毁的土地，实行“谁破坏，谁复垦”的原则，由生产建设单位或者个人负责复垦。但是，由于历史原因无法确定土地复垦义务人的生产建设活动损毁的土地，由县级以上人民政府负责组织复垦。自然灾害损毁的土地，由县级以上人民政府负责组织复垦。②有计划分步骤地进行土地复垦。③生产建设活动应当节约集约利用土地，不占或者少占耕地；对依法占用的土地应当采取有效措施，减少土地损毁面积，降低土地损毁程度。④土地复垦应当坚持科学规划、因地制宜、综合治理、经济可行、合理利用的原则。复垦的土地应当优先用于农业。⑤土地复垦资金渠道落实。⑥土地复垦违纪的处分。

### (七)不动产统一登记政策

2013 年 11 月 20 日召开的国务院第 31 次常务会议决定，整合不动产登记职责、建立不动产统一登记制度。由国土资源部负责指导监督全国土地、房屋、草原、林地、海域等不动产统一登记职责，基本做到登记机构、登记簿册、登记依据和信息平台“四统一”。相关具体政策参见第七章。

### (八)土地市场政策

土地市场是指土地及其地上建筑物和其他附着物作为商品进行交换的总和，是指土地产权交易关系的总和，也称为地产市场。土地市场的主体是土地的供给者、购买者和其他参与者；土地市场交换的客体是各种内涵不同的土地权利。在我国，土地市场中交易的是土地使用权而非所有权。土地市场中交易的土地使用权具有期限性。我国的土地市场包括一级土地市场和二级土地市场。

(1)一级土地市场　一级土地市场是指国家作为土地所有者直接参与经营的地产市场，主要是地产批租市场，即国家将一定年期的土地使用权让渡给土地使用者，也存在为满足使用者临时和短期的需要的租赁市场。

(2)二级土地市场　二级土地市场是土地使用权的转让市场，包括买卖、出租、抵押等多种形式。二级土地市场是平等主体之间的交换，公平竞争关系，是市场经济体制所要求建立的市场。

### (九)土地价格政策

土地价格政策是对土地价格评估和管理等所规定的行为准则和措施。具体包括土地价格评估政策、土地价格管理政策。

土地价格评估是土地估价人员根据土地的自然特性和社会经济属性，依据土地估价的原则、理论和方法，综合评定土地在某一权利状态下某一时点的价格，土地价格评估政策是关于土地价格评估人员、评估机构、评估技术方面等所做的规定。

土地价格管理政策是政府规范土地交易行为、调控地价变化、维护土地市场稳定、保护土地所有者和使用者合法权益的一系列价格管理措施。我国目前的地价管理政策主要有：

(1)土地价款按期支付，按规定程序取得土地使用权。

(2)政府对土地使用权的转移有优先购买权。

(3)政府对地价不合理上涨可采取必要的措施进行干预。

(4)政府可以行使土地使用权终止权。

(5)虚假、瞒报交易地价情况下的转让合同、土地使用权的转移无效。

(6)通过征收土地增值税，将社会发展造成的土地收益收归国家，同时可防止双方交易虚假、瞒报交易地价。

(7)交易双方申报土地交易价低于实际成交价时，土地抵押将不能充分发挥土地资产的作用。

### (十)土地税收政策

土地税收政策是指国家或社会为特定的目的，对土地税制、税种、税率及征收办法等法制规范的控制，从而调节不同类型、不同用途土地的供需矛盾及其收益分享。主要包括地税价、土地转让收益税、土地保有税。

【本章小结】

1. 土地政策可以理解为国家、政府、政党或单位为保护土地产权利益，实现土地资源优化配置而制定的计划或行动准则。土地政策与地政是不同层次的概念。地政可理解为各级政府对于辖区土地行政管理而推行各种行政手段的总称，包括地权行政、地籍行政、地用行政、地价行政等几类专业性的行政工作。由此可见，地政并非土地政策的简称，它是从政务角度来认识土地问题，其层次相对较高。土地政策与地政关系可简述为：土地政策为地政之依据，地政则是土地政策的实施。

2. 土地政策的特点包括：①政治性；②强制性；③历史性；④区域性；⑤相对稳定性；⑥针对性；⑦预测性；⑧及时性。土地政策应具有导向功能、协调功能、控制功能。

3. 在政策制定与分析过程中采用科学的公共政策分析方法是提高政策绩效、保障政策目标的基本要求。公共政策分析一般包括政策目标、备选方案、政策效果、政策标准和政策模型5个要素。具体方法包括系统分析、定性分析、数学模型分析等。

4. 土地政策体系复杂而庞大，我国现行的土地管理政策可以有多种分类方式，其中土地产权政策、土地利用政策构成了土地政策的主体。

【习题及思考题】

1. 简述政策的含义与特点。

2. 政策制定的原则、程序与方法有哪些？

3. 公共政策分析的方法有哪些？

4. 什么是土地政策？土地政策有哪些特点及功能？

5. 结合中国当前土地管理实际，思考制度、法律、政策之间的关系，并结合实践中的具体政策分析，为什么有的政策执行效果好，有的政策执行效果差。

【参考文献】

[1]郭渐强. 公共政策导论[M]. 北京:中国人民大学出版社,2020.
[2]宁骚. 公共政策学[M]. 3 版. 北京:高等教育出版社,2018.
[3]吴立明. 公共政策分析[M]. 厦门:厦门大学出版社,2018.
[4]杨宏山. 公共政策学[M]. 北京:中国人民大学出版社,2020.
[5]尤金·巴达克.政策分析八步法[M]. 3 版. 北京:中国人民大学出版社,2020.

# 第七章　土地权籍管理

土地权籍关系是反映土地关系的基础，相应地土地权籍管理也就是土地管理的重要基础工作。本章重点介绍土地权属与土地权利的概念及类型，介绍土地权籍管理（地籍管理）的概念、程序与内容；结合不动产统一登记制度，介绍不动产统一登记的内容、依据、一般程序和类型。

## 第一节　土地权属与土地权利

### 一、土地权属的概念

土地权属最直接的解释就是土地权利归属，即指土地所有权、土地使用权和土地他项权利的归属。土地所有权和使用权必须依法取得、依法确定和依法行使，依法取得的土地所有权和使用权受法律保护。

在实践中，一般土地权利、土地产权与土地权属往往通用。但是，严格来说，三者又有区别。土地权利就是具体权利形态，通常属于法律语言，如土地所有权、土地使用权。而产权的概念往往更泛、更复杂，属于经济学术语，其可以指某种权利形态，如某经济主体拥有的土地使用权属于产权范畴；而在经济学上，更多的是将产权作为一种经济机制，如产权经济学家德姆塞茨提出“产权是一种社会工具，其重要性在于他们能帮助一个人形成他与其他人进行交易时的合理预期。这些预期通过社会的法律、习俗和道德得以表达”“产权是界定人们如何受益及如何受损，因而谁必须向谁提供补偿以使他修正人们所采取的行动。”阿尔钦认为“产权是一个社会所强制实施的选择一种经济品的权利”。由此可见，产权是市场交易时交易主体应遵循的规则，在这个规则下，各个市场行为主体对自己的权利是清楚的。产权是人们在市场上交易有价物品的权利，且这种权利是社会通过一定方式（法律、习俗及道德）规定的，人们必须认可的权利。

### 二、土地权利体系

土地权利是土地法律制度的核心内容，是指权利人按照法律的规定直接支配土地并排除他人干涉的权利。权利人对土地的直接支配体现为土地权利的四项基本权能——占有、使用、收益、处分。土地权利由土地制度决定。不同的国家和地区，土地权利体系设置往往不同，不仅体现在土地权利种类上，而且表现在同一种类的土地权利，在其具体内容上表现也往往不同。我国实行土地公有制，土地所有权分为国有土地所有权、集体土地所有权。土地使用权分为国有土地使用权和集体土地使用权。土地他项权利包括地役权、土地租赁权、耕作权、典权、地上权、地下权和土地抵押权等。

### (一)土地所有权

1.土地所有权的含义

土地所有权是土地所有制的核心,是土地所有制的法律表现形式,是土地所有者在法律规定的范围内自由使用和处分其土地的权利。或者说,土地所有权是土地所有者所拥有的、受到国家法律保护和限制的排他性的专有权利。

我国《民法典》第二百四十条中明确规定"所有权人对自己的不动产或者动产,依法享有占有、使用、收益和处分的权利",即土地所有权包括土地占有权、土地使用权、土地收益权和土地处分权等。

(1)土地占有权　指对土地进行实际支配和控制的权利。土地占有权可以由土地所有人行使,也可以根据法律,以契约的形式依土地所有人的意志由他人行使。

(2)土地使用权　指土地使用者依法对土地进行实际利用和取得收益的权利。土地使用权和土地所有权既可结合,也可分离,即土地使用权既可由土地所有人自己行使,也可以从土地所有权中分离出来,由非所有人行使。

(3)土地收益权　指根据法律和契约取得土地所产生的经济利益的权利。尽管土地收益权是与土地使用权紧密相连的,但土地所有者在将土地使用权分离出去后,仍可以享有收益权。因此,土地收益权是一项独立的权能,是土地所有权的标志。土地所有者可以将土地的占有权、使用权,甚至部分处分权分离出去,而仅保留收益权。

(4)土地处分权　指土地所有人依法处置土地的权利,包括对土地的出租、出卖、赠送、抵押等,它决定了土地的最终归属。

以上4种权能,构成土地所有权的完整结构,它们可以相互结合,也可以相互分离,其中常见的是土地所有权和土地使用权的分离。土地所有权是通过国家制定法律、法令和其他规范性文件做出的规定来行使的。土地所有权是一项专有权,其所有权主体是特定的。土地所有权具有排他性。土地所有权有追及力。土地所有权是在法律规定范围内所享受的权利,其行使范围不是无限的,而是受赋予其权利的法律规定限制的。

2.国有土地所有权的主体、客体和权利内容及行使

我国国有土地所有权的唯一主体是国家,法律规定由国务院代表国家依法行使对国有土地的占有、使用、收益和处分的权利。

我国国有土地所有权的客体是一切属于国家所有的土地。《宪法》和《民法典》对土地所有权的客体有一致的规定,包括:①城市的土地属于国家所有;②法律规定属于国家所有的农村和城市郊区的土地属于国家所有;③森林、山岭、草原、荒地、滩涂等自然资源,属于国家所有,由法律规定属于集体所有的森林和山岭、草原、荒地、滩涂除外;④无居民海岛属于国家所有,国务院代表国家行使无居民海岛所有权;⑤依照法律规定国家征收的土地。

国家土地所有权的行使及其权利内容包括以下方面:①国有土地所有者代表依法将国家土地所有权的部分权能让与土地使用者;②国家对土地依法享有收益权,并保有最终处分权。

国家土地所有权的行使有以下特点:①国家土地所有权主体不能亲自行使所有权,而只能

由其授权的代表代为行使所有权，这一点明显区别于集体土地所有权，集体土地所有权主体完全可以亲自行使所有权的权能；②国家土地所有权主体不能亲自行使土地所有权的占有、使用权能，因此，国家土地所有权主体代表必定将土地所有权的部分权能让与符合法律规定的用地者；③国有土地所有者对土地保有最终的处分权，这是国家土地所有权的一个十分重要的特征。这种最终处分权的一个突出表现，就是国家可以依法收回已经划拨或者出让的国有土地使用权，并可以将收回的土地的使用权再次划拨或者出让；④国有土地所有者代表可依法通过出让（含作价出资或入股）、租赁和划拨等方式将国有土地使用权让与土地使用者；⑤国有土地所有者代表应遵守其与土地使用者订立的土地出让或租赁合同，履行合同义务；⑥国有土地所有者代表可依法收回国有土地使用权；⑦根据已有的法规和实践，国有土地所有者代表行使国家土地所有权的具体方式目前主要有三种，分别为：出让、出租和划拨。其中，出让、出租属于使用权的有偿让与，一般采取合同形式。划拨属于使用权的无偿授予，一般采用行政文件的形式。在前一种情况下，国有土地所有者代表与土地使用权人之间构成平等主体关系，故要求国有土地所有者代表注意信守合同；在后一种情况下，国有土地所有者代表与土地使用权人之间构成非平等主体关系，国有土地所有者代表可以按照正当行政程序随时收回土地使用权。

3. 农民集体土地所有权的主体、客体和内容

我国农民集体土地所有权的主体是农民集体经济组织。

◇《民法典》关于集体所有权的规定：

第二百六十条　集体所有的不动产和动产包括：

（一）法律规定属于集体所有的土地和森林、山岭、草原、荒地、滩涂；

（二）集体所有的建筑物、生产设施、农田水利设施；

（三）集体所有的教育、科学、文化、卫生、体育等设施；

（四）集体所有的其他不动产和动产。

第二百六十一条　农民集体所有的不动产和动产，属于本集体成员集体所有。

下列事项应当依照法定程序经本集体成员决定：

（一）土地承包方案以及将土地发包给本集体以外的组织或者个人承包；

（二）个别土地承包经营权人之间承包地的调整；

（三）土地补偿费等费用的使用、分配办法；

（四）集体出资的企业的所有权变动等事项；

（五）法律规定的其他事项。

第二百六十二条　对于集体所有的土地和森林、山岭、草原、荒地、滩涂等，依照下列规定行使所有权：

（一）属于村农民集体所有的，由村集体经济组织或者村民委员会依法代表集体行使所有权；

（二）分别属于村内两个以上农民集体所有的，由村内各该集体经济组织或者村民小组依法代表集体行使所有权；

（三）属于乡镇农民集体所有的，由乡镇集体经济组织代表集体行使所有权。

第二百六十三条　城镇集体所有的不动产和动产，依照法律、行政法规的规定由本集体享有占有、使用、收益和处分的权利。

第二百六十四条　农村集体经济组织或者村民委员会、村民小组应当依照法律、行政法规以及章程、村规民约向本集体成员公布集体财产的状况。集体成员有权查阅、复制相关资料。

第二百六十五条　集体所有的财产受法律保护，禁止任何组织或者个人侵占、哄抢、私分、破坏。农村集体经济组织、村民委员会或者其负责人做出的决定侵害集体成员合法权益的，受侵害的集体成员可以请求人民法院予以撤销。

农民集体土地所有权的客体。农村和城市郊区的土地，有下列情形之一且不属于《土地管理法实施条例》第二条规定范围的，确定为农民集体所有：①土地改革时分给农民并颁发了土地所有证，现在仍由村或乡农民集体经济组织或其成员使用的；②根据 1962 年《农村人民公社工作条例修正草案》的规定，已确定为集体所有的耕地、自留地、自留山、宅基地、山林、水面和草原等；③不具有上述情形，但农民集体连续使用其他农民集体所有的土地已满 20 年的，或者虽然未连续使用满 20 年但经县级以上人民政府根据具体情况确认其所有权的；④农村集体经济组织设立的企业或其他组织及成员持有集体建设用地使用权证的。土地所有权有争议，不能依法证明争议土地属于农民集体所有的一般归国家所有。

农民集体土地所有权的内容是指农民集体在行使土地所有权的过程中形成的权利和义务。集体土地所有权可以由所有者亲自行使，也可以由所有者代表代为行使。其权利内容包括：占有、使用、收益和处分四项权能。集体土地所有权具有不完全性，在收益和处分方面受一定限制。例如，在收益权方面，集体所有的土地不能直接用于房地产开发，若要用于房地产开发，必须先经国家征收程序转变为国有土地后再由国家出让给开发商。因此，集体土地所有权人在土地商业性开发方面的收益受到限制。又如，在处分权方面，集体土地所有者不得擅自改变土地用途，集体土地所有者向非农业性用地者提供土地使用权须经人民政府审批等，均使集体土地所有权中的处分权受到相当大的限制。

### (二)土地使用权

#### 1. 土地使用权的含义

土地使用权是指使用人根据法律、文件、合同的规定，在法律允许的范围内，对国家或集体所有的土地，享有占有、使用和收益及部分处分的权利。土地使用权可分为两类：①土地所有权人对自己拥有的土地所享有的使用权，称所有权能的使用权，又称所有人的使用权；②非土地所有权人对土地享有的权利，称与所有权相分离的使用权，又称非所有人的使用权。前者不是独立的权利，只是所有权的一项权能；后者则是一种独立的民事权利，是与所有权有关但独立于所有权的一种财产权利。通常所指的土地使用权是后一种权利。土地使用权分为国有土地使用权和农民集体所有土地使用权。

#### 2. 国有土地使用权的主体、客体和内容

我国国有土地使用权的主体，可以是任何依法取得国有土地使用权的单位和个人。我国国有土地使用权的客体，是国家依法提供给单位和个人使用的国有土地。国有土地使用权的内容，是指国有土地使用权主体在依法行使土地使用权的过程中形成的权利和义务。

◇《土地管理法》关于土地使用权的规定：

第五十四条　建设单位使用国有土地，应当以出让等有偿使用方式取得；但是，下列建设用地，经县级以上人民政府依法批准，可以以划拨方式取得：

（一）国家机关用地和军事用地；

（二）城市基础设施用地和公益事业用地；

（三）国家重点扶持的能源、交通、水利等基础设施用地；

（四）法律、行政法规规定的其他用地。

第五十五条　以出让等有偿使用方式取得国有土地使用权的建设单位，按照国务院规定的标准和办法，缴纳土地使用权出让金等土地有偿使用费和其他费用后，方可使用土地。自本法施行之日起，新增建设用地的土地有偿使用费，百分之三十上缴中央财政，百分之七十留给有关地方人民政府。具体使用管理办法由国务院财政部门会同有关部门制定，并报国务院批准。

第五十六条　建设单位使用国有土地的，应当按照土地使用权出让等有偿使用合同的约定或者土地使用权划拨批准文件的规定使用土地；确需改变该幅土地建设用途的，应当经有关人民政府自然资源主管部门同意，报原批准用地的人民政府批准。其中，在城市规划区内改变土地用途的，在报批前，应当先经有关城市规划行政主管部门同意。

第五十七条　建设项目施工和地质勘查需要临时使用国有土地或者农民集体所有的土地的，由县级以上人民政府自然资源主管部门批准。其中，在城市规划区内的临时用地，在报批前，应当先经有关城市规划行政主管部门同意。土地使用者应当根据土地权属，与有关自然资源主管部门或者农村集体经济组织、村民委员会签订临时使用土地合同，并按照合同的约定支付临时使用土地补偿费。临时使用土地的使用者应当按照临时使用土地合同约定的用途使用土地，并不得修建永久性建筑物。临时使用土地期限一般不超过二年。

第五十八条　有下列情形之一的，由有关人民政府自然资源主管部门报经原批准用地的人民政府或者有批准权的人民政府批准，可以收回国有土地使用权：

（一）为实施城市规划进行旧城区改建以及其他公共利益需要，确需使用土地的；

（二）土地出让等有偿使用合同约定的使用期限届满，土地使用者未申请续期或者申请续期未获批准的；

（三）因单位撤销、迁移等原因，停止使用原划拨的国有土地的；

（四）公路、铁路、机场、矿场等经核准报废的。依照前款第（一）项的规定收回国有土地使用权的，对土地使用权人应当给予适当的补偿。

3. 我国农民集体土地使用权的主体、客体和内容

集体土地使用权是指使用农民集体土地的使用者依照国家法律规定或合同规定，享有使用土地并取得收益的权利，负有保护和合理利用土地的义务。其可分为农用土地使用权、农村居民宅基地使用权和乡村企事业建设用地使用权。我国农民集体土地使用权的主体，是依法使用农民集体所有土地的单位和个人。如承包地使用权的主体是本集体组织的成员以及依法取得承包经营权的其他单位或个人；自留地、自留山的土地使用权的主体是本集体经济组织成员；农村宅基地使用权的主体是本集体经济组织的成员且符合立户条件的户主；农村集体建设用地使用权的主体是依法取得农村集体建设用地使用权的单位或个人。

我国农民集体土地使用权的客体，是上述使用权主体依法取得的承包地、自留地、自留山、宅基地和农村建设用地等。

我国农民集体土地使用权的内容，是指集体土地使用权主体在行使土地使用权的过程中依法所形成的权利和义务。

### (三)土地他项权利

1. 土地他项权利的含义

土地他项权利是指土地所有权或使用权以外的其他土地权利。土地他项权利的实质是对其所有权人和使用权人行使所有权和使用权的一种限制。

2. 我国土地他项权利的内容

我国目前土地他项权利有土地抵押权、租赁权、借用权、地役权、耕作权、地上权、地下权等。本节内容对土地抵押权和地役权做详细描述。

(1)土地抵押权含义、主体和客体　土地抵押权是土地使用权人在法律许可的范围内不移转土地占有而将土地使用权作为债权担保,在债务人不履行债务时,债权人有权对土地使用权依法进行处分,并以处分所得的价款优先受尝的担保性土地权利。

接受以土地作为抵押担保债务清偿的债权人称为土地抵押权人。土地抵押权的设定需要由债权人与债务人或第三人签订以债务人或第三人的土地为抵押物的抵押合同。抵押合同合法成立并经登记后,债权人取得抵押权人的法律地位。

抵押权人与债权人虽为同一人,但属于两种法律关系主体。抵押权人属于物权法意义上的权利主体,其享有的权利,从性质、内容到实现条件和方法,都不同于债权法意义上的权利主体即债权人。但是,不可忽视的是,抵押权与被担保的债权之间有着密切的联系。抵押权的目的是担保债务履行,保障债权实现。因此,抵押权对于所担保的债权有附属性,一旦被担保的债权因债务清偿或其他原因而消灭,抵押权也随之终止。

关于抵押权的客体,《民法典》有明确规定,如债务人或者第三人有权处分的下列财产可以抵押:①建筑物和其他土地附着物;②建设用地使用权;③海域使用权;④生产设备、原材料、半成品、产品;⑤正在建造的建筑物、船舶、航空器;⑥交通运输工具;⑦法律、行政法规未禁止抵押的其他财产。抵押人可以将前款所列财产一并抵押。以建筑物抵押的,该建筑物占用范围内的建设用地使用权一并抵押。以建设用地使用权抵押的,该土地上的建筑物一并抵押。抵押人未依据前款规定一并抵押的,未抵押的财产视为一并抵押。乡镇、村企业的建设用地使用权不得单独抵押。以乡镇、村企业的厂房等建筑物抵押的,其占用范围内的建设用地使用权一并抵押。下列财产不得抵押:①土地所有权;②宅基地、自留地、自留山等集体所有土地的使用权,但是法律规定可以抵押的除外;③学校、幼儿园、医疗机构等为公益目的成立的非营利法人的教育设施、医疗卫生设施和其他公益设施;④所有权、使用权不明或者有争议的财产;⑤依法被查封、扣押、监管的财产;⑥法律、行政法规规定不得抵押的其他财产。抵押权人在债务履行期限届满前,与抵押人约定债务人不履行到期债务时抵押财产归债权人所有的,只能依法就抵押财产优先受偿。抵押权不得与债权分离而单独转让或者作为其他债权的担保。债权转让的,担保该债权的抵押权一并转让,但是法律另有规定或者当事人另有约定的除外。土地抵押权因债务清偿而终止,也可因其他原因而终止。

(2)地役权含义、主体与客体　依传统的民法理论,地役权是指因使用自己土地的需要而使用他人土地的权利。自己的土地称为需役地,他人的土地为供役地。

根据《民法典》规定,地役权人有权按照合同的约定,利用他人的不动产,以提高自己的不动产的效益。设立地役权,当事人应当采取书面形式订立地役权合同,地役权自地役权合同生效时设立；当事人要求登记的，可以向登记机构申请地役权登记，未经登记，不得对抗善意第三人；供役地权利人应当按照合同约定，允许地役权利人利用其不动产，不得妨碍地役权人行驶权利；地役权的期限由当事人约定，但不得超过土地承包经营权、建设用地使用权等用益物权的剩余期限；地役权不得单独转让；地役权不得单独抵押；需役地以及需役地上的土地承包经营权、建设用地使用权等部分转让时，转让部分涉及地役权的，受让人同时享有地役权；供役地以及供役地上的土地承包经营权、建设用地使用权等部分转让时，转让部分涉及地役权的，地役权对受让人具有法律约束力；出现以下情况：①违反法律规定或者合同约定，滥用地役权；②有偿利用供役地，约定的付款期限届满后在合理期限内经两次催告未支付费用，供役地权利人有权解除地役权合同，地役权消灭。

## 三、土地确权与争议解决

### (一)土地确权

土地确权就是土地权属确定，是国家依法对土地所有权、土地使用权和他项权利进行确认、确定，即国家对每宗地的土地权属要经过土地申报、土地权属调查、审核批准、土地(不动产)登记发证等法律程序，进行土地权属的确认。关于土地确权工作，我国已形成较成熟的法律体系。

◇《宪法》关于土地确权的规定：

第九条　矿藏、水流、森林、山岭、草原、荒地、滩涂等自然资源，都属于国家所有，即全民所有；由法律规定属于集体所有的森林和山岭、草原、荒地、滩涂除外。国家保障自然资源的合理利用，保护珍贵的动物和植物。禁止任何组织或者个人用任何手段侵占或者破坏自然资源。

第十条　城市的土地属于国家所有。农村和城市郊区的土地，除由法律规定属于国家所有的以外，属于集体所有；宅基地和自留地、自留山，也属于集体所有。国家为了公共利益的需要，可以依照法律规定对土地实行征收或者征用并给予补偿。任何组织或者个人不得侵占、买卖或者以其他形式非法转让土地。土地的使用权可以依照法律的规定转让。一切使用土地的组织和个人必须合理地利用土地。

◇《土地管理法》关于土地确权的规定：

第九条　城市市区的土地属于国家所有。农村和城市郊区的土地，除由法律规定属于国家所有的以外，属于农民集体所有；宅基地和自留地、自留山，属于农民集体所有。

第十条　国有土地和农民集体所有的土地，可以依法确定给单位或者个人使用。使用土地的单位和个人，有保护、管理和合理利用土地的义务。

第十一条　农民集体所有的土地依法属于村农民集体所有的，由村集体经济组织或者村民委员会经营、管理；已经分别属于村内两个以上农村集体经济组织的农民集体所有的，由村内各该农村集体经济组织或者村民小组经营、管理；已经属于乡(镇)农民集体所有的，由乡(镇)农村集体经济组织经营、管理。

第十二条　土地的所有权和使用权的登记，依照有关不动产登记的法律、行政法规执行。依法登记的土地的所有权和使用权受法律保护，任何单位和个人不得侵犯。

第十三条　农民集体所有和国家所有依法由农民集体使用的耕地、林地、草地，以及其他依法用于农业的土地，采取农村集体经济组织内部的家庭承包方式承包，不宜采取家庭承包方式的荒山、荒沟、荒丘、荒滩等，可以采取招标、拍卖、公开协商等方式承包，从事种植业、林业、畜牧业、渔业生产。家庭承包的耕地的承包期为三十年，草地的承包期为三十年至五十年，林地的承包期为三十年至七十年；耕地承包期届满后再延长三十年，草地、林地承包期届满后依法相应延长。国家所有依法用于农业的土地可以由单位或者个人承包经营，从事种植业、林业、畜牧业、渔业生产。发包方和承包方应当依法订立承包合同，约定双方的权利和义务。承包经营土地的单位和个人，有保护和按照承包合同约定的用途合理利用土地的义务。

第十四条　土地所有权和使用权争议，由当事人协商解决；协商不成的，由人民政府处理。单位之间的争议，由县级以上人民政府处理；个人之间、个人与单位之间的争议，由乡级人民政府或者县级以上人民政府处理。当事人对有关人民政府的处理决定不服的，可以自接到处理决定通知之日起三十日内，向人民法院起诉。在土地所有权和使用权争议解决前，任何一方不得改变土地利用现状。

◇《民法典》关于土地确权的规定：

第二百四十六条　法律规定属于国家所有的财产，属于国家所有即全民所有。国有财产由国务院代表国家行使所有权。法律另有规定的，依照其规定。

第二百四十七条　矿藏、水流、海域属于国家所有。

第二百四十八条　无居民海岛属于国家所有，国务院代表国家行使无居民海岛所有权。

第二百四十九条　城市的土地，属于国家所有。法律规定属于国家所有的农村和城市郊区的土地，属于国家所有。

第二百五十条　森林、山岭、草原、荒地、滩涂等自然资源，属于国家所有，但是法律规定属于集体所有的除外。

第二百五十五条　国家机关对其直接支配的不动产和动产，享有占有、使用以及依照法律和国务院的有关规定处分的权利。

第三百二十三条　用益物权人对他人所有的不动产或者动产，依法享有占有、使用和收益的权利。

第三百二十四条　国家所有或者国家所有由集体使用以及法律规定属于集体所有的自然资源，组织、个人依法可以占有、使用和收益。

第三百二十六条　用益物权人行使权利，应当遵守法律有关保护和合理开发利用资源、保护生态环境的规定。所有权人不得干涉用益物权人行使权利。

第三百二十七条　因不动产或者动产被征收、征用致使用益物权消灭或者影响用益物权行使的，用益物权人有权依据本法第二百四十三条、第二百四十五条的规定获得相应补偿。

第三百二十八条　依法取得的海域使用权受法律保护。

第三百二十九条　依法取得的探矿权、采矿权、取水权和使用水域、滩涂从事养殖、捕捞的权利受法律保护。

第三百三十条　农村集体经济组织实行家庭承包经营为基础、统分结合的双层经营体制。农民集体所有和国家所有由农民集体使用的耕地、林地、草地以及其他用于农业的土地，依法实行土地承包经营制度。

第三百三十一条　土地承包经营权人依法对其承包经营的耕地、林地、草地等享有占有、使用和收益的权利，有权从事种植业、林业、畜牧业等农业生产。

第三百三十二条　耕地的承包期为三十年。草地的承包期为三十年至五十年。林地的承包期为三十年至七十年。前款规定的承包期限届满,由土地承包经营权人依照农村土地承包的法律规定继续承包。

第三百三十三条　土地承包经营权自土地承包经营权合同生效时设立。登记机构应当向土地承包经营权人发放土地承包经营权证、林权证等证书,并登记造册,确认土地承包经营权。

第三百三十四条　土地承包经营权人依照法律规定,有权将土地承包经营权互换、转让。未经依法批准,不得将承包地用于非农建设。

第三百三十五条　土地承包经营权互换、转让的,当事人可以向登记机构申请登记;未经登记,不得对抗善意第三人。

第三百三十六条　承包期内发包人不得调整承包地。因自然灾害严重毁损承包地等特殊情形,需要适当调整承包的耕地和草地的,应当依照农村土地承包的法律规定办理。

第三百三十七条　承包期内发包人不得收回承包地。法律另有规定的,依照其规定。

第三百三十八条　承包地被征收的,土地承包经营权人有权依据本法第二百四十三条的规定获得相应补偿。

第三百三十九条　土地承包经营权人可以自主决定依法采取出租、入股或者其他方式向他人流转土地经营权。

第三百四十条　土地经营权人有权在合同约定的期限内占有农村土地,自主开展农业生产经营并取得收益。

第三百四十一条　流转期限为五年以上的土地经营权,自流转合同生效时设立。当事人可以向登记机构申请土地经营权登记;未经登记,不得对抗善意第三人。

第三百四十二条　通过招标、拍卖、公开协商等方式承包农村土地,经依法登记取得权属证书的,可以依法采取出租、入股、抵押或者其他方式流转土地经营权。

第三百四十三条　国家所有的农用地实行承包经营的,参照适用本编的有关规定。

第三百四十四条　建设用地使用权人依法对国家所有的土地享有占有、使用和收益的权利,有权利用该土地建造建筑物、构筑物及其附属设施。

第三百四十五条　建设用地使用权可以在土地的地表、地上或者地下分别设立。

第三百四十六条　设立建设用地使用权,应当符合节约资源、保护生态环境的要求,遵守法律、行政法规关于土地用途的规定,不得损害已经设立的用益物权。

第三百四十七条　设立建设用地使用权,可以采取出让或者划拨等方式。工业、商业、旅游、娱乐和商品住宅等经营性用地以及同一土地有两个以上意向用地者的,应当采取招标、拍卖等公开竞价的方式出让。严格限制以划拨方式设立建设用地使用权。

第三百四十八条　通过招标、拍卖、协议等出让方式设立建设用地使用权的,当事人应当采用书面形式订立建设用地使用权出让合同。建设用地使用权出让合同一般包括下列条款:

(一)当事人的名称和住所;

(二)土地界址、面积等;

(三)建筑物、构筑物及其附属设施占用的空间;

(四)土地用途、规划条件;

(五)建设用地使用权期限;

(六)出让金等费用及其支付方式;

(七)解决争议的方法。

第三百四十九条　设立建设用地使用权的，应当向登记机构申请建设用地使用权登记。建设用地使用权自登记时设立。登记机构应当向建设用地使用权人发放权属证书。

第三百五十条　建设用地使用权人应当合理利用土地，不得改变土地用途；需要改变土地用途的，应当依法经有关行政主管部门批准。

第三百五十一条　建设用地使用权人应当依照法律规定以及合同约定支付出让金等费用。

第三百五十二条　建设用地使用权人建造的建筑物、构筑物及其附属设施的所有权属于建设用地使用权人，但是有相反证据证明的除外。

第三百五十三条　建设用地使用权人有权将建设用地使用权转让、互换、出资、赠与或者抵押，但是法律另有规定的除外。

第三百五十四条　建设用地使用权转让、互换、出资、赠与或者抵押的，当事人应当采用书面形式订立相应的合同。使用期限由当事人约定，但是不得超过建设用地使用权的剩余期限。

第三百五十五条　建设用地使用权转让、互换、出资或者赠与的，应当向登记机构申请变更登记。

第三百五十六条　建设用地使用权转让、互换、出资或者赠与的，附着于该土地上的建筑物、构筑物及其附属设施一并处分。

第三百五十七条　建筑物、构筑物及其附属设施转让、互换、出资或者赠与的，该建筑物、构筑物及其附属设施占用范围内的建设用地使用权一并处分。

第三百五十八条　建设用地使用权期限届满前，因公共利益需要提前收回该土地的，应当依据本法第二百四十三条的规定对该土地上的房屋以及其他不动产给予补偿，并退还相应的出让金。

第三百五十九条　住宅建设用地使用权期限届满的，自动续期。续期费用的缴纳或者减免，依照法律、行政法规的规定办理。非住宅建设用地使用权期限届满后的续期，依照法律规定办理。该土地上的房屋以及其他不动产的归属，有约定的，按照约定；没有约定或者约定不明确的，依照法律、行政法规的规定办理。

第三百六十条　建设用地使用权消灭的，出让人应当及时办理注销登记。登记机构应当收回权属证书。

第三百六十一条　集体所有的土地作为建设用地的，应当依照土地管理的法律规定办理。

第三百六十二条　宅基地使用权人依法对集体所有的土地享有占有和使用的权利，有权依法利用该土地建造住宅及其附属设施。

第三百六十三条　宅基地使用权的取得、行使和转让，适用土地管理的法律和国家有关规定。

第三百六十四条　宅基地因自然灾害等原因灭失的，宅基地使用权消灭。对失去宅基地的村民，应当依法重新分配宅基地。

第三百六十五条　已经登记的宅基地使用权转让或者消灭的，应当及时办理变更登记或者注销登记。

**(二)土地权属变更**

土地权属变更主要有以下几种情况：①土地所有权变更。主要是国家征收集体土地，除此还有国家与集体、集体与集体之间调换土地等;②土地使用权变更,主要形式有土地划拨,土地使用权出让、转让,因赠予、继承、买卖、交换、分割地上附着物而涉及土地使用权变更以及因机构调整、企业兼并等原因而引起土地使用权变更;③他项权利变更及主要用途变更等。

### (三)土地权属争议的调处

土地权属争议是指土地所有权或者使用权归属争议,它是特定范围内有关土地权利归属的民事纠纷。土地权属争议的内容涉及土地所有权、使用权和其他土地权利,包括土地所有权争议、使用权争议、地役权争议等。即在实践中,由于土地位置的固定性,相邻土地权属关系、某具体宗地的土地权利归属等,乃至土地权利界址关系,都容易产生争议,土地权属争议的调处,是土地权属管理的重要内容。

1. 土地权属争议的类型和范围

土地权属争议的主体范围比较广泛。归纳起来,主要包括以下几种:国有土地所有者与集体土地所有者之间;集体土地所有者之间,即村农民集体之间、村内两个以上经济组织之间,乡(镇)农民集体之间,及其相互之间发生的土地所有权争议;国有土地使用者之间;集体土地使用者之间;国有土地所有者与集体土地使用者之间。

当前涉及比较多的争议有:①中央单位与地方单位之间的土地权属争议;②军队与地方单位之间的土地权属争议;③涉及宗教团体的土地权属争议;④涉及铁路部门的土地权属争议;⑤涉及水利部门的土地权属争议;⑥涉及民航、石油、冶金等部门的土地权属争议;⑦宅基地使用权争议;⑧其他情况。

2. 土地权属争议的类型

土地权属争议的内容涉及土地所有权、使用权和其他土地权利,包括土地所有权争议、土地使用权争议和地役权争议等。

(1)土地所有权争议　土地所有权争议分为国家土地所有权和集体土地所有权之间的争议、农民集体之间的土地所有权争议,包括乡(镇)农民集体之间、村农民集体之间、村民小组农民集体之间的土地所有权争议。

(2)土地使用权争议　土地使用权争议分为国有土地使用权争议和集体土地使用权争议,国有土地使用权争议大多为单位与单位之间土地权属争议,集体土地使用权争议包括集体土地建设用地使用权争议和宅基地使用权争议等。

(3)其他土地权利争议　其他土地权利争议是因土地所有权和使用权之外的土地权利而发生的争议,在处理使用权争议时往往涉及这部分权利争议。

3. 土地权属争议调处及其特点

土地权属争议调处是指因土地所有权、使用权等权利归属发生争议的,依法进行调解和处理的行政行为。《土地管理法》第十四条规定:"土地所有权和使用权争议,由当事人协商解决;协商不成的,由人民政府处理。单位之间的争议,由县级以上人民政府处理;个人之间、个人与单位之间的争议,由乡级人民政府或者县级以上人民政府处理。当事人对有关人民政府的处理决定不服的,可以自接到处理决定通知之日起三十日内,向人民法院起诉。在土地所有权和使用权争议解决前,任何一方不得改变土地利用现状。"因此,土地权属争议调处具有以下特点:

(1)争议调处是一项政府行为。从法律性上看它属于行政裁决。根据法律规定，争议调处的主体为人民政府。

(2)范围特定。土地权属争议调处的仅包括土地所有权争议(国有与集体、集体之间)和使用权争议(集体、国有)，对于土地承包经营纠纷、土地行政边界纠纷和土地侵权等争议，通过其他途径解决。

(3)便民、高效、低廉。相对于程序复杂、时间漫长的司法诉讼来说，这一制度程序简单，处理快捷；调处不向当事人收取任何费用。

(4)是案件进行司法诉讼的前置程序。土地权属争议须先经人民政府调处，不服的可以向法院起诉；未经调处而直接向人民法院起诉的，人民法院不予受理。

(5)重视调解方式。调解是土地权属争议调处的必经程序，实践中，大部分争议案件是通过调解方式解决的。

(6)调处结果具有法定性和权威性。生效处理决定具有法律效力，非经法定程序不得改变；生效的处理决定，是不动产登记的直接依据。

4. 土地权属争议处理的原则

土地不动产具有基础性的特点，发生权属争议时，解决过程中除了遵循一般民事和行政案件中所贯彻的原则外，还要体现土地案件自身的特点。具体而言，应遵循以下原则：

(1)依法调处原则　依法原则是指在土地权属争议调处过程中，调处机构必须遵守宪法、法律、行政法规、地方性法规及自治条例、单行条例的有关规定。法律、法规、规章和有关政策文件有明确规定的，一定要依照有关条款进行调处。

(2)从实际出发，尊重历史的原则　土地权属争议产生的原因很多，但多数是因历史遗留下来的问题所引起的，这种情况在集体组织之间的土地权属关系中十分常见。引起这类争议的主要原因有：①历史上乡、村、社、队、场，因合并、分割、改变隶属关系等行政建制变化遗留的权属未定、权属不清；②因过去的土地开发、征地退耕、兴办或停办企事业、有组织移民形成的权属不清；③因过去无偿占用或“一平二调”造成的权属争议；④地界不明，包括过去无偿划拨荒山、荒地时未计算面积和划定地界，历史上无地界标志或地界标志不明，新划地界不清或不合理，兴修水利、平整土地、开荒、更改河道等造成地界变化等情形。这些争议的普遍特点，就是土地占有现状缺乏权属依据或者权属依据难以证明。处理这类纠纷，应当从历史出发，摸清争议土地的历史发展变化，查明引起变化的事实背景和当时的政策依据，确定争议产生的原因，以合理划定地界、确定权属。

(3)现有利益保护的原则　土地权属争议处理前，土地权利处于不确定状态，因此，在土地所有权和使用权争议解决之前，任何一方不得改变土地现状，不得破坏土地上的附着物，争议双方应本着保护现有利益的原则，不得有任何破坏土地资源、阻挠争议解决的行为。在涉及历史原因的集体土地争议中，如历史事实不清、相关证据或政策依据不明，应以土地实际占有的现状为根据确定土地的权属关系。在国有土地因重复征用或重复划拨引起的土地争议中，也应本着“后者优先”的原则，按土地利用现状确定权利归属。

(4)诉讼解决以行政处理为前置的原则　政府处理在土地权属纠纷解决方式中占有很重要的地位。土地权属争议调处是一项政策性和技术性较强的工作，政府土地行政主管部门基于对本行政区的土地状况比较了解，对发生的争议，能从实际出发，尊重历史，面对现实，以法律、法规和土地管理规章为依据，及时、公正地解决土地权属纠纷。因此，土地权属争议的解决，应先采用行政处理的方式，先由县级以上人民政府处理（自然资源行政主管部门具体承办），当事人对政府行政处理决定不服的，才可以向人民法院起诉。当事人直接向人民法院提起诉讼的，人民法院不予受理。

（5）调解在先、处理在后原则　自然资源主管部门作为调处机构在查清事实的基础上，首先要通过行政调解来解决纠纷，调解不成的，报本级人民政府下达处理决定。

5. 土地权属争议处理的方式

土地权属争议解决的方式主要包括：协商、政府处理和诉讼。

（1）协商　是当事人自行解决争议的最基本的方式。我国法律鼓励当事人通过平等协商、互谅互让解决纠纷。

（2）政府处理　当事人发生土地权属争议，经协商不能解决的，可以依法向县级以上人民政府或者乡级人民政府提出处理申请，也可以依照《土地权属争议调查处理办法》规定的管辖权限，向有关的自然资源行政主管部门提出调查处理申请。

（3）诉讼　对有关权属争议的行政处理决定不服的，当事人可以向人民法院起诉。诉讼时效为收到行政处理决定之日起三十日。但需要注意的是，土地权属争议的解决，应先采用行政处理的方式；当事人未经行政处理而直接向人民法院起诉的，人民法院不予受理。根据最高人民法院《关于贯彻执行〈中华人民共和国行政诉讼法〉若干问题的意见》第七条规定："公民、法人或者其他组织对人民政府或者其他主管部门有关土地、矿产、森林等资源所有权或者使用权归属的处理决定不服，依法向人民法院起诉的，人民法院应作为行政案件受理。"故诉讼的类型是行政诉讼，而不是民事诉讼。

## 第二节　土地权籍管理

### 一、土地权籍管理的概念

土地权籍就是调查、登记土地权利所形成的簿册。土地权籍管理是国家为有效地管理和利用土地，保护土地所有者和使用者的合法权益及维持正常的土地市场秩序而进行的土地确权、土地权属调查、地籍测量、土地登记、土地统计和土地权籍信息管理等一系列土地管理工作的总称。

在我国，土地权籍管理的主要任务是为维护土地的社会主义公有制，保护土地所有者和土地使用者的合法权益，促进土地合理开发、利用，为编制国民经济计划、编制土地规划，制定有关土地政策、法律等，提供权籍资料和基础信息。

土地权籍管理，在实践中一直表现为地籍与地籍管理。

#### （一）地籍

（1）地籍概念　地籍是国家为一定目的，记载土地的权属、界址、数量、质量（等级）和用途（地类）等基本状况的图簿册。

（2）地籍的特性　它具有空间性、法律性、精确性和连续性等特点。①地籍的空间性。土地的数量、质量都具有空间分布的特点。地籍的内容不仅记载在簿册上，同时还要标绘在图纸上,并力求做到图与簿册的一致性。②地籍的法律性。地籍图上的界址点、界址线位置和地籍簿上的权属记载及其面积的登记等都应有法律依据,甚至有关法律凭证还是地籍的必要组成部分。③地籍的精准性。地籍的原始和变更资料一般要通过实地调查取得,同时还要运用先进的测绘和计算方面的科学技术手段,才能保证地籍数据的准确性。④地籍资料的连续性。地籍不是静态的,必须经常更新,保持资料的记载和数据统计的连续性,确保地籍的现势性。

(3)地籍的类别　按地籍的发展阶段,划分为税收地籍、产权地籍和多用途地籍;按地籍的特点和任务,分初始地籍和日常地籍;按行政管理的层次,分为国家地籍和基层地籍;按地域和城乡土地的不同特点,划分为城镇地籍和农村地籍。

(4)地籍的功能与作用　①地籍是土地管理的基础。地籍提供的有关土地的空间位置、数量、质量和法律状况的基本资料,是调整土地关系、合理组织土地利用的基本依据。地籍资料的完整、准确及其现势程度是科学管好用好土地的基本条件。②地籍是权益保障的基础。地籍的核心是土地权属,是记载土地权属界址线、界址拐点位置,以及土地权属来源及其变更的基本依据等的图册。因此,地籍是调处土地争议、复原界址、确认土地产权最具法律效力的依据;地籍是建立和完善土地市场、保护土地产权人合法权益最具有公信力的基础资料。③地籍是国民经济发展的保障。地籍可以提供土地资源的自然状况、社会经济状况以及土地的数量、质量及其分布状况等基本信息。掌握和科学地运用这些资料,不仅可以指导生产和建设,而且可以进行科学的效益评价和预测分析,为政府决策提供支持。因此,完整准确的地籍信息资料,是国家编制国民经济计划、制定相关政策及各项规划的基本依据,是组织行业生产和进行各项建设的基础。④地籍为国家税收提供基础资料。来自土地的税收是国家财政收入的重要组成部分,土地历来是课税的对象,土地登记簿册可以提供土地所有者、使用者的准确信息、提供准确的土地数量、质量、等级等信息,这些基础资料为开征城镇国有土地使用税、土地增值税、耕地占用税等起到指导和监督的作用,防止逃避土地税费。

### (二)地籍管理

(1)地籍管理概念　地籍管理是指国家为建立为社会服务的地籍,以及研究土地的权属状况、自然状况和经济状况而实行的一系列工作措施体系。土地的自然状况主要指土地的坐落、四至、形状、大小、地貌、坡度、土壤、植被等;土地的权属状况主要包括权属性质、权属来源、权利状况、界址点线等;土地的经济状况主要指土地等级、宗地地价、土地用途等。地籍工作是通过实施各种地籍制度展开的。古今中外虽未有地籍管理的相同提法,但有类似的称谓。有的国家称之为地籍工作、地籍业务;有的指地籍的某项工作,如地籍调查工作、地籍测量、土地登记工作、土地统计工作等。地籍管理是国家为获得地籍资料而采取的一项综合性的国家措施,在不同国家、不同历史时期,它所承担的历史使命是存在差异的。

(2)地籍管理的基本原则　①统一管理的原则。国家必须对地籍管理的各项工作做出规范的政策规定,在技术上制定出统一的规范。政策、体制上要统一,工作内容上要统一,技术规范上要统一,指标含义、统计范围也要统一,甚至在表格形式、操作方法、合格标准等方面也需保持一定程度的统一。②保证地籍管理的连贯、系统、完整。地籍的调查,土地的登记、统计、分等定级不是一劳永逸的。要使地籍管理工作有较高的质量和效果,必须按其规律持续地、连贯地、系统地进行下去,不断提高地籍管理水平,不断充实更新地籍资料,将地籍资料覆盖土地全域，不重不漏，确保资料的完整性。③地籍资料的可靠、衔接、精确。地籍资料的可靠性、衔接性和准确性直接影响政策制定和管理决策，地籍资料的准确性、衔接性和可靠性更关系到权利人的利益是否受损，进而关系到社会经济稳定，甚至关系到政府管理的权威性。④地籍成果简便实用。地籍成果资料应为一般老百姓所能看懂，以便于地籍成果在行业中的应用。

(3)地籍管理的手段 ①行政手段。是指依靠行政机构的权威，发布规定、条例、规程等，按照行政系统和层次进行管理活动所采取的方法。例如，颁发《土地利用现状调查规程》《城(镇)村庄地籍调查规程》《土地登记办法》《土地统计报表制度》等。上级对下级的指挥和控制，是由于行政手段的特点及其地位所决定的。②经济手段。经济手段是根据客观经济规律，运用各种经济措施，调节各种不同经济利益之间的关系，以获得最佳的经济效益和社会效益。常用的经济手段有价格、税收、罚款等。③法律手段。法律手段的实质是通过上层建筑的反作用来影响和改变经济基础。国家不仅要强化行政、技术等手段，而且必须重视地籍管理方面的立法。地籍管理还要依靠一定的法律程序，形成必要的法律文件，作为地籍管理的法律依据。④技术手段。地籍管理中的地籍测量、地籍调查、面积测算、绘制地籍图和宗地图、土地利用动态监测以及建立地籍信息系统等，都离不开测绘、遥感和GIS等技术手段。主要有测绘手段、图册手段、计算机手段等。

## 二、土地权籍管理的内容

土地权籍管理工作发展到现阶段，其基本的内容包括：①土地权属调查；②地籍测量；③土地(不动产)产权登记；④土地统计；⑤地籍信息管理。土地权属调查和土地产权登记是土地权籍管理研究体系的主体内容与核心。

### (一)土地权属调查

#### 1. 土地权属调查的概念

土地权属调查包括初始土地权属调查和变更土地权属调查。通过对宗地权属及其权利所及的界限的调查，现场查实、查清相邻权属单位的确切界线，在现场标定宗地界址位置，绘制宗地草图，调查土地用途，填写地籍调查表，为地籍测量提供工作草图和依据。土地权属调查主要是遵循规定的法律程序，根据有关政策，利用调查手段，澄清和明确界址点和权属界线的行政性工作。

#### 2. 土地权属调查的任务

土地权属调查是指以宗地为单位，对土地的权利、位置等属性的调查和确认(土地登记前具有法律意义的初步确认)。土地权属调查可分为土地所有权调查和土地使用权调查。在我国，初始土地所有权调查与土地利用现状调查一起进行，同时也调查城镇以外的国有土地使用权，如铁路、公路、独立工矿企事业、军队、水利、风景区的用地和国有农场、林场、苗圃的用地等。土地权属调查是土地权籍调查的重要环节，是地籍测量的前提和基础。

#### 3. 初始土地权属调查的内容

(1)查清一宗地的权属状况。包括宗地权属性质、权属来源、取得土地时间和土地使用期限、土地使用者或所有者名称等。

(2)查清一宗地的位置、界线、四至关系以及地理名称等。

(3)查清各级行政界线和宗地界址线。行政界线包括乡(镇)界线、区界线以及相关的地理名称等。

(4)查清一宗地的土地使用状况。土地使用状况指土地的类别(用途)、共用情况等。土地的类别按全国统一的土地分类标准划分。共用情况是指当一宗地由几个权属主体共同使用,而权属单位间土地利用实际界线无法划清或者部分能划清,而部分不能划清的宗地。

4.初始土地权属调查的基本程序

(1)拟订调查计划　明确调查任务、范围、方法、时间、步骤、人员组织以及经费预算。然后组织专业队伍,进行技术培训。

(2)调查物质准备　印刷统一制定的调查表格和簿册,准备仪器与绘图的各种工具以及生活交通工具和劳保用品等。

(3)调查底图的选择与制作　根据需要和已有的图件,选择调查底图。一般要求使用近期测绘的地形图、航片、正射相片等。对土地所有权调查,调查底图的比例尺为 1∶(5 000～50 000);对土地使用权调查,调查底图的比例尺在 1∶(500～2 000)。

(4)调查工作区的划分　在确定了调查范围之后,还要在调查底图上,依据行政区划或自然界线划分成若干街道和街坊,作为调查工作区。

(5)发放调查通知书　实地调查前,要向土地所有者或使用者发出通知书,同时对其四邻发出指界通知。

(6)土地权属资料的收集、分析和处理　在进行实地调查以前,调查员应到各土地权属单位收集土地权属资料,并对这些资料进行分析处理,确定实地调查的技术方案。

(7)实地调查　根据资料收集、分析和处理的情况,逐个宗地进行实地调查,现场确定土地权属界线,明确土地权属性质,填写地籍调查表、勘丈和绘制宗地草图,设置界标,为地籍测量做好准备。

(8)资料整理　在资料收集、分析、处理和实地调查的基础上,编制宗地号,建立宗地档案,准备地籍测量所需的资料。

5.变更土地权属调查

变更土地权属调查是指调查人员接收经土地登记人员初审的初始、设定或变更土地登记申请文件后,对宗地权属状况及界址进行的调查。变更权属调查的基本单元也是宗地。

变更权属调查的基本步骤为查阅土地登记申请文件、发送变更地籍调查通知书、宗地权属状况调查、界址变更调查及界址标志的设定、填写变更地籍调查表、勘丈或修改宗地草图、填写变更权属调查记事及调查员意见、权属调查文件资料的移交。

变更土地权属调查是在某一宗地土地使用者提出变更土地登记申请后。调查人员在短时间内及时进行的调查,变更土地权属调查是自然资源管理部门日常性的调查工作。因此,变更权属调查的特点是针对性及政策性强、调查范围小且发生频繁、任务急。

随着土地权籍管理制度的改革,“自我举证”制度将普遍采用。现行的土地登记制度规定,土地登记机关负责组织地籍调查,通知权利相关人到现场指界确认。土地登记自我举证是土地权利人在土地登记申请时自我提交登记资料和宗地调查成果的一项制度,它是旨在转变土地登记机关职能,建立土地登记中介代理社会体系和土地登记资料使用、更新、管理机制的一项重大举措。新土地登记制度实施后,土地登记机关将逐步减少调查环节,主要负责土地申请的收件、审核、公告、批准、注册、发证等工作；土地权利申请人可委托具有相关资质的中介单位(土地登记代理机构)进行调查，出具相关资料，然后提交给土地管理部门核准。

### (二)地籍测量

地籍测量是测定和调查每宗土地及其附属物的权属、位置、利用状况、面积大小、价值等基本状况的一项专业测量，主要是为地籍管理服务的。地籍测量信息处理的主要工作是通过野外采集的平面图数据及权属调查草图等信息，绘制出标准地籍分幅图、宗地图，并生成相应的各宗地的面积量算表，按地籍街坊为单位汇总出界址点成果表和面积统计表、各级土地分类统计表等，为政府提供精确的统计数字。为土地管理、规划提供科学依据。

随着计算机信息管理技术飞速发展。传统的各类地籍图表成果已不能满足数字信息时代的需求，先进的测绘系统依据地籍测绘规范，由计算机自动绘制出地籍图、宗地图和各类报表，既保持了传统的管理方式对各类图表的需求，又面向对象建立了信息系统，提供资源丰富的地籍管理数据库。

地籍测量同普通地形测量一样，遵循"先控制，后细部"的原则，其作业程序为：

(1)地籍控制测量　与传统的控制测量方法相同，需要注意的是，精度上要满足测定界址点坐标的要求，选点上要考虑日常地籍管理的需求。

(2)不动产权属调查　对宗地权属及其界线进行调查，并现场指界，确定界址位置，绘制宗地草图，调查土地用途，填写地籍调查表，以便地籍测量顺利进行。

(3)地籍细部测量(也称户地测量)　与传统的数字化细部测量基本相同，只是需要测定的地物要素有所不同，首先是取舍一部分与权属无关的地物和地貌要素，然后添加必需的权属要素，如界址线、界址点、宗地号注计等。其中界址点精度要求较高，点位中误差要求在±(5～15)cm 范围内。

(4)内业资料整理　外业调查及测量完毕后，则需进行内业处理，内业工作有：①标准地籍分幅图生成；②宗地图生成；③面积计算与汇总；④表格生成；⑤各种资料归档建库。

地籍测量完成后应提交成果有：技术设计书，控制测量成果，地籍调查表、簿、册，界址点及坐标册，面积计算表，地籍图及测图资料，分幅结合图表，分幅图及街坊编号图等。

地籍图的比例尺可根据不同情况分别采用 1∶500、1∶1 000 或 1∶2 000 三种基本比例尺。城镇宜采用 1∶500 或 1∶1 000，独立工矿区和村庄可采用 1∶1 000 或 1∶2 000。地籍图的内容主要是地籍要素和地物要素两部分。地籍要素包括行政界、土地权属界和地类界等；地物要素包括街道和道路、水系、建筑物和构筑物、植被和地貌等。

宗地图是土地证书和宗地档案的附图，应详尽准确地反映本宗地的地籍要素及宗地周围的权属单位和四至。其比例尺可根据宗地面积和所需幅面大小而定，一般采用 32 开、16 开、8 开图纸绘制。宗地图的主要内容包括本宗地号、地类号、宗地面积、界址点、界址点号、界址边长、宗地使用者名称；相邻宗地的宗地号、使用者名称或相邻地物；必需的建筑物和构筑物等。宗地图的绘制方法有蒙绘法、缩放绘制法、复制法和计算机绘制法等。

### (三)土地(不动产)登记

土地(不动产)登记是指将法律认可的土地(不动产)权属状况登载于专用的簿册上，实质上是国家用以确认土地所有权、土地使用权及他项土地权利的一项法律措施。由法律确认的土地权利是合法的权利，受到法律的保护，可以免受侵犯。土地(不动产)登记现由不动产登记机关和人员所从事，存在着不动产首次登记、变更登记、转移登记、注销登记、更正登记、异议登记、预告登记、查封登记等类型。完整的土地(不动产)登记规范着土地(不动产)权利取得、流转、变更、灭失等行为，并对这些行为实施有效的管理。土地(不动产)登记是土地权籍管理最基本的工作内容，也是地籍管理中出现最早的一项工作(详见本章第三节)。

### (四)土地统计

土地统计是土地权籍管理的一项基本内容，也是整个土地管理的重要基础工作。土地统计是利用数字、表格、图件及文字记录，对土地的数量、质量、分布、权属、利用状况以及这些情况的动态变化，进行统计调查、汇总、统计分析和提供土地统计资料的工作制度。土地统计包括土地统计资料、土地统计工作和土地统计科学等三层含义。土地统计在土地管理中的作用主要有以下几个方面：①是认识土地经济发展规律的重要手段；②是参与宏观调控的重要依据；③是实行土地管理的重要工具；④是监督国家各项土地政策执行情况的重要途径。土地统计是社会经济统计的重要组成部分，与其他社会经济统计一样具有数量性、工具性和整体性的特点。与其他统计相比，土地统计有着极强的专业特点：统计对象——土地在数额上总量是恒定的；统计图件是统计结果的反映形式，而且是统计的基础依据；土地统计中地类的增减均以界线的推移实现。土地统计的对象是全国及各省、市、县以及各企事业单位各自管辖范围内的全部土地。土地统计的对象决定了土地统计工作以数字、图、表为主要形式。从土地统计的对象及其范围而言，土地统计的内容包括土地的数量、质量、分布、权属和利用状况；从土地统计工作的全过程看，土地统计的内容包括土地统计设计、土地统计调查、土地统计整理和土地统计分析等。因此，土地统计的基本内容主要包括土地面积、质量、分布、权属和利用状况。根据统计的时间和任务不同，分为初始土地统计和年度土地统计；根据国家土地统计报表的报告程序规定，土地统计分为基层土地统计和国家土地统计。土地统计的程序分为土地统计设计阶段、土地调查阶段、土地统计整理阶段和土地统计分析阶段。通过土地统计，澄清和更新人们对土地资源、土地资产和土地利用状况的认识，揭示土地分配、利用的变化规律，为制定土地管理政策提供科学依据。

### (五)地籍信息管理

地籍信息管理现阶段还是以地籍档案管理为主，但现代化的地籍信息管理向建立地籍信息系统方向发展。地籍档案是土地档案的核心，它来源于地籍管理活动全过程，并为地籍管理活动提供依据。由于地籍档案具有动态性、兼容性、数量巨大、形式多样、保存分散、相对成套、形成周期长等特点，对地籍档案的管理必须有一套系统的、科学的方法。所谓地籍档案管理是指以地籍档案为对象所实施的一系列管理活动，包括地籍档案的收集、整理、鉴定、保管、统计和利用等工作。地籍档案管理的基本任务是按照集中统一管理档案的原则和要求，科学地管好地籍档案，为本部门和国家有关业务部门提供服务。地籍档案管理是地籍管理的终端，也是地籍为社会提供服务的桥梁。

建设地籍信息系统是实现自然资源信息化的基础，是国民经济和社会发展的必然要求。因此，应以土地登记体系建设和地籍信息系统建设为重点，开展全国地籍图件和数据库建设和建立不动产统一登记平台建设。地籍信息系统主要包括地籍调查子系统、土地登记子系统和土地统计子系统等部分，实现数据采集、图形处理、制图、属性数据管理、空间查询、空间分析等功能。

## 第三节　不动产统一登记

根据《民法典》规定，“国家对不动产实行统一登记制度。统一登记的范围、登记机构和登记办法，由法律、行政法规规定”。中国共产党第十八届中央委员会第三次全体会议《关于全面深化改革若干重大问题的决定》明确提出：“完善产权保护制度，产权是所有制的核心，健全归属清晰、权责明确、保护严格、流转顺畅的现代产权制度。”“对水流、森林、山岭、草原、荒地、滩涂等自然生态空间进行统一确权登记，形成归属清晰、权责明确、监管有效的自然资源资产产权制度。”由此全面推动了我国不动产统一登记制度的建立。

### 一、不动产统一登记概述

#### (一)不动产登记的相关概念

(1)土地登记　土地权属登记简称土地登记，是指根据权利人的申请，由指定的专门机构对其申请进行审核，对符合条件的土地权利进行登记，并给权属人颁发确权凭证的过程。

(2)不动产登记　是指不动产登记机构依法将不动产权利归属和其他法定事项记载于不动产登记簿的行为。根据《不动产登记暂行条例》，不动产是指土地、海域以及房屋、林木等定着物。

(3)自然资源登记　是指依照法律法规的规定，对水流、森林、山岭、草原、荒地、滩涂以及探明储量的矿产资源等自然资源的所有权统一进行确权登记。这是组建自然资源部以后，全面实施自然资源统一登记的新要求。

#### (二)不动产登记制度的建立与形成

长期以来，我国各类不动产登记职责分散在不同的部门。随着社会主义市场经济体制逐步完善，人民群众财产权意识不断提高，对产权保障和交易安全的要求日益提升，分部门对不动产进行分散登记的弊端日益显现。分部门登记导致不动产权利相互交叉、重叠，不利于权利人保护自己的合法权益，不利于不动产交易安全，影响市场决定性作用的充分发挥和有效运行。同时，由于登记机构设置重复，登记部门多，人为地增加了公民和社会组织负担，影响政府行政效率和公信力。不动产统一登记工作势在必行。

2007 年颁布实施并于 2021 年 1 月 1 日废止的《物权法》中明确要求建立不动产统一登记制度。2013 年 11 月 20 日召开的国务院常务会议决定，整合不动产登记职责、建立不动产统一登记制度。2014 年 12 月 22 日，国务院通过中国政府网正式公布《不动产登记暂行条例》(以下简称《条例》)(国务院令第 656 号)，标志着不动产统一登记制度的正式建立。2016 年 4 月 26 日，国土资源部发布《国土资源部关于印发〈不动产权证书和登记证明监制办法〉的通知》(国土资规〔2016〕5 号)。2016 年 1 月 1 日实施《不动产登记暂行条例实施细则》。2016 年 5 月 30 日，国土资源部发布《国土资源部关于印发〈不动产登记操作规范(试行)〉的通知》(国土资规〔2016〕6号)。2016年7月27日,财政部发布《财政部国家发展改革委关于不动产登记收费有关政策问题的通知》(财税〔2016〕79号)。2016年12月12日,国家发展改革委发布《国家发展改革委 财政部关于不动产登记收费标准等有关问题的通知》(发改价格规〔2016〕2559号)。2017年8月8日,国土资源部办公厅发布《国土资源部办公厅关于加强不动产登记工作人员管理的通知》(国土资厅发〔2017〕32号)。2017年9月20日,国土资源部发布《国土资源部住房城乡建设部关于房屋交易与不动产登记衔接有关问题的通知》(国土资发〔2017〕108号)。2019年自然资源部、财政部、生态环境部、水利部、国家林业和草原局联合印发《自然资源统一确权登记暂行办法》,其中明确规定:"国家实行自然资源统一确权登记制度。自然资源确权登记坚持资源公有、物权法定和统一确权登记的原则。对水流、森林、山岭、草原、荒地、滩涂、海域、无居民海岛以及探明储量的矿产资源等自然资源的所有权和所有自然生态空间统一进行确权登记,适用本办法。通过开展自然资源统一确权登记,清晰界定全部国土空间各类自然资源资产的所有权主体,划清全民所有和集体所有之间的边界,划清全民所有、不同层级政府行使所有权的边界,划清不同集体所有者的边界,划清不同类型自然资源之间的边界。自然资源统一确权登记以不动产登记为基础,依据《不动产登记暂行条例》的规定办理登记的不动产权利,不再重复登记。"

### (三)《不动产登记暂行条例》的作用

《条例》在全面总结多年来不动产登记立法和各地登记实践有益经验的基础上,以原《物权法》为依据,充分吸收和借鉴现行各类登记办法的有关内容,对不动产统一登记的范围、机构、簿册、程序、信息平台管理、信息查询共享及法律责任等方面的重要制度予以了明确规定,实现了不动产登记法律依据的统一。《条例》的颁布实施是规范不动产登记行为,提高不动产登记质量,提升不动产登记公示力和公信力的重要举措;是维护不动产交易安全,提高不动产交易效率,保障不动产权利人合法权益的有效途径;是全面深化改革,提高政府治理效率和水平,完善政府运行机制的有力抓手。

《条例》在整合吸收土地登记办法、房屋登记办法等有关内容基础上,结合近年来不动产登记实践,按照既尊重现实又继承、提升的思路,对不动产统一登记制度做了多方面的整合和创新。

(1)明确了统一登记的范围 《条例》第二条对不动产的概念进行了界定,规定:"本条例所称不动产,是指土地、海域以及房屋、林木等定着物。"对于统一登记的不动产权利种类,《条例》第五条在继承当前法律规定的不动产物权基础上,对不动产权利体系按照所有权、用益物权、担保物权的基本分类,进行了组合优化,使之更加有利于登记工作的开展。

(2)强化了登记机构的法律地位 《条例》第六条明确了自然资源部负责指导、监督全国不动产登记工作,同时要求县级以上地方人民政府确定一个部门负责本行政区域不动产登记工作,并接受上级不动产登记主管部门的指导和监督,确保各层面登记机构的统一和上下对口,强化了登记机构的法律地位。同时,《条例》规定了不动产登记由不动产所在地的县级人民政府不动产登记机构办理。跨行政区域的不动产登记,规定了分别办理、协商办理和指定办理。

(3)统一了不动产登记簿册 不动产登记簿是物权归属和内容的依据。《条例》第八条引入了不动产单元的概念,规定不动产以不动产单元为基本单位进行登记,不动产单元具有唯一编码,结束了分散登记模式下,不同不动产按照不同登记单元进行登记的现状,明确了今后制定具体标准的思路和方向。同时,《条例》规定登记机构应当设置统一的不动产登记簿,载明不动产自然状况、权属状况等事项,对登记簿实行严格保护并永久保存,不得损毁和擅自修改;行政区域调整或者登记机构职能调整的,登记簿必须及时移交给相应的登记机构。

(4)规范了不动产统一登记的程序　《条例》在登记程序的设计上,吸收了土地登记办法、房屋登记办法等成熟规定,对不动产登记的全过程做了一般性规定。明确规定了申请不动产登记的申请人、申请材料、初审受理、查验要求、实地查看和调查、不予登记等情形,以及登记机构的办理期限,为进一步规范不动产登记行为打下了制度基础。

(5)搭建了登记信息共享与保护的平台　不动产登记信息的广泛应用是不动产登记事业持续健康发展的生命价值。《条例》第二十三条要求建立不动产登记信息管理基础平台,各级不动产登记机构的登记信息要纳入其中,实现区域、层级、行业间的互通共享。同时,《条例》第二十七条将不动产登记资料查询人限定在权利人和利害关系人,并在第二十六条规定了不动产登记机构和不动产信息查询人的保密责任。

### (四)不动产统一登记的职责

加快完成不动产登记职责整合工作,将土地、房屋、林地、草原、海域等登记职责整合到一个部门,是党中央、国务院为加快推进政府职能转变做出的重大改革决定。而完成不动产登记职责的整合,是《条例》顺利实施的关键。

(1)认真做好各类不动产登记资料移交整合　不动产登记资料是证明不动产权利归属的重要依据,是依法开展不动产登记和信息查询的基础。要结合不动产登记职责整合情况,加强沟通协调,制定详细的不动产登记资料移交方案,明确原来保存在有关部门的各类不动产登记图、表、卡、册等纸质资料和电子数据的移交、整理、保存的方式及时间要求等,指派专人按计划开展不动产登记资料移交工作。要全面清理和整理不动产登记历史资料,对本地区土地、房屋、林地、草原、海域存量登记数据进行整合,按照国家规定的数据库标准和数据整合建库技术规程,健全完善不动产登记信息数据库。

(2)尽快设立统一的不动产登记受理窗口　应统筹安排,充分利用现有资源,选择合适场地,设立统一的不动产登记窗口,实现“一个窗口进、一个窗口出”。要按照“权利不变动,证书不更换”的原则,做好新旧权属证书的衔接,确保已经颁发的证书继续有效。在新的证书公布前申请登记的,继续发放旧版证书;新的证书公布后申请登记的,发放新版证书,原来各部门依法已经发放的证书继续有效,不得强制要求更换证书,不得增加企业和群众负担。

(3)加快梳理形成统一的不动产登记业务流程　要梳理各类不动产审批、交易、流转、登记、纠纷调处等业务工作流程,分清部门管理和登记在工作流程中各自应负责的具体事务,将不动产登记的申请、受理、审核、登簿以及发证、登记资料和信息管理、查询等属于不动产登记的职责统一起来,确保职责的完整性。统一的簿册证启用后,应合并相同的业务环节和人员,科学设置工作岗位,形成统一的不动产登记业务流程。

(4)全面推进不动产登记信息化建设　自然资源部负责不动产登记信息化建设顶层设计,组织建设全国统一的不动产登记信息平台。各地负责推进本地区不动产登记的数据整合、接入信息平台的相关准备工作,通过信息化建设促进不动产登记的“四统一”。要根据当地信息化工作基础情况,提早对各类不动产登记操作系统软件进行融合、对接,形成统一登记发证的业务操作系统软件,通过数据交换接口、数据抄送等方式,与本级国土、住建、农业、林业、海洋等部门实现业务协同和数据共享，提供本级不动产登记信息查询服务，并按照信息平台统一的技术要求，预留接口，做好准备。

**(五)不动产统一登记的原则**

(1)严格管理原则　规范登记行为，强化政府责任，提高登记质量，增强不动产登记的严肃性、权威性和公信力。

(2)稳定连续原则　保证物权稳定，条例施行前依法颁发的各类不动产权属证书和制作的不动产登记簿继续有效，已经依法享有的不动产权利不因登记机构和程序的改变而受到影响。不动产登记职责整合和统一登记，不影响各部门继续行使其权属管理、交易管理等法定职责。不动产未办理首次登记的，不得办理其他登记。因处分不动产申请登记的，被处分的不动产应当已经记载于登记簿(预告登记、预查封登记等例外)。

(3)方便群众原则　通过整合登记职责，减少办证环节，减轻群众负担；合理设置登记程序和实现登记信息共享，方便群众登记申请和办理。便民利民、高效服务是贯穿《条例》始终的一条重要主线，涉及登记申请、受理、登簿、发证以及信息共享与应用服务的工作全流程。切实提高行政效率，减轻群众和企业负担，助力大众创业万众创新。

(4)一体登记原则　房屋等建筑物、构筑物和森林、林木等定着物应当与其所依附的土地、海域一并登记，保持权利主体一致。房屋等建筑物、构筑物和森林、林木等定着物应当以土地、海域为基础一体登记，建设用地使用权、海域使用权与该土地、海域范围内的房屋等建筑物、构筑物所有权应当一并办理转移登记、抵押登记、查封登记；土地或者海域上的房屋等建筑物、构筑物未一并登记的，不动产权利人应当在办理转移登记或者变更登记时一并申请登记。

(5)依申请登记原则　不动产登记应当依照当事人的申请进行。不动产权利人要求政府保护自己的合法权益，必须采用书面形式提出登记的申请。不申请登记的不动产权利不但不受法律保护，而且对于逾期不申请登记的权利人还要给予处罚。申请方式有权利人单独申请和权利人与义务人共同申请两种。首次不动产登记通常用权利人单独申请的方式，变更登记则通常采用共同申请的方式。

(6)属地登记原则　①不动产登记由不动产所在地的县级人民政府不动产登记机构办理，直辖市、设区的市人民政府可以确定本级不动产登记机构统一办理所属各区的不动产登记。跨行政区域的不动产登记，由所跨行政区域的不动产登记机构分别办理。不动产登记单元跨行政区域且无法分别办理的，由所跨行政区域的不动产登记机构协商办理；协商不成的，由先受理登记申请的不动产登记机构向共同的上一级人民政府不动产登记主管部门提出指定办理申请。经协商确定或者依指定办理跨行政区域不动产登记的登记机构，应当在登记完毕后将不动产登记簿记载的不动产权利人以及不动产坐落、界址、面积、用途、权利类型等登记结果书面告知不动产所跨区域的其他不动产登记机构。②国务院确定的重点国有林区的森林、林木和林地的登记，由自然资源部受理并会同有关部门办理，依法向权利人核发不动产权属证书。③国务院批准的项目用海、用岛的登记，由自然资源部受理，依法向权利人核发不动产权属证书。④中央国家机关使用的国有土地等不动产登记，依照自然资源部《在京中央国家机关用地土地登记办法》等规定办理。

## 二、不动产登记的法律依据

2021 年 1 月 1 日实施的《民法典》确立了不动产登记的法律框架。

◇《民法典》关于不动产登记工作的规定：

第二百零九条　不动产物权的设立、变更、转让和消灭，经依法登记，发生效力；未经登记，不发生效力，但法律另有规定的除外。

第二百一十条　不动产登记，由不动产所在地的登记机构办理。国家对不动产实行统一登记制度。统一登记的范围、登记机构和登记办法，由法律、行政法规规定。

第二百一十一条　当事人申请登记，应当根据不同登记事项提供权属证明和不动产界址、面积等必要材料。

第二百一十二条　登记机构应当履行下列职责：

（一）查验申请人提供的权属证明和其他必要材料；

（二）就有关登记事项询问申请人；

（三）如实、及时登记有关事项；

（四）法律、行政法规规定的其他职责。申请登记的不动产的有关情况需要进一步证明的，登记机构可以要求申请人补充材料，必要时可以实地查看。

第二百一十三条　登记机构不得有下列行为：

（一）要求对不动产进行评估；

（二）以年检等名义进行重复登记；

（三）超出登记职责范围的其他行为。

第二百一十四条　不动产物权的设立、变更、转让和消灭，依照法律规定应当登记的，自记载于不动产登记簿时发生效力。

第二百一十五条　当事人之间订立有关设立、变更、转让和消灭不动产物权的合同，除法律另有规定或者当事人另有约定外，自合同成立时生效；未办理物权登记的，不影响合同效力。

第二百一十六条　不动产登记簿是物权归属和内容的根据。不动产登记簿由登记机构管理。

第二百一十七条　不动产权属证书是权利人享有该不动产物权的证明。不动产权属证书记载的事项，应当与不动产登记簿一致；记载不一致的，除有证据证明不动产登记簿确有错误外，以不动产登记簿为准。

第二百一十八条　权利人、利害关系人可以申请查询、复制不动产登记资料，登记机构应当提供。

第二百一十九条　利害关系人不得公开、非法使用权利人的不动产登记资料。

第二百二十条　权利人、利害关系人认为不动产登记簿记载的事项错误的，可以申请更正登记。不动产登记簿记载的权利人书面同意更正或者有证据证明登记确有错误的，登记机构应当予以更正。不动产登记簿记载的权利人不同意更正的，利害关系人可以申请异议登记。登记机构予以异议登记，申请人自异议登记之日起十五日内不提起诉讼的，异议登记失效。异议登记不当，造成权利人损害的，权利人可以向申请人请求损害赔偿。

第二百二十一条　当事人签订买卖房屋的协议或者签订其他不动产物权的协议，为保障将来实现物权，按照约定可以向登记机构申请预告登记。预告登记后，未经预告登记的权利人同意，处分该不动产的，不发生物权效力。预告登记后，债权消灭或者自能够进行不动产登记之日起九十日内未申请登记的，预告登记失效。

第二百二十二条　当事人提供虚假材料申请登记，造成他人损害的，应当承担赔偿责任。因登记错误，造成他人损害的，登记机构应当承担赔偿责任。登记机构赔偿后，可以向造成登记错误的人追偿。

第二百二十三条　不动产登记费按件收取，不得按照不动产的面积、体积或者价款的比例收取。

《民法典》对不动产登记有三个重要影响，在承袭以前独立施行的各个民事部门法基础上有所修改创新，其中影响不动产登记的重要内容涉及抵押登记、预告登记和居住权登记等。例如，在抵押登记方面，放开超值抵押，增加相关抵押物的范围；预告登记适用范围方面，《民法典》明确为“当事人签订买卖房屋或者签订其他不动产物权的协议”，避免了理解上可能的偏差；居住权登记方面首次在制度层面引入居住权。

## 三、不动产登记的程序

### (一)不动产登记程序的类型

按照不动产登记的需求，一般有三种情况，分别采取不同的程序进行登记。

(1)依申请不动产登记程序　应当按下列进行：申请→受理→审核→登簿。登记机构完成登记后，应当依据法律、行政法规规定向申请人发放不动产权证书或者登记证明。

(2)嘱托登记程序　依据人民法院、人民检察院生效法律文书或人民政府决定书及其相关嘱托文件办理不动产登记按下列程序进行：嘱托→接受嘱托→审核→登簿。

(3)依职权登记程序　登记机构因不动产灭失等原因办理依职权注销或其他登记事项的，按下列程序进行：启动→审核→登簿。登记机构完成登记后，依据法律、行政法规或者实施细则需通知权利人等当事人的，登记机构应当将登记结果通知当事人。无法直接通知到当事人的，应当在登记机构门户网站公告通知。依据法律、行政法规或者需要公告的，还应当进行公告。

### (二)不动产登记一般程序

我国不动产登记具有物权变动效力，具有公示性和公信力，登记的真实性与准确性非常重要，而程序的合法性和合理性，将为登记内容的准确性提供保障。不动产登记一般程序为申请→受理→审核→登簿→发证。

1.登记申请

申请是指申请人根据不同的申请登记事项，到登记机构现场向登记机构提交登记申请材料办理有关不动产登记事项的行为。原则上是双方申请，单方申请只是例外。《不动产登记暂行条例》第十四条第一款明确了双方申请为原则。凡是民事法律行为，一般以双方意思表示的一致为前提，因法律行为而产生的物权变动情形(不动产买卖、互换、转让、赠与、抵押等)，都属于双方法律行为，故体现到不动产登记工作，需要双方申请。双方申请为原则，既符合不动产物权变动的实质，也有利于保证登记的真实与准确，防止登记错误。《条例》第十四条第二款规定了七种单方申请的例外：①尚未登记的不动产申请首次登记的；②继承、接受遗赠取得不动产权利的；③人民法院、仲裁委员会生效的法律文书或者人民政府有权机关做出的生效决定等导致设立、变更、转让、消灭不动产权利的；④权利人姓名、名称或者自然状况发生变化，申请变更登记的；⑤不动产灭失或者权利人放弃不动产权利，申请注销登记的；⑥申请更正登记或者异议登记的；⑦法律、行政法规规定可以由当事人单方申请的其他情形。

处分共有不动产申请登记的，应当经占份额 2/3 以上的按份共有人或者全体共同共有人共同申请；按份共有人转让其享有的不动产份额，应当与受让人共同申请转移登记；建筑区划内依法属于全体业主共有的不动产申请登记，依照《不动产登记暂行条例实施细则》第三十六条的规定办理，即办理房屋所有权首次登记时，申请人应当将建筑区划内依法属于业主共有的道路、绿地、其他公共场所、公用设施和物业服务用房及其占用范围内的建设用地使用权一并申请登记为业主共有。业主转让房屋所有权的，其对共有部分享有的权利依法一并转让。《条例》第十六条详细规定了申请人的提交材料范畴、申请材料的真实性责任、信息公开服务三大方面，既体现了便利登记申请人的登记申请，也为不动产登记机构登记申请受理提供了依据，同时落实了登记申请材料真实性的责任主体。申请人应当提交下列材料，并对申请材料的真实性负责：①登记申请书。这是申请任何一种登记类型、任何一种不动产权利登记的必备要件。②申请人、代理人身份证明材料、授权委托书。身份证明材料是核验申请人或代理人身份真实性的唯一凭证，具体包括身份证、军官证、护照以及组织机构代码证等。③相关的不动产权属来源证明材料、登记原因证明文件、不动产权属证书。这类材料是不动产登记记载内容或事项的主要来源依据，属于申请资料的核心，如不动产买卖合同、继承或遗赠文书等。④不动产界址、空间界限、面积等材料。此类材料主要反映不动产登记客体的面积、坐落等自然属性状况，是不动产客体特定化的内在要求。⑤与他人利害关系的说明材料。主要在申请异议登记或者查询、复制登记资料，涉及相关利害关系人时提交此类材料。⑥法律、行政法规以及本条例实施细则规定的其他材料。属于兜底性条款，并给条例实施细则预留的衔接空间。

2. 申请受理

受理是指登记机构依法对申请人提交的申请登记材料进行核对，并决定是否予以接受的过程。决定是否受理的审查要点包括：①是否属于本登记机构的职责范围。《条例》第七条对登记的管辖、跨县级行政区域的不动产登记的办理机构以及三类特殊的不动产登记的机构做出了规定。②申请材料是否齐全。③申请材料是否符合法定形式。

申请的受理要贯彻高效便民的原则：①对于符合条件或全部补正的，应当受理，不得拖延；②对于申请材料有错误但可以当场更正的，应当让申请人当场更正，然后受理，给申请人提供及时救济渠道；③对于材料不齐全或不符合法定形式的，要当场一次性告知如何补正，切实方便群众；④对于不属于自己登记职责范围的申请，不能一推了之，应当场告诉申请人到哪个登记机构申请。

无论受理还是不受理，都应当书面告知，而非口头形式。一旦不动产登记机构未当场书面告知申请人不予受理的，视为受理。告知需要补正的内容也应采取书面形式。

3. 审核(查验与调查)

审核是指登记机构受理了申请人的申请后，根据申请人的申请登记事项，按照不动产登记的有关法律、行政法规，对申请人的申请事项及其提交的申请材料做进一步审查，并决定是否予以登记的过程。登记审核中发现申请材料不齐全的，登记机构应当要求申请人补全材料。

《条例》第十八条：不动产登记机构受理不动产登记申请的，应当按照下列要求进行查验：①不动产界址、空间界限、面积等材料与申请登记的不动产状况是否一致；②有关证明材料、文件与申请登记的内容是否一致；③登记申请是否违反法律、行政法规规定。《不动产登记暂行条例实施细则》对查验内容做了补充：①申请人、委托代理人身份材料以及授权委托书与申请主体是否一致；②权属来源材料或者登记原因文件与申请登记的内容是否一致；③不动产界址、空间界限、面积等地籍调查成果是否完备，权属是否清楚、界址是否清晰、面积是否准确；④法律、行政法规规定的完税或者缴费凭证是否齐全。

《不动产登记暂行条例实施细则》关于实地查看的内容要求属于下列情形之一的，登记机构可以对申请登记的不动产进行实地查看：①房屋等建筑物、构筑物所有权首次登记，查看房屋坐落及其建造完成等情况；②在建建筑物抵押权登记，查看抵押的在建建筑物坐落及其建造等情况；③因不动产灭失申请的注销登记，查看不动产灭失等情况。《条例》第十九条第二款：对可能存在权属争议，或者可能涉及他人利害关系的登记申请，不动产登记机构可以向申请人、利害关系人或者有关单位进行调查。

有下列情形之一的，不动产登记机构应当在登记事项记载于登记簿前进行公告，但涉及国家秘密的除外：①政府组织的集体土地所有权登记；②宅基地使用权及房屋所有权，集体建设用地使用权及建筑物、构筑物所有权，土地承包经营权等不动产权利的首次登记；③依职权更正登记；④依职权注销登记；⑤法律、行政法规规定的其他情形。公告应当在不动产登记机构门户网站以及不动产所在地等指定场所进行，公告期不少于 15 个工作日。公告期满无异议或者异议不成立的，应当及时记载于不动产登记簿。审核后，审核人员应当做出予以登记或不予登记的明确意见。

4. 登薄

经审核符合登记条件的，应当按不动产登记簿填写规范的要求录入，并将申请登记事项记载于登记簿。登记簿需要注意的事项：①记载于登记簿的时点应当按下列方式确定，使用电子登记簿的，以登记簿人员将登记事项在登记簿上记载完成之时为准；使用纸质登记簿的，应当以登簿人员将登记事项在登记簿上记载完毕并签名(章)之时为准。②登记簿已建册的，登记簿完成后应当归册。登记机构合并受理的，应将合并受理的登记事项依次、分别记载于登记簿的对应页。登簿完成后，不动产登记机构应当实时更新不动产地籍调查数据库。

5. 发证

不动产登记机构应当根据不动产登记簿填写《不动产权证书》和《不动产登记证明》。除办理抵押权登记、地役权登记、预告登记、异议登记，向申请人核发不动产登记证明外，不动产登记机构应当依法向权利人核发不动产权属证书。《不动产权证书》和《不动产登记证明》应当加盖不动产登记机构登记专用章。不动产权属证书和不动产登记证明样式，由自然资源部统一规定。现有证书种类包括《集体土地所有证》《国有土地使用证》《集体土地使用证》《房屋所有权证》《房地产权证》《土地承包经营权证》《林权证》《草原所有权证》《草原使用证》《海域使用权证》《无居民海岛使用证》，以及《土地他项权利证明书》《房屋他项权证》。

属以下情形的，登记事项只记载于登记簿，不颁发不动产权证书或者登记证明：①建筑区划内依法属于全体业主共有的道路、绿地、其他公共场所、公用设施和物业服务用房等及其占用范围内的建设用地使用权；②查封登记、预查封登记；③共有的不动产，登记机构向全体共有人颁发一本不动产权证书;共有人申请分别持证的,可以为共有人分别颁发《不动产权证书》。共有不动产权证书应当注明共有情况,并列明全体共有人。

## 四、不动产登记的类型

不动产登记类型分为不动产首次登记、变更登记、转移登记、注销登记、更正登记、异议登记、预告登记、查封登记等。《不动产登记暂行条例》最大限度地吸收和整合了目前涉及不动产登记的行政法规和部门规章有关不动产登记类型的规定,针对《民法典》有关不动产物权的设立、变更、转移和注销的规定,规定了不动产首次登记、变更登记、转移登记、注销登记等登记类型。针对涉及不动产权利及登记的事项,规定了更正登记、异议登记、预告登记、查封登记(预查封登记)等登记类型。

### (一)首次登记

首次登记是指不动产权利第一次登记。市、县人民政府可以根据情况对本行政区域内未登记的不动产,组织开展集体土地所有权、宅基地使用权、集体建设用地使用权、土地承包经营权的首次登记。办理首次登记所需的权属来源、调查等登记材料,由人民政府有关部门组织获取。

### (二)变更登记

变更登记是指因权利人的姓名或者名称、身份证类型或身份证明号码发生变更,不动产的所在街道或门牌号等坐落、名称、用途、面积等自然状况发生变更,不动产权利期限、来源等权利状况发生变化等不涉及不动产权属转移而进行的登记。

有下列情形之一的,不动产权利人可以向不动产登记机构申请变更登记:①权利人的姓名、名称、身份证或者户口簿等类型、身份证或者户口簿等号码发生变更的;②不动产的坐落、界址、用途、面积等自然状况变更的;③不动产权利期限、来源等权利状况发生变化的;④同一权利人分割或者合并不动产的;⑤抵押担保的范围、主债权数额、债务履行期限、抵押权顺位发生变化的;⑥最高额抵押担保的债权范围、最高债权额、债权确定期间等发生变化的;⑦地役权的利用目的、方法等发生变化的;⑧共有性质发生变更的;⑨法律、行政法规规定的其他不涉及不动产权利转移的变更情形。

### (三)转移登记

转移登记是指因买卖、互换、赠予、继承、受遗赠等原因导致不动产权属发生转移而进行的登记。

因下列情形导致不动产权属发生转移的,当事人可以向不动产登记机构申请转移登记:①买卖、互换、赠予不动产的;②以不动产作价出资(入股)的;③法人或者其他组织因合并、分立等原因致使不动产权利发生转移的;④不动产分割、合并导致权利发生转移的;⑤继承、受遗赠导致权利发生转移的;⑥共有人增加或者减少以及共有不动产份额变化的;⑦因人民法院、仲裁委员会的生效法律文书导致不动产权利发生转移的;⑧因主债权转移引起不动产抵押权转移的;⑨因需役地不动产权利转移引起地役权转移的;⑩法律、行政法规规定的其他不动产权利转移情形。

### (四)注销登记

注销登记是指因不动产权利消灭而进行的登记。

有下列情形之一的，应当办理注销登记：①不动产灭失的；②权利人放弃不动产权利的；③因不动产被依法没收、征收或者收回的；④人民法院、仲裁委员会的生效法律文书致使不动产权利消灭的；⑤法律、行政法规规定的其他情形。

不动产上已经设立抵押权、地役权或者已经办理预告登记，所有权人、使用权人因放弃权利申请注销登记的，申请人应当提供抵押权人、地役权人、预告登记权利人同意的书面材料。

### (五)预告登记

预告登记是不动产物权变动中的债权人为确保能够实现自己所期望的不动产物权变动而与债务人约定向不动产登记机构申请办理的登记。《民法典》第二百二十一条规定：当事人签订买卖房屋或者其他不动产物权的协议，为保障将来实现物权，按照约定可以向登记机构申请预告登记。

预告登记的适用范围：①商品房等不动产预售的；②不动产买卖、抵押的；③以预购商品房设定抵押权的；④法律、行政法规规定的其他情形。

预告登记的申请主体应当为合同的当事双方。预购商品房的预售人和预购人订立商品房买卖合同后，预售人未按照约定与预购人申请预告登记时，预购人可以单方申请预告登记。预告登记生效期间，未经预告登记的权利人书面同意，处分该不动产权利申请登记的，不动产登记机构应当不予办理。预告登记后，债权未消灭且自能够进行相应的不动产登记之日起三个月内，当事人申请不动产登记的，不动产登记机构应当按照预告登记事项办理相应的登记。

预购商品房的预告登记预售人和预购人订立商品房买卖合同后，预售人未按照约定与预购人申请预告登记，预购人可以单方申请预告登记。申请预告登记的商品房已经办理在建建筑物抵押权首次登记的，当事人应当一并申请在建建筑物抵押权注销登记，并提交不动产权属转移材料、不动产登记证明。不动产登记机构应当先办理在建建筑物抵押权注销登记，再办理预告登记。

预告登记的注销情形：预告登记未到期，有下列情形之一的，当事人可以持不动产登记证明、债权消灭或者权利人放弃预告登记的材料，以及法律、行政法规规定的其他必要材料申请注销预告登记：①预告登记的权利人放弃预告登记的；②债权消灭的；③法律、行政法规规定的其他情形。

### (六)更正登记

不动产登记簿是物权归属和内容的根据。如果该记载存在错误而未被及时纠正，真正的权利人就可能因此受到损失甚至丧失不动产权利。更正登记是允许真正的权利人申请对登记簿的错误记载加以更正，使登记簿的记载与真实状况相一致。

1.依申请的更正登记

申请主体是权利人、利害关系人。利害关系人应当为与申请更正的不动产的权利归属或者权利内容存在利害关系的人。不动产的权利人可以就不动产的自然状况、权利内容、其他事项与真实状况不一致等情形申请更正登记；利害关系人可以就不动产的权利归属、权利内容、其他事项与真实状况不一致等情形申请更正登记。利害关系人申请更正登记的，应当提交利害关系材料、证实不动产登记簿记载错误的材料，以及其他必要材料。

能够证明登记错误的材料：①登记原始档案；②登记基础文件被更正的法律文书；③登记簿、权属证书上的相关记载；④法院、仲裁机构确认权利的法律文书。

不动产权属证书或者不动产登记证明填制错误以及不动产登记机构在办理更正登记中，需要更正不动产权属证书或者不动产登记证明内容的，应当书面通知权利人换发，并把换发不动产权属证书或者不动产登记证明的事项记载于登记簿。不动产登记簿记载无误的，不动产登记机构不予更正，并书面通知申请人。

2.依职权的更正登记

不动产登记机构发现不动产登记簿记载的事项错误，应当通知当事人在30个工作日内办理更正登记。当事人逾期不办理的，不动产登记机构应当在公告15个工作日后，依法予以更正；但在错误登记之后已经办理了涉及不动产权利处分的登记、预告登记和查封登记的除外。

登记机构依职权更正登记应当具备下列材料：①证明不动产登记簿记载事项错误的材料；②通知权利人在规定期限内办理更正登记的书面文件和送达凭证；③其他必要材料。

### (七)异议登记

异议登记是在登记的权利关系和真实的权利关系出现不一致但又无法立即更正时，通过将真正权利人的异议予以即时登记，从而阻止和击破登记记载的公信力，以保护真正的权利人的利益的登记类型。异议登记的目的是给真正的权利人提供了一种临时性的救济措施。

异议登记的申请人必须是利害关系人。申请材料：①证实对登记的不动产权利有利害关系的材料；②证实不动产登记簿记载的事项错误的材料；③其他必要材料。

异议登记的办理。不动产登记机构受理异议登记申请的，应当将异议事项记载于不动产登记簿，并向申请人出具异议登记证明。异议登记申请人应当在异议登记之日起15日内，提交人民法院受理通知书、仲裁委员会受理通知书等提起诉讼、申请仲裁的材料；逾期不提交的，异议登记失效，异议登记失效后，申请人就同一事项以同一理由再次申请异议登记的，不动产登记机构不予受理，防止异议登记过度限制不动产登记簿所载权利人的权利。

异议登记的效力。异议登记期间，不动产登记簿上记载的权利人以及第三人因处分权利申请登记的，不动产登记机构应当书面告知申请人该权利已经存在异议登记的有关事项，申请人申请继续办理的，应当予以办理，但申请人应当提供知悉异议登记存在并自担风险的书面承诺。

### (八)查封登记

查封登记是指不动产登记机构依据人民法院或者其他有权机关的嘱托，依照法定程序做出的以限制登记名义人对不动产进行处分为目的的登记。其特征：①查封登记是依嘱托进行的登记；②查封登记属于限制登记。

人民法院要求不动产登记机构办理查封登记，属查封登记的嘱托，应当提交下列材料：①人民法院工作人员的工作证；②协助执行通知书；③其他必要材料。

不动产登记机构依照执行查封的人民法院提交的被执行人取得财产所依据的继承证明、生效的法律文书以及协助执行通知书等办理查封登记的，应当先办理转移登记，再办理查封登记。这是非因法律行为取得不动产的查封登记。

两个以上人民法院查封同一不动产的,不动产登记机构应当为先送达协助执行通知书的人民法院办理查封登记,对后送达协助执行通知书的人民法院办理轮候查封登记。轮候查封登记的顺序按照人民法院协助执行通知书送达不动产登记机构的时间先后进行排列。

查封期间,人民法院解除查封的,不动产登记机构应当及时根据人民法院协助执行通知书注销查封登记。不动产查封期限届满,人民法院未续封的,查封登记失效。

【本章小结】

1. 土地权籍管理是国家为有效地管理和利用土地,保护土地所有者和使用者的合法权益及维持正常的土地市场秩序而进行的土地确权、土地权属调查、地籍测量、不动产登记、土地统计和土地权籍信息管理等一系列工作的总称。不动产登记是土地权籍管理的主体内容与核心。

2.《宪法》《土地管理法》《民法典》是我国进行土地权籍管理的法律依据。

3. 不动产登记是指不动产登记机构依法将不动产权利归属和其他法定事项记载于不动产登记簿的行为。不动产登记程序为:申请→受理→审核→登记→发证。

4. 不动产登记类型有首次登记、变更登记、转移登记、注销登记、更正登记、异议登记、预告登记、查封登记。

【习题及思考题】

1. 简述土地权属、土地权籍管理的概念。

2. 简述我国土地权籍管理制度。

3. 简述土地权籍管理的内容。

4. 权籍调查和地籍调查的区别和联系有哪些?

5. 简述不动产登记的一般程序。

6. 不动产登记类型有哪几种?

7. 土地登记是确定与保障土地权利的基础。然而在人类历史上,土地权利的出现远远早于土地登记,那么在没有土地登记的年代,人类是如何确定与保障土地权利的?为什么在现代社会土地登记不可或缺?

【参考文献】

[1]陆红生. 土地管理学总论[M]. 6版. 北京:中国农业出版社,2017.

[2]苏根成,王华春. 地籍管理[M]. 北京:北京师范大学出版社,2011.

[3]朱道林,钟京涛. 不动产确权理论与方法[M]. 北京:地质出版社,2022.

# 第八章　土地规划管理

土地规划是土地利用的龙头，土地规划管理是土地管理的重要组成部分。土地规划管理主要体现在数量上的指标控制、空间上的布局管控和用途上的利用管制。土地利用规划是土地用途管制的依据，土地用途管制保障土地规划得以落实。随着国土空间规划体系的建立和实施，土地利用总体规划将不再单独编制和审批，最终将被国土空间规划所取代。2018 年自然资源部成立后，“统一行使所有国土空间用途管制”通过国土空间规划实施“多规合一”，围绕构建国土空间开发保护新格局，着力加快地方各级国土空间规划审批实施，构建优势互补、高质量发展的国土空间体系。本章主要介绍国土空间规划与规划管理、土地用途管制以及土地利用计划与指标管理。

## 第一节　国土空间规划与规划管理

### 一、土地规划与土地管理

#### (一)土地利用及其管理的目标

土地利用是在特定的土地覆被类型上，人们通过安排、活动和投入，生成、改变或维持该土地覆被类型(FAO/UNEP, 1999)。人们利用土地来满足不同需求、达到各自目的或实现多重目标。土地利用过程中，人类活动会改善土地的功能，也可能导致土地功能退化。这种影响在空间上有尺度效应，在时间上有动态性。

土地是一种稀缺资源，其利用过程往往具有排他性、竞争性或共生性。从土地自身来看，不同用途的土地之间往往具有竞争性和排他性。例如，地势平坦、交通便利、水利条件好的一块土地，农田保护和建设占用表现出很强的竞争性和排他性，如果确定为受保护的农田，就不能同时作为建设用地；如果进行开发建设，就不能同时进行耕作。不同区域的土地竞争与合作，实质上是处于不同空间的土地功能之间的竞争和合作，由于这些土地具有不同的禀赋和经济社会功能，为实现粮食安全、经济增长、能源供应、自然保护和其他目标，就会产生竞争或合作关系。不同功能的土地之间还可能具有共生性，例如，住宅用地通常需要道路、供水、排水、教育、医疗、购物等基础设施，公共和商业等配套服务设施。

土地利用是一个复杂的系统过程，需要对土地利用进行管理，以协调冲突、统筹结构、优化功能。土地管理就是对土地资源和土地利用过程，以及由此所产生的人与人之间的权属、利益关系进行计划、组织、协调和控制等方面的行政管理活动。土地管理对象包括土地资源、土地资源配置、土地资源利用和土地权属关系。其一般目标是保障地方、国家或人类命运共同体土地利用的可持续。根据《土地管理法》,我国土地管理的目标是,维护土地的社会主义公有制,保护、开发土地资源,合理利用土地,切实保护耕地,促进社会经济的可持续发展。

### (二)土地规划与土地管理

规划的概念相当模糊,通常兼有两种含义:一种是指规划"做什么",另一种是指规划"怎么做"。规划作为一种普遍活动,是指编制一个有条理的行动顺序以实现预定的目标(Peter Hall and Mark Tewdwr-Jones,2020)。规划的根本目标是系统地提高公共决策的质量。因此,从本质上看,规划是一项高度公共政策化的活动。土地规划是以土地以及人们对土地的利用过程为对象的,一般的出发点是目标导向或问题导向,目标导向是通过设定未来的目标来引导土地利用,问题导向是针对如何解决土地利用过程中的问题来制定。土地规划不仅是以土地为对象,更多的是基于土地利用而开展的,其总任务是为各种活动(或土地利用)安排空间结构,因此通常又称为土地利用规划。从公共政策角度看,土地利用规划的关键是既要在不同利益相关者的竞争性土地利用之间取得平衡,又要在土地利用决策之间取得最高共识——可持续性目标(巴里·卡林沃思,2011)。从法律角度看,规划权源于法律的赋予,即合法性原则,这就意味着:除非存在通过民主程序批准的法令对此做了规定,否则我们不能禁止个人或组织在他们认为合适的情况下建造或使用其土地(弗雷德·霍马等,2018),这就是通常所说的"法无禁止皆可为"。

世界粮农组织和联合国环境保护署认为,土地利用规划是一个系统和迭代的过程,实施土地利用规划是为了创造一个可持续发展的环境,使土地资源能满足人们的需求。基于土地资源的最佳和可持续利用,它评价自然、社会经济、制度和法律的潜力和限制因素,并针对如何分配那些资源,授权人们来进行决策(FAO/UNEP,1999)。

经过历史的曲折和反思,人们认识到,土地利用规划的目的是,在可持续发展的原则下,满足人们对土地的需求,并保护未来的资源。其前提条件是:

(1)土地单元是多宜的　一块土地往往适宜多种用途。以建设用地为例,许多地块可以有不同的用途,并产生不同的收益,如工业、商业、住宅。其中,工商业有不同的行业,住宅也有别墅、平房、四合院、低层、高层和超高层等不同的形态。

(2)土地利用是相互竞争的　不同用途的土地产生不同的使用收益。即使是同一种用途的土地,由于区位条件的差异,也会产生不同的收益。有限的资金投入到土地上,总是要寻找获得最高收益的机会。因此,土地利用之间是相互竞争的,竞争有利于土地实现"高效最佳利用"。

(3)土地利用是可以调控的　土地利用的目标是满足人们的各种引致需求,其过程是不断追加投资和管理的过程,因此是可以调控的。一般通过法律和公共政策来调控,或者是通过市场手段来发挥作用。

因此,土地利用规划的一般目标是:

(1)有效率(efficiency)　所安排的土地利用必须获得最大的收益,而对资源消耗最小。

(2)公平性和可接受性(equity and acceptability)　所安排的土地利用必须被社会所接受,在各部门、产业、人群和个人之间必须公平。

(3)可持续性(sustainability)　所选定的土地利用方案必须在满足当前需要的同时,不能损害后代人满足需求的能力。

土地利用规划的核心是空间要素，规划不仅涉及各种要素在空间上的布局，也涉及各种政策在空间上的协调，规划方案最终是以空间形象的方式在具体地块上展示出来。土地利用规划管理主要体现在数量上的指标控制、空间上的布局管控和用途上的利用管制。数量上的指标控制，宏观层面上是体现在规划期内对建设用地、耕地、生态用地等总规模的要求，微观上主要体现在对人口规模、建筑密度、容积率等的控制；空间上的布局管控，通过统筹安排各类用地的布局来协调开发与保护之间的关系；用途上的利用管制，我国实行土地用途管制制度，国家编制土地规划，规定土地用途，将土地分为农用地、建设用地和未利用地，严格限制农用地转为建设用地，对耕地实行特殊保护，使用土地的单位和个人必须严格按照规划确定的用途使用土地。

土地管理不仅要管理土地资源及其利用，还要协调土地利用过程中的利益关系。因此，土地利用规划作为土地管理的一个工具，它不仅在目标上有助于土地管理实现合理开发、利用、保护土地资源，在实施过程中也有助于土地管理实现对土地利用关系的统筹和协调，从而促进了社会经济的可持续发展。

## 二、国土空间规划

绝大部分社会生产活动是以土地为载体的，从这个意义上说，几乎所有的部门规划都与土地规划相关，但有些是对土地利用空间总体格局发挥关键作用，有些则是在此基础上对某一方面细化。我国人口众多，地域广阔，土地利用条件复杂，形成了比较复杂的土地规划管理体制，各级各类空间规划在支撑城镇快速发展、促进国土空间合理利用和有效保护方面发挥了积极作用，但也存在规划类型过多、内容重叠冲突，审批流程复杂、周期过长，地方规划朝令夕改等问题，影响土地资源的配置和利用效率。针对上述问题，2014 年国家发展改革委等部门牵头开展市县空间规划改革试点，推动经济社会发展规划、城乡规划、土地利用规划、生态环境保护规划“多规合一”，形成一个市县一本规划、一张蓝图。2018 年《国务院机构改革方案》决定组建自然资源部，“将国土资源部的职责，国家发展和改革委员会的组织编制主体功能区规划职责，住房和城乡建设部的城乡规划管理职责”进行整合，由自然资源部“统一行使所有国土空间用途管制”职责，通过国土空间规划实施“多规合一”。

### （一）国土空间规划及其特点

2019 年 5 月，《中共中央国务院关于建立国土空间规划体系并监督实施的若干意见》（以下简称《意见》）出台。《意见》指出，国土空间规划是国家空间发展的指南、可持续发展的空间蓝图，是各类开发保护建设活动的基本依据。建立国土空间规划体系并监督实施，将主体功能区规划、土地利用规划、城乡规划等空间规划融合为统一的国土空间规划，实现“多规合一”，强化国土空间规划对各专项规划的指导约束作用，是党中央、国务院做出的重大部署。这标志着国土空间规划体系顶层设计和“四梁八柱”基本形成。与原有的空间类规划相比，国土空间规划体系更加注重落实新发展理念，促进高质量发展，更加注重坚持以人民为中心，满足人民对高质量美好生活的愿望，更加致力于提高空间治理体系和治理能力现代化。具体特点有：

（1）体现战略性　国土空间规划编制是自上而下的，下级规划要服从上级规划，目的是要落实党中央、国务院的重大决策部署，明确空间发展目标，确定空间发展策略，把国家安全战略、区域发展战略、主体功能区战略等国家战略，通过约束性指标和管控边界逐级落实到最终的详细规划等实施性规划上，保障国家粮食安全、生态安全和国土安全等重大战略落实和落地,优化城镇化格局、农业生产格局、生态保护格局,转变国土空间开发保护方式,提升国土空间开发保护质量和效率。

(2)强化规划权威性和协调性　首先是明确国土空间规划的法定地位,规划一经批准,任何单位和个人不得随意修改和违规变更,各项开发建设活动要符合国土空间规划,不能违规进行建设;其次是在编制过程中,强调多规合一,强化国家发展规划的统领作用,强化国土空间规划的基础作用。国土空间总体规划要统筹和综合平衡各相关专项领域的空间需求;详细规划要依据批准的国土空间总体规划进行编制和修改;相关专项规划要遵循国土空间总体规划,不得违背总体规划强制性内容,其主要内容要纳入详细规划;再其次是严格规划的实施监管,要求管控边界和约束性指标要落地,对违反规划的行为进行严格查处。

(3)建立全国统一的国土空间规划的基础信息平台,并形成全国国土空间规划的“一张图”　利用最新的自然资源调查数据,应用全国统一的测绘基准和测绘系统,整合各类空间数据,利用先进的信息化手段来构建全国统一的空间基础信息平台。同时结合各地编制的规划,形成全国统一的“一张图”。

(4)提高科学性与完善公众参与　坚持粮食安全优先、生态优先、绿色发展,尊重自然规律、经济规律、社会规律和城乡发展规律,因地制宜开展规划编制工作;坚持节约优先、保护优先、自然恢复为主的方针,在资源环境承载能力和国土空间开发适宜性评价的基础上,科学有序统筹布局农业、生态、城镇等功能空间,划定永久基本农田、生态保护红线、城镇开发边界等空间管控边界以及各类海域保护线,强化底线约束,为可持续发展预留空间。坚持山水林田湖草沙生命共同体理念,加强生态环境分区管治,量水而行,保护生态屏障,构建生态廊道和生态网络,推进生态系统保护和修复。坚持陆海统筹、区域协调、城乡融合,优化国土空间结构和布局,统筹地上地下空间综合利用,着力完善交通、水利等基础设施和公共服务设施,延续历史文脉,加强风貌管控,突出地域特色。坚持上下结合、社会协同,完善公众参与制度,发挥不同领域专家的作用。运用城市设计、乡村营造、大数据等手段,改进规划方法,提高规划编制水平。

(5)注重操作性和弹性　按照谁组织编制、谁负责实施的原则,明确各级各类国土空间规划编制和管理的要点。明确规划约束性指标和刚性管控要求,同时提出指导性要求。制定实施规划的政策措施,提出下级国土空间总体规划和相关专项规划、详细规划的分解落实要求,健全规划实施传导机制,确保规划能用、管用、好用。国土空间规划并非一成不变,通过建立国土空间规划定期评估制度,结合国民经济社会发展实际和规划定期评估结果,对国土空间规划进行动态调整完善。

(6)涵盖所有国土空间的用途管制　以国土空间规划为依据,对所有国土空间分区分类实施用途管制。在城镇开发边界内的建设,实行“详细规划＋规划许可”的管制方式;在城镇开发边界外的建设,按照主导用途分区,实行“详细规划＋规划许可”和“约束指标＋分区准入”的管制方式。对以国家公园为主体的自然保护地、重要海域和海岛、重要水源地、文物等实行特殊保护制度。因地制宜制定用途管制制度,为地方管理和创新活动留有空间。

### (二)国土空间规划体系

国土空间规划体系可以概括为“五级三类四体系”。五级是指对应我国的行政管理体系,自上而下分五个层级,就是国家级—省级—市级—县级—乡镇级。其中国家级规划侧重战略性,省级规划侧重协调性,市县级和乡镇级规划侧重实施性。三类是指规划的类型,分为总体规划、详细规划、相关的专项规划。四体系是指规划编制审批体系、实施监督体系、法规政策体系和技术标准体系。

(1)国土空间规划的分级分类　国土空间规划是对一定区域国土空间开发保护在空间和时间上做出的安排，包括总体规划、详细规划和相关专项规划。国家、省、市县编制国土空间总体规划，各地结合实际编制乡镇国土空间规划。总体规划强调的是规划的综合性，是对一定区域，如行政区全域范围涉及的国土空间保护、开发、利用、修复做全局性的安排。详细规划强调实施性，一般是在市县以下组织编制，是对具体地块用途和开发强度等做出的实施性安排。详细规划是开展国土空间开发保护活动，包括实施国土空间用途管制、核发城乡建设项目规划许可，进行各项建设的法定依据。在城镇开发边界外，将村庄规划作为详细规划。相关专项规划是指在特定区域(流域)、特定领域，为体现特定功能，对国土空间开发保护利用做出的专门安排，是涉及国土空间利用的专项规划。国土空间总体规划是详细规划的依据、相关专项规划的基础；相关专项规划要相互协同，并与详细规划做好衔接。

(2)国土空间规划的四个子体系　编制审批体系从流程上明确了国土空间规划如何编制和生效，规划实施监督体系保障了国土空间规划实施的刚性与弹性，法规政策体系构筑了国土空间规划的法定地位和执行权威，技术标准体系奠定了国土空间规划编制的科学基础和规范性。

### (三)国土空间规划的内容

(1)各级国土空间总体规划编制重点　全国国土空间规划是对全国国土空间做出的全局安排，是全国国土空间保护、开发、利用、修复的政策和总纲，侧重战略性，由自然资源部会同相关部门组织编制，由党中央、国务院审定后印发。省级国土空间规划是对全国国土空间规划的落实，指导市县国土空间规划编制，侧重协调性，由省级政府组织编制，经同级人大常委会审议后报国务院审批。市县和乡镇国土空间规划是本级政府对上级国土空间规划要求的细化落实，是对本行政区域开发保护做出的具体安排，侧重实施性。需报国务院审批的城市国土空间总体规划，由市政府组织编制，经同级人大常委会审议后，由省级政府报国务院审批；其他市县及乡镇国土空间规划由省级政府根据当地实际，明确规划编制审批内容和程序要求。各地可因地制宜，将市县与乡镇国土空间规划合并编制，也可以几个乡镇为单元编制乡镇级国土空间规划。

(2)国土空间总体规划对专项规划的指导约束作用　海岸带、自然保护地等专项规划及跨行政区域或流域的国土空间规划，由所在区域或上一级自然资源主管部门牵头组织编制，报同级政府审批；涉及空间利用某一领域的专项规划，如交通、能源、水利、农业、信息、市政等基础设施，公共服务设施，军事设施，以及生态环境保护、文物保护、林业草原等专项规划，由相关主管部门组织编制。相关专项规划可在国家、省和市县层级编制，不同层级、不同地区的专项规划可结合实际选择编制的类型和精度。

(3)在市县及以下编制详细规划　详细规划是对具体地块用途和开发建设强度等做出的实施性安排，是开展国土空间开发保护活动、实施国土空间用途管制、核发城乡建设项目规划许可、进行各项建设等的法定依据。在城镇开发边界内的详细规划，由市县自然资源主管部门组织编制，报同级政府审批；在城镇开发边界外的乡村地区，以一个或几个行政村为单元，由乡镇政府组织编制“多规合一”的实用性村庄规划，作为详细规划，报上一级政府审批。村庄规划是法定规划，是国土空间规划体系中乡村地区的详细规划，是开展国土空间开发保护活动、实施国土空间用途管制、核发乡村建设项目规划许可、进行各项建设等的法定依据。村庄规划范围为村域全部国土空间，可以一个或几个行政村为单元编制。

# 第二节　土地用途管制

## 一、土地用途管制概述

### (一)管制的含义

“管制”一词来源于英文的 regulation 或 control，在经济学、法学和政治科学领域里，管制受到广泛的研究。

(1)经济学的管制　1971 年斯蒂格勒提出：“作为一种法规，管制是产业所需并主要为其利益所设计和操作的。”1981 年他又将管制的范围扩展到所有的公共-私人关系中，不仅包括公用事业和反托拉斯政策等，还包括对“要素市场的公共干预”，对“商品的服务和生产、销售或交易的公共干预”以及法律制度。近年来，管制的重心开始转向环境质量、自然资源利用、产品安全等方面。

(2)法学中的管制　通过立法赋予政府管制权可追溯至 1802 年英国的《学徒道德与健康法》。管制通常“是指依据一定的规则对构成特定社会的个人和构成特定经济的经济主体的活动进行限制的行为”(植草益，1992)。

(3)政治科学中的管制　米尼克(Mitnick，1980)指出：“管制是针对私人行为的公共行政政策，它是从公共利益出发而制定的规则。”梅尔(Meier，1985)将管制定义为“政府控制市民、公司或准政府组织行为的任何企图”。

综上所述，管制是由行政机构制定并执行的直接干预市场配置机制或间接改变企业和消费者的供需决策的一般规则或特殊行为，又可称为行政管制。

### (二)土地用途的含义

土地用途是指人类为了满足自身的需要，根据土地特性和功能，对土地进行有意识、有目的的利用过程所表现的土地利用特征，是土地地表形态、自然附着物与劳动力和资本投于地表的综合表现。土地用途只是一种静态的描述，不能表现长期的动态变化。一方面，自然力(如森林火灾、火山喷发、冰川活动、地震、海啸等)的作用可以改变地表自然附着物的形态；另一方面，对于自然形态的土地，人们根据不同的目的进行相应的劳动力和资本的投入，必然改变地表自然形态和土壤肥力，形成不同的土地利用。因此，根据土地利用特征及输出产品的不同，对某一地块而言，土地用途可以是单一的，也可以是多用的或者复合式的，并且在一定条件下各种用途之间是可以转化的，但有些用途则很难转化。

一般地，土地用途与土地利用类别(地类)意义相同。用途主要反映由自然条件和人类干预所决定的土地的使用功能，地类则主要反映土地的利用结构，具体到一宗地时两者内容是一样的。在一定的范围内，用途可以是地类的某一种，几个地类也可以组成某一用途。城市土地的用途受制于城市规划，农村土地的用途主要取决于农业生产结构，但无论如何土地用途必须符合土地利用规划。我国《土地管理法》规定了土地用途，将土地分为农用地、建设用地和未利用地。农用地是指直接用于农业生产的土地，包括耕地、林地、草地、农田水利用地、养殖水面等；建设用地是指建造建筑物、构筑物的土地，包括城乡住宅和公共设施用地、工矿用地、交通水利设施用地、旅游用地、军事设施用地等；未利用地是指农用地和建设用地以外的土地。实践中在这三大类基础上进一步细分，例如《国土空间调查、规划、用途管制用地用海分类指南(试行)》，按照资源利用的主导方式划分类型，设置 24 种一级类、106 种二级类及 39 种三级类。

#### (三)土地用途管制的含义

一般认为，土地用途管制正式出现于 19 世纪末的德国和美国。1875 年德国柏林市政府采用分区方法，把城市划为若干功能区，使工人居住的公寓分散布局其中，改变居住拥挤、环境恶劣、交通不便的状况。1885 年美国加利福尼亚州地方政府以洗衣店污水污染环境为由，制定区划条件，禁止在城市中心区开设洗衣店。1916 年，第一个土地分区管制条例在美国纽约通过，并以治安权为依据，规范建筑物的密度、高度、容积率与空地面积等，规范土地作为住宅、工业、商业或其他目的的使用。

我国于 1998 年修订的《土地管理法》中明确规定“国家实行土地用途管制制度”，是土地利用方式和管理制度的重大变革，从而确立了我国土地用途管制的法律地位。

根据《土地基本术语》(GB/T 19231—2003)，土地用途管制制度，是政府为保证土地合理利用而对土地权利人的土地利用活动施行限制的一系列法规、规则的总和。因此，土地用途管制就是政府为保证土地合理利用而对土地权利人的土地利用活动施行限制的行为。《土地管理法》规定，国家实行土地用途管制制度。国家编制土地利用总体规划，规定土地用途，将土地分为农用地、建设用地和未利用地。严格限制农用地转为建设用地，控制建设用地总量，对耕地实行特殊保护。使用土地的单位和个人必须严格按照土地利用总体规划确定的用途使用土地。《土地管理法实施条例》规定，用途管制要求应当包括在国土空间规划之中。

因此，土地用途管制的过程是通过土地利用规划(国土空间规划)，划定土地用途(管制)分区，即将规划区内的土地划分为特定的区域，并规定不同的土地用途管制规则，以此对土地利用活动施行管制。管制规则一般包括区内允许的、受限制的和禁止的土地用途和利用方式的规定，以及违反规定的处理办法。

### 二、我国土地用途管制的依据、特点和原则

#### (一)土地用途管制的依据

(1)土地资源紧约束要求　我国是一个人多地少、人均占有土地资源相对短缺的国家，在高速工业化城镇化进程中，对土地的需求日益增加，如果对土地用途不加以管制，未来的生存和发展将受到严重的威胁，因此，可以说，土地本身的特殊性和人类生存与发展对土地利用的客观要求，决定了实施土地用途管制的必要性。

(2)国家主体原则　我国《宪法》规定了土地所有制等基本方面，这是国家实施土地用途管制的基本依据。我国的土地所有制是社会主义公有制，公有制要求国家必须维护全体人民的最大利益，对有限的土地按照公平、合理和可持续利用的原则进行分配和管理，以协调社会各部门及不同土地使用者对土地的需求。土地用途管制的主体为国家，代表国家主体的是中央人民政府即国务院，国务院对全部国土有统一管理权，土地用途管制权衍生于这一管理权。

(3)《土地管理法》等法律 《土地管理法》第四条明确规定:“国家实行土地用途管制制度。国家编制土地利用总体规划,规定土地用途,将土地分为农用地、建设用地和未利用地。严格限制农用地转为建设用地,控制建设用地总量,对耕地实行特殊保护。”这为全面实施土地用途管制提供了最直接的法律依据。其他相关法律也为具体的土地用途管制提供了较详尽的法律依据。

### (二)土地用途管制的特点

土地用途管制是一种十分严格的管理制度,具有如下重要的特点:

(1)整体性 土地用途管制对象是规划区域内的全部国土资源,以国土空间规划为依据,对所有国土空间分区分类实施用途管制。例如,《市级国土空间总体规划编制指南(试行)》中,规划分区分为一级规划分区和二级规划分区。一级规划分区包括生态保护区、生态控制区、农田保护区,以及城镇发展区、乡村发展区、海洋发展区、矿产能源发展区 7 类。在城镇发展区、乡村发展区、海洋发展区分别细分为二级规划分区,各地可结合实际补充二级规划分区类型。

(2)强制性 管制就是强制性的管理,土地用途管制就是国土空间规划做出对土地使用上的限制和对土地用途转变的许可、限制许可或不许可的规定,并通过经济、法律或行政手段实施的强制性措施。它对土地开发、土地利用等行为进行具有法律属性的干预,通常土地用途管制通过立法而生效,用途管制的内容一经通过审批,即具有法律效力,成为指导土地利用的强制性规定。

(3)行政性 土地管制权衍生于国家对城乡地政的统一管理权和公共事务管理权,实施土地用途管制的主体是各级人民政府,具体代表政府行使用途管制权力的是各级人民政府的自然资源管理部门。

(4)稳定性 土地用途管制一方面为土地使用者提供行为规范;另一方面为土地管理者提供管理依据。土地用途管制的稳定性是实现其目标的前提条件。但是,土地用途管制是因时因地而异的,具有一定的时间段和空间段,地区之间、部门之间很不平衡,因此,它的稳定性也是相对的,随着社会经济条件的变化,土地的用途和使用条件也应适时进行调整和变化。当然,放松管制或变更管制,必须按照一定的法律程序,经过土地用途管制主体的批准方可实行。

### (三)土地用途管制的原则

(1)统一管理和分级管制的原则 我国实行社会主义公有制,即全民所有制和劳动群众集体所有制。《土地管理法》第五条规定:“国务院自然资源主管部门统一负责全国土地的管理和监督工作。”自然资源部被赋予了统一管理全国城乡土地的职能。县级以上地方人民政府自然资源主管部门的设置及其职责,由省、自治区、直辖市人民政府根据国务院有关规定确定。因此,各省(自治区或直辖市)、市(地)、县(区)各级地方政府逐级承担了具体的属地管理业务。

(2)保护耕地的原则 我国土地资源的基本状况是人均耕地占有量大大低于世界平均水平,土地利用矛盾突出。由于受土地利用比较经济效益的影响,农业相对处于弱势产业的地位,如果单纯靠市场机制的作用,则必然导致大量农地的非农化。土地用途管制作为宏观调控手段，是以公益性目标为主。耕地利用体现的主要是以粮食安全为目标的社会效益，是人类社会发展的基础支持系统，因此，要确保“中国人的饭碗任何时候都要牢牢端在自己手上”，保证我国十几亿人口的基本生存条件，土地用途管制必须突出对耕地的保护。

(3)因地制宜原则　各地区自然条件和社会经济条件差异较大，导致土地利用具有明显的地域差异。土地用途管制是基于各地区的国土空间规划，因地制宜是编制国土空间规划的基本原则，因此土地用途管制也遵循了因地制宜的原则。

(4)动态平衡原则　土地用途管制要满足国民经济各部门的用地要求，合理地对部门间的土地分配和再分配进行管制。因此，土地用途管制要正确处理好整体与局部、部门与部门、当前与长远的关系，合理地确定各种管制的土地用途之间的相互转化，避免管制过细过死。

(5)公众参与原则　土地用途管制涉及全社会的广大土地使用者、集团和个人利益，更涉及国民经济发展和地区经济繁荣，如何处理好个体之间、局部与整体之间的利益关系，最大限度地达到总体效益最佳，这是一个关系到土地用途管制成败的关键问题，解决好这一问题的有效途径是实行公众的广泛参与，只有这样才能制订出切实可行、得到公众广泛认可和支持的土地用途管制方案，才能使方案真正付诸实施。

(6)可操作性原则　土地用途管制的实质主要在于加强对土地利用的控制，它要求定量合理、定位明确、定序清楚，也就是说，受管制的各类用途的土地的数量要符合当地自然社会经济发展的实际，为地方制定差别化细则留有空间，鼓励土地混合使用和空间复合利用。

## 三、土地用途管制的技术保障——土地用途分区

国际上，土地用途管制逐步形成了以规划为基础的管制体系，包括规划分区(zoning)、宗地规模(lot size)管制、城市增长边界(urban growth boundary)控制、容积率(floor area ratio)管制等。

在国土空间规划体系建设过程中，我国正逐步形成以国土空间规划为管制依据，以全域国土空间和全要素自然资源为管制对象，以用途转换和自然资源统筹平衡为管制要点，明确分区准入管制规则，建立健全以审批、核准、备案、监测监管等为管制手段的全域、全要素、全过程的用途管制实施机制。比较有代表性的是“指标＋控制线＋分区＋分类”的管控体系，其中，指标主要是指建设用地总量控制指标、耕地保护指标和生态保护指标，控制线主要是指永久基本农田保护红线、生态保护红线和城镇开发边界，分区主要是指规划用途分区，分类主要是指具体的土地用途。

### (一)土地用途分区的基本要求

土地利用规划是实施土地用途管制的依据，土地用途管制规则具体来源于土地利用规划分区及其管控要求，它规定了在给定的一块土地上容纳的活动类型或土地使用的约束条件。我国市级国土空间规划对规划分区提出了一般原则，即规划分区应落实上位国土空间规划要求，为本行政区域国土空间保护开发做出综合部署和总体安排，应充分考虑生态环境保护、经济布局、人口分布、国土利用等因素；坚持陆海统筹、城乡统筹、地上地下空间统筹的原则，以国土空间的保护与保留、开发与利用两大功能属性作为规划分区的基本取向；规划分区划定应科学、简明、可操作，遵循全域全覆盖、不交叉、不重叠。并且还规定，规划分区划定应符合：①以

主体功能定位为基础,体现规划意图,配套管控要求;②当出现多重使用功能时,应突出主导功能,选择更有利于实现规划意图的规划分区类型;③如市域内存在分类指南未列出的特殊政策管控要求,可在规划分区建议的基础上,叠加历史文化保护、灾害风险防控等管控区域,形成复合控制区。

### (二)规划用途分区

规划用途分区分为一级规划分区和二级规划分区。一级规划分区包括以下 7 类:生态保护区、生态控制区、农田保护区,以及城镇发展区、乡村发展区、海洋发展区、矿产能源发展区。在城镇发展区、乡村发展区、海洋发展区分别细分为二级规划分区,各地可结合实际补充二级规划分区类型。

### (三)用途分类

在规划分区的基础上,要依据具体的用途分类进行用途管制。总体而言,规划用途分区划定到区块尺度;规划用地用海分类,划定到地块尺度,且一般不低于规划基础数据的精度。在此基础上,通过建立数据库和信息化平台,推动实现国土空间全域全要素、全程全方位管理。根据《国土空间调查、规划、用途管制用地用海分类指南(试行)》(以下简称《指南》),国土空间用途管制、用地用海审批、规划许可、出让合同和确权登记应依据有关法律法规,将国土空间规划确定的用途分类作为管理的重要依据。

《指南》的用地用海分类是覆盖国土空间全域全要素全过程的统一的用地用海分类,采用三级分类体系,共设置 24 种一级类、106 种二级类及 39 种三级类,并对分类名称、代码、各类名称对应的含义做出了规定。《指南》在使用中可根据实际需要,在现有分类基础上制定用地用海分类实施细则;涉及用地用海类型续分的,应符合:①用地用海分类未展开二级类的一级类、未展开三级类的二级类,以及三级类,可进一步展开细分;②现有用地分类未设置复合用途,使用时可根据规划和管理实际需求,在指南分类基础上增设土地混合使用的用地类型及其详细规定。

总之,不同的国土空间用途分区和用途分类,有不同的管控依据、管控要求和管制规则。从我国的规划体系来看,县(区)级国土空间用途管制是关键,首先要根据要求制定每个用途区内国土空间开发利用的限制条件和非限制条件;其次要对每个用途区内的国土空间开发利用主导用途、允许用途和非允许用途进行规定;再次,要规定国土空间开发利用强度分区、容积率、密度、高度等控制指标、开发利用效益和效率等指标;最后,还要提出全域山水人文格局的空间形态引导和管控原则,提出特色景观保护、风貌塑造等空间形态控制要求。

## 第三节 土地利用计划与指标管理

### 一、土地利用计划管理

我国的国土空间规划在实施过程中,不仅涉及土地用途管制,也涉及土地利用计划与指标管控。土地利用计划一般是指依据国民经济和社会发展规划、国家产业政策、国土空间规划以及建设用地和土地利用的实际状况编制的，用以调控土地利用的年度或中期计划。根据《土地管理法》的规定，各级人民政府应当加强土地利用计划管理，实行建设用地总量控制。规划确定的总量指标通过年度计划来下达实施，具体用地过程中，在建设项目可行性研究论证时，自然资源主管部门可以根据国土空间规划、土地利用年度计划和建设用地标准，对建设用地有关事项进行审查，并提出意见。

### (一)土地利用年度计划

土地利用年度计划是依据国民经济和社会发展规划及年度计划、国土空间规划、国家产业政策以及城乡建设、土地利用的实际状况等编制的，用以调控土地利用的年度计划。土地利用年度计划，通常包括国家对计划年度内新增建设用地量、土地整治补充耕地量和耕地保有量的具体安排。其中，新增建设用地量，包括建设占用农用地和未利用地，集体经营性建设用地、城乡建设用地增减挂钩和工矿废弃地复垦利用，也纳入土地利用年度计划管理。土地利用年度计划指标主要包括：①新增建设用地计划指标，包括新增建设用地总量和新增建设占用农用地及耕地指标；②土地整治补充耕地计划指标；③耕地保有量计划指标；④城乡建设用地增减挂钩指标和工矿废弃地复垦利用指标。此外，各地可以根据实际需要，在上述分类的基础上增设控制指标。

### (二)土地利用年度计划的编制及指标确定

土地利用年度计划的编制，是为了加强土地管理，实施国土空间规划，控制建设用地总量，引导集约用地，切实保护耕地，保证社会经济的可持续发展。土地利用年度计划要依据国民经济和社会发展规划及年度计划、国土空间规划、国家产业政策以及城乡建设、土地利用的实际状况等编制。

计划编制与执行的一般过程是：编制土地利用年度计划建议→编制土地利用年度计划草案→土地利用年度计划草案下达各地参照执行→正式执行批准的土地利用年度计划。如图 8-1 所示。

土地利用年度计划中的新增建设用地计划指标，不仅要对城镇建设用地进行安排，也要对集体经营性建设用地做出合理安排。

土地整治补充耕地计划指标，依据国土空间规划、土地整治规划、建设占用耕地、耕地后备资源潜力和土地整治实际补充耕地等情况确定。

耕地保有量计划指标，依据国务院向省、自治区、直辖市下达的耕地保护责任考核目标确定。

城乡建设用地增减挂钩指标和工矿废弃地复垦利用指标，依据国土空间规划、国土综合整治规划等专项规划和建设用地整治利用等工作进展情况确定。

自然资源部会同国家发展改革委以全国国土空间规划安排为基础，根据经济社会发展状况和各地用地实际等情况，测算全国未来三年新增建设用地计划指标控制总规模。

需国务院及国家发展改革委等部门审批、核准和备案的重点建设项目拟在计划年度内使用土地，涉及新增建设用地的，由行业主管部门按项目向自然资源部提出计划建议，同时抄送项目拟使用土地所在地的省、自治区、直辖市自然资源主管部门以及发展改革部门。

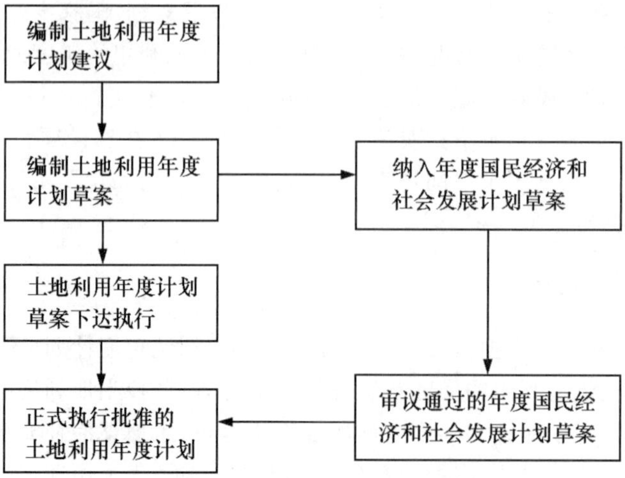


**图 8-1 土地利用年度计划编制与执行流程**

县级以上地方自然资源主管部门，以本级国土空间规划安排为基本依据，综合考虑本地规划管控、固定资产投资、节约集约用地、人口转移等因素，测算本地未来三年新增建设用地计划指标控制规模，以此为基础，按照年度间相对平衡的原则，会同有关部门提出本地的土地利用年度计划建议，经同级政府审查后，报上一级自然资源主管部门。

自然资源部会同国家发展改革委根据未来三年全国新增建设用地计划指标控制总规模，结合省、自治区、直辖市和国务院有关部门提出的计划指标建议，编制全国土地利用年度计划草案，纳入国民经济和社会发展计划草案，报国务院批准，提交全国人民代表大会审议确定后，下达各地执行。

新增建设用地计划指标下达前，各省、自治区、直辖市、计划单列市及新疆生产建设兵团，可以按照不超过上一年度国家下达新增建设用地计划指标总量的 50%预先安排使用。

城乡建设用地增减挂钩指标和工矿废弃地复垦利用指标，由自然资源部会同国家发展改革委依据全国人民代表大会审议通过的全国土地利用年度计划总量指标，根据各地经济社会发展状况、规划安排、农村建设用地状况、资源潜力和相关工作进展情况，提出分解方案并下达地方执行。

### (三)计划指标的执行管理

省级以下自然资源主管部门应当将上级下达的土地利用年度计划指标予以分解，经同级人民政府同意后下达。省、自治区、直辖市自然资源主管部门应当将分解下达的土地利用年度计划报自然资源部。省、自治区、直辖市自然资源主管部门应当根据省级重点建设项目安排、建设项目用地预审和市县建设用地需求，合理确定预留省级的土地利用计划指标和下达市县的土地利用计划指标，并保障农村居民申请宅基地的合理用地需求。市、县的土地利用计划指标应当一次性全部下达。

新增建设用地计划指标实行指令性管理，不得突破。批准使用的建设用地应当符合土地利用年度计划。凡不符合国土空间规划、国家区域政策、产业政策和供地政策的建设项目，不得安排土地利用年度计划指标。没有土地利用年度计划指标擅自批准用地的，按照违法批准用地追究法律责任。

土地利用年度计划一经批准下达，必须严格执行。因特殊情况需增加全国土地利用年度计划中新增建设用地计划的，按规定程序报国务院审定。

因地震、洪水、台风、泥石流等重大自然灾害引发的抗灾救灾、灾后恢复重建用地等特殊情况，制定灾后重建规划，经发展改革、自然资源、民政等部门审核，省级以上人民政府批准，可以先行安排新增建设用地指标，列出具体项目，半年内将执行情况报自然资源部。水利设施工程建设区域以外的水面用地，不占用计划指标。

县级以上地方自然资源主管部门应当加强土地利用年度计划执行监管，严格执行土地利用年度计划指标使用在线报备制度，对土地利用年度计划指标使用情况及时进行登记，并按月在线上报。自然资源部依据在线报备数据，按季度对各省、自治区、直辖市土地利用计划安排使用情况进行通报。省、自治区、直辖市自然资源主管部门应当加强对土地利用年度计划执行情况的跟踪检查，于每年一月底前形成上一年度土地利用年度计划执行情况报告报自然资源部，抄送同级发展改革部门。

上级自然资源主管部门应当对下级自然资源主管部门土地利用年度计划的执行情况进行年度评估考核。土地利用年度计划以每年 1 月 1 日至 12 月 31 日为考核年度。新增建设用地计划执行情况考核，以农用地转用审批、土地利用变更调查等数据为依据，重点考核新增建设用地总量、新增建设占用耕地计划执行情况和农村宅基地指标保障情况。城乡建设用地增减挂钩指标和工矿废弃地复垦利用指标考核，重点考核实施管理、进展成效、群众满意度、整治利用质量等情况。

土地利用年度计划执行情况年度评估考核结果，应当作为下一年度土地利用年度计划编制和管理的重要依据。对实际新增建设用地面积超过当年下达计划指标的，视情况相应扣减下一年度计划指标。对建设用地整治利用中存在侵害群众权益、整治利用未达到时间、数量和质量要求等情形，情节严重的，扣减下一年度用地计划指标。节余的新增建设用地计划指标，经自然资源部审核同意后，允许在三年内结转使用。

当然，土地利用年度计划的执行管理并非一成不变。自然资源部发布《关于 2020 年土地利用计划管理的通知》（自然资发〔2020〕91 号），改革 2020 年土地利用计划管理方式，以真实有效的项目落地作为配置计划的依据。对配置方式做出要求：

（1）纳入重点保障的项目用地，在批准用地时直接配置计划指标。包括纳入国家重大项目清单的项目用地，纳入省级人民政府重大项目清单的单独选址的能源、交通、水利、军事设施、产业项目用地。其中，国家批准农用地转用项目，用地审批时直接配置计划指标。地方批准农用地转用项目，按照法律法规规定先行审批用地，预支计划指标，并在省级人民政府批准建设用地备案系统及时报备。每个季度末，自然资源部根据各省（自治区、直辖市）在备案系统报备情况，统一确认配置。建设用地批准文件依法撤销或调整的，其计划指标自动失效。

（2）未纳入重点保障的项目用地，配置计划指标与处置存量土地挂钩。其中，对 2017 年底前批准的批而未供土地，按处置完成量的百分之五十核算计划指标；对 2018 年以来批准的批而未供土地，按处置完成量的百分之三十核算；对纳入本年度处置任务的闲置土地，按处置完成量的百分之五十核算。上述计划指标配置，由各省（自治区、直辖市）在农用地转用审批中统筹安排，量入为出。自然资源部将根据各省（自治区、直辖市）处置存量土地情况，年终核定计划总量，各省（自治区、直辖市）年度配置计划指标不得突破核定量。

（3）落实土地要素跟着项目走的原则。各省（自治区、直辖市）审批批次用地时要明确具体项目，防止产生新的批而未供土地。

（4）鼓励开展城乡建设用地增减挂钩和工矿废弃地复垦利用。相关计划由各省（自治区、直辖市）根据需要确定。

同时还提出了激励政策：①落实国务院大督查奖励。对落实国家重大政策措施成效显著、土地利用计划执行情况好、土地节约集约利用水平高、土地利用秩序良好的市县，奖励用地计划指标。②继续实施“增存挂钩”。对完成2019年批而未供和闲置土地处置任务的省份，在核算计划指标基础上再奖励10%；对任一项任务未完成的核减20%。各省（自治区、直辖市）须继续完成2020年批而未供和闲置土地处置任务，2017年底以前形成的批而未供土地处置率要达到15%以上（年内核减批文量不作为任务完成量，但可动态核减本年批而未供任务基数），闲置土地处置率要达到15%以上。任一项处置任务未完成的，下一年度核算计划指标时核减20%。③全力支持脱贫攻坚。继续安排每个贫困县计划指标600亩，专项用于脱贫攻坚，不得挪用。深度贫困地区计划指标不足的，可预支使用，由省级自然资源主管部门优先保障。仍不足的，年度内由省级自然资源主管部门汇总项目清单，报自然资源部统一配置计划指标。

2021年自然资源部出台相关文件，对落实有关重大政策措施真抓实干、取得明显成效的地方实行土地利用计划指标奖励。奖励条件包括：①落实国家重大政策措施成效显著；②土地利用计划执行情况好；③土地节约集约利用水平高；④土地利用秩序良好。奖励措施是：自然资源部依据奖励名单，按照每个市（地、州、盟）奖励用地计划指标2 000亩，或每个县（市、区、旗）奖励1 000亩的标准，在编制全国土地利用计划时，将奖励的计划指标单独列出，随土地利用年度计划一并下达到各省（自治区、直辖市）。各省（自治区、直辖市）自然资源主管部门要将奖励的用地计划指标单独下达到受奖励的市（地、州、盟）或县（市、区、旗）。奖励的用地计划要优先用于基础设施、社会民生和新兴产业等建设，支持稳增长、调结构、惠民生、补短板项目建设。

## 二、用地定额指标与控制指标管理

1988年，国家土地管理局会同建设部组织有关行业部门开始编制分行业的《工程项目建设用地指标》，已经陆续发布了涉及纺织、机械、钢铁、建材等22个行业26项工程项目的建设用地指标，成为建设单位进行项目初步设计、土地管理部门审核建设项目用地规模的重要依据。另外，为了提高土地利用集约度，各地还出台了针对不同用途的容积率指标与相关工程项目建设用地指标。但是，由于《工程项目建设用地指标》主要是针对单独选址的大型工程建设项目，按照其生产工艺流程或单位生产能力需要配备的用地规模来编制的，一方面没有涵盖大量门类繁多的中小型工业企业；另一方面缺少对项目用地的经济评价，难以适应当时工业建设项目用地管理的实际需要。因此，管理部门发布实施《工业项目建设用地控制指标（试行）》，主要目的是贯彻落实国家有关政策、加强用地管理、促进建设用地特别是工业用地的集约利用。

### (一)用地定额指标

建设项目用地定额指标是指在平均的生产工艺水平、规划设计水平、经济技术水平和通常的场地条件下,一个建设项目的主体工程和配套工程所需占用的额定土地面积。

用地定额指标,主要为计算建设项目所需用地面积、建设项目的选址、总平面设计和按合理方案征拨用地服务。它是建设项目评估、编审项目建议书、设计任务书的依据;是编审初步设计文件,确定建设项目用地规模,以及核定审批用地面积的尺度。科学的用地定额指标可以促进工艺和设计水平及生产集约化程度的提高,保证用地审批工作的质量和效率。

建设项目用地定额指标一般可以分为总体和单项建设用地定额指标两个层次。总体建设用地定额指标,指按设计任务书和初步设计文件规定的一个独立、完整项目的总平面用地定额指标。如矿山、电厂、钢铁厂的总用地定额指标。单项用地定额指标,指在建设项目中有独立设计、可以独立发挥效益的各个单项工程的用地定额指标。如大型企业的主要装置和分厂、民航机场的跑道等。

建设用地定额指标的计量单位,可根据工程特点确定。工业项目可用单位生产能力占地面积,交通项目(如公路、铁路)可用每公里占地面积,非工业项目可用建筑容积率和建筑密度或建筑系数,也可采用其他适用的表达方式。

### (二)工业项目建设用地控制指标

工业项目建设用地控制指标,是对工业项目(或单项工程)及其配套工程在土地利用上进行控制的标准,适用于新建、改建工业项目。按照工业用地落实土地用途的战略性新兴产业、先进制造业项目,也应执行该控制指标。该控制指标适用于国有土地上的工业项目建设,集体土地上的工业项目建设可参照执行。

工业项目建设用地控制指标是核定工业项目用地规模、评价工业用地利用效率的重要标准,是编制项目用地有关法律文书、项目初步设计文件和可行性研究报告等的重要依据,是对项目建设情况进行检查验收和违约责任追究的重要尺度。工业项目所属行业已有国家颁布的有关工程项目建设用地指标的,应同时满足该控制指标和有关工程项目建设用地指标的要求。建设项目竣工、投产、达产验收时,未达到该控制指标要求的,应依照合同约定及有关规定追究违约责任。

工业项目建设用地控制指标由投资强度、容积率、建筑系数、行政办公及生活服务设施用地所占比重、绿地率五项指标构成。在管理过程中,工业项目建设用地必须同时符合这五项指标。

(1)投资强度　投资强度是指工业项目用地范围内单位面积固定资产投资额。项目固定资产总投资包括厂房、设备和地价款。投资强度按地区、行业确定,在具体应用本控制指标时,首先确定项目所在城市的土地等别(按照《国土资源部关于调整部分地区土地等别的通知》(国土资发〔2008〕308 号)的规定执行),再确定各行业分类[工业行业分类按《国民经济行业分类》(GB/T 4754—2017)执行]和工业用地的投资强度控制指标。工业项目投资强度控制指标应符合表 8-1 的规定。

**表 8-1 投资强度控制指标** 万元/hm²

| 行业代码<br>地区分类 | 一类 | | 二类 | 三类 | 四类 | 五类 | 六类 | 七类 |
|---|---|---|---|---|---|---|---|---|
| | 市县等别 | 第一、二、三、四等 | 第五、六等 | 第七、八等 | 第九、十等 | 第十一、十二等 | 第十三、十四等 | 第十五等 |
| 13 | ≥1 935 | | ≥1 555 | ≥1 125 | ≥780 | ≥660 | ≥590 | ≥440 |
| 14 | ≥1 935 | | ≥1 555 | ≥1 125 | ≥780 | ≥660 | ≥590 | ≥440 |
| 15 | ≥1 935 | | ≥1 555 | ≥1 125 | ≥780 | ≥660 | ≥590 | ≥440 |
| 16 | ≥1 935 | | ≥1 555 | ≥1 125 | ≥780 | ≥660 | ≥590 | ≥440 |
| 17 | ≥1 935 | | ≥1 555 | ≥1 125 | ≥780 | ≥660 | ≥590 | ≥440 |
| 18 | ≥1 935 | | ≥1 555 | ≥1 125 | ≥780 | ≥660 | ≥590 | ≥440 |
| 19 | ≥1 935 | | ≥1 555 | ≥1 125 | ≥780 | ≥660 | ≥590 | ≥440 |
| 20 | ≥1 555 | | ≥1 245 | ≥900 | ≥625 | ≥520 | ≥470 | ≥440 |
| 21 | ≥1 815 | | ≥1 450 | ≥1 055 | ≥725 | ≥605 | ≥555 | ≥440 |
| 22 | ≥1 935 | | ≥1 555 | ≥1 125 | ≥780 | ≥660 | ≥590 | ≥440 |
| 23 | ≥2 590 | | ≥2 070 | ≥1 505 | ≥1 035 | ≥865 | ≥780 | ≥440 |
| 24 | ≥1 935 | | ≥1 555 | ≥1 125 | ≥780 | ≥660 | ≥590 | ≥440 |
| 25 | ≥2 590 | | ≥2 070 | ≥1 505 | ≥1 035 | ≥865 | ≥780 | ≥440 |
| 26 | ≥2 590 | | ≥2 070 | ≥1 505 | ≥1 035 | ≥865 | ≥780 | ≥440 |
| 27 | ≥3 885 | | ≥3 105 | ≥2 260 | ≥1 555 | ≥1 295 | ≥1 175 | ≥440 |
| 28 | ≥3 885 | | ≥3 105 | ≥2 260 | ≥1 555 | ≥1 295 | ≥1 175 | ≥440 |
| 29 | ≥2 590 | | ≥2 070 | ≥1 505 | ≥1 035 | ≥865 | ≥780 | ≥440 |
| 30 | ≥2 070 | | ≥1 660 | ≥1 210 | ≥830 | ≥690 | ≥625 | ≥440 |
| 31 | ≥1 555 | | ≥1 245 | ≥900 | ≥625 | ≥520 | ≥470 | ≥440 |
| 32 | ≥3 105 | | ≥2 485 | ≥1 815 | ≥1 245 | ≥1 035 | ≥935 | ≥440 |
| 33 | ≥3 105 | | ≥2 485 | ≥1 815 | ≥1 245 | ≥1 035 | ≥935 | ≥440 |
| 34 | ≥2 590 | | ≥2 070 | ≥1 505 | ≥1 035 | ≥865 | ≥780 | ≥440 |
| 35 | ≥3 105 | | ≥2 485 | ≥1 815 | ≥1 245 | ≥1 035 | ≥935 | ≥440 |
| 36 | ≥3 105 | | ≥2 485 | ≥1 815 | ≥1 245 | ≥1 035 | ≥935 | ≥440 |
| 37 | ≥3 885 | | ≥3 105 | ≥2 260 | ≥1 555 | ≥1 295 | ≥1 175 | ≥440 |
| 39 | ≥3 105 | | ≥2 485 | ≥1 815 | ≥1 245 | ≥1 035 | ≥935 | ≥440 |
| 40 | ≥4 400 | | ≥3 520 | ≥2 575 | ≥1 760 | ≥1 470 | ≥1 330 | ≥440 |
| 41 | ≥3 105 | | ≥2 485 | ≥1 815 | ≥1 245 | ≥1 035 | ≥935 | ≥440 |
| 42 | ≥1 555 | | ≥1 245 | ≥900 | ≥625 | ≥520 | ≥470 | ≥440 |
| 43 | ≥1 555 | | ≥1 245 | ≥900 | ≥625 | ≥520 | ≥470 | ≥440 |

(2)容积率　容积率是项目用地范围内总建筑面积与项目总用地面积的比值。建筑物层高超过 8 m 的,在计算容积率时该层建筑面积加倍计算。容积率控制指标应符合表 8-2 的规定。

**表 8-2　容积率控制指标**

| 代码 | 行业分类 | 容积率 | 代码 | 行业分类 | 容积率 |
|---|---|---|---|---|---|
| | 名称 | | | 名称 | |
| 13 | 农副食品加工业 | ≥1.0 | 28 | 化学纤维制造业 | ≥0.8 |
| 14 | 食品制造业 | ≥1.0 | 29 | 橡胶制品业 | ≥0.8 |
| 15 | 饮料制造业 | ≥1.0 | 30 | 塑料制品业 | ≥1.0 |
| 16 | 烟草加工业 | ≥1.0 | 31 | 非金属矿物制品业 | ≥0.7 |
| 17 | 纺织业 | ≥0.8 | 32 | 黑色金属冶炼及压延加工业 | ≥0.6 |
| 18 | 纺织服装鞋帽制造业 | ≥1.0 | 33 | 有色金属冶炼及压延加工业 | ≥0.6 |
| 19 | 皮革、毛皮、羽绒及其制品业 | ≥1.0 | 34 | 金属制品业 | ≥0.7 |
| 20 | 木材加工及竹、藤、棕、草制品业 | ≥0.8 | 35 | 通用设备制造业 | ≥0.7 |
| 21 | 家具制造业 | ≥0.8 | 36 | 专用设备制造业 | ≥0.7 |
| 22 | 造纸及纸制品业 | ≥0.8 | 37 | 交通运输设备制造业 | ≥0.7 |
| 23 | 印刷业、记录媒介的复制 | ≥0.8 | 39 | 电气机械及器材制造业 | ≥0.7 |
| 24 | 文教体育用品制造业 | ≥1.0 | 40 | 通信设备、计算机及其他电子设备制造业 | ≥1.0 |
| 25 | 石油加工、炼焦及核燃料加工业 | ≥0.5 | 41 | 仪器仪表及文化、办公用机械制造业 | ≥1.0 |
| 26 | 化学原料及化学制品制造业 | ≥0.6 | 42 | 工艺品及其他制造业 | ≥1.0 |
| 27 | 医药制造业 | ≥0.7 | 43 | 废弃资源和废旧材料回收加工业 | ≥0.7 |

(3)工业项目的建筑系数　建筑系数是项目用地范围内各种建筑物、用于生产和直接为生产服务的构筑物占地面积总和占总用地面积的比例。工业项目的建筑系数应不低于 30%。

(4)行政办公及生活服务设施用地所占比重　该指标为项目用地范围内行政办公、生活服务设施占用土地面积(或分摊土地面积)占总用地面积的比例。工业项目所需行政办公及生活服务设施用地面积不得超过工业项目总用地面积的 7%。当无法单独计算行政办公和生活服务设施占用土地面积时,可以采用行政办公和生活服务设施建筑面积占总建筑面积的比重计算得出的分摊土地面积代替。严禁在工业项目用地范围内建造成套住宅、专家楼、宾馆、招待所和培训中心等非生产性配套设施。

(5)绿地率　绿地率是指规划建设用地范围内的绿地面积与规划建设用地面积之比。该绿地面积包括厂区内公共绿地、建(构)筑物周边绿地等。工业企业内部一般不得安排绿地。但因生产工艺等特殊要求需要安排一定比例绿地的,绿地率不得超过 20%。

【本章小结】

1. 土地规划管理：由于土地是一种稀缺资源，其利用过程往往具有排他性、竞争性或共生性，因此，需要对土地及其利用进行管理。土地规划是土地利用的龙头，土地规划管理是土地管理的重要组成部分。土地规划管理主要体现在数量上的指标控制、空间上的布局管控和用途上的利用管制。通过土地利用规划，既要在不同利益相关者的竞争性土地利用之间取得平衡，又要在土地利用决策之间取得可持续性的目标。当前我国形成了五级三类四体系的国土空间规划体系。

2. 土地用途管制制度：土地用途管制是政府为保证土地合理利用而对土地权利人的土地利用活动施行限制的行为。土地用途管制制度，是政府为保证土地合理利用而对土地权利人的土地利用活动施行限制的一系列法规、规则的总和。我国实行土地用途管制制度。国家编制土地利用总体规划，规定土地用途，将土地分为农用地、建设用地和未利用地。严格限制农用地转为建设用地，控制建设用地总量，对耕地实行特殊保护。使用土地的单位和个人必须严格按照土地利用总体规划确定的用途使用土地。我国正在逐步形成"指标＋控制线＋分区＋分类"的管控体系。

3. 土地利用年度计划指标：是实施规划管理的具体措施。土地利用年度计划是依据国民经济和社会发展规划及年度计划、国土空间规划、国家产业政策以及城乡建设、土地利用的实际状况等编制的，用以调控土地利用的年度计划。土地利用年度计划指标主要包括：新增建设用地计划指标，包括新增建设用地总量和新增建设占用农用地及耕地指标；土地整治补充耕地计划指标；耕地保有量计划指标；城乡建设用地增减挂钩指标和工矿废弃地复垦利用指标。

4. 工业项目建设用地控制指标：是对工业项目（或单项工程）及其配套工程在土地利用上进行控制的标准，主要由投资强度、容积率、建筑系数、行政办公及生活服务设施用地所占比重、绿地率五项指标构成。工业项目建设用地必须同时符合这五项指标。

【习题及思考题】

1. 什么是土地利用规划？目标是什么？如何理解土地利用规划与土地管理的关系？
2. 我国国土空间规划体系是什么样的？
3. 土地用途管制的含义是什么？
4. 如何理解土地用途分区是土地用途管制的技术保障？
5. 我国用途管制的主要内容有哪些？
6. 什么是土地利用计划？主要包括哪些内容？
7. 工业项目建设用地控制指标包括哪些内容？
8. 如何通过规划来协调保障粮食安全、生态安全和经济发展的要求？
9. 土地规划、土地利用计划、土地用途管制之间是什么关系？

【参考文献】

[1]朱道林. 土地资源利用与政府调控[M]. 北京：中国农业大学出版社，2011.

[2]吴次芳，谭永忠，郑红玉. 国土空间用途管制[M]. 北京：地质出版社，2020.

[3]约翰·M·利维. 现代城市规划[M]. 5版. 孙景秋，等译. 北京：中国人民大学出版社，2003.

[4]彼得·霍尔,等. 城市和区域规划[M]. 5版. 邹德慈,等译. 北京:中国建筑工业出版社,2014.

[5]巴里·卡林沃思,等. 英国城乡规划[M]. 14版. 陈闽齐,等译. 南京:东南大学出版社,2011.

[6]植草益. 微观规制经济学[M]. 朱绍文,胡欣欣,等译校. 北京:中国发展出版社,1992.

[7]FAO/UNEP. The future of our land: facing the challenge[R]. FAO, Rome, 1999.

[8]Hall Peter, Tewdwr-Jones Mark. Urban and regional planning[M]. 6th ed. Routledge, 2020.

[9]Kono Tatsuhito, Joshi Kirti Kusum. Traffic congestion and land use regulations: Theory and policy analysis[M]. Elsevier, 2019.

[10]弗雷德·霍马,彼得·杨. 空间规划与开发法导论——荷兰经验[M]. 李林林,谷玮,等译. 北京:地质出版社,2018.

# 第九章　耕地保护管理

耕地保护事关中国农业稳定、粮食安全，是国计民生之大事。“十分珍惜、合理利用土地和切实保护耕地”是必须长期坚持的一项基本国策，也决定了我国实施最严格的耕地保护制度。为了推动建立更加科学、严格的耕地保护制度体系，《土地管理法》《土地管理法实施条例》陆续完成修订，《黑土地保护法》出台，为全方位夯实粮食安全根基，牢牢守住十八亿亩耕地红线，确保中国人的饭牢牢端在自己手中，牢牢筑起了粮食安全的“压舱石”。本章主要介绍耕地及耕地保护、永久基本农田保护的基本概念，永久基本农田划定的基本要求，分析土地用途转用审批和耕地占补平衡的基本概念和具体要求。

## 第一节　耕地保护管理的内容

### 一、耕地的概念

根据《土地利用现状分类》(GB/T 21010—2017)，耕地是指种植农作物的土地，包括熟地，新开发、复垦、整理地，休闲地(含轮歇地、休耕地)；以种植农作物(含蔬菜)为主，间有零星果树、桑树或其他树木的土地；平均每年能保证收获一季的已垦滩地和海涂。耕地中包括南方宽度<1.0 m、北方宽度<2.0 m固定的沟、渠、路和地坎(埂)；临时种植药材、草皮、花卉、苗木等的耕地，临时种植果树、茶树和林木且耕作层未破坏的耕地，以及其他临时改变用途的耕地。

耕地是土地资源中最重要最珍贵的部分，但能够形成耕地的土地应具备一定的自然条件，如耕地应有较好的地形条件，一般超过25°以上的坡地不宜发展成耕地；土壤是植物赖以生长的基础，不同土壤类型及其肥力状况，在很大程度上将影响农作物生长；适宜的水分和温度也是耕地形成的重要因素，因为水热因子对农作物的正常生育和生长起着决定性作用。

根据不同的自然条件和社会生产条件，耕地可划分为水田、水浇地和旱地3个二级分类。

(1)水田　用于种植水稻、莲藕等水生农作物的耕地。包括实行水生、旱生农作物轮种的耕地。

(2)水浇地　有水源保证和灌溉设施，在一般年景能正常灌溉，种植旱生农作物(含蔬菜)的耕地。包括种植蔬菜的非工厂化的大棚用地。

(3)旱地　无灌溉设施，主要靠天然降水种植旱生农作物的耕地，包括没有灌溉设施，仅靠引洪淤灌的耕地。

## 二、我国耕地资源现状

根据第三次全国国土调查(以下简称“三调”)数据,2019 年年末全国实有耕地 13 538.46 万 $hm^2$(19.18 亿亩)。按照《全国国土规划纲要(2016—2030 年)》确定的规划指标,到 2020 年的全国耕地保有量目标为 18.65 亿亩,2030 年的全国耕地保有量目标为 18.25 亿亩。从全国层面看,目前的耕地数量已实现国家规划确定的耕地保有量目标。但人均少、质量低、后备不足的基本国情没有改变,粮食安全和耕地保护形势依然严峻。

### (一)耕地面积逐年下降,分布不均

根据第三次全国国土调查数据(以 2019 年 12 月 31 日为调查时点),与第二次调查(以 2009 年 10 月 31 日为调查时点)结果相比(表 1-1),10 年间全国耕地面积减少了 11 284 万亩,平均每年减少约 1 100 万亩。其中减少最多的是旱地,减少约 1.49 亿亩,水田减少 2 400 万亩,水浇地增加 6 047 万亩。

从全国耕地的分布来看,其主要分布在东北、长江中下游、黄淮海以及西南地区。其中东北区由于地势平坦,土壤条件好,土地面积占全国的 9.9%,但耕地面积达到全国的 22.2%;长江中下游区水土资源条件优越,成为有名的鱼米之乡,土地占全国的 10.6%,耕地面积占全国的 18.8%;黄淮海区内 3/4 土地为平原,土层深厚,大部分土地都可以开垦,土地面积只占全国的 4.6%,但耕地面积却占全国的 15.9%;西南地区地处亚热带,水热条件好,是以山地丘陵占优势的重要农林基地,土地占全国的 10.1%,耕地占全国的 15.5%。由上可以看出,该四区耕地总面积占全国耕地总面积的 72.4%,但其土地总面积占全国的比例仅 35.2%,其他地区虽面积广阔,但耕地面积占比不足 30%,耕地分布不均情况明显。

### (二)耕地质量总体不高

我国耕地质量的总体特征是:总体质量不高,山区丘陵区耕地耕作条件差,耕地中障碍因素较多。

(1)耕地总体质量不高　根据 2016 年全国耕地质量等别更新评价主要数据成果[①]显示,2015 年末全国优等地面积为 389.91 万 $hm^2$,占全国耕地评定总面积的 2.90%;高等地面积为 3 579.57 万 $hm^2$,占全国耕地评定总面积的 26.59%;中等地面积为 7 097.49 万 $hm^2$,占全国耕地评定总面积的 52.72%;低等地面积为 2 395.43 万 $hm^2$,占全国耕地评定总面积的 17.79%,具体如图 9-1 所示。全国耕地平均质量等别为 9.96 等,低于平均等别的 10～15 等耕地占 60.11%,耕地质量总体偏低。表明我国耕地生产能力不足,大部分耕地在气候条件、地形状况、土壤状况、农田基础设施条件以及土地利用水平等方面存在障碍。

(2)山区丘陵耕地耕作条件差　我国山区、丘陵区面积大,平原仅占国土面积的 12%。山区丘陵区地形坡度大,土层薄,灌溉不便,耕作条件差。根据“三调”数据,全国 15°以上坡耕地占耕地面积的 9.35%,坡耕地普遍存在水土流失严重,粮食产量低且不稳等问题。全国大于 15°的坡耕地主要分布在贵州、云南、陕西和甘肃等省,这些省耕地面积占全国的 12.57%,而大于 15°的坡耕地占全国 15°以上坡耕地总面积的 56.84%。

---

① 全国耕地评定为 15 个等别,1 等耕地质量最好,15 等耕地质量最差。1～4 等、5～8 等、9～12 等、13～15 等耕地分别划为优等地、高等地、中等地、低等地。

(3)耕地中各种障碍因素较多　据统计,在全国耕地中,耕地基础地力较高、基本不存在障碍因素、有灌溉设施的耕地只占全国耕地的 31.24%,而耕地中存在各种各样障碍因素的占 68.76%,主要障碍因素有渍涝、干旱、缺水、风沙、盐碱、水土流失等,由于耕地受障碍因素的制约,严重影响农业生产水平的提高。

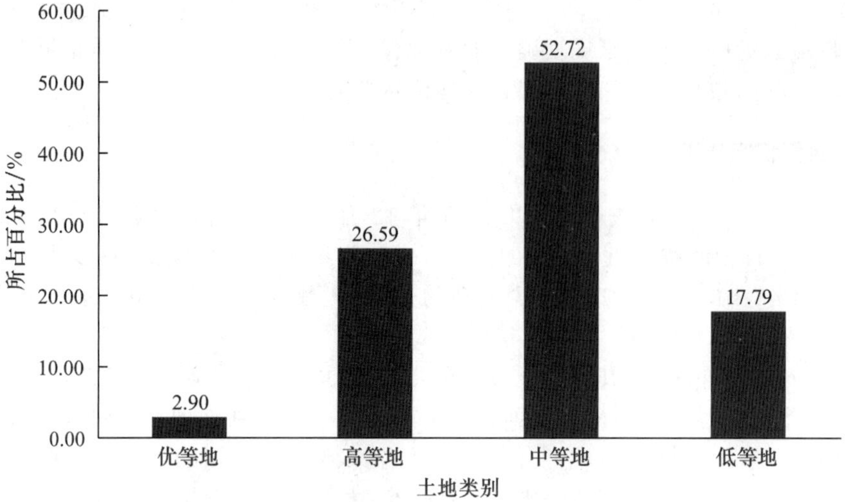


**图 9-1　全国耕地质量等级面积所占比例情况**

(数据来源:2016 年全国耕地质量等别更新评价主要数据成果)

### (三)后备资源开发利用困难

当前,我国各主要耕地后备区的开发均面临保护和改善生态环境的重压,耕地后备资源开发利用困难。已有调查显示,我国耕地后备资源在 31 个省、自治区、直辖市均有分布,但大部分位于北方和西部干旱地区。耕地后备资源较为丰富的西北干旱、半干旱地区,土地质量较差,普遍存在干旱缺水、盐碱、风沙以及低温严寒等一种或多种限制因素,而且限制强度较大,生态环境脆弱,不易于开发。在东部地区耕地后备资源中,滩涂、苇地等湿地占有较大比例,这些滩涂、苇地对保护生物多样性具有重要意义,同样属于极度生态敏感区。而且通过土地整治补充耕地,需耗费较大人力、物力和财力,由土地的特性可知,虽然土地用途可转变,但建设用地一旦对土地表层造成破坏,重新开发为耕地存在一定困难。

## 三、耕地保护的重要性及存在的主要问题

### (一)耕地保护的重要性

鉴于耕地资源的现状,在不影响经济发展的前提下,我国实行严格的耕地保护政策。“十分珍惜和合理利用每寸土地,切实保护耕地”是我国长期坚持的一项基本国策。

1. 耕地是确保粮食安全的基础

“民以食为天,食以地为本。”耕地作为一种不可再生的重要资源,是农业、工业以及服务业发展的基础,直接关系到国家的安全和发展。根据统计数据显示,2021 年中国人均粮食占有量达到 474.4 kg,比 1949 年新中国成立时的 209 kg,增加了 127%,高于人均 400 kg 的国际粮

食安全标准线。虽然目前我国总体来看不存在较大的粮食危机问题，但是由于粮食是一国发展的根基和命脉，一国的粮食安全关系着国家各方面的发展。“仓廪实，天下安”，保障国家粮食安全是一个永恒课题，任何时候都不能松懈，而确保粮食安全，必须保障足够数量和质量的耕地，这是铺设粮食安全之路的第一块巨大基石。

2. 土地问题始终是我国农民的根本问题

我国是农业大国，根据第七次全国人口普查数据，2021 年我国现有农村人口 50 979 万人，在这 5 亿多的农民中相当部分仍以耕作农地为生。如果不顾农民长远生计，不严格保护耕地，大量占用耕地进行非农建设，将导致大量农民失地失业，给农村社会稳定埋下隐患。因此，保护耕地对农村乃至全社会稳定具有至关重要的作用。

3. 我国人多地少的基本国情决定了必须实行最严格的耕地保护制度

土地问题始终是我国城镇化进程中的一个带有全局性、战略性的重大问题。近年来，我国人口虽保持低速增长态势，但是由于我国人口基数大，以及当前生育政策的转变，人增地减趋势在短期内难以得到逆转。而土地作为民生之本、财富之母、发展之基，严格管理土地，切实保护耕地依然是确保经济社会可持续发展的必然选择。

### (二)耕地保护存在的主要问题

1. 建设占用大量耕地

(1)农民建房占用　随着农村经济的发展，农民收入不断增加，引发了富裕农民投资修房盖房的热潮。近些年来，农村宅基地增长很快，占用耕地的比例居高不下，尤其各地掀起了建房热，相互攀比占好地、建新房，但是由于缺乏统一的建设规划及政府有效引导，自然资源管理部门又监管不严，农民建房选址多围绕村庄周边及道路扩展，导致大量良田被占。“三调”数据显示，我国现有农村居民点用地 3.29 亿亩，人均农村居民点用地达到 430.4 $m^2$/人，远高于国家规定的 150 $m^2$/人的上限标准。

(2)基础设施建设占用　国民经济的加速发展，导致基础设施建设加快，省级以上交通、水利、能源等重点工程项目占用耕地是建设占用耕地的主要方面。基础设施建设不仅是占用耕地的大户，也是补充耕地的难点。因此，随着基础设施建设用地需求量增加，经济建设与保护耕地之间的矛盾也日益突出。

(3)城市无限制外延扩展占用　随着城市化进程的不断加快，城市“摊大饼”式的急剧外延扩张和过度分散的小城镇遍地开花现象普遍存在，而且扩张过程中多为占用近郊区优质耕地。同时一些城市大量开发建设市政工程，如修建大广场、工业园、政府办公大楼、开发区以及大学城等，这些都直接导致了大量的优质耕地被不合理的占用。“三调”数据显示，全国建设用地总规模 6.13 亿亩，较“二调”时增加 1.28 亿亩，增幅达到 26.5%，而根据已有研究，新增建设用地来源绝大多数是耕地。

2. 生态退耕和农业结构调整占用大量耕地

中国是生态系统脆弱的国家，特别是自 20 世纪末期以来，生态系统呈现急剧恶化的趋势，在这种生态压力下，国家出于可持续发展的考虑，决定实行生态退耕的重大战略。“三调”成果显示，近 10 年间全国有 2.29 亿亩耕地流向林地、草地、湿地、河流水面、湖泊水面等生态功能较强的地类，而又有 2.17 亿亩上述地类流向耕地。但需要引起重视的是：北方耕地流出的多是水土资源较好的平原耕地，而流入的多是位于半干旱区的不稳定耕地或位于滩涂、低洼沼泽等的“生态用地”；南方耕地流出的多是平坝区的水田，而流入的则多是山地丘陵坡上有水蚀风险的旱地。这说明当前我国国土利用和生态建设格局在一些地方还不稳定，暴露出生态建设的盲目性、生态布局不合理等现象，从而给耕地保护带来了巨大的压力。

与“二调”相比，10 年来全国耕地减少了 1.13 亿亩，主要原因是农业结构调整和国土绿化，其中全国耕地净流向林地 1.12 亿亩，净流向园地 0.63 亿亩；有 1.8 亿亩坡度 25°以下的耕地上种了树，其中有 6 200 多万亩占用的坡度 2°以下的平地。表明我国在进行农业结构调整过程中存在片面性和盲目性的问题，这种不规范的农业生产结构调整，给实现耕地保护目标带来难度。

3. 耕地退化

我国土地荒漠化、水土流失、耕地沙化、盐碱化、土地污染等现象广泛存在，使我国耕地退化、品质下降、数量减少。据统计，受荒漠化影响，我国干旱、半干旱地区的耕地中 40%有不同程度的退化，有 30%左右的耕地遭受到不同程度的水土流失危害。而位于我国东北三省和内蒙古的黑土区作为我国最重要的粮食生产基地和商品粮输出基地之一，因过度开垦利用，黑土层减薄、养分下降、耕层板结、水土流失等问题日益突出，正面临严重退化。据相关研究表明，东北黑土地黑土层的厚度已经减少了 30%～50%，一些地区土壤黑土层不足 20 cm，目前黑土层仍以每年 1～2 mm 的速度减少。

4. 耕地撂荒现象严重

当前我国耕地撂荒现象严重，而造成耕地撂荒的主要原因可概况为以下两方面：一是随着我国城镇化进程的加快，农村外出务工劳力和举家迁出农户急剧攀升，同时外出劳力中大都是青壮劳力，留在家里的则多以老、病、残、弱人员为主，缺乏足够的劳动力耕种田地导致耕地大面积撂荒，耕地对农村人口的供养功能下降。二是经济原因，一些耕地由于投入不足，农田水利设施年久失修，农业基础条件较差，致使农民种地没有保障，特别是一些零星、分散、偏远的耕地，由于耕作缺乏经济效益，农户最终放弃耕作。

5. 耕地利用“非粮化”突出

近年来，耕地“非粮化”问题日益突出，大量耕地甚至永久基本农田种植经济作物、苗木林果，甚至挖塘养鱼等，严重影响了粮食生产，一定程度上也威胁了国家的粮食安全。究其原因，主要有三：一是从现有农业生产的比较效益来看，粮食生产是效益最低的，种植粮食作物比较效益低下，受比较效益驱使，农民必然选择更高经营效益的“非粮化”耕种方式。二是伴随农村土地制度改革的深化，土地流转成本攀升，由于土地流转费成为现代农业生产所必须付出的主要成本之一，而在粮食生产比较效益低下的背景下，通过流转获取的耕地往往被用于效益更高的“非粮化”耕作。三是随着国家乡村振兴战略的实施，发展乡村产业成为乡村发展的首要选择。一些地方在发展乡村产业过程中，违背了农村产业应以从事农业生产尤其是粮食生产为主的基本功能定位，一味追求经济效益最大化，通过农业种植结构调整大量增加林果、花卉等经济作物种植比例，大规模减少粮食作物种植比例，造成耕地“非粮化”问题严重。

## 四、耕地保护管理的内容

概括来讲，现阶段耕地保护的措施主要包括：①建立严格的土地用途转用审批机制；②建立基本农田保护区，对耕地实行重点保护；③建立耕地占补平衡制度，鼓励土地整治。为落实最严格保护耕地制度，我国耕地保护管理内容包括数量管理、质量管理、利用管理 3 个方面。

### (一)耕地数量管理

耕地数量保护的核心是保证耕地占补平衡、进出平衡，而不是绝对不变，主要包括以下几个方面：

(1)耕地总量只能增加，不能减少。各省、自治区、直辖市必须按照耕地总量动态平衡的要求，采取有效措施，做到本行政区内耕地数量只能增加，不能减少。

(2)严格控制建设用地占用耕地。为切实保护耕地，要严格控制非农业建设占用耕地，各项建设须占用耕地的，必须符合国土空间规划，并办理耕地转用审批手续。

(3)建设项目占用耕地，实行数量上先补后占。各级地方自然资源部门都要建立健全补充耕地储备库，实现耕地先补后占。经批准的非农业建设项目占用耕地的，在省(自治区、直辖市)或市、县报批用地前，必须先行实施土地整治项目，做到先补后占。

(4)进行土地整治，增加有效耕地面积。为弥补各项建设占用的耕地，实现耕地总量的动态平衡，应积极开展土地整治，搞好土地建设，通过土地开发、整理、复垦等增加有效耕地面积，在进行开发时，应以保护和改善土地生态环境为前提，做到在开发中保护，在保护中开发。

### (二)耕地质量管理

(1)建立永久基本农田保护制度。永久基本农田是耕地中的精华部分，划定永久基本农田对耕地中质量最好的部分进行有效保护，长期不得占用，确保该部分耕地数量不减少，质量不降低，并实行占补平衡。

(2)改良土壤，提高耕地质量。为提高耕地质量，国家鼓励和提倡农业生产者对其经营的耕地使用有机肥料，合理施用化肥和农药，改善土壤结构，不断增加地力。同时，应加大农田基本建设投入，改善农业生产条件，对田、水、路、林进行综合治理，建设高产稳产农田。

(3)新增耕地质量不低于原占用耕地质量。对耕地减少的行政区，或为实现“占补平衡”目的，通过开发新增加的耕地，其质量不应低于减少耕地或占用耕地质量。目前，“占补平衡”政策中最难做到的就是“占水田补水田”，针对该问题，我国南方一些地区纷纷出台相关措施，加大水田垦造和旱改水力度，保证补充耕地质量等级不低于建设占用耕地质量等级。

(4)土地退化防治。各级人民政府应当采取措施，防治土地荒漠化、盐渍化、水土流失和污染耕地。

### (三)耕地利用管理

(1)实施耕地利用用途管制　为防止耕地“非粮化”，对耕地实行严格保护。我国 2021 年首次设立耕地转为其他农用地用途管制制度，明确要严格落实永久基本农田特殊保护制度，永久基本农田不得转为林地、草地、园地等其他农用地及农业设施建设用地；严格管控一般耕地转为林地、草地等其他农用地。同时，对耕地转为其他农用地及农业设施建设用地实行年度“进出平衡”，即除国家安排的生态退耕、自然灾害损毁难以复耕、河湖水面自然扩大造成耕地永久淹没外，耕地转为林地、草地、园地等其他农用地及农业设施建设用地的，应当通过统筹林地、草地、园地等其他农用地及农业设施建设用地整治为耕地等方式，补足同等数量、质量的可以长期稳定利用的耕地。

(2)通过高标准农田建设或中低产田改造实现耕地生态保护　高标准农田建设可以提高单位面积耕地的产能,缓解以扩大耕地面积来保证粮食安全所给区域生态系统造成的压力,从而实现对区域内沼泽、滩涂、草地等其他土地生态系统的保护。而沙性大、土层薄、坡度大、有盐碱、渍涝等限制因素的中低产田,往往也是生态脆弱耕地,改造这些中低产田,不但可提高耕地的生产能力和生产稳定性,而且也可以实现区域生态修复和保护。

(3)耕地土壤环境保护　在耕地利用过程中尽量防止土壤重金属污染、农药污染、塑料薄膜污染、土壤酸化等土壤污染问题,保护耕地的绿色农产品生产功能,减少外部环境负效应,保证耕地土壤不受污染就是保护耕地生态。

(4)防止闲置和荒芜耕地　《土地管理法》规定禁止任何单位和个人闲置、荒芜耕地。已办理审批手续的非农业建设占用耕地的,一年内不用而又可以耕种并收获的,应由原耕种者进行耕种;占用 1 年以上未动工的,应收取土地闲置费;连续 2 年未使用的,经上级机关批准由县级以上人民政府无偿收回,交原耕种植者恢复耕种。

(5)建立健全法律法规体系　为落实更严格的耕地保护政策,针对我国当前还没有专门的耕地保护法,只是在《土地管理法》《土地管理法实施条例》等法律条文中对耕地保护做出规定的现状,国家已启动耕地保护立法程序,通过立法完善耕地保护法治体系,强化耕地保护责任的法制保障。同时,黑土地作为世界公认的最肥沃的土壤,也是我国最为宝贵的耕地资源。但我国尚未从国家层面制定黑土地保护专项法律,由于缺少立法规范,一定程度上影响了黑土地保护工作的深入开展。因此,应尽快建立黑土地保护法,使黑土地保护有法可依、有规可循。

(6)压实耕地保护监管责任　地方各级自然资源主管部门要向党委和政府主要负责人汇报,采取多种措施,压实耕地保护属地监管责任。要全面落实粮食安全党政同责,严格粮食安全责任制考核,主产区、主销区、产销平衡区要饭碗一起端、责任一起扛。要采取“长牙齿”的硬措施,全面压实各级地方党委和政府耕地保护责任,国家要和各地签订耕地保护“军令状”,严格考核、终身追责,严守耕地保护红线。

## 第二节　永久基本农田划定与管理

### 一、永久基本农田的概念

为了加强对耕地的保护,尤其对其中的基本农田实行特殊保护,《土地管理法》规定国家实行永久基本农田保护制度。1963 年黄河中下游水土保持工作会议首次提出“基本农田”概念,而 1994 年颁发的《基本农田保护条例》标志着国家正式推行基本农田保护制度。2004 年国务院发布的《关于深化改革严格土地管理的决定》及 2018 年国土资源部印发的《关于全面实行永久基本农田特殊保护的通知》,明确提出基本农田是不可逾越的红线,实行特殊保护。2019 年修正的《土地管理法》强调“国家建立永久基本农田保护制度”,突出对基本农田实施“永久”保护。

永久基本农田是指按照一定时期人口和社会经济发展对农产品的需求,根据土地利用总体规划确定的不得占用的耕地。简单地说，永久基本农田既不是在原有基本农田中挑选的一定比例的优质基本农田，也不是永远不能占用的基本农田。永久基本农田其实就是我们常说的基本农田。加上“永久”二字，体现了国家对耕地特别是基本农田的高度重视，体现的是严格保护的态度。

永久基本农田有以下特点：第一，永久基本农田有一定的时间性。它由长期不得占用的耕地和规划期内不得占用的耕地组成。所谓长期不得占用的耕地，老百姓称为“吃饭田”“保命田”“永久性耕地”。为了保障人们生存需要，这部分耕地是不能占用的。第二，永久基本农田是根据人口和国民经济对农产品的需求和对建设用地的预测而确定的。

永久基本农田保护主要是为满足我国未来人口和国民经济对农产品的需求，将保证农业生产必需的耕地划定为永久基本农田并建立各项永久基本农田保护制度，对耕地实行特殊保护，为农业生产乃至国民经济的持续、稳定、快速发展起到保障作用。具体来说，划定永久基本农田的意义在于：

一是通过划定永久基本农田并建立各项基本农田保护制度，切实保护了耕地。做到严格控制占用永久基本农田内的耕地，即使是确需占用的，也通过实施占补平衡措施，实现“占一补一”。

二是结合永久基本农田的划定，进行土地综合整治，通过改造旧村庄和废弃工矿、整修沟渠、林带、路网、清除农田中的坟地、废砖窑及其他障碍物，使耕地面积有所增加，质量有所提升。

三是有利于调动农民对耕地投入的积极性。划定永久基本农田，对耕地实行特殊保护，使农民吃了“定心丸”，增强了农民精耕细作、投资、投劳、培肥地力的积极性。

四是通过划定永久基本农田，进一步稳定了农村家庭联产承包责任制，落实了党的农村政策，为农业稳定发展提供了较好的条件。

五是对划定永久基本农田进行了广泛的宣传、发动以及层层落实责任人，更广泛地增强了全民保护耕地的意识。

## 二、永久基本农田的划定

### (一)永久基本农田划定的具体范围

根据《土地管理法》，下列耕地应当划入永久基本农田：

(1)经国务院有关主管部门或者县级以上地方人民政府批准确定的粮、棉、油、糖等重要农产品生产基地内的耕地。国家和地方确定的商品粮、棉、油、糖基地等，这些基地生产的粮、棉、油、糖商品率高，对国家市场调节贡献大，在国民经济发展和保证城乡居民生活中起到关键作用。因此，国家和地方各级政府对这些基地的建设都采取了一些特殊的政策，并给予一定的投入和支持。

(2)有良好的水利与水土保持设施的耕地，正在实施改造计划以及可以改造的中、低产田和已建成的高标准农田。为保证当地人民的生活需要，对有良好的水利与水土保持设施，或可以改造的中低产田来说，虽然目前产量不高，但有一定的发展潜力，经过改造可能发挥更大的作用，因此应受到特殊保护；已建成的高标准农田可以较为显著地提高水土资源利用效率，增强粮食生产能力和防灾抗灾减灾能力，也应作为永久基本农田予以严格保护。

(3)蔬菜生产基地。蔬菜生产基地一般都有良好的水利设施，生产条件好、产量高，且离城市较近。如果不采取特殊的措施，很容易被城市发展占用，而要培育新的蔬菜生产基地将要投入大量资金和时间。因此，蔬菜生产基地应划入永久基本农田予以特殊保护。

(4)农业科研、教学试验田。农业科研、教学基地虽直接生产粮食不多，但对农作物产量的提高、新品种的研发推广都有特殊贡献，其对土壤、气候等条件都有特殊要求，一旦占用需经较长时间才能重新建设，影响农业科研的正常进行。

(5)国务院规定应当划为永久基本农田的其他耕地。省、自治区、直辖市划定的永久基本农田应当占本行政区域内耕地总面积的80%以上，具体比例由国务院根据各省、自治区、直辖市耕地实际情况规定。

### (二)永久基本农田划定的程序

(1)由国务院自然资源主管部门和农业农村主管部门会同其他有关部门，根据全国经济和社会发展及人口增长对耕地的需求进行科学预测与论证，编制全国永久基本农田保护规划，报国务院批准。

(2)县级以上地方各级人民政府自然资源主管部门和农业农村主管部门会同其他有关部门，根据上一级人民政府的永久基本农田保护规划编制本行政区域内的永久基本农田保护规划，报上一级人民政府批准。规划中必须明确木级永久基本农田保护的数量指标和布局安排，并逐级分解下达。

(3)乡级人民政府要根据县级人民政府的基本农田保护规划编制本行政区域内的永久基本农田保护规划，报县级人民政府批准。

(4)由县级人民政府自然资源主管部门会同农业农村主管部门对基本农田保护区以乡(镇)为单位划区定界，设立保护标志，予以公告。

(5)由县级人民政府自然资源主管部门建立档案，抄送同级农业农村主管部门。

(6)基本农田划区定界后，由省、自治区、直辖市人民政府组织自然资源主管部门和农业农村主管部门验收确认，或者由省、自治区人民政府授权设区的市、自治州人民政府组织自然资源主管部门和农业农村主管部门验收确认。

## 三、永久基本农田的保护和监督管理

### (一)永久基本农田的保护管理

(1)永久基本农田经依法划定后，任何单位和个人不得改变或者占用。国家能源、交通、水利、军事等重点建设项目选址确实无法避开永久基本农田，需要占用永久基本农田，必须报国务院批准。建设占用多少永久基本农田，就必须补划“数量不减、质量不降、布局稳定”的耕地，确保本行政区域内国土空间规划确定的永久基本农田面积不减少。

(2)禁止破坏和闲置、荒芜永久基本农田。禁止任何单位和个人在永久基本农田内建窑、建坟、挖沙、采石、采矿、取土、堆放固体废弃物或者进行其他破坏永久基本农田的活动；禁止任何单位和个人擅自占用永久基本农田发展林果业和挖塘养鱼。经国务院批准的重点建设项目占用永久基本农田的，满1年不使用而又可以耕种并收获的，应当由原耕种该幅永久基本农田的集体或者个人恢复耕种，也可以由用地单位组织耕种；1年以上未动工建设的，应当按照省、自治区、直辖市的规定缴纳闲置费;连续2年未使用的,经国务院批准,由县级以上人民政府无偿收回用地单位的土地使用权;该幅土地原为农民集体所有的,应当交由原农村集体经济组织恢复耕种,重新划入永久基本农田。承包经营永久基本农田的单位或者个人连续2年弃耕抛荒的,原发包单位应当终止承包合同,收回发包的永久基本农田。

(3)地方各级人民政府农业农村主管部门和永久基本农田承包经营者,要采取措施,培肥地力。国家提倡和鼓励农业生产者对其经营的永久基本农田施用有机肥料,合理施用化肥和农药。利用永久基本农田从事农业生产的单位和个人应当保持和培肥地力。县级以上地方各级人民政府农业农村主管部门应当逐步建立永久基本农田地力与施肥效益长期定位监测网点,定期向本级人民政府提出永久基本农田地力变化状况报告以及相应的地力保护措施,并为农业生产者提供施肥指导服务。

(4)县级人民政府应当根据当地实际情况制定永久基本农田地力分等定级办法,由农业农村主管部门会同自然资源主管部门组织实施,对永久基本农田地力分等定级,并建立档案。农村集体经济组织或者村民委员会应当定期评定永久基本农田地力等级。

(5)向永久基本农田提供肥料和作为肥料的城市垃圾、淤泥,应当符合国家有关标准。县级以上人民政府农业农村主管部门应当会同同级环境保护行政主管部门对永久基本农田环境污染进行监测和评价,并定期向本级人民政府提出环境质量与发展趋势的报告,防止永久基本农田污染。因发生事故或者其他突然性事件,造成或者可能造成永久基本农田环境污染事故的,当事人必须立即采取措施处理,并向当地环境保护行政主管部门和农业农村主管部门报告,接受调查处理。

(6)经国务院批准占用永久基本农田兴建国家重点建设项目的,必须遵守国家有关建设项目环境保护管理的规定。在建设项目环境影响报告书中,应当有永久基本农田环境保护方案。

(7)完善激励补偿机制。省级自然资源主管部门和农业农村主管部门要会同相关部门,认真总结地方经验,按照"谁保护、谁受益"的原则,探索实行耕地保护激励性补偿和跨区域资源性补偿机制。

### (二)永久基本农田的监督管理

(1)构建动态监管体系　修订《基本农田划定技术规程》,统一永久基本农田划定、建设、补划、管理和数据库建设标准。完善动态监测监管系统,统一国土空间基础信息平台,建立数据库更新和共享机制。省级自然资源主管部门和农业农村主管部门结合自然资源调查、年度变更调查、耕地质量调查监测与评价、自然资源督察等,对永久基本农田数量、质量变化情况进行全程跟踪,实现动态管理。

(2)严格监督检查　县级以上自然资源主管部门要强化日常监管,及时发现、制止和严肃查处违法违规占用耕地特别是永久基本农田的行为。各派驻地方的国家自然资源督察局要加强监督检查,对督察发现的违法侵占永久基本农田问题,及时向地方政府提出整改意见并督促整改,对于整改不力的应按规定移送有权机关追责问责。

(3)强化考核机制　要将永久基本农田保护情况列入省级政府耕地保护责任目标考核、粮食安全省长责任制考核、领导干部自然资源资产离任审计的重要内容,与安排年度土地利用计划、高标准农田建设资金和耕地质量提升资金等相挂钩。

## 四、高标准农田建设

工业化、城镇化的高速发展和新农村建设的快速推进对耕地保护形成了“双挤”局面，导致我国耕地保护压力持续加大。建设高标准农田，使同样的耕地上收获更多的粮食，提高耕地质量，已成为国家缓解耕地保护压力的一项重大战略。

2008 年《政府工作报告》首次提出要建设一批高标准农田；2009 年和 2010 年中央“1 号文件”相继提出要加快高标准农田建设和大力建设高标准农田；2011 年颁布的全国“十二五”规划纲要明确提出要大规模建设旱涝保收高标准农田；2012 年 3 月，国土资源部会同国务院有关部门编制了《全国土地整治规划(2011—2015 年)》。在此基础上，同年国土资源部联合财政部又共同出台了《关于加快编制和实施土地整治规划大力推进高标准基本农田建设的通知》(国土资发〔2012〕63 号)文件，正式拉开了 4 亿亩高标准农田建设的大幕。2021 年 9 月农业农村部公布《全国高标准农田建设规划(2021—2030 年)》，提出到 2030 年，中国要建成 12 亿亩高标准农田，以此稳定保障 0.6 万亿 kg 以上粮食产能。而截至 2020 年年底，全国累计完成 8 亿亩高标准农田建设任务，粮食生产能力获得显著增强。

### (一)高标准农田与高标准农田建设

高标准农田是指土地平整、集中连片、设施完善、农田配套、土壤肥沃、生态良好、抗灾能力强，与现代农业生产和经营方式相适应的旱涝保收、高产稳产，划定为永久基本农田的耕地。高标准农田建设是为建设高标准农田，改善或消除主要限制性因素、全面提升农田质量而开展的土地平整、土壤改良、灌溉与排水、田间道路、农田防护与生态环境保持、农田输配电以及其他工程建设，并保障其高效利用的建设活动。概括来讲，高标准农田就是通过土地整治建设形成的布局合理化、农田规模化、农业科技化、生产机械化、经营信息化、环境生态化的基本农田。

建设高标准农田是巩固和提高粮食生产能力、保障国家粮食安全的关键举措。具体来说，建设高标准农田具有以下三方面意义：第一，建设高标准农田，加快补上农业基础设施短板，增强农田防灾抗灾减灾能力，有利于聚集现代生产要素，推动农业生产经营规模化专业化，促进农业农村现代化发展。第二，建设高标准农田，有利于落实最严格的耕地保护制度，不断提升耕地质量和粮食产能，实现土地和水资源节约集约利用，推动形成绿色生产方式，促进农业可持续发展。第三，建设高标准农田，有利于有效应对国际农产品贸易风险，确保国内农产品市场稳定。

### (二)高标准农田建设的主要目标

高标准农田建设主要涉及田、土、水、路、林、电、技、管 8 个方面目标。

(1)田　通过合理归并和平整土地、坡耕地田坎修筑，实现田块规模适度、集中连片、田面平整，耕作层厚度适宜，山地丘陵区梯田化率提高。

(2)土　通过培肥改良，实现土壤通透性能好、保水保肥能力强、酸碱平衡、有机质和营养元素丰富，着力提高耕地内在质量和产出能力。

(3)水　通过加强田间灌排设施建设和推进高效节水灌溉等，增加有效灌溉面积，提高灌溉保证率、用水效率和农田防洪排涝标准，实现旱涝保收。

(4)路　通过田间道(机耕路)和生产路建设、桥涵配套，合理增加路面宽度，提高道路的荷载标准和通达度，满足农机作业、生产物流要求。

(5)林 通过农田林网、岸坡防护、沟道治理等农田防护和生态环境保护工程建设，改善农田生态环境，提高农田防御风沙灾害和防止水土流失能力。

(6)电 通过完善农田电网、配套相应的输配电设施，满足农田设施用电需求，降低农业生产成本，提高农业生产的效率和效益。

(7)技 通过工程措施与农艺技术相结合，推广数字农业、良种良法、病虫害绿色防控、节水节肥减药等技术，提高农田可持续利用水平和综合生产能力。

(8)管 通过上图入库和全程管理，落实建后管护主体和责任、管护资金，完善管护机制，确保建成的工程设施在设计使用年限内正常运行、高标准农田用途不改变、质量有提高。

### (三)高标准农田建设的主要内容

与高标准农田建设目标相对应，高标准农田建设内容主要包括田块整治、土壤改良、灌溉和排水、田间道路、农田防护和生态环境保护、农田输配电、科技服务以及管护利用8项工程。

(1)田块整治 充分考虑水土光热资源环境条件等因素，进一步优化高标准农田空间布局。根据不同区域地形地貌、作物种类、机械作业和灌溉排水效率等因素，合理划分和适度归并田块，确定田块的适宜耕作长度与宽度。在山地丘陵区因地制宜修筑梯田，增强农田保土、保水、保肥能力。通过客土填充、剥离回填表土层等措施平整土地，合理调整农田地表坡降，改善农田耕作层，提高灌溉排水适宜性。

(2)土壤改良 通过工程、生物、化学等方法，治理过沙或过黏土壤、盐碱土壤和酸化土壤，提高耕地质量水平。采取深耕深松、秸秆还田、增施有机肥、种植绿肥等方式，增加土壤有机质，治理退化耕地，改良土壤结构，提升土壤肥力。根据不同区域生产条件，推广合理轮作、间作或休耕模式，减轻连作障碍，改善土壤生态环境。

(3)灌溉和排水 按照旱、涝、渍和盐碱综合治理的要求，科学规划建设田间灌排工程，加强田间灌排工程与灌区骨干工程的衔接配套，形成从水源到田间完整的灌排体系。倡导建设生态型灌排系统，保护农田生态环境。

(4)田间道路 田间道路布置应按照区域生产作业需要和农业机械化要求，优化机耕路、生产路布局，整修田间道路，充分利用现有农村公路，因地制宜确定道路密度、宽度等要求。

(5)农田防护和生态环境保护 根据因害设防、因地制宜的原则，对农田防护与生态环境保护工程进行合理布局，与田块、沟渠、道路等工程相结合，与村庄环境相协调，完善农田防护与生态环境保护体系。

(6)农田输配电 对适宜电力灌排和信息化的农田，铺设高压和低压输电线路，配套建设变配电设施，为泵站、机井以及信息化工程等提供电力保障。

(7)科技服务 建立高标准农田质量长期定位监测点，跟踪监测耕地质量变化情况，推广免耕少耕、黑土地保护等技术措施，保护和持续提升耕地质量。推进数字农业、良种良法、科学施肥、病虫害综合防治等农业科技应用，科学合理利用高标准农田。

(8)管护利用 全面开展高标准农田建设项目信息统一上图入库，实现有据可查、全程监控、精准管理、资源共享。

#### (四)高标准农田建设的分区与主要任务

依据区域气候特点、地形地貌、水土条件、耕作制度等因素,按照自然资源禀赋与经济条件相对一致、生产障碍因素与破解途径相对一致、粮食作物生产与农业区划相对一致、地理位置相连与省级行政区划相对完整的要求,将全国高标准农田建设分成7个区域。

(1)东北区　包括辽宁、吉林、黑龙江3省,以及内蒙古的赤峰、通辽、兴安和呼伦贝尔4盟(市)。建设主要任务:该区域针对黑土地退化、冬干春旱、水土流失、积温偏低等粮食生产主要制约因素,以完善农田灌排设施、保护黑土地、节水增粮为主攻方向,围绕稳固提升水稻、玉米、大豆、甜菜等粮食和重要农产品产能,开展高标准农田建设。

(2)黄淮海区　包括北京、天津、河北、山东和河南5省(直辖市)。建设主要任务:该区域针对春旱夏涝易发、地下水超采严重、土壤有机质含量下降、土壤盐碱化等粮食生产主要制约因素,以提高灌溉保证率、农业用水效率、耕地质量等为主攻方向,围绕稳固提升小麦、玉米、大豆、棉花等粮食和重要农产品产能,开展高标准农田建设。

(3)长江中下游区　包括上海、江苏、安徽、江西、湖北和湖南6省(直辖市)。建设主要任务:该区域针对田块分散、土壤酸化、土壤潜育化、暴雨洪涝灾害多发、季节性干旱等主要制约因素,以增强农田防洪排涝能力、土壤改良为主攻方向,围绕稳固提升水稻、小麦、油菜籽、棉花等粮食和重要农产品产能,开展高标准农田建设。

(4)东南区　包括浙江、福建、广东和海南4省。建设主要任务:该区域针对平原较少、山地丘陵多、地块小而散、土壤酸化、土壤潜育化、台风暴雨危害等粮食生产主要制约因素,以增强农田防御风暴能力、改良土壤酸化、改良土壤潜育化为主攻方向,围绕巩固提升水稻、糖料蔗等粮食和重要农产品产能,开展高标准农田建设。

(5)西南区　包括广西、重庆、四川、贵州和云南5省(自治区、直辖市)。建设主要任务:该区域针对丘陵山地多、耕地碎片化、工程性缺水、土壤保水能力差、水土流失易发等粮食生产主要制约因素,以提高梯田化率和道路通达度、增加土体厚度为主攻方向,围绕稳固提升水稻、玉米、油菜籽、糖料蔗等粮食和重要农产品产能,开展高标准农田建设。

(6)西北区　包括山西、陕西、甘肃、宁夏和新疆(含新疆生产建设兵团)5省(自治区),以及内蒙古的呼和浩特、锡林郭勒、包头、乌海、鄂尔多斯、巴彦淖尔、乌兰察布、阿拉善8盟(市)。建设主要任务:该区域针对风沙侵蚀、干旱缺水、土壤肥力不高、水土流失严重、次生盐碱化等粮食生产主要制约因素,以完善农田基础设施、培肥地力为主攻方向,围绕稳固提升小麦、玉米、棉花、甜菜等粮食和重要农产品产能,开展高标准农田建设。

(7)青藏区　包括西藏、青海2省(自治区)。建设主要任务:该区域针对高原严寒、热量不足、耕地土层薄、土壤贫瘠、生态环境脆弱等主要制约因素,以完善农田基础设施、改良土壤为主攻方向,围绕稳固提升小麦、青稞等粮食和重要农产品产能,开展高标准农田建设。

## 第三节　土地用途转用审批

根据《土地管理法》,土地分为农用地、建设用地和未利用地三大类。具体用地类型划分,《土地利用现状分类》(GB/T 21010—2017)标准中,根据土地的利用方式、用途、经营特点和覆盖特征等因素，将我国土地分为12个一级类、73个二级类。为实施全国自然资源统一管理，科学划分国土空间用地用海类型、明确各类型含义，统一国土调查、统计和规划分类标准，合理利用和保护自然资源，自然资源部于2020年11月制定了《国土空间调查、规划、用途管制用地用海分类指南(试行)》，明确了国土空间调查、规划、用途管制用地用海分类应遵循的总体原则与基本要求，提出了国土空间调查、规划、用途管制用地用海分类的总体框架及各类用途的名称、代码与含义，作为自然资源用途管理的基本依据。

从理论上来讲，农用地，建设用地和未利用地之间均存在转用可能，如建设项目占用农用地，使得农用地转用为建设用地，废弃工矿用地复垦为耕地，使建设用地转用为农用地，土地开发使未利用地转用为耕地等；而农用地、建设用地内部也会发生用途转用，如农用地中的耕地转用为林地，道路拓宽占用原有的餐饮旅馆业用地，使得商服用地转用为交通运输用地等。

土地用途发生变更，必须经过一定的审批手续，这是实施土地用途管制的关键环节，尤其是严把农用地转用为建设用地的审批关，保证耕地的数量和质量的稳定。

## 一、农用地转为建设用地的审批

农用地转为建设用地简称农用地转用，是指将耕地、林地、草地等农业生产用土地，按照规划和国家规定的批准权限报批后，转变为建有建筑物、构筑物的土地的行为。

农用地转用审批是控制农用地转为建设用地的重要措施，也是土地用途管制制度的关键环节。市场经济国家为控制建设用地增长，保护农用地尤其是耕地，普遍采用这一手段。有些国家称为“土地规划许可”，有的称为“建筑许可”或“非都市土地使用管制”。名称不尽相同，但目的都是根据国土空间规划，控制建设占用农用地，尤其是耕地。我国2019年新修正的《土地管理法》对农用地转用制度进行了重新设计，更加强调对耕地特别是永久基本农田的保护。《土地管理法》第4条明确，严格限制农用地转为建设用地，控制建设用地总量。农用地转用的制度作为我国国土管理的基本措施将长期贯彻下去。

### (一)我国农用地转用的法律特征

《土地管理法》第四十四条规定：“建设占用土地，涉及农用地转为建设用地的，应当办理农用地转用审批手续。”由此可知农用地转用的法律特征：

(1)农用地转用是实施土地用途管制的重要手段。农用地的市场价格远远低于商业用地、工业用地等建设用地，市场对农用地转用具有巨大的驱动力。要想有效地保护耕地面积，必须严格执行农用地转用的规划控制和政府部门的审批制度。否则，土地用途管制就难以实现。

(2)农用地转用是行政行为，是政府的专有权力，农用地转用的权力主体必须是国家，其他任何单位和个人都不得擅自进行农用地转用。

(3)农用地转用必然引起土地市场价格的变化。农用地转为公共用地，就可能在一定程度上失去市场价值，但如果转为商业用地、工业用地等营利性的建设用地，其市场价格就会大幅度提升。

(4)农用地转用是农用地转为建设用地的唯一法律途径，是集体所有土地转为城镇土地的前提。

#### (二)批准权限

修正后的《土地管理法》按照农用地转用是否占用永久基本农田来划分国务院和省级政府的审批权限：

(1)永久基本农田转为建设用地的，由国务院批准。

(2)在土地规划确定的城市和村庄、集镇建设用地规模范围内，为实施该规划而将永久基本农田以外的农用地转为建设用地的，按土地利用年度计划分批次按照国务院规定由原批准土地规划的机关或者其授权的机关批准。在已批准的农用地转用范围内，具体建设项目用地可以由市、县人民政府批准。

(3)在土地规划确定的城市和村庄、集镇建设用地规模范围外，将永久基本农田以外的农用地转为建设用地的，由国务院或者国务院授权的省、自治区、直辖市人民政府批准。

#### (三)有效期

农用地转用批准文件有效期为 2 年。农用地转用经依法批准后，市、县 2 年内未用地或未实施征地补偿安置方案的，有关批准文件自动失效；2 年内未提供给具体用地单位的，按未供应土地面积扣减该市、县下一年度的农用地转用计划指标。

### 二、其他土地用途转用的审批

未利用地转为建设用地的审批，按照土地征收的程序进行，即征收土地面积超过 70 $hm^2$ 的，报国务院批准，其他报省、自治区、直辖市人民政府批准。除此之外，其他土地用途的转用涉及国土空间规划或专项规划的调整，按照国土空间规划调整的审批程序进行。

## 第四节　耕地占补平衡

### 一、耕地占补平衡概述

#### (一)耕地占补平衡的概念

耕地占补平衡是《土地管理法》确定的一项耕地保护的基本制度，是指非农业建设经批准占用耕地的，按照“占多少，垦多少”的原则，由占用耕地的单位负责开垦与所占用耕地的数量和质量相当的耕地；没有条件开垦或者开垦的耕地不符合要求的，应当按照有关规定缴纳耕地开垦费，专款用于开垦新的耕地的占用耕地补偿制度。耕地保护关系到国家粮食安全、经济发展和社会稳定，是国土资源管理的第一位、最重要的任务，实现耕地占补平衡在耕地保护中具有举足轻重的作用。国家在严格控制农业结构调整对耕地的破坏时，重要方面就是切实抓好耕地占补平衡。因此耕地占补平衡要求做到“先补后占”“占一补一”“占优补优”“占水田补水田”。

#### (二)耕地占补平衡制度的发展历程

耕地占补平衡自 1999 年 1 月 1 日开始正式实施，迄今已 20 余年，其间经历了从数量平衡到数质并重及至数量、质量和生态“三位一体”的过程，目标越来越精准，制度不断完善。

耕地占补平衡是占用耕地单位必须履行的法定义务，是地方各级人民政府的重要职责。2006 年国土资源部发布《耕地占补平衡考核办法》，使耕地占补平衡成为考核地方各级政府和国土资源管理部门耕地保护工作的硬性指标，并规定由国土资源部负责全国耕地占补平衡的考核工作，县级以上地方国土资源管理部门负责本行政区域内耕地占补平衡的考核工作。在地方各级政府和国土资源管理部门的积极配合下，我国耕地占补平衡工作取得了明显成效：全国 31 个省(自治区、直辖市)中，1998 年实现省域内耕地占补平衡的有 18 个，1999 年有 24 个，2000 年有 29 个，2001 年和 2002 年达到所有省份。根据《全国土地整治规划(2016—2020年)》(简称《规划》)数据显示，2011—2015 年，全国整理农用地 5.3 亿亩，建成高标准农田 4.03 亿亩。补充耕地 2 767 万亩，其中，土地开发补充耕地 822 万亩，土地整理、土地复垦补充耕地 1 755 万亩，增减挂钩补充耕地 190 万亩，新增耕地面积超过同期建设占用和自然灾害损毁的耕地面积，保证了全国耕地数量基本稳定；补充耕地 70%来源于土地整理复垦，土壤熟化程度较高。经整治后的耕地质量平均提高 1 个等级、亩产平均提高 10%～20%，提高了耕地生产能力，新增粮食产能 373.68 亿 kg。表明耕地占补平衡确保国家粮食安全的目标已基本实现。

然而，随着国家工业化、城镇化和农业现代化的持续高速发展，建设用地需求总体不断增长，而多年来持续开垦补充耕地的力度相应加大，可供继续开垦为耕地的后备资源越来越少，补充耕地并达标的难度越来越大。同时在耕地占补平衡工作实际进行中，也存在较多问题：第一，“占多补少”的现象时有发生。第二，“占优补劣”的问题突出。建设占用耕地大多为自然和区位条件好的优质耕地，而补充耕地则以未从事过农业生产的土地或产出率较低而被弃耕的土地为主。第三，“易地占补”监管不力。“易地占补”指“建设占用耕地”和“补充耕地”在两个地区之间实现，但按规定占用耕地一方需向补充耕地一方支付相应补偿。按照行政区域划分，可以分为跨县、跨市和跨省“易地占补”3 个层次，目前以跨县和跨市“易地占补”较为常见，特别是跨县占补平衡。由于不同地区在经济发展水平、耕地后备资源状况及其分布上存在差异，造成不同地区在耕地补充指标上也存在差异。但在监管不到位的情况下，占用耕地一方只管“出钱”，补充耕地一方只管“收钱”，双方对于补充耕地与占用耕地在数量和质量上能否实现平衡考虑较少。

为解决耕地占补平衡制度实施过程中所面临的问题和困境，2015 年习近平总书记对耕地保护工作做出重要指示。他指出耕地占补平衡政策是对工业化、城镇化建设占用耕地不断扩大的补救措施，必须带着保护耕地的强烈意识去做这项工作，对耕地占补平衡以及耕地保护中出现的新情况、新问题，要加强调查研究，提出有效的应对之策。2017 年中共中央、国务院印发《中共中央国务院关于加强耕地保护和改进占补平衡的意见》(中发〔2017〕4 号，简称“4 号文”)是 20 多年来由中共中央、国务院印发的首个关于土地管理的文件，“4 号文”首次以中央文件形式明确“耕地是我国最为宝贵的资源”的战略定位。

根据“4 号文”要求，为更好实现耕地占补平衡，做到补足补优，有以下四个重点：

(1)严格耕地管控性保护　“4 号文”要求，一是要严格实施耕地的数量保护，通过控增量、挖存量、促集约来减少新增建设占用的耕地总量，即要减少新增建设占用耕地规模，从源头上减轻占补平衡的压力；既要做到“少占”，还要通过完善占补平衡的责任落实机制，拓展补充耕地的渠道，确保“补足”，守住耕地数量红线。二是要强调耕地质量保护。充分调动各主体积极性，通过推进占用耕地、耕作层的剥离再利用、中低产田的提质改造、新增耕地后期培肥改良等措施，提升粮食综合生产能力，努力“建好”耕地质量红线。三是要扩大耕地轮作休耕的试点，落实耕地生态的保护。耕地作为生态系统的重要部分，在耕地后备资源开发利用过程中，要明确禁止开垦的区域和地类，积极开展退化耕地的综合治理，治理修复污染耕地，统筹推进耕地休养生息，充分发挥耕地的生态作用。

(2)加强土地整治和高标准农田建设　土地整治和高标准农田建设作为保护耕地的重大举措。“4号文”提出三方面的重要举措：一是要整合财政资金，并通过财政资金撬动社会资金参与土地整治和高标准农田建设。二是要全面推进耕地耕作层剥离。三是强化基础支撑，建立比较科学的耕地质量和产能评价制度，定期评价全国耕地的产能和质量水平，完善耕地质量调查与监测体系。

(3)探索补充耕地国家统筹　“4号文”在充分考虑区域差异和项目差异的基础上，为实事求是地解决占补平衡的困难，提出构建“县域平衡为主，省域调剂为辅，国家统筹为补充”的占补平衡新格局。针对个别后备资源严重匮乏省份，在省域内完全落实占补平衡存在困难的现状，为确保全国耕地数量不减少，同时保障重大建设用地需求，根据耕地后备资源状况，实施补充耕地国家适度统筹。

(4)完善耕地保护激励约束机制　一是运用行政手段，加强对地方政府履行耕地保护责任的检查考核，将考核结果作为领导干部的实绩考核。二是建立经济激励机制，整合中央和地方各级涉农资金，对承担耕地保护任务的农村集体经济组织和农民进行奖补，让保护耕地的群众得实惠，增强保护耕地的持续动力。

## 二、耕地“进出平衡”

在新时期耕地“非粮化”日益严峻的背景下，自然资源部、农业农村部、国家林业和草原局联合印发《关于严格耕地用途管制有关问题的通知》(自然资发〔2021〕166号)，新提出落实耕地“进出平衡”，规定对耕地转为其他农用地及农业设施建设用地实行年度“进出平衡”，即除国家安排的生态退耕、自然灾害损毁难以复耕、河湖水面自然扩大造成耕地永久淹没外，耕地转为林地、草地、园地等其他农用地及农业设施建设用地的，应当通过统筹林地、草地、园地等其他农用地及农业设施建设用地整治为耕地等方式，补足同等数量、质量的可以长期稳定利用的耕地。并要求，耕地“进出平衡”首先在县域范围内落实，县域范围内无法落实的，在市域范围内落实；市域范围内仍无法落实的，在省域范围内统筹落实。

## 三、土地整治是实现耕地占补平衡的主要途径

### (一)土地整治概述

土地整治是补充耕地的主要渠道。耕地占补平衡制度的落实，主要通过土地整治工程的实施，因地制宜，对田、水、路、林、村进行综合治理等多种方式，使新补充与被占用的耕地数量质量相匹配。土地整治最初被称为土地整理，是我国从1998年开始实施的以缓解经济发展导致的建设占用耕地与耕地保护之间矛盾为目的的国家战略工程。随着我国经济社会转型中出现的一些新变化、新特点，2012年颁布的《全国土地整治规划(2011—2015年)》不仅在概念上将土地整理统一为土地整治，还丰富了土地整治的内涵和外延。在范围上，由相对孤立的、分散的土地开发整理项目向集中连片的综合整治转变，从农村延伸到了城镇；在内涵上，由增加耕地数量为主向增加耕地数量、提高耕地质量、改善生态环境并重转变；在目标上，由单纯的补

充耕地向建设性保护耕地与推进新农村建设和城乡统筹发展相结合转变;在手段上,由以项目为载体向以项目、工程为载体并结合城乡建设用地增减挂钩、工矿废弃地复垦调整利用等政策的运用转变;在内容上,由以农用地整理为主,转向农用地、农村建设用地、城镇工矿建设用地、未利用地开发与土地复垦等综合整治活动。

2019年年底,自然资源部印发《关于开展全域土地综合整治试点工作的通知》,在全国部署开展全域土地综合整治试点工作。全域土地综合整治是以科学规划为前提,以乡镇为基本实施单元,整体开展农用地、建设用地整理和乡村生态保护修复等,对闲置、利用低效、生态退化及环境破坏的区域实施国土空间综合治理的活动。全域土地综合整治是对区域空间的全域规划、整体设计和综合治理,是解决乡村耕地碎片化、空间布局无序化、土地利用低效化和生态质量退化等多维度问题的重要途径。与传统土地整治相比,全域土地综合整治践行"生命共同体"理念,强调空间规划的引领和"山水林田湖草沙冰"全要素的整体设计,更具前瞻性、统筹性、全局性,注重从规划到项目实施的有序传导、充分衔接、严格落实。

### (二)土地整治实现耕地占补平衡的具体措施

(1)大力推进农用地整治　大规模建设旱涝保收高标准农田,加强基本农田集中区建设与管理,优化基本农田多功能布局。切实加强耕地质量建设,完善农田基础设施建设,大力加强高标准农田建后管护。积极开展坡耕地整治和特色农产品原产地土地整治。科学合理适度开发宜耕未利用地,强化新增耕地质量建设与管理。实行耕地修复养护,加强退化土地修复,积极治理污染土地。推进其他农用地整治,合理引导农业结构调整,加强低效园、林地整治,推进草地综合整治。通过对现有耕地进行内涵挖潜,改造中低产田,建成集高效农业、节水农业、循环农业和集约化农业为一体的高标准农田,以增加高产耕地面积,提高耕地产出率。

(2)深入推进建设用地整理　一是加大历史遗留损毁土地复垦力度,全面实施生产建设活动新损毁土地复垦,完善土地复垦质量控制,严格土地复垦工作监管。及时开展自然灾害损毁土地复垦,加强地质灾害易发区损毁土地复垦,推进土地生态环境整治示范工程建设。二是针对当前我国建设用地粗放低效利用明显,建设用地节约集约水平不高,乡村土地利用中普遍存在农村居民点"空心村"多、布局零散等问题,通过土地整治,对农村居民点进行有效整理,增加耕地的有效利用面积,实现耕地数量的增加。三是开展城乡建设用地增减挂钩,按照严格保护耕地和节约集约用地的要求,因地制宜、循序渐进,统筹推进田水路林村综合整治,加强高标准农田建设,优化城乡建设用地结构布局,促进美丽乡村建设和新型城镇化发展。

(3)加强生态保护和修复建设　一是按照生态文明建设要求,实施山水林田湖草沙综合整治,加强生态环境保护和修复,大力建设生态国土。二是全面加强农田生态设施建设,增强农田生态服务功能。其中平原农业地区以加强耕地保护和基本农田建设,优化农田生态系统,发挥农田的基础生态作用为重点。山地丘陵地区要大力推进国土综合整治,严格控制非农建设活动,加强坡耕地治理,改善农业生产条件,提高生态系统稳定性。三是针对水土流失、土地沙化、土地盐碱化、土壤污染和土地生态衰退严重的区域,结合退耕还林还草、退耕还湿,治理水土流失,实施土地生态环境综合整治,提高退化土地生态系统的自我修复能力,遏制土地生态环境恶化趋势。

(4)土地整治应以规划为先导　土地整治是社会经济发展的产物,也是土地管理和土地利用适应社会经济发展要求的选择。因此,土地整治必须根据社会经济发展的规划和计划,以国土空间规划为先导，以土地整治专项规划及设计为基本前提，通过采取行政、经济、法律和技术的手段和措施，实施对土地的综合治理，最终达到调整土地关系，促进土地按规划确定的用途利用，改善土地利用结构，提高土地利用率和产出率，为社会经济可持续发展服务的目的。我国各地区自然、社会、经济的差异较大，只有以规划为先导，才能区别各地不同条件，统筹安排土地整治的方式、范围和深度，因地制宜地制定土地整治专项规划和设计。

当前，我国人多地少、优质耕地少、后备资源少、用地粗放的基本国情没有改变，随着城镇化进程不断加快，用地供求矛盾将更加突出，耕地保护和节约用地任务更加艰巨。在新形势下，土地整治作为实现耕地占补平衡的主要途径越来越发挥着重要的作用，必须长期不懈地坚持下去。

【本章小结】

1. 耕地是指种植农作物的土地，包括熟地，新开发、复垦、整理地，休闲地（含轮歇地、休耕地）；以种植农作物（含蔬菜）为主，间有零星果树、桑树或其他树木的土地；平均每年能保证收获一季的已垦滩地和海涂。我国耕地总体特点是：人均少、质量低、后备不足。粮食安全和耕地保护形势严峻，耕地保护工作依然不能放松。

2. 永久基本农田作为“吃饭田”和“保命田”，反映了一定时期人口和社会经济发展对农产品的需求，是根据土地利用总体规划确定的不得占用的耕地。国家通过划定永久基本农田和制定各项永久基本农田保护制度，实现保护耕地的目的。

3. 土地用途转用审批是土地用途管制的关键环节，尤其是严格限制农用地转为建设用地审批。农用地转为建设用地即农用地转用，是指将耕地、林地、草地等农业生产用土地，按照土地利用总体规划和国家规定的批准权限报批后，转变为建有建筑物、构筑物的土地的行为，其对于保证耕地数量发挥着重要作用。

4. 为了实现“18亿亩耕地保护红线”，自然资源管理部门实施耕地占补平衡和高标准基本农田建设等制度，而落实这些制度的重要举措则是全域土地综合整治，全域土地综合整治是以科学规划为前提，以乡镇为基本实施单元，整体开展农用地、建设用地整理和乡村生态保护修复等，对闲置、利用低效、生态退化及环境破坏的区域实施国土空间综合治理的活动。

【习题及思考题】

1. 耕地的概念及耕地保护的主要内容是什么？

2. 什么是永久基本农田？什么是高标准农田？

3. 简述农用地转用的法律特征。

4. 近年来我国耕地“非粮化”问题日益突出，请分析耕地“非粮化”问题产生的根本原因，并思考如何有效地治理耕地“非粮化”问题。

5. 请思考土地整治与全域土地综合整治的关系，分析在土地管理中如何更好地通过全域土地综合整治实现耕地保护目标。

【参考文献】

[1]欧名豪. 土地利用管理[M]. 北京：中国农业出版社，2016.

[2]张凤荣，张天柱，李超，等. 中国耕地[M]. 北京：中国农业大学出版社，2021.

# 第十章　土地征收与储备管理

土地征收与储备是土地供应的基本前提，是实现土地资源优化配置、规范建设用地市场的重要环节，也是土地管理的基本内容。本章主要介绍土地征收权的性质与特征，分析不同国家对土地征收权的法律规制，介绍我国征地制度改革的内容与方向，并结合现行法律法规的规定介绍土地征收的程序；介绍土地储备的作用与功能，分析土地储备模式与特点等。

## 第一节　土地征收概述

### 一、基本概念

#### （一）土地征收的概念

土地征收是指国家为了公共利益的需要，依照法律规定以强制方式取得土地所有权及其他土地物权，并给予土地权利人相应补偿的一种法律活动。在我国城市化、工业化较快发展的时期，由于城乡二元体制的存在，土地征收一度成为支撑城市化发展、筹集基础设施建设资金的重要手段。

#### （二）土地征收权的概念

征收权指的是为了公共利益的需要，国家无须征得财产所有人的同意，而将私人的财产收归公用的权力。对于征收权的范围，除法律明确规定不能被征收的财产范围外，其他财产或者财产性权益都可被征收。在英美法系以及大陆法系国家中，立法机关把征收权作为一种公权力而赋予政府等公共管理机关。

土地征收权是指法律赋予政府的为了公共利益目的可以采取强制手段剥夺私人拥有的土地财产，并支付赔偿的权力。该权力以实现公共利益为目的，以公正补偿为条件，且需要依宪法和法律法规的相关规定的程序来执行。宪法规定在公共利益的前提下可对土地进行征收，但不是对财产任意加以剥夺与限制，行使土地征收权需按法律的规定。

### 二、土地征收权的性质与特征

土地征收权就是这种国家为了公共利益把农民集体所有的土地转变为国家所有的权力。土地征收权的行使，是基于公共利益目的，由法律赋予的超越土地所有权的权力。在性质上，土地征收权属于公权力对私权（土地所有权）的干预，行使征收权的前提和目的是为了公共利益。国家对土地资源的支配权来自人民让渡并授予国家的社会公认的那部分土地资源支配权利。土地征收权的行使，是国家土地所有权的伸张及农民集体土地所有权的限制，这体现了在公共利益与私人或集体利益在同一块土地利用上无法兼顾时，国家彰显其终极土地所有权，而此终极所有权的来源也应是人民公认的出于公共利益前提下授予国家支配土地资源的权利。

但国家权力并不是不受任何限制的权力。我国明确规定了行使征收权的目的和前提条件，同时对补偿也做了相关规定。行使征收权必须要通过法律程序授权才可进行，以防受利益驱动而滥用。

总体来说，土地征收权具有强制性与程序性的特征。

1. 强制性

土地征收权的强制性表现为在国家行使土地征收权时，不以任何机关、社会团体以及土地所有权人或土地使用权人的意志为转移。土地征收权是对被征地者的实质性制约。在我国《宪法》中，规定政府可行使土地征收权，因此，土地征收权是我国宪法特别授予于政府的一项特别权力。政府在宪法的授权下，在行使土地征收权的过程中，无论土地所有者及其他权利主体是否愿意被征收，政府都可凭借宪法和法律的授权实施征收行为。

此外，当国家行使土地征收权时，土地所有者必须服从国家的征收行为，国家未违反法律规定的征收目的及征地程序时，被征地者必须服从国家的指令，不得以任何理由和方式加以阻挠。

2. 程序性

土地征收权是程序性的权力。国家所有的征收行为都应依照法律规定的程序进行。

在我国，土地征收作为一种公权力的行为，必须遵守法律规定的正当程序。正当程序原则一般包括两种含义，其中一种就是程序性正当法律程序，它是指法律实施的方法，是国家规定在政府行使权力时必须要经历的步骤或方式，该程序规定的目的是为了保障个人合法的权益不受损害。当政府行使的行政权力有可能对个人的权利及自由以及其他合法性权益造成威胁时，就应由人民选举产生的立法机关根据宪法的原则及要求制定相应的法律；然后行政机关就应依照法定的权限与程序，在该法律的约束下行使权力。

土地征收遵循法定程序可使土地征收依法进行，有效地抑制了公权力的扩张，保障在土地征收过程中被征地者的合法权益不受随意性的侵犯。同时，遵循法定程序能使土地征收更好地实现公共目的，以防止内部腐化，从而保障土地征收公共目的的有效实现。

## 三、土地征收权的法理依据

### （一）权力制约理论

权力制约指的是对权力的制衡及约束。确认和改变人际关系需要权力，同样，处理人身或者他人财产也离不开权力。

西方关于权力制约的主要理论包括亚里士多德的法治理论、洛克的分权理论、孟德斯鸠的自由与分权思想。其中，亚里士多德的法治理论主张法律的权威性，他认为只有依靠适度的法律才能控制权力的滥用，从而可消除治理国家的阻碍。洛克的分权理论是坚持三权分立，其目的是保证政府工作顺利地进行，同时也保障公民自由的权利不受侵犯，而且在此过程中也能限制权力的过分集中。孟德斯鸠的自由与分权思想的目的是为了保障公民的政治自由，防止权力的滥用。他认为以权力制约权力是实现分权制衡的基本方法。

权力制约的内在的本质特性决定其具有限制和约束权力的功能。权力制约的关键环节是通过监督，使权力在其合理的范围内按照既定的程序规范地运行，抑制权力行使的随意性。

在宪法中，严格规定了政府行使土地征收权的目的以及范围。宪法规定，征地者行使土地征收权必须以公共利益为目的且遵照一定的范围来执行。规制土地征收权的权威依据是宪法与法律，行使土地征收权须按宪法的权力制约原则进行。一方面，土地征收权的行使受立法权的制约，立法机关可就土地征收权行使的目的、程序和补偿等制定相应的法律。同时，立法机关还可就土地征收权的行使产生的冲突以及矛盾做出专门性的规定。另一方面，土地征收权还受司法权的制约，宪法赋予司法机关以司法审查权，司法机关对行政机关行使土地征收权的目的、过程以及结果进行最后审查。

### (二)公共利益理论

公共利益与私人利益二者是相对应的一个范畴。在公共利益这一概念中，“公众”具体应包括什么范围，“利益”的具体内容又应采用什么标准，这两个问题在学界至今未有一个严密的定论。公共利益在不同的时期，不同的国家，不同的制度或不同的经济发展水平在不同的发展阶段其内涵也不相同。

随着经济日益不断地飞速发展，在城市化的进程中进行土地征收活动时，土地征收中个人利益与公共利益发生冲突，为了社会整体的发展，个人利益必须服从社会利益。对于国家行使土地征收权的合法依据，在各国和地区的法律法规中，一般都把公共利益作为行使土地征收权的合法前提，例如《德国基本法》《法国民法典》《意大利民法典》等都将土地征收权的行使仅限以公共利益为目的。

土地征收权合宪性的唯一标准以及界限都是公共利益。公共利益是土地征收无法绕过的问题，但对于公共利益这样一个极为抽象的概念，以纯粹理论的方式对其讨论很难获取对它比较进一步的认识。随着经济发展与城市进程的加快，土地征收需求量的增加，公共利益本身的不确定性成为各地政府滥用征收权的一个诱因，当前公共利益的界定成为世界各国在财产征收以及征用问题上普遍争论的焦点。

### (三)公平补偿理论

土地征收补偿，即依法给予被征地的所有权人、使用权人及其他权利人以合理补偿安置，是政府行使土地征收权的重要组成部分。

土地征收补偿原则要求行使土地征收行为的条件是须确立合理的征地补偿范围以及标准，以保障因国家行使土地征收权而造成被征地人特定的经济损失，对于此损失，国家具有补偿的义务，这是现代法治国家行使保障人民自由权和财产权的主要职能的一种表现。

在社会经济发展的不同阶段，补偿理论也不尽相同。目前，纵观世界各国或不同地区，在立法中一般基于三种补偿方法给予被征收的土地所有人，即不完全补偿及公平补偿以及完全补偿。在这三种补偿方法中，公平补偿强调的是基于当时人们公认的社会的公平观念，对在土地征收中涉及的公共利益与被征收人两者的利益进行公正的权衡，给被征地者以公平合理的补偿，但持该原则的补偿也并不否认对被征收人的财产损失给予完全补偿。

公平补偿的土地征收以对财产权的保障为理念，以公共利益和被征收者财产权益间的平衡为视角，不同情况的征地就应该采取不一样的补偿方法。根据公平补偿理论的观点，在土地征收中，征地者对农民的土地课以征收与课以一般的社会负担是不同的，它是本无此义务的农民对于征地而做出的特别牺牲，对于补偿而言应有全社会进行承担才可，这才是符合公平与正义之精神。在现代的土地征收中，无补偿即无征收这一理念已是立法者和执行者所应坚持的最基本理念。因此，土地征收补偿对于行使土地征收权具有重要的意义。

## 四、各国对土地征收权的法律规定

土地征收制度在世界各国都普遍存在。一般认为，用来发展社会公共利益和公益事业的用地，比如城乡道路、公园、绿地等土地是私人和一般企业不愿意提供的；此外，还有一些土地需要由政府或公共部门掌握用来进行保障性住宅建设、大型基础设施建设等。这些土地利用方式的特点是经济效益很难评价，投资难以回收，土地很难通过市场自行转为公共利益需要的使用。为了保证社会公共利益需要的用地，世界主要国家大都建立了土地转为社会公共利益需要使用的征收制度。

### （一）美国对土地征收权的法律规制

在美国，土地征收被称为是“最高土地权的行使”。美国是一个没有全国统一土地征收法律的国家，但美国通过法典及联邦政府部门以及相关机构的多种方式取得土地，例如购买、协议或者是征收等方法。

关于土地征收权，美国联邦宪法第五条的修正案的规定是，不经过正当的法律程序，就不得去剥夺任何人的生命或自由以及财产，不经过合理的补偿，就不得把私有财产征为公用。由此可见，土地征收权的行使需要正当的法律程序、合理的补偿和供公共使用这三个必备的要件。

美国土地征收权分为三级，即联邦、州、县三级土地征收。作为主权国家，联邦政府依据宪法可以行使征收权。美国的土地征收的特点表现为以下几个方面：第一，唯有为了公共目的，政府才可征收私有土地，之后可将征收来的土地划分给土地使用者。第二，在土地征收程序方面，土地征收的申请先由审核员进行审查，然后对被征收的土地进行实地调查和汇总、提交审核报告，高级监督员对审核报告和最后报价进行研究，但前提是须征得土地所有者同意。在实地调查前须征得土地所有者的同意，在补偿价格上若有争议而仍达不成一致，则政府的有关机关有权将之强制征收。第三，在征收补偿方面，补偿标准以市场价格计算，这样对于土地所有者的现有及预期利益可充分考虑到，最大可能地给予被征地者以最大的损失补偿。同时，美国政府以土地发展权为研究前提，在此基础上对征地补偿的各方面进行深度改革，改革内容包含“公共使用”目的原则的内涵界定、公平补偿原则的具体运用等。

### （二）英国对土地征收权的法律规制

1763 年，老威廉·皮特在《论英国人个人居家安全的权利》的演讲中说：“即使最穷的人，在他的小屋里也能够对抗国王的权威。屋子可能很破旧，屋顶可能摇摇欲坠；风可以吹进这所房子，雨可以淋进这所房子，但是国王不能踏进这所房子，他的千军万马也不敢跨进这间破房子的门槛。”

一般国家(地区)都在宪法上规定了征收权的法源,同时施以宪法上的约束。众所周知,英国是一个习惯法的国家,但对于土地征收制度却以成文法的形式对其加以规定。在英国,行使土地征收权必须要经过议会的批准。英国行使土地征收权主要依据两部法律的规定,即1965年的《强制征购土地法》和1981年的《土地征收法》。《土地征收法》以列举的方式对有权征收机关及征收项目加以详细规定。将政府机关以及从事任何铁路、电车道、道路等的兴办事业者规定为有权征收机关。关于补偿范围方面,将土地的补偿、迁移费、经营损失等以及因土地征收而造成的其他必要费用支出都列为英国的土地征收的补偿范围。在英国,土地征收补偿价格的标准,是以被征收土地所有者在公开土地市场上能得到的出售价格为计算基础,补偿开始计算的时期是以在征收者进入土地的日期为确定日期。在合理的情况下,补偿价格包括土地征收之前转为公用事业开发而造成的价差。

英国是一个对征地条件要求比较苛刻的国家,其要求在征地被许可前,征地部门须提供其所征的土地符合土地征收的目的,且要求征地部门证明其所征的土地使用后带来的利益远远大于失地人因被征地而受到的损失。因此,在行使征地权时常常受到限制。

英国议会对征地具有审批权,在议会审核时会召开一个由相关大臣、一位独立督察员和征地利益关系人组成的公开调查会。在此调查会上,对其是否符合公共利益的认定标准采取共同讨论、共同协商的方法,此方法兼顾了不同主体利益的需要且可有效避免在征收问题上产生的重大分歧。

### (三)德国对土地征收权的法律规制

德国是一个实行土地私有制的国家,政府行使土地征收权同样须以公共利益优先的原则来使用土地。为了保障城市建设等需要,政府时常行使土地征收权来征收未开发的土地。

德国并无联邦统一的征收法,但是从现行的《德国基本法》的第十四条关于对所有权和继承权的保护条款中可以看出,在土地征收的实际操作中,对土地征收遵守的规定基本相似,主要表现为:①在征地程序上,其要求程序的正当性,只有程序的正当性才能保证土地征收的顺利进行;②在征地手段上,行政机关一般利用行政处分的法律手段,以保证土地征收的合法性;③在征收的目的上,在征收私人的土地财产权利时,公共福利是行使土地征收权的主要目的;④在征地补偿上,合理的征地补偿征收必须给予全额的补偿。

### (四)日本对土地征收权的法律规制

日本一半以上的土地都属私人所有,为了解决在公共事业上的用地问题,日本在1951年制定的《土地征收法》中,对土地征收的范围及土地征收的程序以及土地征收的补偿标准等都做了具体的规定,在该法律中规定了,只要是为了重要的公共事业都可来运用土地征收制度,行使土地征收权。

日本的《土地征收法》重点在于对土地征收的目的,即公共利益、土地征收补偿、土地征收程序方面的规定:

(1)公共利益的界定　在《土地征收法》中,以列举式的方式对公共利益做了详细规定,其详细规定包括35种公共利益项目允许土地征收,例如道路及停车场修建,运河使用设施,汽车运送事业设施等。从《土地征收法》规定来看,其可行使土地征收权的范围看似非常广泛,但在这35种项目中,对于公共利益的项目在单行法中都有非常明确而且具体的规定,因此,其实则是非常狭窄的。此外《土地征收法》还规定即使行使土地征收权符合上述35种的规定，在没有特别的情形下也不得行使征收权。

(2)土地征收补偿的确定　日本的《土地征收法》规定，以土地地券所示的价格来补偿被征地者，后又改为“价值相当的原则”，日本的现行《土地征收法》以两种方式来补偿，即金钱的补偿原则和替代土地或实物补偿。同时，实践中还存在的事前补偿原则和同时补偿原则。在补偿主体方面，土地的用地人为补偿主体，土地征收的补偿标准为完全补偿标准。

(3)土地征收程序　关于土地征收补偿的程序，日本法律上没有统一的规定，现行的法律规定各不相同，在申请征地方面，用地人须取得公益事业的认定然后到征收委员会申请征收裁决。在此审理过程中，征收委员会要充分地听取被征收人的意见。

## 五、我国征地制度的形成与发展

新中国成立至今，我国的各项非农建设基本上是靠征收农民集体土地来获得新增建设用地的。改革开放以来，随着社会主义市场经济的发展和国有土地市场体系的逐步形成，土地的稀缺性和资产性日益显现，征地中的各方利益矛盾越来越突出，对被征地农民补偿不到位、安置不落实及由此引发的“征地难”已成为土地管理乃至经济建设和社会稳定等方面的难点、热点和焦点问题。归纳起来，我国征地制度的变革过程大致可分为以下四个阶段。

### (一)征地制度初创阶段

我国现行的征地制度可追溯到新中国成立初期。归纳起来大致有三种性质：第一种，新中国成立初期的“征收土地”，1950年的《土地改革法》，包括没收和征收两种形式，对地主的土地采取没收的方式，对“祠堂、庙宇、寺院、教堂、学校和团体在农村的土地及其他公地”则采取强制征收的方式；第二种，公有制改革前的“收回、收买或征购土地”，1950年《城市郊区土地改革条例》第9条中规定，“城市郊区所有没收或征收得来的农业土地，一律归国家所有，由市人民政府管理”，并分配给当地农民耕种使用，第十三条同时规定“国家为市政建设及其他需要收回由农民耕种的国有土地时，应给耕种该项土地的农民以适当的安置”；第三种，公有制改造完成以后的“征用集体土地”。新中国成立以后，政务院制定了《铁路留用土地办法》和《城市郊区土地改革条例》等，对相关事项中的征地事宜做了规定，还曾发布《征用农村土地暂行办法(草案)》和《使用城市郊区土地暂行办法(草案)》两个内部执行的征地办法草案。

新中国成立初期，各项非农建设蓬勃开展，建设用地的需要较为迫切。中央人民政府根据这一需要，于1953年12月5日通过了《政务院关于国家建设征用土地办法》(以下简称《办法》)，这是新中国第一部比较具体的土地征用行政法规。该《办法》所称的国家建设，是指国防工程、厂矿、铁路、交通、水利工程、市政建设以及其他经济、文化建设等。《办法》规定，国家建设征用土地的基本原则是：既应根据国家建设的确实需要，保证国家建设所必需的土地，又要照顾当地人民的切身利益，对被征地者的生产和生活有妥善的安置。《办法》规定的征地补偿标准是：一般土地以其最近3～5年产量的总值为标准，特殊土地应酌情变通处理。《办法》区分了全国性的建设事业用地和地方性建设事业用地，并以征收的面积和迁移居民户数划分审批权限。

1954年，我国颁布了新中国成立后的第一部宪法。该部宪法在强调“国家依照法律保护农民的土地所有权和其他生产资料所有权”的同时，还第一次明确了“国家为了公共利益的需要，可以依照法律规定的条件，对城乡土地和其他生产资料实行征购、征用或者收归国有”。这一表述已经体现出土地征收需为了公共利益的需要的原则，并体现了“征购”与“征用”的区别。

### (二)征地制度建立阶段

1956 年 3 月 17 日全国人大常委会第 33 次会议通过的《农业生产合作社示范章程》正式实施，农业生产合作化运动遍及全国，农村土地迅速由农民私有转变为集体所有，原定的征收土地办法已不能适应新形势下的国家经济建设要求，因此，1957 年，经国务院全体会议第五十八次会议修正、1958 年全国人大常委会第九十次会议批准，由国务院重新公布施行《国家建设征用土地办法(修正)》。修正后的《办法》没有沿用 1954 年《宪法》中“公共利益”的表述，而是将其改为“适应国家建设的需要”。对于征地的范围和用途采取了列举法，即“兴建厂矿、铁路、交通、水利、国防等工程，进行文化教育卫生建设、市政建设和其他建设”。修正后的《办法》将安置前置，要求征地前“必须对被征用土地者的生产和生活有妥善的安置。如果对被征用土地者一时无法安置，应该等待安置妥善后再行征用，或者另行择地征用”。修正后的《办法》中，土地补偿以最近 2～4 年的原用途产量总值为标准；在实施补偿时，“应该尽量用国有、公有土地调剂”，对无法调剂或者调剂后对被征用土地者的生产、生活造成影响的，再发给补偿费或者补助费。

1961 年《农村人民公社工作条例》(第六十条)中，建立了“以生产大队的集体所有制为基础的三级集体所有制”，并规定“全大队范围内的土地，都归生产大队所有，规定给生产队使用”，基本建立了农村土地集体所有制。通过农村生产合作社运动，基本确立了我国社会主义土地公有制的两种形式——城市土地国家所有制和农村土地劳动群众集体所有制。这一时期也是新中国成立以来对征收土地的第一次“刹车”，党中央、国务院通过上收征地审批权和严格禁止楼堂馆所建设强力减速征地审批，并要求各建设单位将早征迟用、多征少用和征而未用的土地，退还给生产队耕种。相当一部分已经征为国有的土地又转为农村集体土地(在册为国有土地，但事实上由农民耕作)。

### (三)征地制度完善阶段

1978 年召开的党的十一届三中全会拉开了中国改革开放的大幕，国家治理逐渐步入法制轨道。1982 年颁布实施的改革开放后的第一部《宪法》恢复了 1954 年《宪法》将“公共利益”作为征地的前提要件，明确“国家为了公共利益的需要，可以依照法律规定对土地实行征用”。但是，该法第一次提出“城市的土地属于国家所有。农村和城市郊区的土地，除由法律规定属于国家所有的以外，属于集体所有；宅基地和自留地、自留山，也属于集体所有”。由此形成城市土地国有、农村土地集体所有两种所有制并存的土地所有权结构，成为中国独特征地制度的最重要制度安排之一。

1982 年国务院公布施行《国家建设征用土地条例》。同 1958 年修订执行的《办法》相比，《条例》的内容更加丰富。比如，《条例》第三条规定“节约土地是我国的国策”，提出了节约用地是基本国策的概念；《条例》第四条规定“国家建设征用土地，凡符合本条例规定的，被征用社队的干部和群众应服从国家需要，不得阻挠和妨碍”，提出了征地的强制性概念；《条例》第五条规定“征用的土地，所有权属于国家，用地单位只有使用权”，明确了土地所有权和使用权两权分离的思想；《条例》第九条、第十条明确指出，征用土地的补偿费用包括土地补偿费、青苗补偿费、附着物补偿费和农业人口安置补助费;《条例》第十二条、第十三条对因征地造成的农业剩余劳动力提出了留地安置、乡镇企业安置、农转非后招工安置等多项安置途径;《条例》还制定了比过去更严格的申请、审批程序和监督制度,明确了国家、省和县三级政府的土地审批权限。《条例》较大幅度地提高了征地补偿标准,并第一次增加了安置补助费。《条例》较为完备地制定了计划经济条件下土地征收的法律程序、审批权限、批后补偿安置、批后的监督检查以及相应的各项配套规定等。

在1982年《宪法》原则下,我国于1986年出台了新中国第一部《土地管理法》,其中与土地征收相关的要点包括:一是坚持法律名义上的土地征用公共利益原则,明确"国家为了公共利益的需要,可以依法对集体所有的土地实行征用"。1986年的《土地管理法》没有对公共利益用途进行明确界定,采取了较为宽泛的用途表述,即"国家进行经济、文化、国防建设以及兴办社会公共事业"皆可实行征地。二是依循城乡分治原则。1986年的《土地管理法》依照1982年的《宪法》中两种所有制并存的结构,采取城市土地国有、农村和城市郊区土地集体所有的城乡土地分治。三是以征地面积界定审批权限。征用耕地1 000亩以上、其他土地2 000亩以上的,由国务院批准;征用耕地3亩以下、其他土地10亩以下的,由县级人民政府批准;两个界限之间的,其批准权限在省辖市、自治州人民政府,但要由省、自治区人民代表大会常务委员会决定。四是进一步明确以耕地年产值为基础的补偿安置办法。1986年的《土地管理法》提高了补偿倍数,将征用耕地的补偿费提高到该耕地被征用前三年平均年产值的3～6倍。将安置补助费也按耕地产值倍数补偿,即"征用耕地的安置补助费,按照需要安置的农业人口数计算。需要安置的农业人口数,按照被征用的耕地数量除以征地前被征地单位平均每人占有耕地的数量计算。每一个需要安置的农业人口的安置补助费标准,为该耕地被征用前三年平均每亩年产值的二至三倍"。并限定土地补偿费和安置补助费两项总和不得超过土地被征用前三年平均年产值的20倍。五是对被征地农民实行就业安置。安排部分被征地农民进用地单位或者其他集体所有制单位、全民所有制单位就业。如果被征地单位的土地被全部征用,原有农业户口转为非农业户口。

从20世纪90年代末以来,随着中国的工业化、城市化进程的加快,土地非农化进程也大大加快,耕地保护和国家粮食安全受到的威胁越来越大。为此,1998年经第九届全国人大常委会第四次会议审议通过,新修订的《土地管理法》于1999年1月1日起正式施行。1999年的《土地管理法》在公共利益、城乡分治的原则上对1986年的《土地管理法》予以保留和完善,在补偿标准上按照原用途补偿原则有所提高,将征用耕地的土地补偿费提高到该耕地被征用前三年平均年产值的6～10倍,安置补助费提高到该耕地被征用前三年平均年产值的四至六倍,并限定以上两项之和不得超过土地被征用前三年平均年产值的三十倍。在征地审批制度方面,将过去的分级限额审批制度改变为依据土地利用规划实行以用途管制为核心内容的农用地转用和土地征收审批制度,取消了市县级人民政府的征地审批权;在征地报批上,区分城市分批次建设征收土地和单独选址项目征收土地;在征地的批后实施上,明确要实行"两公告一登记",即征收土地方案公告、补偿安置公告和补偿登记制度。

### (四)征地制度改革阶段

2019年8月,十三届全国人大常委会第十二次会议表决通过了关于修改《土地管理法》《城市房地产管理法》的决定。2019年的《土地管理法》修改充分反映了30多年来土地管理和改革取得的成效，在延续经过实践检验的土地基本管理制度的基础上，把试点地区以及各地在土地管理和改革中的成功经验、成熟做法上升为法律制度；充分体现了以人民为中心的理念，在农村土地管理方面做出了多项创新性的规定，坚决维护农民土地权益；落实了中央关于“放管服”的改革要求，对中央和地方的土地审批权限进行了调整，有利于提高政府的工作效率；落实了全面依法治国、依法行政的要求。2019 年的《土地管理法》在以下三个方面做出重大改变。

一是土地征收标准的公共利益的界定越来越明晰。2019 年的《土地管理法》规定了军事、外交、能源、水利、交通、通信、邮政、科教文卫、环境保护等内容属于公共利益的范畴，可以征收土地，首次以列举方式明确公共利益的 6 种情形。同时还对城镇成片建设进行了限定，要求符合自然资源部规定的标准且经省级以上人民政府批准，明确公共利益的外延，能够有效地限制政府权力滥用。

二是土地征收补偿机制不断完善。按照 2019 年的《土地管理法》“保障被征地农民原有生活水平不降低、长远生计有保障”的要求，一方面，采用“区片综合地价”方式取代原先的原用途平均年产值倍数法，建立了“区片综合地价＋社会保障”的补偿制度，逐步实施对被征地者的市场化和财产性补偿。另一方面，将补偿重点放在长远生计有保障上，将被征地农民纳入养老等社会保障体系，全方位保障农民权益。明确了“重新安排宅基地建房、提供安置房或者货币补偿”等补偿方式，《土地管理法实施条例》对土地征收补偿安置的费用保障和具体分配规则等做出了具体规定，规定地方人民政府应当落实土地补偿费等有关费用，保证足额到位，专款专用，有关费用未足额到位的，不得批准征收土地。明确省（自治区、直辖市）制定土地补偿费、安置补助费的分配办法。

三是通过改革土地征收程序，充分保障农民知情参与监督等权利。土地征收程序得到进一步细化。《土地管理法实施条例》以维护被征地农民合法权益为核心，对 2019 年的《土地管理法》规定的土地征收程序进行了细化规定。主要包括：①发布土地征收预公告，启动土地征收。市、县人民政府认为符合《土地管理法》第四十五条规定的公共利益，需要启动土地征收的，发布土地征收预公告，开展土地现状调查和社会稳定风险评估；②组织编制征地补偿安置方案，并进行公告和听证；③签订征地补偿安置协议，对个别难以达成征地安置协议的，在申请征收土地时如实说明；④申请土地征收审批；⑤土地征收经依法批准后发布土地征收公告，公布土地征收范围和征收时间，对个别未达成征地补偿协议的做出征地补偿安置决定；⑥实施土地征收。土地征收权下放，2019 年的《土地管理法》第四十六条第一款规定的永久基本农田、永久基本农田以外的耕地超过 35 $hm^2$ 的、其他土地超过 70 $hm^2$ 的土地征收审批事项，国务院委托部分试点省、自治区、直辖市人民政府批准。被征地农民的知情权、参与权、监督权得到充分保障。《土地管理法实施条例》进一步畅通土地征收过程中的公众参与渠道，确保被征地农民在土地征收过程中能够有效参与并反映其诉求，保障其有效行使知情权、参与权、监督权。《土地管理法实施条例》规定土地征收前的社会稳定风险评估要求有被征地的农村集体经济组织及其成员、村民委员会和其他利害关系人参加，评估结果是申请征收土地的重要依据。多数被征地的农村集体经济组织成员认为拟定的征收补偿安置方案不符合法律、法规规定的，县级以上地方人民政府应当组织听证。

# 第二节 土地征收审批管理

## 一、征地审批的权限

2019年的《土地管理法》第四十六条规定：征收农用地的，应当先行办理农用地转用审批。其中，经国务院批准农用地转用的，同时办理征地审批手续，不再另行办理征地审批；经省、自治区、直辖市人民政府在征地批准权限内批准农用地转用的，同时办理征地审批手续，不再另行办理征地审批，超过征地批准权限的，应当依照本条第一款的规定另行办理征地审批。

土地征收必须依照法律规定的权限和程序进行。国家对耕地实行特殊保护，严格限制农用地转为建设用地，控制建设用地总量。不得违反法律规定的权限和程序征收集体所有的土地。这一方面可以防止地方政府及工作人员以公共利益为名，滥用征收权力，损害被征地农民的利益；另一方面有助于政府部门依法行政，弥补因公共利益的概念抽象而产生的缺陷。

### (一)农用地转为建设用地的审批

《土地管理法》第四十四条规定了农用地转为建设用地的审批权限。

建设占用土地，涉及农用地转为建设用地的，应当办理农用地转用审批手续。

将国务院可以授权的永久基本农田以外的农用地转为建设用地审批事项授权各省(自治区、直辖市)人民政府批准，其中：

(1)永久基本农田转为建设用地的，由国务院批准。

(2)在国土空间规划确定的城市和村庄、集镇建设用地规模范围内，为实施该规划而将永久基本农田以外的农用地转为建设用地的，按土地利用年度计划分批次按照国务院规定由原批准土地利用总体规划的机关或者其授权的机关批准。在已批准的农用地转用范围内，具体建设项目用地可以由市、县人民政府批准。

(3)在国土空间规划确定的城市和村庄、集镇建设用地规模范围外，将永久基本农田以外的农用地转为建设用地的，由国务院或者国务院授权的省(自治区、直辖市)人民政府批准。

2020年3月，国务院颁布《关于授权和委托用地审批权的决定》(国发〔2020〕4号)，提出对《土地管理法》第四十四条第二款规定的永久基本农田转为建设用地审批事项，以及第四十六条第一款规定的永久基本农田、永久基本农田以外的耕地超过35 $hm^2$ 的、其他土地超过70 $hm^2$ 的土地征收审批事项，国务院委托部分试点省(自治区、直辖市)人民政府批准。首批试点省份为北京、天津、上海、江苏、浙江、安徽、广东、重庆。要求各省(自治区、直辖市)人民政府不得将承接的用地审批权进一步授权或委托。

### (二)征收集体土地审批权限

《土地管理法》第四十六条规定了征收土地的审批权限。

(1)征收永久基本农田和永久基本农田以外的耕地超过35 $hm^2$ 的，其他土地超过70 $hm^2$ 的，由国务院批准。

(2)征收前款规定以外的土地的，由省、自治区、直辖市人民政府批准。

征收农用地的，应当依照依法先行办理农用地转用审批。其中，经国务院批准农用地转用的，同时办理征地审批手续，不再另行办理征地审批；经省、自治区、直辖市人民政府在征地批准权限内批准农用地转用的，同时办理征地审批手续，不再另行办理征地审批，超过征地批准权限的，应当依照上述第(1)款的规定另行办理征地审批。

## 二、征地的程序

1. 发布土地征收预公告

根据《土地管理法实施条例》，需要征收土地，县级以上地方人民政府认为符合《土地管理法》第四十五条规定的，应当发布征收土地预公告。

征收土地预公告应当包括征收范围、征收目的、开展土地现状调查的安排等内容。征收土地预公告应当采用有利于社会公众知晓的方式，在拟征收土地所在的乡(镇)和村、村民小组范围内发布，预公告时间不少于十个工作日。自征收土地预公告发布之日起，任何单位和个人不得在拟征收范围内抢栽抢建；违反规定抢栽抢建的，对抢栽抢建部分不予补偿。

2. 土地现状调查和社会稳定风险评估

根据《土地管理法》第四十五条规定，县级以上地方人民政府开展拟征收土地现状调查和社会稳定风险评估。土地现状调查应当查明土地的位置、权属、地类、面积，以及农村村民住宅、其他地上附着物和青苗等的权属、种类、数量等情况。

社会稳定风险评估应当对征收土地的社会稳定风险状况进行综合研判，确定风险点，提出风险防范措施和处置预案。社会稳定风险评估应当有被征地的农村集体经济组织及其成员、村民委员会和其他利害关系人参加，评估结果是申请征收土地的重要依据。

3. 拟定征地补偿安置方案并公告

县级以上地方人民政府应当依据社会稳定风险评估结果，结合土地现状调查情况，组织自然资源、财政、农业农村、人力资源和社会保障等有关部门拟定征地补偿安置方案。

征地补偿安置方案应当包括征收范围、土地现状、征收目的、补偿方式和标准、安置对象、安置方式、社会保障等内容。

征地补偿安置方案拟定后，县级以上地方人民政府应当在拟征收土地所在的乡(镇)和村、村民小组范围内公告，公告时间不少于三十日。

征地补偿安置公告应当同时载明办理补偿登记的方式和期限、异议反馈渠道等内容。

多数被征地的农村集体经济组织成员认为拟定的征地补偿安置方案不符合法律、法规规定的，县级以上地方人民政府应当组织听证。

4. 征地补偿登记

县级以上地方人民政府根据法律、法规规定和听证会等情况确定征地补偿安置方案后，应当组织有关部门与拟征收土地的所有权人、使用权人签订征地补偿安置协议。征地补偿安置协议示范文本由省、自治区、直辖市人民政府制定。

对个别确实难以达成征地补偿安置协议的，县级以上地方人民政府应当在申请征收土地时如实说明。

5. 征地申请审批与公告

县级以上地方人民政府完成本条例规定的征地前期工作后，方可提出征收土地申请，依照

《土地管理法》第四十六条的规定报有批准权的人民政府批准。

有批准权的人民政府应当对征收土地的必要性、合理性、是否符合《土地管理法》第四十五条规定的为了公共利益确需征收土地的情形以及是否符合法定程序进行审查。

征收土地申请经依法批准后，县级以上地方人民政府应当自收到批准文件之日起十五个工作日内在拟征收土地所在的乡（镇）和村、村民小组范围内发布征收土地公告，公布征收范围、征收时间等具体工作安排，对个别未达成征地补偿安置协议的应当做出征地补偿安置决定，并依法组织实施。

6. 补偿安置

省、自治区、直辖市应当制定公布区片综合地价，确定征收农用地的土地补偿费、安置补助费标准，并制定土地补偿费、安置补助费分配办法。

地上附着物和青苗等的补偿费用，归其所有权人所有。

社会保障费用主要用于符合条件的被征地农民的养老保险等社会保险缴费补贴，按照省、自治区、直辖市的规定单独列支。

申请征收土地的县级以上地方人民政府应当及时落实土地补偿费、安置补助费、农村村民住宅以及其他地上附着物和青苗等的补偿费用、社会保障费用等，并保证足额到位，专款专用。有关费用未足额到位的，不得批准征收土地。

7. 强制执行

被征收土地的所有权人、使用权人对土地征收不服的，可以依法申请行政复议或者提起行政诉讼。

被征收土地所有权人、使用权人在规定的期限内不申请行政复议或者不提起行政诉讼，在规定的期限内又不腾退的，由县（市）人民政府依法申请人民法院强制执行。

## 三、成片开发涉及的土地征收

2019 年的《土地管理法》以列举的形式明确了公共利益的范围，其中包括“在土地利用总体规划确定的城镇建设用地范围内，经省级以上人民政府批准由县级以上地方人民政府组织实施的成片开发建设需要用地的”这一条款，并规定“成片开发并应当符合国务院自然资源主管部门规定的标准”。这一规定有利于缩小征地范围，限制政府滥用征地权；同时也在一定程度上与之前土地征收方式进行了衔接。2020 年 11 月，自然资源部印发《土地征收成片开发标准（试行）》（自然资规〔2020〕5 号）文件，在此基础上，各省制定了实施细则。

### （一）成片开发的定义和原则

成片开发是指在国土空间规划确定的城镇开发边界内的集中建设区，由县级以上地方人民政府组织的对一定范围的土地进行的综合性开发建设活动。土地征收成片开发应当坚持新发展理念，以人民为中心，注重保护耕地，注重维护农民合法权益，注重节约集约用地，注重生态环境保护，促进当地经济社会可持续发展。

土地征收成片开发具有明确的限制条件，具有以下情形的，不能实施土地征收成片开发：①涉及占用永久基本农田的。②市县区域内存在大量批而未供或者闲置土地的。③各类开发区、城市新区土地利用效率低下的。④已批准实施的土地征收成片开发连续两年未完成方案安排的年度实施计划的。

### (二)成片开发的历史演进与现实意义

成片土地开发的概念最早见于1990年国务院发布的《外商投资开发经营成片土地暂行管理办法》(国务院令第56号,2008年废止)。其中,成片开发界定为:在取得国有土地使用权后,依照规划对土地进行综合性的开发建设,平整场地、建设供排水、供电、供热、道路交通、通信等公用设施,形成工业用地和其他建设用地条件,然后转让土地使用权,经营公用事业;或者进而建设通用工业厂房以及相配套的生产和生活服务设施等地面建筑物,并对这些地面建筑物从事转让或出租的经营活动。将经济特区及部分沿海开放城市不具备使用条件的土地出让给外商投资者,由其进行基础设施投资开发建设,充分考虑了当时国力不足、融资压力大、基础设施条件差等特定的历史条件。此后,随着改革开放进程的加快,土地资源管理制度愈加完善,尤其是土地收购储备制度的建立和强化,终结了这种由企业代表政府进行前期基础设施投资建设的成片开发模式。此后,土地管理部门实践及相关文件中已不再使用"成片开发"的提法。

2019年的《土地管理法》中,再次提出成片开发的概念,其实质是在一定区域范围内,政府为实现公共服务、基础设施开发和配套设施建设、区域发展以及产业提升等进行的成片土地征收。在这个过程中,土地一级开发由土地储备机构进行,开发后出让、转让的增值收益由政府获得,与之前的成片开发概念已有本质的区别。

当前,成片开发具有其现实意义。一是有利于城市统一规划建设。城市用地空间布局、功能体系构建需要体现前瞻性和系统性,成片开发可以避免结构破碎、边界交错、用地形状不规整等问题。二是有利于城市基础设施配套建设。成片开发能够在连续的空间上经济且系统地供给基础设施与公共服务产品,降低了成本。三是有利于公平保障被征地农民权益。成片开发可以避免由于实施周期不同而导致的补偿安置价格不统一,有效降低了社会稳定风险。

### (三)成片开发征地管理的流程

1.前期准备及资料收集

成立专门的项目工作小组;收集编制方案所需要的基础资料,包括基础地理、国民经济和社会发展规划、国民经济和社会发展年度计划、国土空间规划等资料。收集成片开发的位置、面积、范围和基础设施条件等基本情况以及拟安排的建设项目、开发时序和年度实施计划,县域内批而未供或者闲置土地、开发区、城市新区土地利用效率,成片开发征地补偿等资料。

2.划定成片开发的范围

成片开发范围的划定应统筹考虑以下三个因素:一是自然条件。以地理因素(如河流水系)或交通基础设施(如主次干道)为边界,尽量集中连片,保持相对完整,且不重叠。二是符合规划。成片开发的范围应在国土空间规划确定的城镇开发边界中,不涉及永久基本农田和生态保护红线。三是政策要求。所划范围内公益性用地比例不得低于40%,并且要考虑节约集约用地要求,与土地利用年度计划指标、地区重点建设安排相适应。部分省实施细则中,对成片开发的面积也有规定。

3.调查与分析

对成片开发范围内用地状况、权籍等进行调查，可以结合无人机、数据云平台、移动终端等先进技术。综合分析收集资料和现场调查情况，结合区域资源禀赋，分析发展需求和选址的合理性，从优化区域土地资源配置、促进土地节约集约利用等方面评价土地征收成片开发的必要性。从成片开发公共利益保障程度和经济效益、社会效益和生态效益等方面，进行综合性的分析与判定，评估成片开发的可行性。

4.编制成片开发方案

根据《土地征收成片开发标准（试行）》（自然资规〔2020〕5号）和各省实施细则，县级以上地方人民政府按照《土地管理法》第45条规定，依据当地国民经济和社会发展规划、国土空间规划，组织编制土地征收成片开发方案，纳入当地国民经济和社会发展年度计划。土地征收成片开发方案应当包括下列内容：

（1）成片开发的位置、面积、范围和基础设施条件等基本情况；

（2）成片开发的必要性、主要用途和实现的功能；

（3）成片开发拟安排的建设项目、开发时序和年度实施计划；

（4）依据国土空间规划确定的一个完整的土地征收成片开发范围内基础设施、公共服务设施以及其他公益性用地比例；

（5）成片开发的土地利用效益以及经济、社会、生态效益评估。

5.征求意见、专家论证、上报审批

（1）县级以上地方人民政府编制土地征收成片开发方案时，应当充分听取人大代表、政协委员、社会公众和有关专家学者的意见。在完成县级土地征收成片开发方案材料编制后，征求成片开发范围内农村集体经济组织和农民的意见，并经集体经济组织成员的村民会议2/3以上成员或者2/3以上村民代表同意。

（2）省级人民政府应当组织人大代表、政协委员和土地、规划、经济、法律、环保、产业等方面的专家组成专家委员会，对土地征收成片开发方案的科学性、必要性进行论证。论证结论应当作为批准土地征收成片开发方案的重要依据。

（3）根据意见修改完善成果后，按有关程序将成果方案逐级上报至省级人民政府审批。

## 第三节　土地征收补偿

### 一、土地征收补偿的内涵及特征

正当合法的征收行为是土地征收补偿的前提基础。土地征收伴随着土地所有权的转移，作为土地征收方的国家和被征地单位之间就产生了一定的权利和义务关系，法律保障国家征收集体土地的权力，但同时也规定了必须承担土地补偿和劳动安置的义务；农村集体经济组织有在国家进行建设需要用地时提供土地的义务，同时也有要求依法合理补偿和妥善安置的权利。因此，在征收土地过程中，国家不能不充分考虑农民利益，农村集体经济组织也不能不服从国家利益而提出过高的要求。作为农民的主要生产资料，土地的被征收意味着生产资料和生活来源的丧失，因此征收土地时必须在经济上对农民的损失给予合理的补偿，并提供生产和生活的出路。

根据2019年的《土地管理法》第48条规定，征收土地应当给予公平、合理的补偿，保障被征地农民原有生活水平不降低、长远生计有保障。征收土地应当依法及时足额支付土地补偿费、安置补助费以及农村村民住宅、其他地上附着物和青苗等的补偿费用，并安排被征地农民的社会保障费用。

土地征收补偿具有以下特征：第一，合法征收行为是征地补偿的前提要件。土地征收补偿区别于因非法征收行为导致的行政赔偿，且征地补偿不因征收人的主观过错而变化。第二，国家是特定的补偿责任人。国家作为征收实施主体，理应承担补偿责任。第三，补偿标准也具有强制性。土地征收本身具有强制性，土地征收补偿的相关法律规定对征收主体同样具有强制力。

## 二、土地征收补偿标准

2019年，第十三届全国人民代表大会常务委员会第十二次会议《关于修改〈中华人民共和国土地管理法〉〈中华人民共和国城市房地产管理法〉的决定》中提出征收土地应当给予公平、合理的补偿，保障被征地农民原有生活水平不降低、长远生计有保障。

征收土地应当依法及时足额支付土地补偿费、安置补助费以及农村村民住宅、其他地上附着物和青苗等的补偿费用，并安排被征地农民的社会保障费用。

征收农用地的土地补偿费、安置补助费标准由省、自治区、直辖市通过制定公布区片综合地价确定。制定区片综合地价应当综合考虑土地原用途、土地资源条件、土地产值、土地区位、土地供求关系、人口以及经济社会发展水平等因素，并至少每三年调整或者重新公布一次。区片综合地价确定后，按照主要用于被征地农民的原则，参照近年征地补偿费用在农村集体和农民个人之间的实际支付比例，合理确定区片综合地价中土地补偿费、安置补助费比例。具体应由省级人民政府根据当地实际情况做出规定。

征收农用地以外的其他土地、地上附着物和青苗等的补偿标准，由省、自治区、直辖市制定。对其中的农村村民住宅，应当按照先补偿后搬迁、居住条件有改善的原则，尊重农村村民意愿，采取重新安排宅基地建房、提供安置房或者货币补偿等方式给予公平、合理的补偿，并对因征收造成的搬迁、临时安置等费用予以补偿，保障农村村民居住的权利和合法的住房财产权益。

县级以上地方人民政府应当将被征地农民纳入相应的养老等社会保障体系。被征地农民的社会保障费用主要用于符合条件的被征地农民的养老保险等社会保险缴费补贴。被征地农民社会保障费用的筹集、管理和使用办法，由省、自治区、直辖市制定。

## 三、征地区片综合地价及其测算方法

征地区片综合地价是指在国土空间规划确定的建设用地范围内，依据地类、产值、土地区位、农用地等级、人均耕地数量、土地供求关系、当时经济发展水平和城镇居民最低生活保障水平等因素，划分区片并测算的征收农民集体农用地的土地补偿费和安置补助费标准，不包括法律规定用于社会保险缴费补贴的被征地农民社会保障费用、征收农用地涉及的地上附着物和青苗等的补偿费用。

2005年,国土资源部发布《关于开展制定征地统一年产值标准和征地区片综合地价工作的通知》(国土资发〔2005〕144号),规定了征地区片综合地价测算的基本原则、基本要求和方法。2019年《自然资源部办公厅关于加快制定征收农用地区片综合地价工作的通知》(自然资办发〔2019〕53号)中根据《土地管理法》要求进行了强调。

### (一)基本原则

(1)维护被征地农民合法权益原则　征地区片综合地价要确保被征地农民原有生活水平不因征地而降低,并体现长远生计和未来发展的需要。

(2)同地同价原则　在同一区片内,不同宗地的征地补偿标准相同,且不因征地目的及土地用途不同而有差异。

(3)协调平衡原则　征地区片综合地价不得低于当地原征地补偿标准,省级行政区域内各市县的征地区片综合地价应相互衔接。

(4)公开听证原则　征地区片综合地价要依法组织听证,广泛听取有关部门、农村集体经济组织、农民及社会各方面的意见和建议。

### (二)基本要求

(1)征地区片价作为征地补偿实施过程中的执行标准,一般情况下不设定宗地补偿费修正体系;确需设定修正体系的,要严格限定修正因素并控制修正系数,修正体系应一并公布。

(2)一个市(县)的征地区片价原则上控制在4～6个级别。

(3)征地区片价应设定对应的基准时点。根据《土地管理法》,至少每三年调整或者重新公布一次。

### (三)测算步骤

1.划定区片

以县(市、区)为单位,根据农用地条件相近的原则,将县域划分为一个或几个区片,作为测算区片综合地价的基本单元。划定区片原则上不打破村级行政界线,可以将同一乡镇的多个行政村归并为一个区片,也可以将不同乡镇的多个行政村归并为一个区片;确有必要的,可依据河流、道路等线状地物确定区片边界。划定区片的具体方法可以参考《关于开展制定征地统一年产值标准和征地区片综合地价工作的通知》(国土资发〔2005〕144号)的规定。

2.科学测算区片综合地价

采用农用地产值修正法、征地案例比较法等方法综合测算区片综合地价。农用地产值修正法是以当地主导耕作制度为测算基础,将未来农用地预期产值还原到当期,并结合被征地农民安置需要,综合考虑土地区位、土地供求关系、人口以及经济社会发展水平等因素进行修正后测算区片综合地价的方法;征地案例比较法是选择区片内近3～5年来实施征地的典型案例,以政府实际支付的土地补偿费和安置补助费为基础,剔除政府支付的社会保障费用,根据经济社会发展情况等进行修正后测算区片综合地价的方法。

区片综合地价应与当前经济社会发展水平相适应,不低于内涵可比的原征地补偿标准。同一区片内不同类型农用地的质量存在明显差异的,可以设定地类调节系数进行调节。

### (四)论证和调整

测算过程中,县级自然资源主管部门要广泛听取农村集体经济组织、农民群众以及政府有关部门等各方面意见,并进行充分论证。县级区片综合地价测算成果形成后,按照自下而上、逐级平衡的方法,地市级和省级自然资源主管部门应先行进行综合平衡。平衡时应统筹考虑不同地区间社会保障、安置途径的差异,做到征地补偿总体水平合理。

### (五)听证和审核

县级自然资源主管部门组织对综合平衡后的区片综合地价测算成果进行听证,逐级上报省级自然资源主管部门。省级自然资源主管部门对区片综合地价测算的程序、方法和成果等进行审核把关,确保成果合理合法、符合实际。

### (六)公布实施

区片综合地价成果经省级人民政府同意后,由省级人民政府或省级人民政府规定的地市、县级人民政府公布实施。公布内容应当包括区片综合地价标准、土地补偿费和安置补助费比例、实施时间、新旧征地补偿标准衔接措施等。区片综合地价相关信息应纳入省级征地信息公开平台,方便社会查询。自然资源部门户网站也设立了专门版块,将各地上报备案的征地区片综合地价信息向社会主动公开。

# 第四节　土地收购储备

## 一、土地收购储备概述

### (一)土地收购储备的概念

土地储备是指县级(含)以上自然资源主管部门为调控土地市场、促进土地资源合理利用,依法取得土地,组织前期开发、储存以备供应的行为。土地储备工作统一归口自然资源主管部门管理,土地储备机构承担土地储备的具体实施工作。财政部门负责土地储备资金及形成资产的监管。

土地储备机构通过征收、购买、置换、转制、收回等方式,从分散的土地使用者手中,把土地集中起来,并由土地收购储备机构组织进行原用地者的安置、房屋拆迁、土地平整等一系列土地整治工作后,将土地储备起来,再根据国土空间规划和土地出让年度计划,有计划地将土地投入市场。其主要目标是通过政府垄断土地一级市场供应,增强政府对土地市场的调控能力,防止土地收益流失,规范市场秩序。

土地储备机构应为县级(含)以上人民政府批准成立、具有独立的法人资格、隶属于所在行政区划的自然资源主管部门、承担本行政辖区内土地储备工作的事业单位。自然资源主管部门对土地储备机构实施名录制管理。市、县级自然资源主管部门应将符合规定的机构信息逐级上报至省级自然资源主管部门,经省级自然资源主管部门审核后报自然资源部,列入全国土地储备机构名录，并定期更新。

### (二)土地收购储备背景与发展

我国城市土地归国家所有，通过实行土地有偿有期限使用，形成土地市场。在这种土地制度框架下，国家是唯一的土地所有者，国有土地使用权出让和出租形成垄断性的城市土地一级市场：从国家取得的合法土地使用权在合同规定的范围内可以进入市场流通，进行转让和转租，形成竞争性的土地二级市场。

但是，由于过去长期实行土地无偿、无期限划拨使用制度，大量城市存量土地的产权不明晰，管理制度不完善，城市政府一直未能实现城市土地一级市场的垄断供应，许多单位和企业绕开政府私自进行土地出租和转让，既造成了国有资产的流失，又导致市场价格信号失真，炒卖地皮的现象时有发生，扰乱了房地产市场秩序，给国土空间规划和城市管理也造成很大困难。对于已经纳入有偿使用的土地供应，多数土地采用了协议出让方式，致使出让价格偏低，政府官员“寻租”现象严重。因此，在开启城市土地使用制度改革的大门以后，如何规范和有效管理土地市场就成了政府迫切需要解决的一个问题。在这种背景下，城市土地储备制度作为一种制度创新应运而生。

1996 年，上海市在借鉴了国外在土地管理方面的经验，并参考了香港的土地批租制度后，成立了上海市土地发展中心，建立起“市场化”模式的土地储备制度，以达到进一步深化国有土地使用制度的改革，增强政府对土地供给的宏观调控力度，盘活土地存量，规范供地方式，优化投资环境的目的。

1997 年，为解决国企改革中的土地资产变现问题。杭州市国土资源局成立了土地储备中心。同时为了协调各部门关系，杭州市政府建立了包括国土资源、财政、建设、规划等相关部门在内的跨部门协调机构——土地收购储备管理委员会。土地储备中心的首要任务就是收购因产业结构调整的企事业单位需盘活的存量土地。1998 年 6 月，杭州市土地收购储备管理委员会决定，将收购储备范围扩大到市区需盘活的所有土地；2000 年下半年，收购储备土地范围扩大到旧城改造地块、城市建设重点区域以及新增建设用地等。其目的是保证土地一级市场的集中供应，使政府真正掌握土地供应的主动权。

2001 年 6 月 21 日由国土资源部发布的《关于整顿和规范土地市场秩序的通知》规定：“对原有存量建设用地，城市政府要积极试行土地收购储备。统一收购和回收土地，掌握调控土地市场的主动权。收回的土地由政府统一储备、统一开发，按市场需求统一供应。”国土资源部、财政部、人民银行共同发布的《土地储备管理办法》强调“优先储备闲置、空闲和低效利用的国有存量建设用地”。

2018 年 1 月 3 日，国土资源部、财政部、人民银行、银监会对原《土地储备管理办法》进行了修订，联合印发了新的《土地储备管理办法》，以进一步规范土地储备管理，落实党的十九大关于加强自然资源资产管理和防范化解重大风险的要求。特别明确了土地储备实行名录制管理，深化和健全土地储备全流程管理，推进土地储备资金管理和融资方式调整，要求构建多部门联合的监管体系。

### (三)土地收购储备的作用与功能

(1)强化政府对土地一级市场的宏观调控能力。我国城市土地市场呈三级市场结构模式：①一级市场。即由国家以土地所有者身份，通过批租将土地的使用权投放市场运行。它表现为政府与土地经营者、使用者之间的纵向交易行为，反映的是土地使用权价格，具有垄断性质。②二级市场。即由获得土地使用权的经营者，直接将土地或通过建设商品房从而间接地将土地投入市场流通。它表现为土地经营者与使用者之间的横向交易，是扩大供给条件下的市场行为，反映的是以开发经营者价值为基础的企业价格，具有经营性质。③三级市场。即依附于房产交易让渡土地使用权而使土地间接进入市场流通，它表现为土地使用者之间的横向交易，是调剂需求条件下的市场行为，反映的是以效用为尺度的市场价格，具有消费性质。

城市土地储备制度实施后，凡是符合储备条件的城市土地收购权仅仅为城市土地储备机构享有，必须由土地储备机构统一收购，除此之外的其他机构、企业和个人均不能自行收购。所有存量和增量的土地均必须进入城市土地储备系统中来，不能有在该系统之外的土地存在。城市建设用地只能由土地储备机构根据经济发展的需要和国土空间规划向市场供应，这样政府牢牢掌握和控制了土地向市场供应的时间、空间以及数量，使政府更有效地垄断了土地一级市场，更大程度上消除隐形的土地一级市场，从而维持了城市土地市场的秩序。

土地收购储备机制建立后，政府通过抓"土地收购权"和"土地批发权"，抓土地和资金两个要素，加强了对市区土地供应和土地盘活资金的调控能力，既保证了企业土地盘活资金的合理使用，使之真正用于企业解困和技术改造，也增加了政府对土地供应的主动权和计划性，为促进社会经济的协调发展创造条件。

(2)实现土地资产的价值，促进土地资产的保值增值和积累城市建设资金。实施土地储备制度前，制度的空白让土地的地下交易有机可乘，土地的地下交易盛行，土地增值所产生的巨大收益被用地单位和房地产开发商所攫取，土地交易腐败现象严重，而国家作为土地的所有者却没有获得相应的收益。实施土地储备制度，真正实现土地价值。将原来中间商和开发商获得的土地增值财富转移到政府手里，增加了政府的土地收益，从而更好地促进城市发展。

通过土地收购、储备、出让这个完整过程，确保政府垄断土地一级市场。通过市场公开运作和招商策划等方法，实现土地收益的最大化。把过去由各级开发商获得的土地增值转移到政府手中，政府的财政收入大为增加。依照《城市房地产管理法》第十八条规定："土地使用权出让金应当全部上缴财政，列入预算，用于城市基础设施建设和土地开发。"储备土地出让后的增值收益将为城市基础设施建设提供强有力的财政保障，推动城市现代化建设和经济发展，其社会效益和经济效益是大为可观的。

政府将土地收购后，经过前期开发，将生地、毛地变为具有房地产建设的各项基础条件的熟地，减少了房地产成本，也减少了房地产开发中的不确定因素，必然会推进土地招标拍卖工作，并促使土地收益得到最大化体现。土地进行前期开发后由政府储备起来，再进行招标拍卖，必定会带来土地的增值，从而增加政府的土地收益，可以积累一部分城市建设资金。

(3)土地储备有利于改善土地供应方式和手段，优化房地产市场投资环境。通过各种途径进入土地储备库的土地，必须有计划地做好供应土地的前期开发工作，使生地、毛地变为熟地出让，与现行的国际惯例一致，减少开发商对前期开发的忧虑，缩短开发周期，必然会受到欢迎。同时熟地出让时，各种技术参数明确，各种条件具备，有利于招标、拍卖、挂牌方式的推行，而从根本减少协议批租方式出让土地，也将有利于土地使用制度改革深化，规范土地交易行为和土地的统一管理，既能有效遏止土地的非法炒卖和隐蔽交易，防止国有土地资产的流失，又可体现土地一级市场的公开、公正、公平竞争的准则，创造良好的投资环境，促进房地产市场的健康。

(4)土地储备有利于土地资源的集约利用。土地是一种稀缺的资源和资产，城市土地的外延供给是极其有限的，因此土地资源的集约利用的基本着眼点是盘活存量土地，进行城市土地的优化配置，形成一个土地利用空间布局适当、土地使用结构合理、土地利用效率和综合效率最高的模式，这样的模式，在土地使用权无约束的分散的状态下是不可思议的，而只有在相当数量的土地资产、资源集中在政府储备的时候，才有可能实现。集约化用地，对于节约利用耕地，对于国有土地资产保值增值有着极其重要的意义。

(5)抑制土地炒作，规范土地市场。土地是一种稀缺的非可再生资源，随着对土地需求量的不断增加，土地资产也在不断增值。实施土地储备制度前，一些投机商人纷纷加入炒地皮的行列，顿时地价飞涨。建立土地储备制度，将存量土地和增量土地全部纳入城市土地储备库中，从制度上消除中间商炒作土地的可能性，同时由土地储备机构“一个龙头放水”，对建设用地统一出让，在阳光下交易土地，让建设用地进行幕后交易无利可图，也杜绝了权力的寻租，创造公平的竞争环境，减少腐败的发生。

(6)有利于从长远利益着眼，促进城市总体规划的实施。我国原来城市用地开发建设模式对城市总体规划实施已产生了种种不利的影响。它主要表现在有的土地还没有经过规划就已经投入了市场中，致使规划部门在规划过程中受到很多限制，也使国土空间规划布局缺乏整体性与和谐性。实施土地储备制度，让土地根据城市总体规划的需要而投入市场，促进了城市总体规划的实施。同时，实行土地净地出让后，公建配套由政府统一负责实施，更能保证规划的有效实施。

在新的土地供应机制下，可以实现土地供给与国土空间规划一致的原则，增强国土空间规划的刚性。土地收购储备和出让的计划都可以与国土空间规划衔接，对违反国土空间规划使用的土地可以通过收购的方法使其进入储备库，由储备库统一出让的土地，在出让时就根据国土空间规划明确其使用性质和各项规划参数。如深圳市根据法定图则出让土地，以法律的形式明确土地开发范围、用途、容积率等要求。在这一机制下，可以依据国土空间规划，将有限的城市土地合理配置，形成最优的国土空间利用结构和布局。

通过土地储备机制，把暂时不用的或结构不合理的土地收到政府手里，再根据市场的变化和用地的需求情况，有计划地把储备的土地释放出去，实现对土地市场的有效调控。因此，建立土地储备制度既可以促进土地集约利用，消化闲置土地，又可以贯彻保护耕地的基本国策，对合理使用土地，提高土地利用效率等具有十分重要的现实意义。

(7)有利于盘活土地资产和城市旧城改造。长期以来，在旧城改造中，“以房带路”“以地生财”的做法比较普遍，政府将土地低价甚至无偿划给开发商，由其对配套的道路等设施进行改造。这种做法有利于较快地推进旧城改造，但其弊端也十分明显，集中表现为土地回报率高的地方率先开发，但政府拿不到土地出让收益；改造难度大的地方旧城面貌依旧，“硬骨头”只有等政府来“啃”。土地整治储备则是一条既能实现城市综合开发和提高城市土地利用率，又能增强政府宏观调控能力并增加土地收益的新路。建立土地储备体系后，可以尝试运用土地储备制度推动旧城区的土地统一成片开发，有利于城市总体规划落实到位，更有利于推动城市的旧城改造。

(8)土地储备有利于土地管理部门职能实现。建立土地收购储备机制后,由土地储备中心进行土地收购储备工作,市区凡需要盘活的土地一开始就统一纳入土地储备中心运作,从土地的收购到土地的前期开发和拆迁安置、到土地储备、土地出让、土地资金运作等,土地管理部门对建设用地的管理从“源头”就能进入角色,实现批前、批中、批后的全程管理,改变了原先建设用地项目审批“过过手”的被动局面,为实现土地管理部门管理职能的真正到位打好基础。

### (四)土地收购储备原则

土地收购储备作为政府干预土地市场,对土地市场进行宏观调控的重要手段,必须坚持依照国土空间规划、城市建设发展规划和满足市场对土地的合理需求的原则进行,这是土地收购储备工作必须坚持的一般原则。在上述一般原则的指导下,土地收购储备还应坚持“五统一”的具体原则:

(1)统一规划原则　即建设部门、土地管理部门等根据城市发展需要,调控土地开发总量;

(2)统一收购原则　在土地收购储备时将城市中闲散土地、倒闭企业用地、闲置土地、拆迁地等由政府作价统一收购,严格禁止企业自行开发或变相买卖;

(3)统一拆迁原则　即政府采用行政手段对规划范围内的工业用地、居民住宅用地、商业用地实行统一拆迁 ,还地于政府;

(4)统一出让原则　所有开发商必须统一进入土地市场,进行公开、公平、公正竞争,实行公开招标或拍卖,严格限制或禁止协议出让;

(5)统一资金使用原则　在财政部门设立土地出让专户,所有收入统一交入财政专户,有关单位和部门根据用途报批使用。

### (五)土地收购储备的范围

建立土地储备制度不是为政府开辟新的财路,而是要通过“收购—储备—出让”三个步骤来实现政府控制城市建设用地的供应量,从而达到合理调控房地产市场的目的。因此,不是要求把所有的土地都纳入土地储备的范围,政府宏观调控也要遵循市场规律,尊重和发挥市场机制,对于可以由土地二级市场自行调节的部分就不必纳入储备的范围。

对纳入储备范围的土地要严格实施储备,对于没有纳入范围的土地禁止进行储备。其中尤其要注意到保护农用地,即使要征收集体土地的,也应当将其比率限定在非常小的范围内,绝对不允许让征收的集体土地成为土地储备的主要源头。规定存在污染、文物遗存、矿产压覆、洪涝隐患、地质灾害风险等问题的地块不得入库储备。土地储备机构要审核入库土地的取得方式和补偿情况,理清权属关系,确保地块产权清晰。必须明确公共利益的范畴,防止权力的滥用。

关于土地收回、收购、置换、征收范围的相关法规的规定,2018 年由国土资源部、财政部、中国人民银行联合制定发布的《土地储备管理办法》第八条规定,可以纳入土地储备的土地包括:①依法收回的国有土地;②收购的土地;③行使优先购买权取得的土地;④已办理农用地转用、征收批准手续并完成征收的土地;⑤其他依法取得的土地。

入库储备土地必须是产权清晰的土地。土地储备机构应对土地取得方式及程序的合规性、经济补偿、土地权利(包括用益物权和担保物权)等情况进行审核,不得为了收储而强制征收土地。对于取得方式及程序不合规、补偿不到位、土地权属不清晰、应办理相关不动产登记手续而尚未办理的土地，不得入库储备。

**(六)土地收购储备的资金**

土地储备作为城市土地出让制度的配套制度，其在地方政府实施城市土地供应、调节市场供求等方面发挥了重要作用。但由于土地收购储备过程中，需要进行征地、拆迁、基础设施改造与建设等，要占用大量资金，因此地方政府必然要进行大量融资。但是，在早些时期，一些地方政府成立的融资平台公司，以土地储备名义融资用于非土地储备业务，混淆了土地储备的概念。受其影响，正规的土地储备机构不仅贷款难度加大，有的还被地方政府当作融资工具，被迫偿还其他债务，影响土地储备的正常发展。因此，加强储备机构的规范管理、厘清土地储备机构与融资平台的关系，控制贷款规模、减少地方政府债务成为土地收购储备资金管理的重点。

2001 年国务院发布《关于加强国有土地资产管理的通知》(国发〔2001〕15 号)规定："市、县人民政府可划出部分土地收益用于收购土地，金融机构要依法提供信贷支持。"2007 年由国土资源部、财政部、中国人民银行联合发布的《土地储备管理办法》(国土资发〔2007〕277 号)规定："土地储备机构向银行等金融机构申请的贷款应为担保贷款，其中抵押贷款必须具有合法的土地使用证。"在这一阶段，金融机构融资成为土地收购储备的主要资金来源。

2008 年，银监会办公厅发布《关于加强信托公司房地产、证券业务监管有关问题的通知》(银监办发〔2008〕265 号)，要求信托公司"充分认识土地储备贷款风险，审慎发放此类贷款"。2010 年，银监会办公厅又发布《关于加强信托公司房地产信托业务监管有关问题的通知》(银监办发〔2010〕54 号)，要求信托公司不得以信托资金发放土地储备贷款。2012 年，国土资源部、财政部、中国人民银行、银监会联合印发《关于加强土地储备与融资管理的通知》(国土资发〔2012〕162 号)，规定土地储备机构名录以外的各类单位不得享受土地储备的相关政策，银行等金融机构也不得向其发放土地储备贷款。此外，严格控制土地储备总规模和融资规模，土地储备机构确需融资的，应纳入地方政府性债务统一管理。贷款期限最长不超过五年；贷款使用必须符合规定的土地储备资金使用范围，不得用于城市建设以及其他与土地储备业务无关的项目。

2014 年，全国人大常委会表决通过了《预算法》修订案，要求控制地方政府债务规模，减少地方政府隐性债务支出。2016 年财政部、国土资源部、中国人民银行、银监会联合发布《关于规范土地储备和资金管理等相关问题的通知》(财综〔2016〕4 号)，明确规定"土地储备机构新增土地储备项目所需资金，应当严格按照规定纳入政府性基金预算，从国有土地收益基金、土地出让收入和其他财政资金中统筹安排，不足部分在国家核定的债务限额内通过省级政府代发地方政府债券筹集资金解决。自 2016 年 1 月 1 日起，各地不得再向银行业金融机构举借土地储备贷款"。并提出了"土地储备资金从以下渠道筹集：一是财政部门从已供应储备土地产生的土地出让收入中安排给土地储备机构的征地和拆迁补偿费用、土地开发费用等储备土地过程中发生的相关费用。二是财政部门从国有土地收益基金中安排用于土地储备的资金。三是发行地方政府债券筹集的土地储备资金。四是经财政部门批准可用于土地储备的其他资金。五是上述资金产生的利息收入"。2017 年，财政部、国土资源部出台《地方政府土地储备专项债券管理办法(试行)》(财预〔2017〕62 号)，指出："地方政府土地储备专项债券是地方政府专项债券的一个品种，是指地方政府为土地储备发行，以项目对应并纳入政府性基金预算管理的国有土地使用权出让收入或国有土地收益基金收入偿还的地方政府专项债券。”“财政部在国务院批准的年度地方政府专项债务限额内，根据土地储备融资需求、土地出让收入状况等因素，确定年度全国土地储备专项债券总额度。”“各省、自治区、直辖市年度土地储备专项债券额度应当在国务院批准的分地区专项债务限额内安排，由财政部下达各省级财政部门，抄送国土资源部。”随着地方政府土地储备专项债券制度的建立，土地储备机构的融资得到进一步规范。这一制度也在之后发布的《土地储备管理办法》(国土资规〔2017〕17 号)和《土地储备资金财务管理办法》(财综〔2018〕8 号)得到强调和完善。

2019 年，财政部、自然资源部联合发布《土地储备项目预算管理办法(试行)》(财预〔2019〕89 号)，要求“土地储备项目从拟收储到供应涉及的收入、支出必须全部纳入财政预算”，进一步扎牢了土地储备项目资金管理的笼子。2020 年，财政部发布《关于加快地方政府专项债券发行使用有关工作的通知》(财预〔2020〕94 号)，强调专项债券必须用于有一定收益的公益性项目，融资规模与项目收益相平衡，并坚持新增专项债券不安排土地储备项目、不安排产业项目、不安排房地产相关项目。

## 二、土地收购储备的运行

根据我国目前各地土地收购储备的具体要求，一项完整的土地收购储备项目一般要经历土地取得、土地开发、土地储备、土地供应等主要环节。

### (一)土地取得

土地取得是指城市政府国土资源主管部门根据土地利用总体规划、城市规划、土地利用年度计划和土地储备计划等要求，通过各种方式取得城市市区范围内已入市国有存量用地和市郊、农村集体增量用地的过程。这一环节主要涉及储备对象与方法及用地补偿两项问题。

我国鼓励城市国土资源管理部门根据调控土地市场的需要，优先储备闲置、空闲和低效利用的国有存量建设用地。《办法》规定，主要可以通过四类方式取得需要储备的土地(表 10-1)。

一是依法收回的国有土地。主要包括到期收回、违法使用收回、闲置收回等。这类土地的收回方式具有强制性和无偿性的特点。市、县人民政府或国土资源管理部门依法无偿收回国有土地使用权，应由当地土地登记机关办理国有土地使用权注销登记。

二是收购的国有土地，主要是指因实施旧城区改建或落实城市规划而需要调整使用土地时依法取得土地的情况。这类土地的收回方式具有强制性和有偿性的特点。国土资源管理部门报经人民政府批准后，必须对原土地使用权人给予合理补偿后才可以收回剩余期限的国有土地使用权。土地储备机构须与原土地使用权人签订土地使用权收购合同，补偿标准由土地储备机构与土地使用权人根据土地评估的结果协商后决定。对政府有偿收回的土地，应有当地土地登记机关办理国有土地使用权注销登记。

三是行使优先购买权取得的土地。对于城市房地产交易中存在明显价格与价值不符的情况，即低于市场正常交易价格进行房地产买卖的，当地政府可以行使优先购买权收回该幅土地的使用权。由此收回的土地同样需要办理国有土地使用权注销登记。

四是已办理农用地转用、征收批准手续的集体土地。与前三类取得方式不同，这类方式不是国有存量土地的回收，而是国有增量建设用地的增加。我国实行土地公有制，现行的土地市场和房地产市场中并不存在土地所有权的出让和交易，也就是不存在所有权变更的市场行为。因此，涉及土地所有权变更的情况往往不是经济行为，而是行政行为，主要有土地征收和国有、集体土地调换两种情况，且以前者为主。土地征收的具体程序本章第二节已经阐述。

**表 10-1 土地储备对象与收储方式**

| 土地取得方式 | 土地收储对象 | 特点 | 权属登记情况 |
|---|---|---|---|
| 依法收回 | 通过到期收回、违法使用收回、闲置收回等的土地 | 强制性、无偿性 | 办理国有土地使用权注销登记 |
| 收购 | 因实施旧城改造或落实城市规划而需要调整使用情况的土地 | 强制性、有偿性 | 办理国有土地使用权注销登记 |
| 优先购买 | 在城市房地产交易中存在明显价格与价值不符，政府优先购买的土地 | 对抗性、有偿性 | 办理国有土地使用权注销登记 |
| 征收 | 已办理农用地转用、征收批准手续的集体土地 | 强制性、补偿性、权属转移性、公开性等 | 办理集体土地所有权的注销登记 |

### (二)土地开发

取得后的土地一般是未进行基础设施建设的毛地或生地，需要进行土地开发。一级开发会按照土地利用总体规划、城市规划、土地利用年度计划和土地储备计划，由政府统一确定土地用途和规划指标，委托土地储备开发主体对待储备土地进行拆迁安置、土地平整、基础设施建设和公用配套设施建设，按期达到土地既定开发标准的土地开发行为。现实中，由于土地开发是整个土地储备工作的核心。因此，很多地区往往将土地征收、开发、储备等业务进行合并，合称为土地储备开发。

土地储备前期开发在实施程序和开发标准方面也应当符合相应的规定。《办法》规定，储备土地的前期开发应按照该地块的规划，完成地块内的道路、供水、供电、供气、排水、通信、围挡等基础设施建设，并进行土地平整，满足必要的“通平”要求。具体工程要按照有关规定，选择工程勘察、设计、施工和监理等单位进行建设。前期开发工程施工期间，土地储备机构应对工程实施监督管理。工程完成后，土地储备机构应按规定组织开展验收或委托专业机构进行验收，并按有关规定报所属国土资源主管部门备案。

土地一级开发的重要性在于，如果不经开发直接出让生地，地方政府只能获得基础的土地出让金，大量的土地增值收益将由开发商获取，造成土地收益流失，而开发商也相应延长了投资周期，增加了投资风险。因此，地方政府在收购土地后，应进行统一的基础设施开发，包括地上建筑物和附着物的拆迁、平整工作等，可以提高土地资产质量，显化资产价值，为城市建设和发展提供土地所特有的资源、资产及资本，同时也可减少二级开发的投资周期，降低风险。

### (三)土地储备

土地在完成一级开发之后并不一定直接进入出让阶段,而往往先行纳入土地储备体系,将其存储起来,再视城市发展需要和土地市场需求状况,按照土地供应计划适时供应市场。在储备土地未供应之前,土地储备机构可将储备土地(使用权)或连同地上建筑物,通过出租、临时使用等方式加以短期利用,以提高土地利用效率,防止土地闲置。

### (四)土地供应

土地供应是指对于已经进入储备库的储备土地,由土地储备机构根据土地利用总体规划、城市规划以及土地出让年度计划,有计划地将其推向市场的过程。随着我国国有土地使用权有偿使用制度改革的逐步深入,我国土地出让方式逐步实现市场化。目前,我国基本上形成了政府主导下的招标、拍卖、挂牌为主要方式的土地储备出让市场,有效减少国家土地收益流失,促使用地单位提高土地利用效率。

【本章小结】

1. 土地征收是指国家为了公共利益的需要,依照法律规定以强制方式取得土地所有权及其他土地物权,并给予土地权利人相应补偿的一种法律活动。与土地征用权相比,最大的区别是使用权与所有权都发生了变动。土地征收权具有强制性与程序性的特征。

2. 土地征收制度改革是我国农村土地制度改革的重要组成部分。通过2015—2018年的土地征收改革试点工作,针对征地范围过大、程序不够规范、被征地农民保障机制不完善等问题,要缩小土地征收范围,探索制定土地征收目录,严格界定公共利益用地范围;规范土地征收程序,建立社会稳定风险评估制度,健全矛盾纠纷调处机制,全面公开土地征收信息;完善对被征地农民合理、规范、多元保障机制。

3. 改革后的土地征收制度,对公共利益范围进行明确界定。首次将"保障被征地农民原有生活水平不降低、长远生计有保障"的补偿原则上升为法律规定,并以区片综合地价取代原来的年产值倍数法,在原来的土地补偿费、安置补助费、地上附着物和青苗补偿费的基础上,增加农村村民住宅补偿费用和被征地农民社会保障费用的规定。改革土地征收程序,将原来的征地批后公告改为征地批前公告,进一步落实被征地的农村集体经济组织和农民在整个征地过程的知情权、参与权和监督权。

4. 土地储备是指县级(含)以上自然资源主管部门为调控土地市场、促进土地资源合理利用,依法取得土地,组织前期开发、储存以备供应的行为。土地收购储备需要占用大量资金,引发了地方政府融资乱象。为此,建立了地方政府土地储备专项债券制度。加强储备机构的规范管理、厘清土地储备机构与融资平台的关系,控制贷款规模、减少地方政府债务成为土地收购储备资金管理的重点。

【习题及思考题】

1. 设置土地征收权的主要理论依据有哪些?

2. 我国征地制度的主要发展过程和阶段有哪些?

3. 征地审批主要包括哪些程序?

4.简述征地区片综合地价测算的步骤与方法。

5.什么是土地收购储备？土地收购储备解决了我国土地供应制度的什么问题，实践中还存在哪些问题？以及如何认识与对待这些问题。

【参考文献】

[1]黄小虎. 新时期中国土地管理研究(上、下卷)[M]. 北京：当代中国出版社，2006.

[2]鹿心社. 研究征地问题探索改革之路[M]. 北京：中国大地出版社，2002.

[3]甘藏春. 社会转型与中国土地管理制度改革[M]. 北京：中国发展出版社，2014.

[4]刘守英. 土地制度与中国发展[M]. 北京：中国人民大学出版社，2018.

[5]张清勇. 中国农村土地征收制度改革：回顾与展望[M]. 北京：中国社会科学出版社，2019.

# 第十一章　土地供应管理

在我国现行的土地公有制体系下，基于土地所有权与使用权分离，政府作为土地所有者代表，在土地资源再配置过程中如何实施土地供应，对保障社会经济发展的用地需求和促进土地合理利用均至关重要。本章重点从政府实施土地供应的角度，介绍土地资源配置的方式以及相关法律规定与政策要求，介绍土地供应的概念、法律与政策依据，供地方式，供地方案的编制与审核，分别针对土地使用权划拨、出让、转让、租赁、作价出资（入股）、授权经营等方式介绍有关规定和要求。

## 第一节　土地供应概述

### 一、土地供应的概念

土地供应，就是土地所有者根据土地利用需求，遵循土地所有权和使用权分离的原则，提供土地使用权的过程。具体指在我国的土地公有制体系下，国家或集体以土地所有者的身份，依据相关法律规定、用地管理要求和用地计划，采取一定的方式提供土地使用权的行为。如国有土地使用权划拨、国有土地使用权出让、集体经营性建设用地入市都属于土地供应的范畴。土地供应主要涉及是否提供土地，以何种方式提供土地，提供土地的数量、位置、用途、利用条件限制（如建筑高度、容积率、基础设施和绿化用地所占比例等）等。

### 二、土地供应方式

在长期的土地供应实践中，主要有两大类土地供应方式，一类是行政划拨，也称无偿划拨，如国有土地划拨给国有企事业单位使用；另一类是有偿使用，也称市场方式，如国有土地通过协议、招标、拍卖、挂牌等方式出让，集体土地通过承包、转包、租赁、入股等方式流转。

《土地管理法》第五十四条规定，“建设单位使用国有土地，应当以出让等有偿使用方式取得；但是，下列建设用地，经县级以上人民政府依法批准，可以以划拨方式取得：（一）国家机关用地和军事用地；（二）城市基础设施用地和公益事业用地；（三）国家重点扶持的能源、交通、水利等基础设施用地；（四）法律、行政法规规定的其他用地”。可见，区别划拨方式供地和市场方式供地是按照用地类型确定的。

另外，建设用地还可以依法使用集体土地。根据《土地管理法》第六十条规定，“农村集体经济组织使用乡（镇）土地利用总体规划确定的建设用地兴办企业或者与其他单位、个人以土地使用权入股、联营等形式共同举办企业的，应当持有关批准文件，向县级以上地方人民政府自然资源主管部门提出申请，按照省、自治区、直辖市规定的批准权限，由县级以上地方人民政府批准”，可以依法使用集体土地的主要包括乡(镇)村兴办企业用地、公共设施及公益事业建设用地、村民宅基地等。

在我国现行制度体系下，土地供应需要满足用地管理的要求，包括供应土地的用途、类型、布局须符合国土空间规划、城镇规划、专项规划、村庄规划和集镇规划等要求，供应土地的规模、时间须符合国民经济和社会发展规划、土地利用年度计划的要求，供应土地的方式、价格须符合有关法律和政策的要求等。另外，土地供应还需考虑是否符合国家产业供地政策，按照国家相关产业供地政策，区分是优先供地、限制供地还是禁止供地。

## 三、供地政策

土地供应是为了保障社会经济发展的用地需求，不同类别的项目建设，必须符合国民经济和社会发展规划、国土空间规划、土地利用年度计划和用途管制、节约集约利用和保护生态环境等要求，并严格执行建设用地标准，优先使用存量建设用地，提高建设用地使用效率。依据《限制用地项目目录(2012年)》和《禁止用地项目目录(2012年)》《产业用地政策实施工作指引(2019年)》和《自然资源开发利用限制和禁止目录》(2021年，征求意见稿)，不同类别的项目，实施不同的供地政策。

1. 国家鼓励类项目

国家鼓励类项目按照《产业用地政策实施工作指引(2019年)》可以供地，甚至可以优先供地。比如国务院及其职能部门发布的产业发展规划中明确的重点产业、国务院及其职能部门发布的产业促进政策中明确的重点产业及县级以上地方人民政府根据本地区发展在政策和规划中明确的重点产业建设需要的用地。

2. 国家限制类项目

国家限制类项目应限制供地。主要涉及《限制用地项目目录(2012年)》和《自然资源开发利用限制和禁止目录(2021年)》的限制类，限制提供建设用地的是：对须全国范围内统筹规划布局的，涉及国防安全和国家利益的，因生产能力过剩必须实施总量控制的，大量损毁土地资源或以土壤为生产原料的，需要低于国家规定地价出让、出租土地的，依照法律法规限制的其他建设项目。地方人民政府批准提供建设用地前，须先取得自然资源部的许可，再履行批准手续。

凡列入《限制用地项目目录》第一至第十类和《自然资源开发利用限制和禁止目录(2021年)》限制类的建设项目或者采用所列工艺技术、装备的建设项目，各级自然资源管理部门、投资管理部门和林草主管部门一律不得办理相关手续。

凡列入《限制用地项目目录》第十一至第十四类和《自然资源开发利用限制和禁止目录(2021年)》限制类的建设项目，必须符合目录规定条件，各级自然资源管理部门、投资管理部门和林草主管部门方可办理相关手续。属于以土壤为生产原料或大量损耗土地资源、低于规定地价出让土地和法律法规规定限制的其他项目，由省、自治区、直辖市人民政府自然资源行政主管部门采取有效措施，对其供地进行严格的监督管理和指导。

对限制供地项目用地，必须根据建设用地标准和设计规范进行严格审查，对超过用地标准，违反集约用地原则的，要坚决予以核减用地面积。由于限制供地项目多为竞争性项目，尽量采取招拍挂方式提供建设用地。

对未经自然资源主管部门许可或不符合省、自治区、直辖市自然资源主管部门有关规定向限制供地项目提供建设用地的，自然资源部可责成地方政府收回批准文件；省、自治区、直辖市自然资源行政主管部门也可根据有关限制供地条件做出相应规定。

3. 国家禁止类项目

国家禁止类项目应禁止供地。主要涉及被列入《禁止用地项目目录(2012 年)》和《自然资源开发利用限制和禁止目录(2021 年)》的禁止类，禁止提供建设用地的是：危害国家安全、损害社会公共利益或者损毁耕地和生态环境的，国家产业政策明令淘汰的生产方式、产品和工艺所涉及的，国家产业政策规定禁止投资的，按照法律法规规定禁止的其他建设项目。

凡列入《禁止供地项目目录》和《自然资源开发利用限制和禁止目录》禁止类的建设项目，在禁止期限内，自然资源行政主管部门和林草主管部门不得受理其建设项目的用地报件，各级人民政府不得批准提供建设用地。

自然资源部将根据经济技术进步、社会发展、集约用地和保护环境的要求，按照国家产业政策和建设用地状况，不定期组织编制、发布和调整《限制用地项目目录》和《禁止用地项目目录》。2021 年，自然资源部发布了《关于印发〈自然资源开发利用限制和禁止目录》的通知(征求意见稿)，并会同国家发展改革委、国家林草局，结合修订《限制用地项目目录(2012 年)》和《禁止用地项目目录(2012 年)》工作，提出：凡列入限制类的项目，必须符合规定的条件或标准，自然资源、投资管理和林草主管部门方可办理相关手续；凡列入禁止类的项目或者采用所列工艺技术、装备、规模的项目，不得办理相关手续。《目录》执行中，党中央、国务院发布的产业政策和自然资源管理政策对限制或禁止类的项目另有规定的，按新规定办理。地方国家重点生态功能区和农产品主产区产业准入负面清单(或禁止限制目录)应符合该《目录》的有关要求。

## 四、土地供应计划

为严格实施国土空间规划和国有建设用地利用年度计划，科学合理地安排国有建设用地供应，高效配置建设用地资源，保障社会经济发展对于用地的需求，依据《土地管理法》《城市房地产管理法》和《国有建设用地供应计划规范》等法律规范，各市、县需要按规定制订国有建设用地供应计划。科学的编制国有建设用地供应计划可以强化政府对土地一级市场供应的控制，并有效地调控房地产市场。国有建设用地供应计划应该与总体规划协调，应有足够的弹性，能够对市场信号做出灵敏的反应。各级人民政府应依据国民经济和社会发展计划、国家产业政策、国土空间规划以及建设用地和土地利用的实际情况，按年度编制国有建设用地计划并加强建设用地供应管理。

国有建设用地供应计划，是指市、县人民政府在计划期内对国有建设用地供应的总量、结构、布局、时序和方式做出的科学安排。一般指地方政府准备投放到土地市场上以及用于基础设施建设的土地总量、结构、布局、时序以及供应方式，并确定具体供应地块的位置、用途、土地规划利用条件等内容。

国有建设用地供应总量是指计划期内各类国有建设用地供应的总规模。

国有建设用地供应结构是指计划期内商服用地、工矿仓储用地、住宅用地、公共管理与公共服务用地、特殊用地、水域及水利设施用地、交通运输用地等各类国有建设用地的供应规模和比例关系。

国有建设用地供应布局是指计划期内国有建设用地供应在空间上的分布。

国有建设用地供应时序是指计划期内国有建设用地供应在不同时段的安排。

国有建设用地供应方式包括划拨、出让、租赁、作价出资(入股)等方式。

### (一)供地计划的类型

年度土地供应计划的计划期为一年,计划起止时间为每年1月1日至12月31日。有条件的市、县还可增加编制一年内分季度的阶段性土地供应计划。另外,有条件的市、县还可在编制年度供应计划及年度内阶段性计划的同时,增加编制住宅用地供应三年滚动计划。近些年,上海、福州、厦门、成都、武汉等多个重要城市为了加强对房地产市场的调控,完善住房用地供应结构,相继制订了未来五年住房用地供应计划。

### (二)供地计划的编制

国有建设用地供应计划的编制按下列步骤和要求编制。

1.发布编制国有建设用地供应计划通知

市、县自然资源行政主管部门根据本区域的实际情况组织编制国有建设用地供应计划,市、县自然资源行政主管部门应当提请同级人民政府于每年的10月31日前,发布编制下年度国有建设用地供应计划的通知,主要将计划编制的工作思路发布给下级人民政府、本级人民政府相关部门、开发区管委会、国家和省重点建设项目实施单位、军队等机构。这些机构必须于11月30日之前将计划期本单位国有建设用地供应计划建议、计划期本行业或本领域国有建设用地需求信息、计划期对供应计划安排的建议等材料提交给市、县自然资源行政主管部门。

2.调查分析国有建设用地供应能力

(1)市、县自然资源行政主管部门应当会同相关部门,对土地利用现状和国土空间规划、城市规划进行对比分析,依据规划实施状况,初步确定国有建设用地供应潜力。

(2)市、县自然资源行政主管部门通过对依法办理农用地或未利用地转用和征收的建设用地、政府收购储备的国有建设用地、政府收回的国有建设用地、围填海(湖)造地形成的建设用地、待转让的军队空余国有建设用地、增减挂钩的建设用地和年度土地利用计划中当年拟供应的国有建设用地等来源,进行潜力分析。

3.预测国有建设用地需求量

(1)开展调查分析。市、县自然资源行政主管部门组织对本辖区经济社会发展情况、土地利用、地产市场状况等开展详细调查。

(2)运用科学方法预测国有建设用地需求量。市、县自然资源行政主管部门在调查分析的基础上,根据不同的国有建设用地类型和当地的实际情况,选用趋势预测法、线性回归法、指数平滑法、用地定额指标法等两种以上的方法,科学预测国有建设用地需求总量和结构。确定需求总量和结构时,分新增建设用地供地和城区国有土地供地进行预测和平衡,并分区落实到具体建设项目和地块。

(3)用地需求审核。市、县自然资源行政主管部门会同相关部门明确审核标准,组织对申报的国有建设用地需求进行审核,确定通过审核的国有建设用地需求量。

(4)测算国有建设用地需求量。市、县自然资源行政主管部门依据审核确定的国有建设用地需求量,进一步进行综合平衡分析,测算计划期内国有建设用地需求量,并优先保障重点项目、重要产业国有建设用地需求量。

4. 拟定国有建设用地供应计划草案

(1)确定供应计划指标。市、县自然资源行政主管部门依据计划期内可实施供应的国有建设用地量和测算的国有建设用地需求量,统筹确定国有建设用地供应计划指标,主要包括国有建设用地供应总量、用途结构和布局。

(2)分解供应计划指标。市、县自然资源行政主管部门可按行政辖区、城市功能区、住房和各业发展用地需求、土地用途和供应方式,对国有建设用地供应计划指标进行分解。

(3)拟定供应计划草案。市、县自然资源行政主管部门完成供应计划指标确定、分解等相关工作后,拟定国有建设用地供应计划草案。计划草案包括计划文本、编制说明、图件及附件。

国有建设用地供应计划的内容主要包括建设用地供应的指导思想和原则,国有建设用地供应政策导向,国有建设用地供应的总量、结构、布局、时序和方式,落实计划供应的宗地,实施计划的保障措施等。

计划编制说明内容主要包括:①编制计划的背景;②编制计划的过程;③编制计划的技术路线;④确定计划指标的过程和依据。

国有建设用地供应计划应形成相关图件成果,计划图件应明确名称、比例尺、具体上图要素及制图标准等。

5. 征求意见和报批

市、县自然资源行政主管部门应当将形成的国有建设用地供应计划草案征询各相关单位意见,修改完善后,报同级人民政府批准。县(市)人民政府批准国有建设用地供应计划前,应征得上一级自然资源行政主管部门的同意。国有建设用地供应计划应报省(区、市)自然资源行政主管部门备案。

6. 国有建设用地供应计划公布和实施

市、县人民政府应在每年 3 月 31 日前,公布年度国有建设用地供应计划。年度国有建设用地供应计划应当在自然资源部门户网站(中国土地市场网页)和相关媒体公开。

另外,市、县自然资源行政主管部门应依据批准的国有建设用地供应计划,编制国有建设用地供应方案,实施国有建设用地供应。

7. 国有建设用地供应计划调整

每年 6 月,各市、县应根据土地利用年度计划实施、土地市场调控政策变化等实际情况,确需调整国有建设用地供应计划的,由国有建设用地供应计划编制协调决策机构集体研究确定后,报原批准机关同意,并重新公布。

## 五、供地方案的编制与审核

市、县人民政府自然资源行政主管部门对建设用地单位的申请,根据国家供地政策和法律,审查认为可以供地的,须拟订供地方案。

### (一)供地方案编制的主体

国有建设用地的供地方案一般由县、市级人民政府自然资源行政主管部门负责编制。

集体经营性建设用地的供地方案一般由集体土地所有权人根据县、市级人民政府自然资源行政主管部门提出的条件和要求编制。

### (二)供地方案的内容

供地方案的内容主要包括供地方式、空间位置、面积、用途和供地时间，土地有偿使用费的标准、数额等。供应的土地涉及农用地转用的，同时拟订农用地转用方案，需要征地并符合《土地管理法》第四十五条规定征地条件的，还须拟订征地补偿安置方案。

集体土地所有权人拟出让、出租集体经营性建设用地的，土地所有权人应当依据市、县人民政府自然资源主管部门提出的规划条件、产业准入和生态环境保护等要求，编制集体经营性建设用地出让、出租等方案，载明宗地的土地界址、面积、用途、规划条件、产业准入和生态环境保护要求、使用期限、交易方式、入市价格、集体收益分配安排等内容。

### (三)供地方案的报批条件

供地方案符合下列条件的，自然资源行政主管部门方可报人民政府批准：

(1)符合国家的土地供应政策。

(2)符合国民经济和社会发展规划，符合国土空间规划、土地利用年度计划和用途管制。

(3)申请用地面积符合建设用地标准、产业准入条件、保护生态环境和集约用地的要求。

(4)拟以划拨方式供地的，符合法定的划拨用地条件。

(5)以有偿使用方式供地的，供地的方式、年限、有偿使用费用的标准、数额符合规定。

(6)只占用国有未利用土地的，必须符合相关规划且界址清楚、面积准确。

### (四)供地方案的审核

供地方案审核的主要内容有：

(1)供地是否符合国家土地供应政策。

(2)供地是否符合当地的国民经济和社会发展规划、国土空间规划、土地利用年度计划和用途管制。

(3)申请用地面积是否符合相关法律和政策规定的建设用地标准、产业准入条件、生态环境保护和集约用地的要求。

(4)划拨供地的，是否符合法定的划拨供地范围。

(5)以有偿使用方式供地的，供地的方式、年限、有偿使用费用的标准、数额是否符合相关规定。

(6)只占用国有未利用土地的是否符合相关规划、界址是否清楚、面积是否准确。

### (五)供地方案的批后实施

供地方案被批准且涉及农用地转用和需要征地的经有批准权的政府审批通过并实现征地后，可正式供地。

(1)可以以划拨方式供地的,由市、县人民政府自然资源行政主管部门向建设单位颁发《国有土地划拨决定书》和《建设用地批准书》,依照规定办理不动产登记。

(2)要求必须以有偿方式提供国有土地使用权的,由市、县政府自然资源行政主管部门按报批的土地有偿使用合同草案,与用地单位签订正式合同,并颁发《建设用地批准书》,用地单位按规定交清土地有偿使用费后,依照规定办理不动产登记。

(3)集体经营性建设用地使用者应当按照约定及时支付集体经营性建设用地价款和相关税费,交易双方应当签订书面合同,并报市、县人民政府自然资源主管部门备案。集体经营性建设用地使用权以及依法利用集体经营性建设用地建造的建筑物、构筑物及其附属设施的所有权,应依法申请办理不动产登记。

# 第二节　土地使用权划拨管理

## 一、土地使用权划拨的概念及特征

### (一)土地使用权划拨的概念

现阶段土地使用权划拨仅限于国有建设用地使用权,即国有建设用地使用权划拨,是指县级以上人民政府依法批准,在土地使用者缴纳补偿、安置等费用后,将没有使用期限限制的土地的使用权无偿交付给土地使用者使用的行为。

国有建设用地使用权划拨包括存量土地使用权划拨和增量土地使用权划拨 2 种情形。

存量土地使用权划拨是指土地使用者申请使用的土地本就是国有建设用地,如果地上无建筑物或附属物,可直接无偿划拨给使用者使用,如果地上存在建筑物或附属物,政府需要在申请人缴纳相关补偿安置费用后,交付土地使用权。

增量土地使用权划拨是指用地单位申请使用的土地在申请时为集体土地,所以需先履行土地征收手续并向集体和农民支付有关补偿、安置费用,将集体土地转为国有土地,然后获得的是国有土地的使用权。

### (二)土地使用权划拨的特征

1.国有建设用地使用权通过行政划拨方式无偿取得

根据《城镇国有土地使用权出让和转让暂行条例》第四十三条规定,划拨国有土地使用权是土地使用者依法无偿取得的土地使用权。通过划拨方式取得的国有土地使用权,之所以称为无偿,是指不需要向土地所有者缴纳使用费(出让金、租金等),因为划拨通常是基于公共利益的需要。《城市房地产管理法》第二十三条第一款规定的“在土地使用者缴纳补偿、安置等费用后将该幅土地交付其使用”是指用地单位是在征收集体土地或者通过行政划拨取得其他单位已经使用土地的基础上取得国有土地使用权的情形。这里的补偿费、安置费的支付对象是农民或原用地单位,不是国家,理论上仍属于无偿取得国有土地使用权。

2.划拨用地范围有明确限制,必须是为了公共利益的需要

划拨的国有建设用地使用权不需要进入市场流转,也没有按照市场规则进行交易,且不需

要支付相应对价。国家之所以要把国有的土地划拨给有关单位使用，是为了实现公共利益，也仅限于公共利益用途。因为划拨具有公益性，所以《土地管理法》第五十四条、《城市房地产管理法》第二十四条和《划拨用地目录》对土地划拨的范围进行了严格的界定。应当按照法律、法规的规定，严格限制土地划拨的范围，不得超出划拨用地的土地用途范围。

3. 国有建设用地使用权划拨没有期限的限制

《城市房地产管理法》第二十三条第二款规定，除法律、法规另有规定外，划拨土地一般没有使用期限的限制。因为划拨是为了公共利益的需要，只要使用土地的用途不改变，则其用地期限就不会受到限制。如果该土地用途发生改变，不再是为了公共利益，则不再具备土地划拨所需要的条件，意味着国家有权随时收回划拨国有土地使用权。所以，在划拨国有建设用地使用权登记时，"使用期限"一栏不能填为永久或无期限。

4. 划拨土地使用权再交易受到严格限制

划拨国有建设用地使用权的再交易受到严格限制，未经许可一般不得单独用于有偿转让、出租、抵押、投资等经营活动。如果使用主体需要将划拨土地用于交易，根据《城市房地产管理法》第四十条和《城镇国有土地使用权出让和转让暂行条例》第四十五条规定，一是应当经过国家自然资源管理部门的批准，由受让方办理土地使用权出让手续，并依照国家有关规定缴纳土地使用权出让金。二是有批准权的人民政府按照国务院规定决定可以不办理土地使用权出让手续的，转让方应当按照国务院规定将转让不动产所获收益中的土地收益上缴国家或者做其他处理。

## 二、国有建设用地使用权划拨的范围

根据《土地管理法》和《城市房地产管理法》的相关法律规定，经县级以上人民政府依法批准，划拨国有建设用地使用权的范围仅限于以下几方面：

(1)国家机关用地和军事用地；

(2)城市基础设施用地和公益事业用地；

(3)国家重点扶持的能源、交通、水利等基础设施用地；

(4)法律和法规规定的其他可以采用划拨方式供地的项目用地。

国家已经征收的集体土地，征而未用的，由国家依法收回后，应当无偿划拨给原农村集体经济组织使用，农民集体因此也可以成为划拨土地使用权主体之一。

划拨是新中国成立以来一直沿用至今的国有土地使用权取得方式。在计划经济体制下，工商业用地、行政事业单位用地的使用均按计划进行。在当时的历史条件下，该土地供应制度，对保障社会经济的发展发挥了重要作用。随着社会主义市场经济体制的建立和逐步完善，这种带有浓重计划经济色彩的用地制度已不再适合我国的社会经济发展。从 20 世纪 80 年代中期开始，以土地有偿使用为核心的城镇土地使用制度改革开始启动，通过划拨无偿供应土地的范围逐步缩小。但是，从我国实际情况出发，对所有建设用地一律采取出让方式提供土地使用权是不切实际的，势必会提高公益性事业用地成本，加重国家的财政负担并会限制公益事业的发展。所以，国家投资的基础建设项目以及不以营利为目的且为国计民生所需要的项目，由于其具有社会公益性质，保留了以划拨方式供应土地使用权。

基于上述理由，我国法律对公益目的项目保留了划拨土地供应方式，严格地将划拨国有土地的用途限定在非营利性的公共利益用途范围内。2004 年国务院发布的《关于深化改革严格土地管理的决定》在第十七条规定严格控制划拨用地范围,经营性基础设施用地要逐步实行有偿使用,运用价格机制抑制多占、滥占和浪费土地。除按现行规定必须实行招标、拍卖、挂牌出让的用地外,工业用地也要创造条件逐步实行招标、拍卖、挂牌出让。经依法批准利用原有划拨土地进行经营性开发建设的,应当按照市场价补缴土地出让金。经依法批准转让原划拨土地使用权的,应当在土地有形市场公开交易,按照市场价补缴土地出让金;低于市场价交易的,政府应当行使优先购买权。2008 年,国务院在发布的《关于促进节约集约用地的通知》中规定,要严格限定划拨用地范围并及时调整划拨用地目录。《土地管理法》《城市房地产管理法》以及《划拨用地目录》,对划拨用地的范围和主体做了明确的规定。《民法典》第三百四十七条第三款也规定,严格限制以划拨方式设立建设用地使用权。今后除军事、社会保障性住房和特殊用地等可以继续以划拨方式取得土地外,对国家机关办公和交通、能源、水利等基础设施(产业)、城市基础设施以及各类社会事业用地要积极探索实行有偿使用,对其中的经营性用地先行实行有偿使用。

## 三、国有建设用地使用权划拨的程序

根据《土地管理法》第四十八条、《城市房地产管理法》第六条和第二十三条规定,划拨国有建设用地使用权经县级以上人民政府依法批准,土地使用者可在缴纳补偿、安置等费用后无偿取得。

申请划拨国有建设用地使用权需征收集体土地的,应依法及时足额支付土地补偿费、安置补助费以及村民住宅、其他地上附着物和青苗等的补偿费用,并安排被征地农民的社会保障费用。占用耕地的要缴纳耕地占用税,占用城市郊区菜地的,还应缴纳新菜地开发建设基金。

申请划拨国有建设用地使用权需占用其他正在使用的国有土地的,应向原国有土地使用者支付土地补偿、安置费或拆迁补偿安置费。原有土地使用者需要搬迁的,建设单位应负责搬迁。属公民个人的房屋拆迁的,建设单位应依照国家有关规定给予房价补偿和房屋安置。

申请主体取得划拨国有土地使用权的土地为国有荒山、荒地的,经依法批准后,可无偿取得。

划拨国有建设用地使用权设定的程序是:

(1)用地单位提交划拨国有土地使用权申请。用地单位划拨国有土地使用权需要向当地人民政府自然资源行政主管部门提交申请及有关文件材料。

(2)自然资源行政主管部门对受理的划拨供地申请和有关材料进行初审。根据《产业用地政策实施工作指引》,市、县自然资源主管部门划拨国有建设用地使用权时,在符合国土空间规划的前提下,可依据建设项目审批、核准、备案文件记载的项目建设内容判断是否符合《划拨用地目录》,不得以建设单位投资来源为民间投资、外商投资或政府和社会资本合作等为由限制申请划拨用地;只有《划拨用地目录》明确要求“非营利性”或“公益性”的建设用地项目,自然资源行政主管部门方可要求建设单位提供拟使用土地者的非营利性质证明文件,包括但不限于民办非企业单位登记证书、社会服务机构登记证书和国务院文件、行业主管部门文件等规定的审查意见、初审意见等,但不得对《划拨用地目录》未明确要求“非营利性”或“公益性”的建设用地项目提出同等要求。

符合申请条件的,报经县、市人民政府批准。申请划拨的土地涉及占用集体土地的,应先由县、市人民政府向有批准权的政府申请办理土地征收手续，将集体土地转为国有土地后再实施划拨。

(3)申请用地单位按照国家规定的收费标准，缴纳划拨土地使用权各项税费。划拨国有建设用地使用权获得者应依法交纳土地使用税，但《城镇土地使用税暂行条例》第六条规定的七种情况可以免交土地使用税。

根据《产业用地政策实施工作指引》，地方各级自然资源行政主管部门在执行《划拨用地目录》和有关产业用地政策时，应当保持本地区划拨国有建设用地使用权供应要求、程序、划拨价款标准和权能的一致性，不得对民间投资、外商投资项目区别对待。

(4)自然资源行政主管部门按规定完成国有土地划拨手续的办理，并应及时通知申请人。

(5)申请单位领取《国有建设用地划拨决定书》，申请办理不动产权登记手续，领取不动产权证书。

## 四、划拨土地使用权管理

土地划拨是一种限定条件的资源分配，一是并非所有的土地使用者都可以通过划拨方式取得国有土地使用权；二是划拨土地用途一般不得改变；三是划拨国有土地使用权一般不得转让、出租和抵押。《城镇国有土地使用权出让和转让暂行条例》和《城市房地产管理法》对国有建设用地使用权划拨的处置做了如下管理规定：

### (一)划拨土地使用权的转让

划拨土地使用权的转让有两种规定：

(1)划拨国有建设用地使用权及其地上建筑物、其他附着物所有权转让的，应当按照国务院规定报有批准权的人民政府审批。经审批准予转让并办理土地使用权出让手续的，应当由受让方办理土地使用权出让手续，并依照国家有关规定缴纳土地使用权出让金。

(2)经有批准权的人民政府审批准予转让但可以不办理土地使用权出让手续的，转让方应当将所获收益中的土地收益上缴国家或者做其他处理。

### (二)划拨土地使用权出租

(1)划拨国有建设用地使用权人以营利为目的，将划拨土地使用权连同其地上建筑物、其他附着物出租的，出租人应当将租金中所含土地收益上缴国家。

(2)用地单位因发生转让、出租、企业改制和改变土地用途等不宜办理土地出让的，可实行租赁。租赁时间超过6个月的，应签订租赁合同，合同期限不得超过出让年限。

### (三)划拨土地使用权抵押

划拨国有建设用地使用权抵押应当经市、县人民政府自然资源行政主管部门批准，抵押金额不应包括土地价格。划拨土地上存在房屋及其他定着物的，同时抵押。因抵押划拨国有建设用地使用权实现造成土地使用权或连同地上房屋及其他定着物一并转移的，应当从拍卖所得的价款中缴纳相当于应缴纳的土地使用权出让金的款额后才能变更土地权属。

### (四)国有企业改制中划拨土地使用权处置

国有企业改革中涉及划拨国有建设用地使用权处置的，根据企业改革的不同形式和具体情况，可分别采取保留划拨、国有土地出让、国有土地租赁、国家以土地使用权作价出资(入股)或国有土地使用权授权经营等方式予以处置。

对未经批准擅自转让、出租、抵押划拨土地使用权的单位和个人，县级以上人民政府自然资源行政主管部门应当没收其非法收入，并根据情节处以罚款。

# 第三节　土地使用权出让管理

## 一、土地使用权出让的概念及特征

### (一)土地使用权出让的概念

土地使用权出让主要指国有建设用地使用权出让，是指国家以土地所有者的身份，将土地使用权在一定年限内让与土地使用者，并由土地使用者向国家支付土地使用权出让金的行为。

土地使用权出让金，指土地使用权受让人为获得土地使用权而支付给土地所有者的金额。土地使用权受让人，为一般主体，境内外法人、非法人组织和自然人都可以依法取得出让国有建设用地使用权。根据《城镇国有土地使用权出让和转让暂行条例》，允许出让的土地主要为市、县城、建制镇、工矿区的行政区范围内的国有土地。

国有建设用地使用权出让有两种情况：①根据国家建设需要，将城市规划区内的国有土地，即按行政建制设立的直辖市、市、镇规划区范围内的国有土地有偿让与用地单位使用。②集体土地征收后出让。即根据公共利益需要，将城市规划区内的集体土地，经依法征收转为国有土地后，再有偿让与用地单位使用。

### (二)土地使用权出让的特征

出让国有建设用地使用权具有以下特征：

(1)地方政府代表国家作为出让主体　出让国有建设用地使用权的标的物是国有土地，由市、县人民政府负责，有计划、有步骤地进行，由自然资源行政管理部门具体实施。除此之外，任何单位、组织和个人都不得从事国有建设用地使用权的出让活动，体现了政府对国有建设用地使用权出让的垄断性。

(2)取得的有偿性　依据《土地管理法》第五十五条，以出让等有偿使用方式取得国有土地使用权的建设单位，按照国务院规定的标准和办法，缴纳土地使用权出让金等土地有偿使用费和其他费用后，方可使用土地。所以，土地使用者取得一定年限的土地使用权应向国家支付土地使用权出让金。国家凭借土地所有权取得的土地收益，表现为支付一定年限土地使用权的购买价格。出让金一般在出让合同签订后按法定或约定期限向国家一次性支付，或在确定的期限分期支付。逾期未支付的，出让方有权解除合同，并可请求违约赔偿。

(3)出让的计划性　依据《城市房地产管理法》第十条和《城镇国有土地使用权出让和转让

暂行条例》第十条的要求，土地使用权出让的地块、用途、年限和其他条件，由市、县人民政府自然资源行政主管部门会同城市规划和建设管理部门、房产管理部门共同拟订方案，按照国务院规定的批准权限报经批准后，由自然资源行政主管部门实施。

(4)年期有限性　土地使用者享有土地使用权的期限以出让年限为限，出让年限由出让合同约定，但不得超过法律限定的最高年限。但因公共利益需要提前收回土地的和住宅建设用地使用权期限届满的，依据《民法典》第三百五十八和三百五十九条的规定处理。

(5)权利相对完整性　土地使用权出让以土地所有权与使用权分离为基础。土地使用权出让后，在出让期限内受让人实际享有对土地的占有、使用、收益和处分权，依据《土地管理法》第二条和《城镇国有土地使用权出让和转让暂行条例》第四条，出让国有建设用地使用权在使用年限内可以依法转让、出租、抵押或者用于其他经济活动，合法权益受国家法律保护。但分期付款取得出让国有建设用地使用权的，在未领取正式的不动产权证书前，土地使用者对土地不具备处分权。

(6)受让主体的相对广泛性　国有建设用地使用权出让的受让主体范围要比划拨国有建设用地使用权和农村集体土地使用权主体范围广泛。依据《城镇国有土地使用权出让和转让暂行条例》第三条，中华人民共和国境内外的公司、企业、其他组织和个人，除法律另有规定者外，均可成为出让国有建设用地使用权的受让主体。

## 二、国有建设用地使用权出让计划与批准权限

《城市房地产管理法》第十条规定："土地使用权出让，必须符合土地利用总体规划、城市规划和年度建设用地计划。"第十一条规定："县级以上地方人民政府出让土地使用权用于房地产开发的，须根据省级以上人民政府下达的控制指标拟订年度出让土地使用权总面积方案，按照国务院规定，报国务院或者省级人民政府批准。"这表明，土地使用权出让有很强的计划性，出让国有建设用地使用权的用地指标，应纳入国家下达的地方年度建设用地计划。

《城镇国有土地使用权出让和转让暂行条例》以及《招标拍卖挂牌出让国有土地使用权规定》(国土资源部令第 11 号)和《协议出让国有土地使用权规定》(国土资源部令第 21 号)都要求：市、县自然资源行政主管部门应会同计划部门、城市规划、建设管理部门和房产管理部门根据本地区国民经济发展计划、国家产业政策、国土空间规划、土地利用年度计划、城市规划和土地市场状况，编制国有建设用地使用权出让年度计划，经同级人民政府批准后由自然资源行政主管部门组织实施。具体地块的出让，还应就出让地块的空间范围、用途、使用年限、出让方式、时间和其他条件，拟订出让方案。

国有建设用地使用权出让计划经批准后，市、县人民政府自然资源行政主管部门应当在土地有形市场等指定场所，或者通过报纸、互联网等媒介向社会公布。

因特殊原因需要对国有建设用地使用权出让计划进行调整的，应报原批准机关批准，并按照前款规定及时向社会公布。

国有建设用地使用权出让计划应当包括年度土地供应总量、不同用途土地供应面积、地段以及供地时间等内容。

## 三、国有建设用地使用权出让期限

出让国有建设用地使用权，必须分用途确定其使用年限。根据《城市房地产管理法》第十

四条规定,土地使用权出让最高年限由国务院规定。《城镇国有土地使用权出让和转让暂行条例》第十二条规定,土地使用权出让最高年限按下列用途确定:①居住用地70年;②工业用地50年;③教育、科技、文化、卫生、体育用地50年;④商业、旅游、娱乐用地40年;⑤综合或者其他用地50年。

上述规定,是土地使用权出让年限的上限,在具体地块出让中,可根据具体情况和国家产业政策在上述范围内确定使用年限,不必都以最高年限出让,更不允许超出最高年限出让土地使用权。

当前,我国经济进入新时代,土地作为社会生产不可缺少的生产要素之一,是供给侧改革的主要内容。为了提高集约、节约和高效用地水平,需要不断探索和改革灵活的土地使用制度。2013年,国土资源部在全国节约集约利用土地大会上提出了"灵活运用出让、租赁、出资、担保等多种形式的国有建设用地有偿使用形式",针对工业用地的特点,提出租让结合、先租后让的土地供应制度。2014年,国土资源部相继颁布了《节约集约利用土地规定》《关于推进土地节约集约利用的指导意见》,指出"市、县国土资源主管部门可以采取先出租后出让、在法定最高年期内实行缩短出让年期等方式出让土地""实行新增工业用地弹性出让年期制,重点推行工业用地长期租赁"。此后各地政府开始推行工业用地弹性供应的实施办法。

另外,由于土地出让年限是按用途确定的,因此合理确定土地用途也非常重要。尤其是对于一些新产品、新产业、新业态用地,不是笼统地按商服用途对待,而是根据具体情况细化用途后供地。加强精细化管理,实行个性化供地,如细化为科教、公用设施用途的,可实行划拨供地;细化为工业用途的,要出让供地等。

## 四、国有建设用地使用权出让的主要方式

依据《城市房地产管理法》第十三条和《城镇国有土地使用权出让和转让暂行条例》第十三条,国有土地使用权出让可以采取拍卖、招标或者双方协议的方式。为规范国有土地使用权出让行为,优化土地资源配置,建立公开、公平、公正的土地使用制度,2002—2003年,国土资源部相继发布了《招标拍卖挂牌出让国有土地使用权规定》(国土资源部令第11号)和《协议出让国有土地使用权规定》(国土资源部令第21号)。2006年,为进一步完善国有土地使用权出让制度,规范国有土地使用权出让程序,国土资源部制定了《招标拍卖挂牌出让国有土地使用权规范》(试行)和《协议出让国有土地使用权规范》(试行)。2007年,国土资源部修订了《招标拍卖挂牌出让国有建设用地使用权规定》(国土资源部第39号令),在第四条拓宽了招标拍卖挂牌出让的范围,规定:工业、商业、旅游、娱乐和商品住宅等经营性用地以及同一宗地有两个以上意向用地者的,应当以招标、拍卖或者挂牌方式出让;同时考虑到采矿用地的取得和使用要以取得探矿权或采矿权为前提条件,所以特别明确,工业用地包括仓储用地,但不包括采矿用地。另外,在第二条明确规定:国有建设用地使用权可以采取招标、拍卖或者挂牌出让方式在土地的地表、地上或者地下设立;并将拟出让土地的"位置"修改为:"界址、空间范围",并以空间体积划定使用权范围和计算出让金。

### (一)协议出让

协议出让国有建设用地使用权,是指国家以协议方式将国有土地使用权在一定年限内出让给土地使用者,由土地使用者向国家支付土地使用权出让金的行为。一般由土地使用权的

受让申请人直接向国有土地的代表提出有偿使用土地的愿望，由国有土地的代表与受让申请人进行谈判和切磋，协商出让土地使用的有关事宜，然后由市、县人民政府自然资源行政主管部门根据土地用途、建设规划要求、土地开发程度等情况，与受让申请人协商用地价款和条件，根据双方达成的协议出让土地使用权。采取此方式出让土地使用权的出让金不得低于国家规定所确定的最低价。

协议出让方式的特点是自由度大，但未引入竞争机制，不具有公开性，人为因素较多，不利于公平竞争，应加以限制，以免造成不公平竞争、以权谋私及国有资产流失。这种方式适用于公共福利事业和非营利性的社会团体、机关单位用地和某些特殊用地。根据2006年5月31日发布的《协议出让国有土地使用权规范(试行)》的相关规定，协议出让国有建设用地使用权的适用范围包括：

(1)供应商业、旅游、娱乐和商品住宅等各类经营性用地以外用途的土地，其供地计划公布后同一宗地只有一个意向用地者的；

(2)原划拨、承租土地使用权人申请办理协议出让，经依法批准，可以采取协议方式，但《国有土地划拨决定书》《国有土地租赁合同》、法律、法规、行政规定等明确应当收回土地使用权重新公开出让的除外；

(3)划拨土地使用权转让申请办理协议出让，经依法批准，可以采取协议方式，但《国有土地划拨决定书》、法律、法规、行政规定等明确应当收回土地使用权重新公开出让的除外；

(4)出让土地使用权人申请续期，经审查准予续期的，可以采用协议方式；

(5)法律、法规、行政规定明确可以协议出让的其他情形。

### (二)招标出让

招标出让国有建设用地使用权，是指市、县人民政府自然资源行政主管部门发布招标公告，邀请特定或者不特定的自然人、法人和其他组织参加国有建设用地使用权投标，根据投标结果择优确定国有建设用地使用权人的行为。招标出让方式的特点是有利于公平竞争，适用于需要优化土地布局、重大工程的较大地块的出让。

招标出让国有建设用地使用权一般要求符合受让条件的单位或者个人(受让方)根据出让方提出的条件，在规定的期限内以密封书面投标形式竞报某地块的使用权，由招标小组经过开标、评标，最后择优确定中标者。投标内容由招标小组确定，可仅规定出标价，也可既规定出标价，又提出一个规划设计方案，开标、评标、决标须经公证机关公证。招标出让的方式主要适用于一些大型或关键性的发展计划与投资项目。

### (三)拍卖出让

拍卖出让国有建设用地使用权，是指市、县人民政府自然资源行政主管部门或者所委托的合法的拍卖机构发布拍卖公告，由竞买人在指定时间、地点进行公开竞价，根据出价结果确定国有建设用地使用权人的行为。拍卖出让方式引进了竞争机制，排除了人为干扰，有利于公平竞争，政府也可获得最高收益，较大幅度地增加财政收入。它适用于区位条件好，交通便利的闹市区、土地利用上有较大灵活性的地块的出让，投资环境好、竞争性强、盈利高的房地产业、金融业、商业、旅游业和娱乐业用地，特别是大中城市的黄金地段。

### (四)挂牌出让

挂牌出让国有建设用地使用权,是指市、县人民政府自然资源行政主管部门发布挂牌公告,按公告规定的期限将拟出让宗地的交易条件在指定的土地交易场所挂牌公布,接受竞买人的报价申请并更新挂牌价格,根据挂牌期限截止时的出价结果或现场竞价结果确定土地使用者的行为。挂牌出让是招标拍卖方式出让国有建设用地使用权的重要补充,是国有建设用地使用权招标、拍卖以外的又一种公开交易方法。

挂牌出让国有建设用地使用权,应公告最低交易价和其他交易条件,公告期限不少于20日。

公告期限届满,按照以下规定确定能否成交:

(1)若在规定期限内只有1个申请人,且报价高于最低交易价,并符合其他交易条件的,则此次交易成交;

(2)在规定期限内有2个以上申请人的,允许多次报价,土地使用权应由出价高者获得。报价相同的,由在先报价者获得;

(3)若在规定期限内没有申请人,或者只有1个申请人但报价低于最低交易价或不符合其他交易条件的,委托人可调整最低交易价,重新委托交易中心交易。

报价以报价单为准。成交后,由委托人与买方签订土地使用权转让合同,并由交易中心鉴证。

挂牌出让综合体现了招标、拍卖和协议方式的优点,并同样是具有公开、公平、公正特点的国有建设用地使用权出让的重要方式,尤其适用于当前我国土地市场现状。另外,挂牌出让还具有招标、拍卖不具备的优势:一是挂牌时间长,且允许多次报价,有利于投资者理性决策和竞争;二是操作简便,便于开展;三是有利于土地有形市场的形成和运作。

招标、拍卖和挂牌出让国有建设用地使用权的范围:工业、商业、旅游、娱乐和商品住宅等经营性用地以及同一宗地有2个以上意向用地者的,应当以招标、拍卖或者挂牌方式出让。

## 五、国有建设用地使用权出让的程序

招标拍卖挂牌出让国有建设用地使用权按下列程序进行:

### (一)拟订招标拍卖挂牌出让国有建设用地使用权方案

由市、县人民政府自然资源行政主管部门按照出让年度计划,会同城市规划等有关部门共同拟订拟招标拍卖挂牌出让地块的出让方案,报经市、县人民政府批准后,由市、县人民政府自然资源行政主管部门组织实施。出让方案应当包括出让地块的空间范围、用途、年限、出让方式、时间和其他条件等。

### (二)编制招标拍卖挂牌出让文件

出让人应当根据招标拍卖挂牌出让地块的情况,编制招标拍卖挂牌出让文件。

招标拍卖挂牌出让文件应当包括出让公告、投标或者竞买须知、土地使用条件、标书或者竞买申请书、报价单、中标通知书或者成交确认书、国有建设用地使用权出让合同文本。

### (三)发布编制招标拍卖挂牌出让公告

出让人应当至少在投标、拍卖或者挂牌开始日前20日,在土地有形市场或者指定的场所、媒介发布招标、拍卖或者挂牌公告,公布招标拍卖挂牌出让宗地的基本情况和招标拍卖挂牌的时间、地点。

招标拍卖挂牌公告应当包括:出让人的名称和地址,出让宗地的面积、界址、空间范围、现状、使用年期、用途、规划指标要求,投标人、竞买人的资格要求以及申请取得投标、竞买资格的办法,索取招标拍卖挂牌出让文件的时间、地点和方式,招标拍卖挂牌时间、地点、投标挂牌期限、投标和竞价方式等,确定中标人、竞得人的标准和方法,投标、竞买保证金,其他需要公告的事项。

出让人在招标拍卖挂牌出让公告中不得设定影响公平、公正竞争的限制条件。挂牌出让的,出让公告中规定的申请截止时间,应当为挂牌出让结束日前2日。

### (四)确定标底或者底价

市、县人民政府自然资源行政主管部门应当根据土地估价结果和政府产业政策综合确定标底或者底价。标底或者底价不得低于国家规定的最低价标准。确定招标标底,拍卖和挂牌的起叫价、起始价、底价,投标、竞买保证金,应当实行集体决策。招标标底和拍卖挂牌的底价,在招标开标前和拍卖挂牌出让活动结束之前应当保密。

### (五)招标出让国有建设用地使用权的投标、开标和评标

中华人民共和国境内外的自然人、法人和其他组织,除法律、法规另有规定外,均可申请参加国有建设用地使用权招标拍卖挂牌出让活动。市、县人民政府自然资源行政主管部门应当为投标人、竞买人查询拟出让土地的有关情况提供便利。

(1)投标人在投标截止时间前将标书投入标箱。招标公告允许邮寄标书的,投标人可以邮寄,但出让人在投标截止时间前收到的方为有效。标书投入标箱后,不可撤回。投标人应当对标书和有关书面承诺承担责任。

(2)出让人按照招标公告规定的时间、地点开标,邀请所有投标人参加。由投标人或者其推选的代表检查标箱的密封情况,当众开启标箱,点算标书。投标人少于3人的,出让人应当终止招标活动。投标人不少于3人的,应当逐一宣布投标人名称、投标价格和投标文件的主要内容。

(3)评标小组进行评标。评标小组由出让人代表、有关专家组成,成员人数为5人以上的单数。评标小组可以要求投标人对投标文件做出必要的澄清或者说明,但是澄清或者说明不得超出投标文件的范围或者改变投标文件的实质性内容。评标小组应当按照招标文件确定的评标标准和方法,对投标文件进行评审。

(4)招标人根据评标结果,确定中标人。

### (六)组织拍卖出让国有建设用地使用权的拍卖会

(1)主持人点算竞买人;

(2)主持人介绍拍卖宗地的面积、界址、空间范围、现状、用途、使用年期、规划指标要求、开

工和竣工时间以及其他有关事项；

(3)主持人宣布起叫价和增价规则及增价幅度。没有底价的，应当明确提示；

(4)主持人报出起叫价；

(5)竞买人举牌应价或者报价；

(6)主持人确认该应价或者报价后继续竞价；

(7)主持人连续3次宣布同一应价或者报价而没有再应价或者报价的，主持人落槌表示拍卖成交；

(8)主持人宣布最高应价或者报价者为竞得人。

竞买人的最高应价或者报价未达到底价时，主持人应当终止拍卖。拍卖主持人在拍卖中可以根据竞买人竞价情况调整拍卖增价幅度。

### (七)组织挂牌出让国有建设用地使用权

(1)在挂牌公告规定的挂牌起始日，出让人将挂牌宗地的面积、界址、空间范围、现状、用途、使用年期、规划指标要求、开工时间和竣工时间、起始价、增价规则及增价幅度等，在挂牌公告规定的土地交易场所挂牌公布；

(2)符合条件的竞买人填写报价单报价；

(3)挂牌主持人确认该报价后，更新显示挂牌价格；

(4)挂牌主持人在挂牌公告规定的挂牌截止时间确定竞得人。

挂牌时间不得少于10日。挂牌期间可根据竞买人竞价情况调整增价幅度。挂牌期限届满，挂牌主持人现场宣布最高报价及其报价者，并询问竞买人是否愿意继续竞价。有竞买人表示愿意继续竞价的，挂牌出让转入现场竞价，通过现场竞价确定竞得人。挂牌主持人连续3次报出最高挂牌价格。

没有竞买人表示愿意继续竞价的，按照下列规定确定是否成交：一是在挂牌期限内只有1个竞买人报价，且报价不低于底价，并符合其他条件的，挂牌成交；二是在挂牌期限内有2个或者2个以上的竞买人报价的，出价最高者为竞得人；三是报价相同的，先提交报价单者为竞得人，但报价低于底价者除外；四是在挂牌期限内无应价者或者竞买人的报价均低于底价或者均不符合其他条件的，挂牌不成交。

以招标、拍卖或者挂牌方式确定中标人、竞得人后，中标人、竞得人支付的投标、竞买保证金，转作受让地块的定金。出让人应当向中标人发出中标通知书或者与竞得人签订成交确认书。

### (八)付款并办理土地使用权登记

受让人依照国有建设用地使用权出让合同的约定付清全部土地出让价款后，方可申请办理不动产权登记，领取不动产权证书。

未按出让合同约定缴清全部土地出让价款的，不得发放不动产权证书，也不得按出让价款缴纳比例分割发放不动产权证书。

## 六、国有建设用地使用权出让合同及管理

国有建设用地使用权出让合同，是指市、县人民政府自然资源管理部门代表国家(出让人)

与土地使用者(受让人)之间就国有建设用地使用权出让事宜所达成的、明确相互间权利义务关系的书面协议。国有建设用地使用权出让,必须通过合同形式予以明确。《城市房地产管理法》第十五条和《城镇国有土地使用权出让和转让暂行条例》第八条规定,土地使用权出让,应当签订书面出让合同。土地使用权出让合同由市、县人民政府自然资源行政主管部门与土地使用者签订。

### (一)国有建设用地使用权出让合同内容

国有建设用地使用权出让合同主要包括下列3方面内容:

(1)合同的正本、副本　主要内容有:签约双方当事人;出让地块的面积、界址、空间范围和自然情况;地价款数额、定金、支付方式和期限;土地使用期限;动工及开发期限;取得土地使用权的方式及违约责任等。

(2)国有建设用地使用权出让合同附件　主要内容有:地块四至平面图、界桩定点图、土地利用要求、城市建设管理要求、建筑面积、限高、绿化率、建筑比例等。

(3)补充合同　主要内容有:双方在土地使用权出让格式合同中尚未包括的未尽事宜,合同文本需要变更的事项等。

### (二)国有建设用地使用权出让合同权利与义务

国家作为土地所有者和出让方拥有对土地的最终处置权。

(1)出让方的权利　一是在与受让方在签订土地使用权出让合同后,受让方未在规定期限内支付全部土地使用权出让金的,出让方有权解除合同,并可请求违约赔偿;二是受让方未按土地使用权出让合同规定的期限和条件开发、利用土地的,自然资源管理部门有权予以纠正,并根据情节轻重给予警告、罚款,直至无偿收回土地使用权的处罚。

(2)出让方应履行的义务　一是按照土地使用权出让合同的规定提供出让的土地使用权;二是向受让方提供出让土地的有关资料和使用该土地的规定。

(3)受让方的权利　一是要求出让方按合同规定提供土地使用权,否则有权解除合同并请求赔偿;二是在不违反合同规定的条件下,享有独立行使土地使用权并排除不法干扰的权利。

(4)受让方应履行的义务　一是在土地使用权出让合同规定期限内支付全部土地使用权出让金及相关税费,并依规定办理不动产权登记手续;二是依土地使用权出让合同的规定和城市规划的要求开发、利用、经营土地,如需改变土地使用权出让合同规定的土地用途的,应征得出让方同意并经有批准权的部门批准,依照规定重新签订土地使用权出让合同,调整土地使用权出让金并办理不动产权登记。

### (三)国有建设用地使用权出让合同的履行

(1)以出让方式取得土地使用权进行房地产开发时,必须按照土地使用权出让合同约定的土地用途、动工开发期限开发土地。超过出让合同约定的动工开发日期满1年未动工开发的,可以征收相当于土地使用权出让金20%以下的土地闲置费;满2年未动工开发的,可以无偿收回土地使用权;但是,因不可抗力、政府及政府有关部门的行为或动工开发必需的前期工作,造成动工开发延迟的除外。

(2)用地单位改变土地利用条件及用途,必须取得出让方和市、县人民政府城市规划行政管理部门的同意,变更或重新签订出让合同并相应调整地价款。

### (四)国有建设用地使用权出让合同的解除

(1)在签订出让合同后,土地使用者应缴纳定金并按约定期限支付地价款,未按出让合同约定支付地价款的,自然资源管理部门有权解除合同,并可以请求违约赔偿。

(2)自然资源管理部门未按出让合同约定的时间提供土地的,土地使用者有权解除合同,由自然资源管理部门返还地价款并可以请求违约赔偿。

# 第四节　土地使用权租赁管理

## 一、国有建设用地使用权租赁的概念和特征

### (一)国有建设用地使用权租赁的概念

依据《土地管理法实施条例》第十七条规定,建设单位使用国有土地,可以以国有土地租赁的方式取得,国有土地租赁即国有建设用地使用权租赁。

国有建设用地使用权租赁是土地使用者以向国有建设用地所有者支付租金为对价,由使用者与县级以上人民政府自然资源行政主管部门签订一定年期的土地租赁合同,而原始取得的一定期限的国有建设用地使用权的行为。国有建设用地使用权租赁是国有土地有偿使用的一种形式,是出让方式的补充,发生在一级土地市场。

依据《规范国有土地租赁若干意见》,国有建设用地使用权租赁作为出让方式的有益补充,主要从两个方面进行了灵活调整:一是按年收租,使用者不需要像出让一样一次性支付出让期限内的全部价款,政府按年度收取租金;二是每年调租,或按租约决定调租。其按年收取的租金不是固定不变的,而是经常调整的。国有建设用地使用权租赁因期限短于土地使用权出让的年限,其租金远低于出让价格,土地使用者能够以较低的初始投入取得国有土地使用权,因而易于为土地使用者采纳。年租制也将是目前房地产去库存的重要措施,是创新土地供应方式并推进新常态经济持续发展的重要举措。

### (二)国有建设用地使用权租赁的特征

国有建设用地使用权租赁具有以下特征:

1. 范围的界定性

国有建设用地使用权租赁是国有土地有偿使用的一种形式,是出让方式的补充,其范围具有限定性。对原有建设用地,因发生土地转让、场地出租、企业改制和改变土地用途后依法应当有偿使用的,可以实行租赁。对于经营性房地产开发用地,无论是利用原有建设用地,还是利用新增建设用地,都必须实行出让,不实行租赁。

企业改革涉及的划拨土地使用权,有下列情形之一的,可以采取租赁的方式处置:①国有企业改造或改组为有限责任公司、股份有限公司以及组建集团的;②国有企业改组为股份合作制的;③国有企业租赁经营的;④非国有企业兼并国有企业的。

2.租赁期限的灵活性

国有建设用地租赁可以根据具体情况实行短期租赁和长期租赁。对短期使用或用于修建临时建筑物的土地，应实行短期租赁，短期租赁年限一般不超过5年；对需要进行地上建筑物、构筑物建设后长期使用的土地，应实行长期租赁，具体租赁期限由租赁合同约定，但最长租赁期限不得超过法律规定的同类用途土地出让最高年期。

3.税费缴纳的规定性

租赁国有建设用地使用权租金的确定，可以采用招标、拍卖或者双方协议的方式，以招标、拍卖为主。采用双方协议方式租赁国有建设用地的租金，不得低于租赁底价和按国家规定的最低地价折算的最低租金标准。承租人取得土地使用权时未支付其他土地费用的，租金标准应按全额地价折算；承租人取得土地使用权时支付了征地、拆迁等土地费用的，租金标准应按扣除有关费用后的地价余额计算。对改制企业的土地使用权采取租赁方式处置的，必须进行地价评估。

4.权利内容的限制性

承租的国有建设用地使用权可以转租、转让或抵押。承租人在按规定支付土地租金并完成开发建设后，经土地行政主管部门同意或根据租赁合同约定，可将承租的国有土地使用权转租、转让或抵押。承租土地使用权转租、转让或抵押，必须依法进行不动产权变更登记。

以租赁方式取得的国有建设用地使用权，不得用于商品房开发。国有建设用地使用权租赁期限不得超过国务院规定的土地使用权出让的最高年限。土地作为重要不动产由土地使用者开发利用，若租赁期限过短，用地者为了在短期内取得利益的最大化，如果采取掠夺式开发很可能导致土地退化或严重毁损，不利于土地资源的合理利用与保护，也不利于发挥有限土地资源的再利用价值。

租赁国有建设用地使用权人在租赁期内，不得单方改变租赁合同规定的权利和义务，需要改变租赁合同约定用途的，应当向国有土地所有者代表和城市规划管理部门提出申请，经批准，承租人应当与国有土地所有者代表重新签订租赁合同或签订补充合同，并相应调整租金。

## 二、国有建设用地使用权租赁的方式

租赁国有建设用地使用权由国有土地所有者代表与土地使用者通过协商方式设定，也可以采用招标、拍卖的方式设定。租赁双方应签订租赁合同，并约定租期、租金及其调整、租赁关系终止等内容。

租赁期限不得超过国务院规定的土地使用权出让的最高年限。

租金由土地使用者按年向国家支付，但国有土地租赁合同另有约定的除外。

## 三、国有建设用地使用权租赁的程序

(1)申请　用地单位向市、县自然资源管理部门提出国有建设用地租赁申请，并准备申报材料，向自然资源主管部门提出土地租赁申请。租赁国有建设用地使用权需要准备的申报材料包括：①土地租赁申请报告；②申请人法人资格证书及营业执照；③委托他人申请的，还要提交授权委托书、受托人身份证明及复印件；④土地租赁价格评估报告；⑤原土地使用者主管部门及当地自然资源管理部门的意见；⑥原不动产权证书及附图或原土地批文及附图(非新增地);⑦法律法规规定的需要提交的其他材料。

(2)受理　业务受理窗口受理,审查资料是否齐全、是否符合法定形式和达到审批受理要求。

(3)供地方案报批　市、县自然资源管理部门根据国土空间规划、年度土地利用计划、土地市场状况,由经办人编制国有土地使用权承包说明书和租地供地方案,经过会审后,报市、县人民政府批准。

(4)签订合同　市、县人民政府批准后,由市、县自然资源行政主管部门与土地承租者签订《国有土地使用权租赁合同》,合同内容包括当事人名称、土地的空间位置、界址和面积、土地用途和其他使用条件、租赁双方的权利和义务、租赁期限、租金标准及其调整办法、租金支付日期和支付方式、土地交付的条件和时间、合同的解除和终止条件等。

(5)缴费　用地单位缴纳土地租金及相关税费,领取租赁合同。

(6)办理登记　租赁国有建设用地使用权人凭租赁合同及其他要件办理不动产权登记。

## 四、国有建设用地使用权租赁的变更

(1)国有建设用地使用权租赁的用途变更　租赁国有建设用地使用权人在租赁期限内,需要改变租赁合同约定的用途的,应当向国有土地所有者代表和城市规划管理部门提出申请,经批准的,承租人应当与国有土地所有者代表重新签订租赁合同或签订补充合同,并相应调整租金。

(2)国有建设用地使用权租赁作价出资　租赁国有建设用地使用权人将其土地使用权及地上建筑物、其他附着物所有权作价出资的,须经国有土地所有者代表同意。向企业法人投资或者成立新的企业法人的,由企业法人继续履行原国有土地租赁合同;向合伙企业投资的,由合伙企业继续履行原国有土地租赁合同;做其他投资的,租赁国有建设用地使用权人须继续履行原国有土地租赁合同。

(3)国有建设用地使用权租赁的转让、抵押　租赁国有建设用地使用权人将其土地使用权及地上建筑物、其他附着物所有权转让、抵押的,应经国有土地所有者代表同意。租赁地块上的建筑物、其他附着物转让、抵押时,其占用范围内的租赁土地使用权随之转让、抵押。租赁土地使用权抵押的,抵押权实现时,土地使用权租赁合同权利、义务同时转让,并办理不动产权变更登记。

(4)国有建设用地使用权租赁的转租　租赁国有建设用地使用权人可以将其土地使用权及地上建筑物、其他附着物所有权转租,转租后,土地或房产承租人取得国有建设用地承租权,新承租人应继续履行原国有建设用地租赁合同。

## 五、国有建设用地使用权租赁的终止

(1)租期届满　租期届满,土地使用者未申请续租的,或者申请续租未获批准的,租赁关系终止,国家无偿收回租赁土地使用权,其地上建筑物、其他附着物的所有权由国家无偿取得。

国有建设用地使用者在租期届满前按规定申请续租的,除根据公共利益需要收回租赁土地使用权外,承租人的续租申请应当予以批准,但申请续租的期限与上一阶段的租期相加不得超过国务院规定的国有建设用地使用权出让的最高年限。经审批准予续租的,国有建设用地所有者代表与土地使用者应当重新签订国有建设用地租赁合同。

(2)提前终止租赁关系　国有建设用地所有者代表因公共利益需要提前终止租赁关系的，租赁土地使用权及地上建筑物、其他附着物参照出让土地使用权的相关规定处置。

(3)租赁土地使用权的丧失　因不可抗力造成土地状况发生重大变故，导致国有建设用地租赁合同不能继续履行的，国家可以无偿收回租赁的国有建设用地使用权。

# 第五节　国企改制中土地使用权处置

党的十八大报告指出，“要毫不动摇巩固和发展公有制经济，推行公有制多种实现形式，深化国有企业改革，完善各类国有资产管理体制，推动国有资本更多投向关系国家安全和国民经济命脉的重要行业和关键领域，不断增强国有经济活力、控制力、影响力”。早在1998年，为了推进国有企业实行公司制改造、组建企业集团、股份合作制改组、租赁经营和出售、兼并、合并、破产等改革，国土资源行政主管部门根据当时企业改革的不同形式和具体情况，分别采取国有土地使用权出让、国有土地租赁、国家以土地使用权作价出资(入股)和保留划拨用地方式处置划拨国有土地使用权。另外，国家还根据需要，将一定年期的国有土地使用权作价后授权给经国务院批准设立的国家控股公司、作为国家授权投资机构的国有独资公司和集团公司经营管理。1999年11月25日，国土资源部印发了《国土资源部关于加强土地资产管理促进国有企业改革和发展的若干意见》，进一步明确国有企业改革可根据行业、企业类型和改革的需要，采用不同的土地资产处置方式和管理政策。深化土地使用制度改革，完善和协调出让、租赁、作价出资(入股)、授权经营等不同处置方式之间的权责关系，按规定赋予企业自主选择土地资产处置方式的权利，有效降低了国有企业土地资产配置的直接成本，对于国有企业改革和深化土地使用制度改革发挥了积极作用。

## 一、国有企业改革划拨国有土地使用权处置方式

根据《国土资源部关于加强土地资产管理促进国有企业改革和发展的若干意见》第三条规定，国有企业使用的划拨国有土地使用权，应当依法逐步实行有偿使用制度，根据企业改革的不同形式和具体情况，可分别采取国有土地使用权出让、国有土地租赁、国家以土地使用权作价出资(入股)、国家将土地使用权授权经营和保留划拨用地方式予以处置。

## 二、国有建设用地使用权作价出资(入股)

依据《土地管理法实施条例》第十七条规定，国有土地使用权作价出资或者入股是国有土地有偿使用的方式之一。1999年，《国土资源部关于加强土地资产管理促进国有企业改革和发展的若干意见》明确规定对国企改革中涉及划拨国有土地使用权可采取国家以土地使用权作价出资(入股)方式予以处置，并进一步明确了国家作价出资(入股)土地使用权的权益。

### (一)国有建设用地使用权作价出资(入股)的概念

国家以建设用地使用权作价出资(入股)，是指国家以一定年期的国有建设用地使用权作价，作为出资投入改组后的新设企业，该土地使用权由新设企业持有，可以依照土地管理法律法规关于出让土地使用权的规定转让、出租、抵押的行为。土地使用权作价出资(入股)形成的

国家股股权，按照国有资产投资主体由有批准权的人民政府自然资源管理部门委托有资格的国有股权持股单位统一持有。自然资源管理部门应与国有股权持股单位签订委托持股合同。

由此可见，国家可将国有建设用地使用权作价出资或入股(以出让金为作价金额)，作为对企业的出资或股份投入，以增加国家的土地收益，国家对企业享有相应的股东权，企业享有国有建设用地使用权。

### (二)国有建设用地使用权作价出资(入股)的特征

1.使用主体的限制性

推行国有企业改制时，相关政策规定国家可以将一定年期的国有建设用地使用权作价，作为出资投入改组后的新设企业，也就是说当时可以获得作价出资(入股)国有建设用地使用权的权利主体为：改组后的新设企业。根据当时的国家产业政策，只有那些须由国家控股的关系国计民生、国民经济命脉的关键领域和基础性行业企业或大型骨干企业改组为国家控股的有限责任公司、股份有限公司以及组建国有企业集团的，经有审批权的人民政府批准，所涉及的划拨建设用地使用权才可以采取以建设用地使用权作价出资(入股)的方式处置。

随着社会经济的快速发展和产业用地需求的变化，2019 年发布的《产业用地政策实施工作指引》在第十七条扩大了以国有建设用地使用权作价出资(入股)方式的供地范围：①依据《国务院办公厅关于加强鲜活农产品流通体系建设的意见》(国办发〔2011〕59 号)的规定，政府投资建设不以营利为目的、具有公益性质的农产品批发市场，可按作价出资(入股)方式办理用地手续，但禁止改变用途和性质。②依据《关于扩大国有土地有偿使用范围的意见》(国土资规〔2016〕20 号)的规定，对可以使用划拨土地的能源、环境保护、保障性安居工程、养老、教育、文化、体育及供水、燃气供应、供热设施等项目，除可按划拨方式供应土地外，鼓励以出让、租赁方式供应土地，支持市、县政府以国有建设用地使用权作价出资(入股)的方式提供土地，支持各地以土地使用权作价出资(入股)方式供应标准厂房、科技孵化器用地。③国有企业原使用的生产经营性划拨国有土地使用权，符合国家有关行业、企业类型和改革需要的，可采用作价出资(入股)方式进行有偿使用。

2.方式的限定性

国有企业改革时，对于可以采取国有建设用地使用权作价出资(入股)的自然垄断行业、提供重要公共产品和服务的行业以及支柱产业和高新技术产业中的重要骨干企业，主要通过授权经营和国家出资入股的方式，向集团公司或企业注入土地资产；对于一般竞争性行业，应坚持以出让、租赁等方式配置土地。当非国有资本购买、兼并、参股原国有企业时，可将企业原划拨土地评估作价后同其他国有资产一并转为国有股，逐步通过股权转让变现；对于承担国家计划内重点技术改造项目的国有企业，原划拨土地可以继续以划拨方式使用，也可以作价出资(入股)方式向企业注入土地资产。

3.价值评估的规定性

国家以国有土地使用权作价入股的，其土地使用权作价折算的股本额不得低于审核确认的土地使用权作价总额除以股票的溢价倍数；土地使用权作价入股占国有资产总股本的比例也不得低于土地使用权作价总额占进入股份制企业的国有资产总额的比例。土地使用权折股及土地使用权出让金、租金数额的确定，均应以经审查确认的土地评估结果为基础。国有企业改制处置土地资产时,要考虑划拨土地使用权的平均取得和开发投入成本,合理确定土地作价水平。采用作价出资(入股)方式处置土地资产的,政府应按可收取的土地出让金额计作国家资本金或股本金。

4.权利内容的相对完备性

以国有建设用地使用权作价出资(入股)后,土地使用权主体具有与出让国有建设用地使用权人一致的占有、使用、收益和处分的权利,该土地使用权利在使用年期内可依法转让、作价出资、租赁或抵押,改变用途的应补缴不同用途的土地出让金差价。

## 三、国有建设用地使用权授权经营

同国有建设用地使用权作价出资(入股)一样,国有建设用地使用权授权经营是国家为了支持国有企业改革和发展,进一步推行土地有偿使用制度,对改制的国有企业涉及的划拨土地使用权进行资产处置的一种方式。

### (一)国有建设用地使用权授权经营的概念

国有建设用地使用权授权经营是指国家根据需要,将一定年期的国有建设用地使用权作价后授权给经国务院批准设立的国家控股公司、作为国家授权投资机构的国有独资公司和集团公司经营管理,并发给经营管理授权书的行为。

被授权的国家控股公司、作为国家授权投资机构的国有独资公司和集团公司凭授权书,可以向其直属企业、控股企业、参股企业以作价出资(入股)或租赁等方式配置土地,并按有关规定办理不动产权登记手续。

### (二)国家授权经营国有建设用地使用权的特征

(1)获取的法定性　在企业改革过程中,对原划拨建设用地使用权采用授权经营方式处置的,须经省级以上人民政府批准。改制企业根据批准文件,拟订土地资产处置总体方案,向有批准权的自然资源行政主管部门申请核准。其中,经国务院批准改制的企业,土地资产处置方案应报自然资源部审批,其他企业的土地资产处置方案应报土地所在的省级以上自然资源行政主管部门审批。同一企业涉及在两个以上省(自治区、直辖市)审批土地资产处置的,企业可持有关省(自治区、直辖市)的处置批准文件到自然资源部转办统一的公函。

(2)范围的限定性　根据企业改革和发展的需要,国家可以采取授权经营的方式,向集团公司或企业注入土地资产。国有建设用地使用权授权经营只对下列企业适用:①经国务院批准设立的国家控股公司;②作为国家授权投资机构的国有独资公司;③作为国家授权投资机构的集团公司。

(3)产权的无偿性　与出让制、租赁制和作价出资(入股)制相比,建设用地使用权授权经营方式可以不必支付任何费用(如出让金、租金、股息等),即可获得建设用地使用权的有偿规范使用。

(4)产权处置的规定性　国家授权经营建设用地使用权也是一种有偿使用方式,被授权的国家控股公司、作为国家授权投资机构的国有独资公司和集团公司,在国有土地授权经营期限内,可依法作价出资(入股)、租赁或在本集团公司直属企业、控股企业、参股企业之间转让,但改变用途或向本集团以外的单位或个人转让时,应报经自然资源行政主管部门批准,并补交土地出让金。

(5)行为的限制性　被授权经营土地使用权的国家控股公司、国有独资公司、集团公司必须接受授权部门的监督管理。另外,被授权经营土地使用权的单位须对授权经营后土地资产的保值、增值情况提供年度报告,并接受授权部门的监督管理。土地资产的授权部门还可以对被授权单位执行土地管理法律、法规的情况进行监督检查。企业违反土地管理法律、法规的规定以及超越授权经营的权限和范围使用土地后处置土地资产的,授权部门有权依法予以查处,并追究当事人的法律责任。

### (三)与国有建设用地使用权作价出资(入股)的区别

国有建设用地使用权授权经营在权利主体及权利内容方面与国有建设用地使用权作价出资(入股)存在着显著的差别。虽然这两种方式都规定了国家在一定年期内对国有土地使用权作价,但作价后土地使用权利的具体内容是不同的。

首先,获得权利的主体不完全相同。前者规定的获得主体为"改组后的新设企业",根据当时的产业政策,只有那些须由国家控股的关系国计民生、国民经济命脉的关键领域和基础性行业企业或大型骨干企业,改组为国家控股的有限责任公司、股份有限公司以及组建国有企业集团的,可以以建设用地使用权作价出资(入股)的方式处置划拨国有土地使用权;而后者规定的主体为"经国务院批准设立的国家控股公司、作为国家授权投资机构的国有独资公司和集团公司";二者不完全相同。

其次,权利内容不同。前者的权利主体是土地使用权的持有者,对该土地使用权利有较完备的处分权;后者的权利主体是土地使用权的经营管理者,一般并不直接使用土地,而是将土地使用权在授权范围内以作价出资(入股)或租赁等方式在其直属企业、持股企业、参股企业范围内配置土地,其向集团公司以外的第三人转让土地使用权时,须经有批准权的自然资源管理部门批准,并缴纳土地出让金。

## 四、国有企业改革处置划拨土地使用权的程序

处置土地使用权应当按下列程序办理:

1. 拟订土地使用权处置方案

由企业或企业隶属单位拟订土地使用权处置方案,主要内容应包括企业改革的形式和内容、企业现使用土地的状况和拟处置土地的状况、拟处置方式和处置价格及理由等。

2. 地价评估结果确认和土地使用权处置方案审批

地价评估结果和土地使用权处置方案应当报有批准权的人民政府自然资源管理部门确认和审批,报批时还应同时提交企业改革的批准文件、资产重组方案、不动产权证书或土地权属证明以及其他有关材料。

企业进行公司制改造、改组或组建企业集团,属于国务院或国务院授权部门批准设立的公司和企业集团以及境外上市公司的,土地估价结果和土地使用权处置方案由企业隶属单位报自然资源部确认、审批;属于省级人民政府或其授权部门批准设立的公司和企业集团的,土地估价结果和土地使用权处置方案由企业隶属单位报省级人民政府自然资源管理部门确认、审批。

企业实行股份合作制改组、租赁经营和出售、兼并、合并、破产的，土地估价结果和土地使用权处置方案由企业隶属单位报上一级人民政府自然资源管理部门确认、审批；属于中央企业的，报国家自然资源部确认、审批。

3.签订合同与变更土地登记

土地使用权处置方案经批准后，采取国有土地使用权出让方式处置的，企业应持土地使用权处置批准文件和其他有关文件与土地所在地的市、县人民政府自然资源管理部门签订国有土地使用权出让合同，并按规定办理不动产权登记手续；采取国有土地租赁方式处置的，企业应持土地使用权处置批准文件和其他有关文件与土地所在地的县级以上人民政府自然资源管理部门签订国有土地租赁合同，并按规定办理不动产权登记手续；采取国家以土地使用权作价出资（入股）方式处置的，企业应持国家自然资源部或省级人民政府自然资源管理部门签署的土地使用权处置批准文件以及作价出资（入股）决定书，按规定办理不动产权登记手续；采取保留划拨用地方式处置的，企业应持土地使用权处置批准文件及其他有关文件按规定办理不动产权登记手续。

## 第六节　国有建设用地使用权转让、出租和抵押

以划拨、出让、租赁、作价出资（入股）和授权经营等方式从国家原始取得建设用地使用权的土地使用者依据相关法律和制度，可将达到规定可以转让的土地，进入流通领域进行再交易，主要通过转让、出租和抵押实现国有建设用地使用权的再供应和分配。国有建设用地使用权的再供应和分配是对初级供应和分配的重要补充，可以不断促进土地资产从低效利用部门流向高效利用部门，对优化和促进生产要素的高效配置具有关键作用。

### 一、国有建设用地使用权转让

土地使用权转让，是指土地使用者将土地使用权单独或者随同地上建筑物、其他附着物转移给他人的行为。土地使用权转让的方式包括出售、交换、赠予和继承等。按照转让前土地使用权的获得方式，土地使用权转让可分为两种类型，一是以出让获得的土地使用权的转让，二是以行政划拨取得的土地使用权的转让，后者需要补办土地出让手续或补交出让土地收益后方可转让。

#### （一）土地使用权转让的条件

按照有关规定，土地使用权转让应同时具备下列条件：

1.直接通过出让方式取得土地使用权的转让条件

（1）按照出让合同约定已经支付全部土地使用权出让金，并取得土地使用权证；

（2）按照出让合同的约定进行投资开发，属于房屋建设工程的，完成开发投资总额的25%以上；属于成片开发土地的，已形成工业用地或者其他建设用地条件，但继承、赠予不受此限；

（3）符合出让土地使用权转让的其他有关要求。

2.以划拨方式取得土地使用权的转让条件

应当先报经有批准权的人民政府审批。划拨土地的转让有两种规定：一是报有批准权的

人民政府审批准予转让的，应当由受让方办理土地使用权出让手续，并按照国家有关规定缴纳土地使用权出让金；二是经有批准权的人民政府审批可不办理出让手续的，转让方必须将所获收益中的土地收益上缴国家。

### (二)土地使用权转让的内容

(1)权利、义务转移 土地使用权转让时，国有土地使用权出让合同和登记文件中所载明的权利、义务随之转移给新的受让人。

(2)建筑物、附着物转让 土地使用权者转让地上建筑物、附着物所有权时，其使用范围内的土地使用权随之转让，但地上建筑物、附着物作为动产转让的除外。

(3)使用期限 受让土地使用权的使用年限为国有土地使用权出让合同规定的使用年限减去原使用者已使用年限的剩余年限。

(4)转让价格 对于国有土地使用权转让价格，如明显低于市场价格，市、县人民政府有优先购买权。如果存在人为因素哄抬转让价格，市、县人民政府就可以采取相应的措施平抑地价，维护土地市场交易秩序。

### (三)土地使用权的转让程序

(1)转让方与受让方签订土地使用权转让合同。

(2)转让方协同受让方办理土地使用权和地上建筑物、其他附着物所有权转让的不动产权变更登记，以及转让方办理注销登记。

(3)分割转让土地使用权和地上建筑物、其他附着物所有权及转让划拨土地使用权的，向市、县人民政府自然资源管理部门申请批准。

(4)经批准同意转让划拨土地使用权的，应补办出让手续，补签出让合同及补缴出让金或将转让土地使用权所获土地收益上缴国家。

### (四)土地使用权转让合同

土地使用权转让应当签订转让合同。转让合同包括两类，一类是转入者和原土地使用者即转出者签订合同，另一类是转入者和政府再签订有关合同，如换领不动产权证书等。土地使用权转让合同，是当事人之间设立、变更、终止土地使用权转让法律关系的协议，由当事人自愿签订，并且基于双方当事人意思表示一致。土地使用权转让合同内容应包括下列几项：

(1)转让方式。

(2)转让地块的空间位置、界址和面积。

(3)转让价款及支付期限、方式(继承、赠予除外)。

(4)土地使用权已使用的年限，已投入土地开发的资金金额和所完成的工程。

(5)违约责任及纠纷处理方式。土地使用权转让合同的变更、终止等均按有关合同管理的法律法规办理。

## 二、国有建设用地使用权出租

国有建设用地使用权出租是指合法取得国有土地使用权的民事主体(即出租人)将土地使用权及地上建筑物、附着物全部或部分提供给他人(承租人)使用，承租人为此而支付租金的行为。

### (一)国有建设用地使用权出租的特征

1.必须设定在法律允许的地块上

用于出租的地块必须符合有关法律规定的条件,土地使用权出租必须设定在法律允许的地块上,如出让、转让土地使用权等有偿方式取得的土地使用权,符合条件的可以出租,划拨取得的土地使用权不得擅自出租。

(1)出让土地使用权的出租条件　出让土地使用权出租的条件是出租人对土地的开发必须达到法律规定的或土地使用权出让合同约定的标准。

(2)划拨土地使用权的出租条件　划拨土地使用权一般不得出租,符合下列条件的,经市、县人民政府自然资源行政主管部门和房产管理部门批准,其划拨土地使用权和地上建筑物、其他附着物所有权可以出租:①土地使用者为公司、企业、其他经济组织和个人;②领有土地和地上建筑物、其他附着物的不动产权属证书或合法的产权证明;③签订土地使用权出让合同。

2.土地使用权出租应当签订租赁合同

土地使用权出租双方当事人就使用土地达成协议,签订书面合同。

3.出租土地上的地上建筑物、其他附着物随之出租

出租土地使用权,其地上建筑物、其他附着物随之出租;出租地上建筑物、其他附着物使用权,其使用范围内的土地使用权随之出租。

### (二)国有建设用地使用权出租和国有建设用地使用权租赁的区别

在国有建设用地使用权出租和国有建设用地使用权租赁的概念中,都采用了租赁、租金这样的词语,非常容易混淆,实质上国有建设用地使用权出租和国有建设用地使用权租赁之间存在以下主要区别:第一,所处的土地市场层级不同。国有建设用地使用权出租属于土地二级或者三级市场;国有建设用地使用权租赁属于土地一级市场。第二,法律关系主体不同。国有建设用地使用权出租是在土地使用者之间进行,出租人是通过划拨、出让(或转让)、租赁等取得土地使用权的受让人;承租人为取得一定年限的土地及地上建筑物、其他附着物的全部或者一部分的使用权,并定期向出租人支付租金的行为主体;而国有建设用地使用权租赁的主体是土地所有者与土地使用者。第三,土地使用者的权益不同。国有建设用地使用权租赁,承租人取得承租土地使用权。承租人在按规定支付土地租金并完成开发建设后,经自然资源行政主管部门同意或根据租赁合同约定,可将承租土地使用权转租、转让或抵押,承租土地使用权转租、转让或抵押,必须依法登记;而国有建设用地使用权出租的承租人无上述权限。

### (三)国有建设用地使用权出租与国有建设用地使用权转让的区别

(1)相同点　如果在国有建设用地使用权的出租时间终止期与国有建设用地使用权出让时间终止期相同时,原土地使用者在这个出租时间内不直接利用土地,而是由承租人来利用;另外,土地使用权出租的租金与土地使用权转让的转让金就较接近。从这两方面来看,土地使用权的出租与转让相似。

(2)不同点　土地使用权转让后,要由土地使用权转入主体来承担原土地使用权出让合同

中所规定的土地使用者的各项权利和义务；而土地使用权出租后，仍然由原土地使用者来承担起原先承诺的各项权利和义务，不办理过户登记手续。另外，土地使用权出租的时间通常较短，很少在整个出让期间都出租；出租的面积可以是局部也可以是全部。也正因为存在这些不同点，才有必要把土地使用权的出租与转让进行分列。

## 三、国有建设用地使用权抵押

### （一）土地使用权抵押的概念

国有建设用地使用权抵押是指土地使用权人以土地使用权为履行债务的担保，当债务人不能按期履行债务时，债权人享有从变卖土地使用权的价款中优先受偿的债务担保形式。

依据《民法典》第三百九十四条第二款，以土地使用权作为担保的债务人为抵押人，接受以抵押担保债务清偿的债权人称为抵押权人，享有抵押权。

抵押权的设定需要由债权人与债务人签订以债务人的财产为抵押物的抵押合同。抵押合同经合法成立并经土地使用权抵押登记生效后，债权人取得抵押权人的法律地位。

以具有使用期限的土地使用权抵押的，其土地抵押权的期限不得超过土地使用权的使用期限减去土地使用权人已经使用期限后的剩余期限。以没有使用期限的土地使用权抵押的，土地抵押权的期限实际上受到被担保的主债务履行期和履行期届满后的诉讼时效的制约。尽管如此，法律允许当事人自愿约定抵押权期限。

### （二）土地使用权抵押的特征

土地使用权的抵押是一种不动产权利的抵押，它有以下特点：

（1）用于抵押的土地使用权必须是通过有偿出让、租赁或转让方式取得的合法土地使用权，并且是已办理不动产权登记手续的土地使用权。

（2）土地使用权抵押权设定后，土地使用权本身并不发生转移，即土地使用权抵押后，土地使用者可继续对土地进行占有、使用和收益，只有在债务不能履行时，抵押权人才能依照法定程序处分土地使用权，此时土地使用权才发生转移。

（3）土地使用权抵押时，其地上建筑物及其他附着物随之抵押。地上建筑物及其他附着物抵押时，其使用范围内的土地使用权也随之抵押，也就是说，土地使用权与地上建筑物及其他附着物必须同时抵押。

（4）土地使用权抵押不得违背土地使用权出让合同的规定，比如抵押期限不得超过土地使用权出让合同中约定的使用年期截止时间，不得改变已设定的用途和开发条件。

（5）土地使用权人将土地抵押后，并不完全丧失转让权，但在转让土地使用权时，应告知并获得抵押权人的同意。

### （三）抵押合同

依据《民法典》《土地管理法》《城市房地产管理法》和《城镇国有土地使用权出让和转让暂行条例》相关条款的规定，土地使用权抵押，抵押人与抵押权人应当签订书面抵押合同。抵押合同不得违背国家法律、法规和土地使用权出让合同的规定。土地使用权抵押合同应当载明下列主要内容：

(1)抵押人和抵押权人的名称或个人姓名、住址等；

(2)被担保的债权的种类、数额；

(3)债务人履行债务的期限或抵押期限；

(4)抵押物的基本情况，即用于使用权抵押的土地的空间位置、界址、面积、地上建筑物和附属物情况等；

(5)抵押权担保范围；

(6)抵押权灭失的条件；

(7)抵押人和抵押权人的权利、义务及其他约定事项；

(8)违约责任及争议解决方式；

(9)抵押合同订立的时间与地点。

### (四)设立土地使用权抵押的意义

设立土地使用权抵押具有以下意义：

(1)对债务人来说，一方面，通过抵押权的设立取得所需资金，用于土地的开发建设，达到利用土地及使土地增值的目的；另一方面，由于抵押权的设立无须转移占有供担保的土地，债务人可以继续对土地在开发建设的基础上进行占有、使用和收益，得以发挥土地的双重效用。

(2)对债权人来说，土地不转移占有，既免除了对抵押地块的责任，又在债务人到期未能履行债务时，通过处分土地使用权，发挥抵押权的担保作用而获得优先于其他债权人受偿的权利，从而保障了债权人的利益。

### (五)土地使用权抵押的设定及变更

土地使用权抵押的法律规定：

(1)抵押权的设立与登记　设立土地使用权抵押，抵押双方当事人应当签订抵押合同，并依照规定办理抵押登记，土地使用权抵押登记后抵押权方可生效。

(2)抵押权实现后变更登记　抵押权因债务如期履行或者其他原因使抵押权归于消灭的注销登记；因处分土地使用权而取得土地使用权和地上建筑物、其他附着物所有权的过户登记；经审批以划拨土地使用权设定的抵押权，处分土地使用权时，应补办出让手续，补缴出让金。

### (六)土地使用权抵押的范围

依据《民法典》《城市房地产管理法》《土地管理法实施条例》及《城镇国有土地使用权出让和转让暂行条例》的相关条款，下列土地财产可以抵押：①法律允许单独流转的建设用地使用权和海域使用权可以抵押，并且连同地上建筑物一并抵押；②依法以国有土地上的房屋和在建建筑物抵押的，被抵押的房屋或在建建筑物占用范围内的国有土地使用权同时抵押；③依法承包并经权属登记的荒山、荒沟、荒丘、荒滩、荒沙、荒水等土地使用权可以抵押，但需获得发包人的同意；④通过出让等方式取得的集体经营性建设用地使用权可依法抵押，需要书面通知土地所有权人；⑤乡(镇)村企业的厂房等建筑物抵押的，其占用范围内的土地使用权同时抵押；该土地使用权不得脱离厂房等建筑物单独抵押。

下列财产不可抵押：①土地所有权；②宅基地、自留地、自留山等集体所有土地的使用权，但是法律规定可以抵押的除外；③学校、幼儿园、医疗机构等为公益目的成立的非营利法人的教育设施、医疗卫生设施和其他公益设施；④所有权、使用权不明或者有争议的不动产；⑤依法被查封、扣押、监管的不动产；⑥法律、行政法规规定不得抵押的其他不动产。

### (七)土地使用权抵押的权利内容

《民法典》《城市房地产管理法》《土地管理法实施条例》和《城镇国有土地使用权出让和转让暂行条例》的相关条款对土地使用权抵押的权限做了如下规定：

(1)抵押权人取得以土地使用权为债权担保的抵押权时，依法律或者依约定取得其上建筑物、其他附着物所有权的抵押权。并在抵押期间，对抵押人所占有的建筑物、其他附着物享有法律上的控制权。

(2)债务履行期满债权未受清偿或出现其他法定或者约定事由的，抵押权人有权请求人民法院依法实施扣押，并自扣押之日起对该土地所产生的自然孳息、法定孳息享有收取权。所得孳息应先充抵收取孳息的费用。担保期间，担保财产毁损、灭失或者被征收的，担保物权可以就获得的保险金、赔偿金或者补偿金等优先受偿。被担保债权的履行期限未届满的，也可以提存该保险金、赔偿金或者补偿金等。

(3)债务履行期截止时债权未受清偿或出现其他法定或者约定事由的，抵押权人有权通过拍卖、变卖的方式将该土地使用权及其上属于抵押人的建筑物、其他附着物转让于第三人，并对转让所得价款优先受偿。

(4)出让土地使用权抵押期间，抵押人将其权利转让、出租、作价出资(入股)或再次抵押的，应当通知抵押权人，并告知对方当事人该物已经抵押的情况，原抵押合同继续有效。未通知抵押权人或者未告知对方当事人的，处分行为无效。抵押人将其权利转让、出租，抵押人处分抵押物所得价款明显低于其价值的，抵押权人可以要求抵押人提供相应的担保，抵押人不提供的，不得转让、出租；抵押人将其权利再次抵押的，所担保的债权额不得超过土地使用权价值的余额。

(5)租赁土地使用权上抵押权实现依法拍卖或变卖抵押物时，受让人应继续履行原租赁土地使用权合同。

(6)划拨土地使用权上抵押权实现依法拍卖或变卖抵押物时，应从拍卖或变卖所得价款中缴纳相当于应缴纳土地使用权出让金的款额或土地收益后，抵押权人方可优先受偿。外商投资企业场地使用权上抵押权实现的，抵押权人的优先受偿权依划拨土地使用权抵押的有关规定处置。

(7)以集体土地使用权依法抵押的，实现抵押权后，未经法定程序，不得改变土地所有权的性质和土地用途。抵押权人不是本集体经济组织投资设立企业的，须办理集体土地征收和国有土地出让手续。拍卖或变卖所得价款，应先扣除征地补偿安置费付给集体土地所有者，集体土地所有者在同意抵押证明中放弃此项权利的除外，并扣除出让金上缴国家，余额依法律规定处置。

(8)农村集体经济组织抵押本集体建设用地使用权的，必须经本集体经济组织村民会议三分之二以上成员或者三分之二以上村民代表同意。抵押乡(镇)农民集体所有的集体建设用地使用权的，必须经乡(镇)集体经济组织或者乡(镇)人民政府同意。

(9)建设用地使用权或房地产抵押后，土地上新增的建筑物不属于抵押财产。建设用地使用权或房地产拍卖时，应当将新增的建筑物与抵押的建设用地使用权或房产一并处置。但是，新增建筑物所得的价款，抵押权人无权优先受偿。

### (八)土地使用权抵押终止

土地抵押权实现以前，土地抵押权因下列情形而终止：

(1)土地使用权所担保的债务因清偿而消灭的；

(2)抵押权人免除土地使用权所担保的债务的；

(3)经抵押权人同意，抵押人以替代担保取代该土地使用权抵押的；

(4)抵押合同或者被担保的主债权合同依法归于无效或者被撤销的；

(5)抵押的国有土地使用权因国家收回、期限届满或者土地灭失而终止的；

(6)抵押的集体土地使用权因国家征收、集体土地所有者收回、期限届满或者土地灭失而终止的；

(7)随同地上建筑物、其他附着物抵押的土地使用权因该建筑物、附着物的消灭而终止的。

依照第(5)(6)(7)项终止土地抵押权的，抵押权人可以要求抵押人提供同等价值的替代担保。抵押人凭土地使用权获得补偿或赔偿的，抵押权人可以要求抵押人提前清偿所担保的债权；抵押人获得不动产置换或补偿的，抵押人应与抵押权人以新获得的产权为抵押标的物，重新签订抵押合同。

一项土地抵押权终止，不影响同一土地上其他抵押权的效力。土地抵押权终止，应办理抵押权注销登记。

【本章小结】

1. 在土地公有制、所有权与使用权分离体系下，政府实施的土地供应方式主要包括国有建设用地使用权划拨、国有建设用地使用权出让、国有建设用地使用权租赁、国有建设用地使用权作价出资(入股)、国有建设用地使用权授权经营等；政府同时对上述供地方式和土地二级市场的土地使用权转让、出租、抵押等进行审批与管理。

2. 在符合规划和用途管制前提下，允许农村集体经营性建设用地出让、租赁、入股，实行与国有土地同等入市、同权同价，以扩大土地有偿供应和使用范围，并严格控制新增集体经营性建设用地规模、鼓励乡村重点产业和项目使用集体经营性建设用地。政府同样对集体经营性建设用地入市的条件和程序进行严格的审批和管理。

3. 现阶段土地使用权划拨主要限于国有建设用地使用权，是指土地使用权经县级以上人民政府依法批准，无偿取得的或者缴纳补偿、安置等费用后取得的，没有使用期限限制的国有建设用地使用权。划拨管理的主要内容包括：划拨的范围，划拨的程序，划拨土地的转让、出租、抵押以及国企改革中划拨土地的处置。

4. 现阶段土地使用权出让主要限于国有建设用地使用权。国有建设用地使用权出让是指国家以土地所有者的身份，将土地使用权在一定年限内让与土地使用者，并由土地使用者向国家支付土地使用权出让金的行为。土地使用权出让金，指土地使用权受让人为获得土地使用权而支付给土地所有者的金额。出让管理的主要内容包括：出让计划与批准权限，出让期限，出让的方式和程序，出让合同及管理。

5. 国有建设用地使用权租赁是出让的有益补充，发生在一级土地市场。国有建设用地使用权租赁是土地使用者以向国有建设用地所有者支付租金为对价，由使用者与县级以上人民政府自然资源行政主管部门签订一定年期的土地租赁合同，而原始取得的一定期限的国有建设用地使用权的行为。租赁管理的主要内容包括：租赁期限、租赁方式、程序及变更。

6. 国有建设用地使用权作价出资(入股)、授权经营是国有企业改革中划拨土地处置的主要方式。土地转让、出租和抵押是土地二级市场中土地流转的主要形式。

【习题及思考题】

1. 简述土地供应的概念、供地政策、供地方式和供地程序。

2. 简述国有建设用地使用权划拨、出让、租赁的概念、特点、范围和程序。

3. 对比分析国有建设用地使用权授权经营与作价出资(入股)的区别。

4. 简述国有建设用地使用权转让的概念、方式、条件和内容。

5. 对比分析国有建设用地使用权出租与国有建设用地使用权租赁的区别。

6. 请结合我国土地制度的特殊性，分析政府作为土地所有者代表实施土地供应，与作为行使公权力的公共管理者之间的关系，实践中二者是否存在矛盾？如何分析与对待这些矛盾？

【参考文献】

1. 陆红生. 土地管理学总论[M]. 6 版. 北京：中国农业出版社，2015.

2. 王宇，尹君，赵建利，等. 土地权利与登记[M]. 北京：中国大地出版社，2009.

# 第十二章　土地市场管理

土地作为一种重要的生产要素，其在不同经济部门或行业间配置的合理性对整个国民经济发展有着重要的影响。在计划经济体制下，土地分配仅通过对经济、人口的预测和人均用地指标来确定，不考虑市场供求的影响，无法适应人口流动、消费模式变化、经济增长等对土地供给方式以及土地需求程度的影响，造成土地资源利用过程中浪费和紧缺的现象并存。因此，市场这只"看不见的手"一直被认为对资源有效配置起着基础性作用。然而，"市场失灵"也是令人头疼的普遍现象，这就为政府干预提供了需求。然而，"市场失灵"也是令人头疼的普遍现象，这就为政府干预提供了需求，在充分发挥市场在资源配置中的决定性作用，要更好发挥政府作用。本章重点针对我国土地市场的产生与发展，介绍土地市场的概念与特征，分析我国土地市场体系及调控与管理的主要内容与方式。

## 第一节　土地市场概述

市场机制是指在商品经济条件下社会活动的各个环节和各个组成部分，通过市场建立起内在的有机联系，由市场上供求关系变化、企业竞争、价格涨落、利率高低等带动和制约整个经济机体的运行和发展。市场机制使投入产出间的关系达到最优，从而促进资源的合理配置和有效利用。这一机制在土地资源配置中同样产生重要作用，但又有其特殊性。

### 一、土地市场的概念

土地市场的概念，有狭义和广义之分。狭义的土地市场是指进行土地交易的专门场所，如不动产产权交易中心等。广义的土地市场则是指土地这种特殊商品在流通过程中发生的经济关系总和。由于土地具有位置固定性，产品难以集中到固定的场所去交换，其交换活动尤其需要凭借金融、信息等部门平台才能完成。因此，土地市场的内涵一般难以用狭义的市场定义来概括，而应包括中间商、代理商、金融信用、广告信息等一切构成土地产权交换关系的经营性活动。因此，土地市场是有形的土地和无形的权益、信息、咨询服务等综合体。它是我国社会主义市场体系的重要组成部分。

在市场经济社会中，土地的重要性决定了土地市场的重要性，因为市场是资本家、企业家获得土地的唯一来源，只有通过市场才能使资本与土地相结合，同时在生产过程与劳动力相结合，使资本成为真正的资本。因此，在经济高度发达和市场经济成熟的国家，金融市场（或资本市场）、土地市场、劳动力市场（或人才市场）是居于主导地位或支配地位的三大市场。房地产市场被称为晴雨表或风向标。在我国随着市场经济的建立和日趋成熟，房地产业不断发展并逐渐成为国民经济的支柱产业，以土地市场为基础和核心的房地产市场已经成为国家经济决策层进行经济决策的重心，进行宏观调控的重要手段。近年来，国家出台一系列以稳定房地产价格为核心的房地产调控政策，充分说明了房地产市场的稳定发展对国民经济体系健康发展的重要地位。

## 二、土地市场的一般特征

土地市场作为市场体系的组成部分，具有市场的一般特性。同时，土地还是一种特殊形态的商品，土地市场具有区别于一般商品市场的明显特征。

(1)土地市场交易实质为土地产权契约　一般市场交换表现为商品实体的运动，而土地在交易过程中，由于土地的位置固定性，交易对象不移动，只发生产权的转移，其实质是土地产权契约的交易。因此，土地交易往往以一定的契据等法律文件为依据，权利的取得必须以法律为依据方为有效，并按权属管理的需要进行变更登记，使其权属的变更得到法律确认。因此，土地市场实际上是土地权利和义务关系的交换及重新确定的场所。

(2)土地市场的地域性　土地位置的固定性，决定了任何一宗土地只能就地开发、利用，并要受制于其所在的空间环境，如邻里关系及当地的社会经济条件等，而不像其他商品，原材料、生产地、销售地和消费地可以不在同一个地方，可以在不同地区之间调剂余缺，从产地或过剩地区运送到供给相对短缺和需求相对旺盛的地区。所以，土地市场不存在全国性市场，更不存在全球性市场，而是一个地区性市场，其供求状况、价格水平和价格走势等都是地区性的。也就是说，不同地区由于经济发展水平不同，土地市场产生和发展的动力也不完全相同，土地供求关系、交易量及交易价格均存在较大差异，因而也就引起不同地区土地市场供求的不均衡。

(3)土地供给弹性小　土地是一种稀缺的不可再生资源，其总量是不变的，土地的自然供给完全无弹性。由于土地资源用途变更的困难性，土地的经济供给弹性也很小。因此，在一定地域的市场内，土地价格主要由需求来决定。对土地的需求增加，地租上升，地价就随之上涨；反之，对土地需求减少，地租则下降，地价也下跌。

(4)土地市场的垄断性　土地资源的稀缺性和土地位置的固定性，以及土地市场的地域性分割，导致地方性土地市场的不完全竞争和土地价格不完全由供求关系来决定，加之土地交易数额较大，所以土地市场容易形成垄断。此外，在实行土地公有制的国家和地区，与土地所有权相联系的各种权利义务关系复杂而繁多，拥有部分产权者在行使自己的权利时，就会影响到其他产权人的利益。这样，为了协调土地产权人之间以及土地产权人与其他相关市场主体之间的关系，必须由政府对之进行相关管理，从而限制进入土地市场的竞争者，使土地交易带有垄断性或不完全竞争的特征。

## 三、土地市场的作用

(1)优化配置土地资源　土地资源的配置方式因配置手段不同而分为行政方式和市场方式。行政方式是政府用行政手段把土地资源分配给各个土地使用者，实现土地资源与其他生产生活资料的结合。市场方式是通过市场机制的作用把土地资源分配给各个土地使用者，实现土地资源与其他生产生活资料的结合。理论和实践已经证明，土地资源的行政配置是低效的，市场配置是高效的。

土地资源的流动带动了社会物质资源的流动和再分配，将土地及其相关社会资源由低效部门向高效部门转移,由低效的使用者向高效的使用者流转。在土地价格信号指引下,土地通过土地市场在城乡之间、城市内部或农村内部流动,从而进行合理的配置。

(2)实现土地资产价值,协调土地收益分配关系　土地不仅是一种重要的资源,而且是一种重要的资产。土地资产实现的条件就是土地市场,只有通过土地市场中交易双方相互作用的过程才能“发现”土地价格,从而实现土地资产价值。真实的土地价格应该是建立在市场竞争的基础上,由供求双方力量决定;真实的土地价格,才能理顺土地所有者、土地经营者、土地使用者之间的土地收益分配关系,进而促进土地资源的合理有效利用。

(3)调整产业结构,调控经济发展　地租、地价是土地市场中最重要的经济杠杆,是引导土地资源在不同产业中配置的重要信号。这种信号比任何其他非经济信号和指令更科学,更能促进生产力布局的优化。针对目前我国产业结构不尽合理的现状,政府可以通过行政、法律和经济的手段对土地市场进行干预,以达到调控经济结构和经济总量的目的。

## 第二节　我国城市土地市场体系

### 一、城市土地市场体系

城市土地市场是城市土地交易关系的总和,根据产权经济学理论,任何交易都是产权的交易,土地市场交易也是如此,中国城市土地市场交易客体主要是土地使用权。对我国现阶段城市土地市场体系的考察,可从不同的市场交易形式和过程进行。

1.按照市场交易主体和交易层次的不同,可以划分为一级市场、二级市场和三级市场

一级市场是土地使用权的出让市场,其主要市场活动是国家以土地所有者的身份,将土地使用权按照规划要求和投资计划及使用年限,出让给土地使用者或开发商。由土地所有制度决定,土地一级市场是国家垄断的市场。政府通过土地供应计划和规划,对出让土地的建设规模、土地开发计划、土地的位置及面积、土地的使用要求做出规定,并根据这些规定和需要,对土地出让活动实行直接调控。

土地二级市场即土地使用权转让市场,其主要市场活动是开发商根据政府的有关规定和出让合同要求,对土地进行开发和建设,并将经过开发的土地使用权连同地上定着物进行转让、出租、抵押等。其受让方可以是二手的开发经营者,也可能是直接的土地使用者。二级市场是国家调控下的以市场调节为主的市场。

土地三级市场是土地使用者之间进行的土地转让、出租、抵押、交换等交易活动。它是市场调节的开放市场。土地的价格原则上是根据市场供求状况,由交易双方议定,交易总量由市场供求决定。

三级市场结构是我国目前土地市场的基本构成,明确区分三级市场,既有利于政府管理和调控土地市场,也有利于分析土地市场的交易状况,掌握真实的市场供求关系。尽管二、三级市场之间较难区分,有时出现交叉,但是严格区分三级市场结构对土地市场管理者来说是非常有意义的。

目前在城市土地使用权一级市场中还存在一种土地使用权租赁市场,即国家把土地使用权租赁给土地使用者,每年收取一定的租金,这种“年租市场”是我国城市土地使用制度改革中

出现的新生事物，其比较适用国有企业改制以及无法一次性交纳土地出让金的企业。因此也可以将一级市场看成有两种形式，一种是土地使用权的长期出让，一般为20～70年，可称批租市场；另一种就是年租市场。近年来各地广泛发展的“年租制”（如湖北的襄阳）和“收地租”（如山东的临沂）等，证明土地租赁市场更具潜力。在我国目前的土地公有制体系下，加之土地交易的特殊性，租赁制应是土地市场发展的主要趋势。

总之，在我国城市土地使用权市场中，按市场交易主体和交易层次不同有一级市场、二级市场、三级市场体系，具体出让方式有协议、招标、拍卖、挂牌等形式，土地交易方式有出让、转让、租赁、联建、入股、授权经营等，按市场供应来源不同分为存量土地市场和新增建设用地市场，市场交易形式多样，已基本形成了城市土地市场体系。

2. 按照土地市场供应的来源可以划分为增量土地市场和存量土地市场

增量土地市场反映城市新增建设用地通过出让方式提供给使用者的交易，这种增量土地绝大多数情况下是先由集体土地征为国家所有，再以出让方式提供给用地单位使用，这时既反映城市建设用地的增加，又反映国有土地的增加。存量土地市场主要是指原有的采取划拨方式（无偿使用方式）使用的城市建设用地，通过补办出让手续、补交出让金，或由政府收回进行再出让的市场。存量土地市场交易不引起城市建设用地的增加，主要是解决过去的划拨土地实行有偿使用的问题。从发展趋势来看，由于农用土地资源有限，保护耕地成为头等大事，而目前绝大多数城市土地还是采用划拨方式使用，城市存量土地大量存在，因此扩大存量土地市场是今后土地市场发展的主要趋势。目前国有企业改制中的土地使用权处置、旧城区改造、土地收购储备等，均是存量土地市场交易的具体体现。

## 二、我国城市土地市场特征

同土地私有制国家的土地市场相比，我国现阶段的城市土地市场具有明显的特殊性。

1. 土地市场的交易对象是国有土地使用权

按照我国《宪法》和《土地管理法》及其他有关法律法规规定，城市土地属于国家所有，国家出让给用地单位或个人的不是土地的所有权，土地使用者之间转让的也不是土地的所有权。我国实行土地使用权与所有权分离的原则，只有土地使用权才能成为商品进入流通领域，即土地市场交易的产权是各种不同权利组合的使用权，而非所有权。所以，我国的土地市场实质上是土地使用权市场。

当前，我国城市国有土地供给方式主要有两种形式，即有偿出让和行政划拨。经过10多年土地使用制度的改革，有偿出让土地使用权方式逐步确立并迅速推广，对有经营收益的土地使用而言，已经成为一种重要的供给形式。不过行政划拨土地供给方式仍是一种供地的重要形式。出让土地使用权是一种内容较充分、相对独立的权利。它从土地所有权中分离出来，但其内涵又不等同于土地所有权中的使用权权能。出让土地使用权包含占有、使用、收益和处分权能。对于划拨土地，国家通过补充性的规定，给予使用者有限的处分权，使划拨土地使用者具有占有、使用、收益和有限的处分权，成为一种残缺的产权。根据我国的法律法规规定，出让土地使用权和部分划拨土地使用权（符合一定条件并经有批准权限的有关部门批准的）可以进入土地市场规范运作。

2. 土地市场中交易的土地使用权具有期限性

我国实行国有土地有偿有限期使用制度。除国家核准的划拨土地外，凡新增土地和原使用的土地改变用途或使用条件、进行市场交易等，均实行有偿有限期的使用。《城镇国有土地使用权出让和转让暂行条例》第十二条规定："土地使用权出让的最高年限按下列用途确定：①居住用地 70 年；②工业用地 50 年；③教育、科技、文化、卫生、体育用地 50 年；④商业、旅游、娱乐用地 40 年；⑤综合或者其他用地 50 年。"

3. 土地使用权出让市场是国家垄断市场

在我国实行土地的社会主义公有制，城市市区的土地属于国家所有。国有土地使用权出让市场是国家垄断的市场。政府通过土地供应计划和规划，对出让土地的建设规模、土地开发计划、土地的位置及面积、土地的使用要求做出规定，并根据这些规定和需要，对土地出让活动实行直接调控。政府垄断、控制和有计划地支配土地供应一级市场，成为土地供应的唯一源头。这有利于增强政府对土地供应和土地盘活资金的调控能力；有利于规划的有效实施，避免土地开发的杂乱无序；有利于基础设施建设资金的筹措，改善投资环境。

4. 在土地市场中政府处于优越的位置

按照我国法律规定，政府对国有土地行使双重权力。一种是土地的财产权。政府作为国有土地所有权的代表，直接对国有土地行使财产权，参与国有土地的经营和直接取得经营土地的收益。另一种是行政管理权，政府作为行政管理部门，行使与国有土地管理有关的公共行政权力，有权设定土地用途，对土地进行规划、改变土地用途的许可，对违法用地进行查处等。同时政府为了公共利益的需要，有权决定对农村集体土地实行征用。

在土地市场中，与其他土地经营主体相比，政府始终处于优越的位置。政府的行为可以直接影响到土地市场的变化。土地市场实际上是由政府控制的市场，政府掌握着土地市场的调控权和供应权，因而价格机制、竞争机制等对土地供求关系的调节作用就不如一般商品那样明显。

以上特点说明，土地市场的运行既要靠市场机制的自我调节功能，又不能仅仅依靠市场机制，它必须由政府采取必要的宏观调控和政策引导才能顺利进行。当然，这种宏观调控和政策引导必须是科学的、有效的，只有这样，才能使土地市场进入良性运作的状态。

## 第三节　土地市场管理

### 一、土地市场管理的内容

土地市场管理的内容主要包括：土地市场客体管理、土地市场主体管理、土地交易程序管理、土地市场供需管理和土地市场价格管理。

(1)土地市场客体管理　土地市场客体是指土地及土地产权。对土地市场客体的管理，主要包括以下内容：明晰土地产权，明确进入市场交易的土地产权的范围，监管发生交易的地块的开发利用情况等。

(2)土地市场主体管理　土地市场主体是指土地交易活动的参与者，主要包括土地交易双方和中介服务机构。对土地市场主体的管理，主要包括以下内容：明确土地产权主体及其权利与义务，明确土地受让方的条件、权利与义务，明确土地市场中介服务机构的条件、权利与义务，监管土地市场中介服务机构的行为等。

(3)土地交易程序管理　土地交易实质上是土地产权的交易，与一般物品交易不同，土地市场交易的程序较为复杂,其目的就在于提高交易的效率,保护交易双方的合法权益。对土地市场交易程序的管理,主要包括以下内容:制定并完善各类土地市场交易程序,监督土地市场交易双方的交易行为,提高土地市场交易过程的透明度,提高土地市场交易结果的公开度等。

(4)土地市场供需与价格管理　土地市场供需和价格是土地市场的重要信号,对土地市场供需和土地市场价格进行管理,是土地市场管理最重要的内容。国家从社会经济发展的总体和长远目标出发,通过经济手段、行政手段和法律手段,对土地市场供需与价格进行干预,以达到抑制土地投机、维护土地市场稳定、优化土地资源配置、合理分配土地收益的目的。

## 二、土地市场调控管理

当前我国正处于经济高速发展的时期,土地需求量很大,各地都在竞相发展,城市化步伐也在加快,这与我国目前的资源状况是相矛盾的。按照我国现行的土地管理方面的法律法规,还不能够从根本上控制大量的土地需求,对于持续发展,在制度上还有很多的缺陷。因此,必须采取一定的市场管理手段加以协调和控制。

### (一)土地市场供需调控的计划手段

我国政府为了控制土地供应总量,协调供求关系,调节和稳定土地价格,确定合理用地结构,优化土地配置等基础性工作,特制订土地利用计划,如土地储备计划、土地供应计划、土地出让计划等,对土地市场进行宏观调控。其中年度计划(包括国有土地使用权出让计划和房地产开发用地计划)的实施是把握土地入市环节、调控土地市场的有效手段。在 1992 年 11 月 4 日发布的《国务院关于发展房地产业若干问题的通知》中明确指出:“所有出让的土地,包括地块数、用地面积等都要纳入规划和计划,做到有计划出让。”土地使用权出让的计划,按现行土地利用计划编制程序进行。

### (二)土地市场供需调控的经济手段

1. 税收政策

税收政策作为财政收入政策,对土地市场供需的调控作用主要体现在两个方面:

(1)通过对土地市场运行过程中不同环节进行征税,实现对土地市场的调控。例如,通过计征土地取得过程中的契税和土地占有过程中的财产税与土地使用税,来调控土地市场需求量和需求结构;通过课征土地增值税和营业税,调控土地市场的供给量和供给结构。

(2)通过减免税实现对土地市场的调控。减免税的优越性有二:①手段灵活,政府有较多的增减自由;②减免税不一定使财政总收入减少,因为高税率不一定是高效率,超过一定限度的高税率往往会挫伤生产经营者的积极性,削弱经济主体的活力,导致资源不合理配置和浪费,最终使经济停滞倒退。

2. 财政投资政策

财政投资政策对土地市场的调控作用主要体现在财政投资的导向作用上:

(1)利用财政投资引导社会资金,调整产业结构。一般来说,地区的主导产业越强大,产业结构越合理,综合实力越雄厚,土地市场受宏观经济波动的制约和冲击越小。因此,财政投资应将适度财力投到各主导产业,保持合理的产业结构,提升综合经济实力,使之成为土地市场健康发展的坚实基础。

(2)利用财政投资引导社会资金,调节地区差异。我国实施财政投资向中西部倾斜政策以后,城市土地市场的地区差距开始缩小,东重西轻、南强北弱的格局将逐步发生改变。

3.金融政策

土地和资金是土地市场发育的两个“龙头”,信贷资金的投放和收缩直接影响土地市场的活力和兴衰。因此,国家金融政策是政府对土地市场供需进行调控的重要手段。金融政策对土地市场的调控可分为直接调控和间接调控。

(1)直接调控　直接调控是指政府通过制定土地金融政策,依靠中央银行直接干预土地信用业务的质和量。其中,量的控制主要指中央银行直接规定银行土地开发信贷的最高限额;质的控制主要包括以下几个方面:中央银行直接限制商业银行土地开发信贷的结构,规定商业银行发放土地开发信贷的方针、基本条件,鼓励或限制商业银行对土地进行投资,以及制定和规定其他金融机构(如人寿保险公司)投资土地开发的方针和条件。

(2)间接调控　间接调控是指国家通过利率和贷款成数等金融杠杆来调节货币供应量和需求量,进而调控土地市场供需。①贷款利率和期限调整。利率反映资金借贷的成本,间接影响土地市场各主体的未来预期。在土地市场有供过于求的迹象时,可适当提高对土地开发贷款的利率,也可适当降低消费信贷利率,从而达到宏观调控的目标。②贷款成数。这有两层含义:一指土地开发商在申请项目贷款时应具备的自有资金比例;二指土地购买者在购买时可申请到的最高贷款比例。贷款成数的高低直接影响市场的活跃程度,各国在打击土地投机时,往往以提高土地开发商申请项目贷款的自有资金比例,降低土地购买贷款成数作为操作手段。

### (三)土地市场价格调控措施

土地价格作为土地市场运作过程中最重要的经济杠杆手段,在土地市场管理中占据极其重要的地位。因此,土地市场价格的宏观调控是土地市场管理的核心内容。对土地市场价格进行调控的主要目的是,保证土地市场价格的基本稳定和市场交易平稳发展,防止地价极高极低或忽高忽低,避免土地资产流失和土地利用的不合理。

根据我国目前已有的法律和政策规定,土地市场价格宏观调控的措施主要有以下几方面:

(1)建立基准地价、标定地价的定期公布制度。基准地价、标定地价是国家建立地价体系的重要内容。按照《城市房地产管理法》第三十二条规定,基准地价、标定地价应当定期确定并公布。建立我国的基准地价、标定地价定期公布制度,是规范土地交易行为,加强国家对地价进行管理的重要措施。

(2)国家对协议出让国有土地使用权采取最低限价。按照《城市房地产管理法》第十二条规定,采取双方协议方式出让土地使用权的出让金不得低于按国家规定所确定的最低价。这一措施的主要作用,一是防止地方政府在出让土地使用权过程中,为了局部和短期利益,采取不正当的竞争方式,随意压低地价,造成国家土地资产的流失;二是增加土地使用权出让的透明度,便于上级政府和社会对出让行为的监督;三是便于土地使用者了解国家对不同地区、不同行业实行的地价优惠幅度,确定合理的投资方向。

近年来,低于成本出让工业用地是土地管理与调控中存在的一个突出问题,我国一些地方在招商引资中竞相压低地价甚至以零地价出让土地,危害十分严重。它不仅导致工业用地低成本过度扩张,助长了大量低水平重复建设,也破坏了公开公平、竞争有序的市场环境,造成了国有土地资产大量流失，损害了农民的土地财产权益。据此，国土资源部于2006年12月27日发布了《全国工业用地出让最低价标准》，并从2007年1月1日起实施。《标准》规定，工业用地必须采用招标、拍卖、挂牌方式出让，其出让底价和成交价格均不得低于所在地土地等别相对应的最低价标准。规定的实施使得各地工业用地的实际出让价格有了较大幅度的提高，这会有效抑制工业用地的过度扩张，提高工业用地的集约利用程度。

(3)政府对地价上涨采取必要的行政手段进行干预。按照《中华人民共和国城镇国有土地使用权出让和转让暂行条例》第二十六条规定，土地使用权转让的市场价格不合理上涨时，市、县人民政府可以采取必要的措施。由于土地资产的特殊性，土地价格总是呈上涨趋势，但是其上涨速度应与当时当地的经济发展速度相协调，否则就会影响社会生产和生活的用地需求，最终影响社会经济的持续、稳定发展，也不利于土地市场的正常发展。因此，当出现土地价格暴涨时，政府应采取适当的行政手段进行干预，如限制地价水平、调整土地供应计划、调整土地税收等。

(4)建立土地交易价格申报制度。按照《城市房地产管理法》第三十四条规定，国家实行房地产成交价格申报制度，要求房地产权利人转让房地产时，应当向县级以上人民政府规定的部门如实申报成交价，不得瞒报或者做不实申报。

(5)政府对土地使用权的转移有优先购买权。《中华人民共和国城镇国有土地使用权出让和转让暂行条例》第二十六条规定，土地使用权转让价格明显低于市场价格的，市、县人民政府有优先购买权。实施优先购买权，首先可以限制低价买卖土地、扰乱土地市场的行为；其次可以防止交易双方虚报、瞒报地价，逃避国家税费；最后，国家因特殊建设需要，如公共福利设施建设需要或实施土地利用规划时，也可采用优先购买，以保证国家建设的需要。

## 三、城市土地市场动态监测

进行土地市场动态监测，充分掌握土地市场交易情况，并在一定程度上实现土地市场交易信息的公开，能够有力地推动政府工作方式和职能的转变，建立土地市场的快速反应机制，提高应对能力。中国土地市场动态监测系统的建立和运行，对于推进政府依法行政、提高政府宏观调控土地市场能力、提高市场交易主体准确及时掌握土地市场信息的能力、增加土地交易透明度等都具有重大的意义。

通过实施土地市场动态监测，收集、整理、分析土地市场信息，充分掌握土地市场交易情况，及时、准确把握土地市场动态变化情况，为政府适时制定土地市场的宏观调控政策提供依据；通过土地市场动态监测，公开土地市场信息，能够有力地推动政府工作方式和职能转变，建立土地市场和快速完善土地市场服务，建立公开、公平、公正的土地市场环境。

### (一)土地市场动态监测平台

土地市场动态监测的对象为各城市的土地市场交易信息和建设用地供应信息，具体包括国有土地供应(包括土地供应计划、土地出让公告、土地供给信息)、土地收购储备信息、土地市场交易信息、集体建设用地信息、地价信息、园区信息、土地市场政策法规等方面。监测过程采取数据库—系统—网站相结合模式，即由各城市端通过网络在城市端系统上报数据，在中央端形成数据库，通过数据分析形成监测分析报告，得到监测成果。

(1)中国土地市场网(www.landchina.com)　主要用来发布全国各省、市(县)各基层自然资源部门上报的土地市场数据，并对上报数据进行分类统计、数据分析、网上发布、查询等。该网可以提供给国家自然资源部、各省自然资源厅及各基层自然资源部门使用，各基层自然资源部门可以在该网发布各地的政策、市场分析报告。各省基层自然资源部门，按照统一格式、标准来采集其相关土地市场数据，采集完成后，定期或不定期上报到土地市场动态监测系统。

(2)各省土地市场网　各省土地市场网系统是中国土地市场网下一级的子系统。它主要为各省自然资源厅服务；为各省自然资源厅收集各基层自然资源部门要上报的数据，并对各地上报的数据进行分析、统计、按网上发布的要求在网上发布各省各地的土地市场数据。

### (二)土地市场动态监测分析

土地市场动态监测分析既要充分运用土地市场动态监测信息成果，形成对土地市场运行情况、问题、走向的基本判断，同时结合国家宏观调控政策、区域经济发展战略，深入研究土地市场与宏观经济运行的关系。分析内容要点如下：

(1)土地供应情况分析　主要围绕政府供地实际状况及其变化趋势进行分析，包括不同时期的总供地量、供地结构、不同时期及不同地区的供地量比较，不同供地方式的比较及变化分析，年度供地计划及其执行情况等。

(2)土地开发利用情况分析　通过比较不同土地用途、不同供地来源、不同行政区域、不同时间段的土地供应计划量和实际供应量、闲置土地面积变化情况、园区土地利用率等指标项，分析土地开发利用情况，为政府制定、调整土地开发利用政策提供依据。

(3)集体建设用地情况分析　利用农村集体土地市场交易数据分析集体土地开发与转让状况，并与城市国有土地市场、国家征收土地等进行比较，分析集体土地开发的理性程度。

(4)房地产市场分析　主要指商业、旅游、娱乐和商品住宅等各类经营性用地的市场情况分析，分析土地供应情况，包括房地产开发土地供应总量及来源、房地产开发土地供给结构等。通过对不同类型经营性用地、不同地区同类经营性用地的价格走势、面积比例、供求状况等进行比较，分析房地产市场的现状和存在的问题，为国家调控房地产市场的各项政策提供依据，同时理性预测房地产市场的未来发展趋势。

(5)土地价格变化趋势分析　利用不同时期、不同地区的土地实际交易价格，分析土地交易价格变化趋势，并与房地产价格进行比较分析，为政府宏观调控房地产市场提供价格依据。

(6)土地市场运行宏观经济分析　利用土地市场数据分析土地交易量及其经济关系对土地资源开发利用、国民经济发展、地区投资结构、城市建设、耕地保护、集体土地征收等的影响，为国家制定有关土地资源开发利用政策、经济发展和投资政策及耕地保护政策以及征地制度改革提供依据。

(7)土地市场运行总体情况、主要问题与对策　综合土地供应、收购储备、市场交易、集体建设用地、园区、地价等多方面信息，总结出土地市场运行的总体情况，分析土地市场运行存在的问题，并提出相应的对策建议。

(8)特殊问题的分析　各城市可根据土地市场运行的变化情况，组织对特定时期、特定范围、特定地区的土地市场运行情况进行不定期的重点分析。如自然资源部曾根据土地市场动态监测数据，对京津地区、长江三角洲、珠江三角洲房地产情况进行重点分析，并出具分析报告。

【本章小结】

1. 土地市场是指土地这种特殊商品交易的场所，是土地交易过程中发生的经济关系总和。由于土地的位置固定特性，发生交易的实为土地的各种权利，如土地所有权和土地使用权等。市场主体是土地的供给者与需求者，市场客体是土地的各种权利。

2. 中国土地市场体系主要由城市土地市场和农村土地市场构成。城市土地市场形成了土地使用权出让市场、土地使用权转让市场、土地使用权租赁市场和土地使用权抵押市场共三个层次的土地市场，农村土地市场主要表现为农村集体经营性建设用地出让和出租市场、农地承包经营权流转市场、农村集体"四荒地"使用权承包市场。

3. 中国土地市场管理主要包括土地交易客体管理、土地交易主体管理、土地交易程序管理和土地供需与价格管理四个方面。

4. 政府实施土地市场管理手段主要通过土地利用计划调控、土地价格调控、土地税收和金融手段等。

5. 土地市场动态监测是开展土地市场管理的基础工作，通过监测，及时、准确把握土地市场动态变化情况，为政府适时制定土地市场的宏观调控政策提供依据；通过土地市场动态监测，公开土地市场信息，完善土地市场服务，建立公开、公平、公正的土地市场环境。

【习题及思考题】

1. 简述土地市场的概念和基本特征。
2. 简述我国城市土地市场的体系构成。
3. 土地市场管理包含哪些内容？
4. 简述我国城市土地市场调控管理的主要手段和具体措施。
5. 简述土地市场动态监测分析的主要内容。

【参考文献】

[1]陆红生. 土地管理学总论[M]. 6版. 北京：中国农业出版社，2017.
[2]张裕凤. 土地经济学[M]. 北京：科学出版社，2019.
[3]朱道林. 改革与发展中的中国土地市场[M]. 北京：中国科学技术出版社，2002.

# 第十三章　我国农村土地管理

农村土地是农村发展、农民生活和农业生产的基本要素和生产资料。全面建设社会主义现代化国家,最艰巨最繁重的任务仍然在农村,农村土地管理是国家土地管理的重要组成部分。完善农村土地管理政策,巩固和完善农村基本经营制度,深化农村土地制度改革,对于全面推进乡村振兴具有重要意义。本章重点介绍农村土地制度的主要形式、农村土地管理的基本内容及农村土地制度改革的方向等。

## 第一节　我国农村土地制度

### 一、农村土地所有制度

农村土地所有制是人们在一定社会制度下拥有农村土地的权属形式,即农村土地归谁所有以及这种所有制的实现形式,它是整个农村土地制度的核心,是土地关系的基础。我国农村土地的劳动群众集体所有制,采取的是农民集体土地所有制形式。我国农村土地集体所有制是土地改革和社会主义改造共同作用的结果,既是防止"两极分化"和实现"共同富裕"的制度保障,又是保证社会主义性质的政治基础。

我国农村土地集体所有制是计划经济时代的产物,是以家庭承包制为基础的所有制形式。家庭联产承包责任制是指农户以家庭为单位向集体组织承包土地等生产资料和生产任务的农业生产责任制形式。其特点是:第一,统分结合。"统"是集体对农户提供一定程度的计划管理和生产经营服务,"分"是集体组织中的农民家庭以承包集体的生产任务和其他项目为条件,占有和使用集体所有的土地,进行分散的自主经营。第二,家庭承包。集体将土地和其他生产资料承包给农户,农户成为独立的生产者,承包户根据承包合同规定的权限,自行安排生产,独立做出经营决策,并在完成国家和集体任务的前提下分享经营成果,一般做法是将土地等按人口或劳动力比例根据责、权、利相结合的原则分给农户经营。第三,联产计酬。主要形式是包产到户和包干到户,生产经营成果按照"交够国家的,留足集体的,剩下都是自己的"的原则享有。家庭联产承包责任制的制度优势在四方面:首先,家庭联产承包责任制确立了两权分离,即所有权和经营权的分离。所有权归集体,通过合同把使用经营权给农户,使劳动者和生产资料即土地的结合更加密切。这种责任制确立了家庭经营的主体地位,实现了公有土地和家庭经营方式的结合,农户除了按照合同完成承包的生产任务外,还可以自己购买生产资料,经营第二、第三产业,成为独立的生产者。这样,这种经营体制能够同时发挥家庭和集体的积极性,使经营者和劳动者相统一,扩大了农民生产管理的自主权,有利于生产者因地制宜、因时制宜地合理安排劳动和生产资料，并把责权统一起来，使劳动者更加关心产品的数量、质量和效益，克服了过去集体管理过分集中的问题；集体能够在较大范围内组织人力、物力、财力的投入，合理地优化配置当地资源，并且直接为农户服务，解决生产中的困难。其次，家庭联产承包责任制把农民付出的劳动和获得的报酬直接挂钩，克服了旧体制下生产"大呼隆"磨洋工现象，打破了"平均主义""大锅饭"的分配制度。实行按劳分配的分配制度，把劳动者的劳动成果与劳动直接挂钩，广大农民的生产劳动积极性被极大地调动了起来。再次，家庭联产承包责任制打破了人民公社政社合一的制度。明确划分了集体、个人的权利、责任和利益关系，建立健全了生产组织和劳动组织形式，将集体经济的优越性与家庭经营的积极性统一起来，同时，它重新把农业生产职能赋予家庭，家庭内部紧密的血缘、姻缘关系使家庭成员能够保持经济利益的高度一致，不需要进行劳动过程的监督与劳动成果的分配，也可以产生强烈的协作意愿，对农业劳动的全过程负责。因此，家庭使集体化组织内部极大的监督成本降到几乎为零。最后，家庭联产承包责任制使农民获得了独立的财产权和生产经营自主权，极大地调动了农民的生产积极性，极大地促进了农业生产力的发展。随着农产品产量和农民收入的增加，农民自己消费后还有剩余，这使得商品交换出现了可能，随着家庭承包责任制的实施，各地也出现了专门进行商品生产的重点户和专业户。这些都推动了农村经济的发展，农村的自然经济或者是小商品经济开始向商品经济转化。

家庭联产承包责任制极大地促进了农业的发展，对中国农村经济的发展乃至全国经济的腾飞起到了极其重要的作用。尽管如此，家庭联产承包责任制作为一种新生的制度，没有触及集体所有制这个根本问题，它的变革是不彻底不完善的；家庭联产承包责任制还带有明显的传统小农经济与自然经济的痕迹，阻碍了规模经济的发展和农业效益的进一步提高，尤其是产权主体虚置、土地细化、生产方式落后等问题，已经越来越与现代农业的规模化经营和社会化生产的要求不相适应了。

为顺应现代农业发展趋势以及满足农户保留承包权、流转经营权的需要，以习近平同志为核心的党中央提出了农地所有权、承包权、经营权"三权分置"的改革思想。2013 年 7 月，习近平总书记在湖北考察时指出，深化农村改革，完善农村基本经营制度，要好好研究土地所有权、承包权、经营权三者之间的关系。这是以习近平同志为核心的党中央首次提出农地"三权分置"改革思想。2013 年 11 月党的十八届三中全会通过的《关于全面深化改革的决定》要求实现工业化、城镇化与农业现代化同步推进，允许农民对土地承包经营权和宅基地进行抵押、担保、转让。2013 年 12 月，中央农村工作会议指出："落实集体所有权、稳定农户承包权、放活土地经营权。"这是中央会议首次提出农地"三权分置"改革要求。2014 年 11 月，中共中央、国务院《关于引导农村土地经营权有序流转发展农业适度规模经营的意见》提出："抓紧研究探索集体所有权、农户承包权、土地经营权在土地流转中的相互权利关系和具体实现形式。"这些政策指明了农地"三权分置"改革的原因、内容、重点、作用和目标等。此后，党中央加强农地"三权分置"改革的立法工作。2014 年 12 月，为实现工业化、城镇化与农业现代化同步推进，显化农村土地资产，中共中央办公厅、国务院办公厅印发《关于农村土地征收、集体经营性建设用地入市、宅基地制度改革试点工作的意见》，启动"三块地"改革。在根本的逻辑方面，宅基地三权分置改革与承包地三权分置改革具有一致性，都是与人口的流动相匹配去重新配置农村的土地资源，形成了农村土地"三权分置"改革的制度框架。

农村土地"三权分置"改革是既往农村改革思路的深化，而不是中断或者另起炉灶，是在乡村振兴背景下，对于农业现代化难题的破解。其意义主要有：一是丰富了马克思主义土地理论。马克思认为土地产权可分解为终极所有权、占有权和使用权等权能。“三权分置”不仅指“三权”分离，而且“三权”之间是相对平等的，其中“放活土地经营权”“创设资格权”等是习近平新时代中国特色社会主义思想的理论创新。二是“三权分置”是继家庭联产承包责任制之后我国农村土地制度改革的又一重大创新。它具有与家庭联产承包责任制相似的历史地位，在坚持集体所有制和稳定农户承包关系的前提下，农地经营权从承包经营权中分离出来，实行经营权的市场化流转，这为多种适度规模经营、农业现代化提供了政策支撑。宅基地资格权从使用权分离，实现了宅基地使用权用益物权化，为激活和盘活利用农村闲置宅基地资源奠定了基础。三是实现了公平与效率的统一。“三权分置”既适应了农业现代化的要求，也保持了农地的就业保障功能；既解决了农业问题，也解决了农民问题；既增加了农民财产性收入，也解决了农民居住问题。四是明晰了“三权”权责关系。“三权分置”一定程度上解决了家庭联产承包责任制下农地所有权与承包经营权之间权责不明、利益主体模糊、宅基地使用权流转受限等问题，释放了巨大的土地红利。

## 二、农村土地使用制度

### (一)农地承包经营制度

农地即用于农业生产的土地，是土地利用分类中的一级分类，包括耕地、园地、林地、牧草地、其他农用地如畜禽饲养地、设施农业用地等。农村土地承包制度是我国农地使用的一项基本制度，该制度源于农地所有权与使用权的分离，符合我国国情及现阶段农村生产力水平和发展要求，显示了巨大的优越性和旺盛的生命力。

1. 农地承包制度的演变

家庭承包经营有定额包工、联产到组、联产到劳、包产到户、包干到户等形式，并按包工→包产→包干，贫困地区→中间地区→发达地区，种植业→林牧渔业→非农产业的顺序演化、发展、完善起来。农村土地承包形式变迁经历了四个时期：

(1)定额包工和联产到组及联产到劳为主(1980年以前)　联产承包责任制始于20世纪50年代的高级农业生产合作社时期。当时，每个高级社分为若干个生产队，多数高级社对生产队实行“三包一奖”制，即农业社把土地、劳力、耕畜和农具固定到生产队使用，生产队向农业社承包投工(工分)、投资(成本)和作物产量(产值)。如实际产量(或产值)超过承包产量(或产值)，生产队除按规定得到劳动报酬外，还要得到一定的奖励工分；如没有特殊原因(例如不可抗御的自然灾害)而造成实产低于包产数，生产队则要受罚，被扣减应得的劳动工分。这样，就把生产者的经济利益同他们的最终劳动成果直接联系起来，调动起他们的生产积极性。“三包一奖”责任制的推行，对改善高级农业社的经营管理，促进农业生产发展，起到了积极的作用。“按田定额，包工到户”，把一般田间零活的工分都事先评定好，包给户去做，这样全劳力、半劳力、辅助劳力都可以用上，早晚做、白天做都可以，只要从数量上、质量上保证按季节做完活，就可得工分。这样明确分工，个人负责，可以避免耕作粗糙的现象。普遍推行的联产到组责任制，与“三包一奖”责任制的做法相似，只是承包单位由高级社的生产队变为人民公社生产队的作业组。根据记载，到1980年年底，在所统计的560多万个生产队中，23.6%的生产队联产承包到组，8.6%的生产队联产承包到户，9.4%的生产队包产到劳，实行大包干的占5%。

(2)包产到户和联产到组为主(1980—1981年)　包产到户是各户按人口或按人劳比例承包耕地,包产、包工、包费用,超奖减赔,也就是"三包一奖赔"到户。包产到户是农业集体经济组织按照统一计划,将应完成的产量任务和完成该项任务所需耗费的劳动和费用分包到户,由农户负责完成的一种生产责任制形式。其产品由集体统一支配,年终结算时,完成包产任务的,可按承包时规定的劳动工分取得报酬,超产受奖,因管理不善未完成包产任务者受罚;生产费用结余归户,超额不补。在20世纪50年代,一些农业生产合作社中曾经实行该制度,因受到批判未能发展而中止。此后在一些地区的农业生产合作社和人民公社中又实行过,也受到批判而中止,如此几起几落。在此期间,邓小平曾提出过不要排斥包产到户的主张。在1962年关于包产到户的争论中,他指出:农业中生产关系的调整不止保持以生产队为基本核算单位一种可能,"还有一种可能,就是有些包产到户的,要使他们合法化"。1978年以后,随着思想认识的改变和农村经济体制改革的进展,中共中央肯定了包产到户是集体统一经营与农户分散经营相结合的双层经营体制中,农户家庭经营层次的一种形式。

(3)包干到户为主(1982—1983年)　包干到户是各户按人口或按人劳比例承包耕地,不计工分、费用、产量,除完成国家征购和集体提留外,其余归己,即"完成国家的,交足集体的,剩下都是自己的",是农业集体经济组织将其土地分包到户,由农户安排生产的一种生产责任制形式。包干到户的一般做法是:农民以家庭为单位,向集体经济组织有偿承包,使用属集体所有的土地,自筹资金,自主经营,自负盈亏,从事农业生产活动。对其收入分配通常概括为:"交够国家的,留足集体的,剩下是自己的。"即承包农户首先向国家缴纳税金和完成合同定购规定的产品交售任务,其次向集体交纳公积金、公益金和其他应交款,其余归农户所有和支配。在1978年以后的农村经济体制改革中,安徽于1979年率先实行,后迅速发展到全国广大地区。1984年全国农村实行家庭承包的农户占乡(社)总农户数的97.9%,其中96.6%为包干到户。在集体统一经营与农户分散经营相结合的双层经营体制中,包干到户是家庭经营层次的一种形式。实行包干到户以后,原来的所有制关系、统一经营和分配的方式都发生了不同程度的变化,故有人认为它实质上是一种经营责任制。以包干到户为主要形式的家庭承包责任制适合当时中国农业生产以手工劳动为主的实际状况和农业生产的特点,它使农民有了经营和劳动上的自主权,克服了过去经营管理过分集中、生产瞎指挥和无人负责以及分配上的平均主义等弊端。实行这种分散经营和统一经营相结合的经营形式,是农村生产关系的重大调整,既坚持了集体的优越性,又极大地发挥了农民个人的主动性、积极性和创造性,因而解放了在旧的农村经济体制束缚下的生产力,为农业生产的迅速发展开辟了广阔的道路。

(4)家庭承包(包干到户)、双层经营(1984年至今)　家庭承包经营中,土地承包的方式主要有三种:①按人口承包。即把全部承包耕种的土地面积按总人口平均,再按各户人口的多少决定其承包的面积。②按劳力承包。即把全部承包耕种的土地按劳力总数平均,再按各户劳力数的多少决定其承包的面积,或者把所有的劳力按强弱分等,分别制定其承包土地的数量。③按"人劳比例"承包。即把全部承包地,一部分按人口承包,另一部分按劳力承包,其比例各地不一,有人七劳三、人劳各半、人三劳七等。

家庭承包经营坚持以下基本原则:①坚持土地等基本生产资料的集体所有;②符合国家的法律、政策;③兼顾国家、集体和承包者的利益;④符合本组织的章程和社员(村民)民主决议;⑤坚持集体的管理调节权;⑥保障承包者的经营自主权与合法收益权。

2. 农地承包经营制度的内容

(1)承包方式和期限　关于承包方式,《农村土地承包法》规定,主要是家庭承包,遵循"男女平等、人人有份”原则,以户为生产经营单位进行承包。除此之外,其他形式的承包包括招标、拍卖、公开协商,主要用于不宜采取家庭承包方式的荒山、荒沟、荒丘、荒滩等农地。

关于承包期限,《农村土地承包法》规定,耕地30年,草地30～50年,林地30～70年(特殊林木的林地承包期经国务院林业行政主管部门的批准还可以延长)。2017年10月17日,党的十九大提出,保持土地承包关系稳定并长久不变,第二轮土地承包到期后再延长30年。2019年11月26日,《中共中央国务院关于保持土地承包关系稳定并长久不变的意见》公布。自实行家庭承包经营以来,党中央、国务院一直坚持稳定农村土地承包关系的方针政策,先后两次延长承包期限,不断健全相关制度体系,依法维护农民承包土地的各项权利。在中国特色社会主义进入新时代的关键时期,党中央提出保持土地承包关系稳定并长久不变,是对党的农村土地政策的继承和发展,意义重大、影响深远。

(2)家庭承包　家庭承包是农地利用的主要承包方式,发包方是村集体经济组织或村民委员会,承包方主要是本集体经济组织的农户。家庭承包按照自愿平等、民主协商、公正合理的原则进行,承包方案须经过本集体经济组织成员的村民会议2/3以上成员或者2/3以上村民代表的同意。具体程序包括:①村民会议选举产生承包工作小组;②承包工作小组拟订并公布承包方案;③村民会议讨论通过承包方案;④公开组织实施承包方案;⑤签订承包合同。承包合同自成立之日起生效,承包方自承包合同生效时取得土地承包经营权。

为促进土地资源有效利用,发展农村经济,实现乡村振兴,在坚持农户家庭承包经营制度和稳定承包关系基础上,国家鼓励多种形式的土地承包经营权流转,包括转包、出租、互换、转让等。

(3)“四荒”地的承包　所谓“四荒”地是指荒山、荒沟、荒丘、荒滩等农村土地。《农村土地承包法》第四十四条规定,不宜采取家庭承包方式的荒山、荒沟、荒丘、荒滩等农村土地,通过招标、拍卖、公开协商等方式承包。第四十五条规定,以其他方式承包农村土地的,应当签订承包合同。当事人的权利义务、承包期限等,由双方协商确定。以招标、拍卖方式承包的,承包费通过公开竞价确定。以公开协商等方式承包的,承包费由双方议定。第四十七条规定,以其他方式承包农村土地,在同等条件下,本集体经济组织成员享有优先承包权。第四十八条规定,发包方将农村土地发给本集体经济组织以外的单位和个人承包,应当事先经本集体经济组织成员的村民会议2/3以上成员或者2/3以上村民代表的同意,并报乡(镇)人民政府批准。由本集体经济组织以外的单位或者个人承包的,应当对承包方的资信情况和经营能力进行审查后,再签订承包合同。

对“四荒”地的承包体现了效率原则,着眼点在效率,因此法律规定了较大的自由度。在不违反法律强制性规定的情况下,双方的权利义务可以由协商确定。

由于耕地对我国农民有福利和社会保障作用,而以“四荒”为代表的土地资源在这方面的功能要小得多,因此国家对耕地的经营体制比非耕地慎重得多,在“四荒”地的开发治理上更倾向于社会效益,政策也比较灵活,如在流转方面,规定“四荒”地承包经营权可以通过转让、出租、入股、抵押等方式流转。

### (二)农村建设用地使用制度

农村建设用地是指乡(镇)村建设用地,即乡(镇)村集体经济组织和农村个人投资或集资,进行各项非农业建设所使用的土地。农村集体建设用地分为三大类:宅基地、公益性公共设施用地和经营性建设用地。

1. 宅基地使用制度

（1）宅基地使用制度变迁　新中国成立以来，我国的农村宅基地制度主要内容为“集体所有、农民使用、一宅两制、一户一宅、福利分配、免费使用、无偿回收、限制流转、不得抵押、严禁开发”。农村的宅基地制度随着改革开放和经济发展也有了相应的变迁，笔者根据变迁的阶段将其分为三个时期：宅基地的私人所有时期、集体所有时期以及制度完善时期。

①宅基地的私人所有时期（新中国成立至 1962 年）　新中国成立以后，通过土地改革，国家基本上对土地进行了重新分配，大部分农民都分得了相应的土地，并拥有了相应的土地所有权。国家在《共同纲领》中明确要求各级政府要保护农民已经获得的耕地和宅基地的所有权。1952 年土地改革运动接近尾声时，农业合作化随之而来。合作社的快速兴起将社员的主要生产资料都合并入集体，将土地私有制变为集体所有制，但是农民的宅基地和房屋所有权却没有归入合作社。1956 年全国人大通过的关于合作社的文件中指出，农民已拥有的房屋永远归其所有，合作社成员现有的宅基地也不用归入合作社。1954 年的《宪法》也再次确认了农民对宅基地的所有权，这就为这一时期的土地产权自由流转在制度上扫除了障碍，也标志着农民土地房屋私有制正式确立。在这个时期，宅基地房屋私有制度有以下特征：一是以实现“居者有其屋”为目标，严格保障农民居住权；二是政府将拥有的宅基地平均免费地分给农户；三是保证了农民对宅基房屋的所有权，农民可以对其进行相应的处置，国家对该所有权提供了制度保障。

②宅基地归集体所有时期（1962 年至 20 世纪 80 年代初）　随着公社化的发展，农民宅基地私有制向公社化集体所有制转变。1962 年的“六十条”中对宅基地和房屋的权利进行了区分，农民对房屋仍然有所有权，可以租赁和交易，但是宅基地的所有权属于集体，农民可以永久使用。1963 年公布的文件首次对宅基地的所有权和使用权进行定义，并对宅基地的所有权和使用权以及房屋的相关权利进行了较为详细的说明。在这一时期，宅基地制度体现出以下特征：一是国家将宅基地的所有权与使用权进行区分对待，所有权由原来的农民所有转为生产队集体所有，而农民只有永久使用权；二是宅基地不允许个人进行交易，但农民却对房屋有永久所有权，有对房屋进行交易的权利，宅基地使用权也会随着交易的进行而转移；三是国家为了保障农民的居住权利，以户为单位，为每户农民免费分配一处宅基地，而且农户可以永久使用。

③宅基地制度完善时期（20 世纪 80 年代初至今）　这一时期主要是对宅基地制度的完善过程。改革开放以后，随着家庭联产承包责任制的全面实行，农村经济和农民生活水平得到很大提高，因此农村开始出现了建房高潮，进而引起了随意占用耕地盖房等问题。于是国家从 1981 年陆续出台文件、政策，以解决农村宅基地乱象问题。1981 年文件要求，农村住宅用地需要由地方政府统一管理、节约使用。1982 年则开始对宅基地的划分面积提出了要求。1986 年首次颁布的《土地管理法》中指出，农户只许“一户一宅”，不得在承包地和自留地上建房，并对宅基地使用权、房屋交易以及新建住宅之间的相关问题做了详细规定，为宅基地的管理提供了可靠的法律保障。1995 年出台的《确定土地所有权和使用权的若干规定》与 1997 年的《关于进一步加强土地管理切实保护耕地的通知》，对宅基地回收的各种情况进行了详细规定。在随后的法律法规中，将宅基地使用人的范围陆续扩大到退伍军人、回乡定居的华侨、愿意定居在农村的科技人员等。20 世纪 90 年代末，随着经济的不断发展，城乡之间的人口流动不断加快，随后便出台了一系列政策来禁止城镇人口占用农村宅基地。1999 年、2004 年、2007 年的相关文件中都特别强调，城镇人口不准购买和占有农村的宅基房屋，政府相关部门也不准向城市人口在农村违建的房屋发放证书。虽然这些政策在一定程度上影响了城乡间的人口流动，

但是有效地避免了某些非农人口对农村宅基地的占有，更便于农村的宅基房屋管理。2012 年后，随着城乡融合发展步伐的不断加快，为解决农村存量宅基地低效利用等问题，国家鼓励宅基地有偿退出。2018 年为进一步凸显宅基地的资产属性，国家开始施行宅基地“三权分置”改革。

(2)宅基地使用制度内容概述　一是“一户一宅，户有所居”。2020 年 1 月 1 日起实施的《土地管理法》(简称新法)在原来农村宅基地“一户一宅”原则的基础上增加了“户有所居”的规定。新法规定，农村村民一户只能拥有一处宅基地，其宅基地的面积不得超过省、自治区、直辖市规定的标准。人均土地少、不能保障一户拥有一处宅基地的地区，县级人民政府在充分尊重农村村民意愿的基础上，可以采取措施，按照省、自治区、直辖市规定的标准保障农村村民实现户有所居。二是“宅基地审批权限为乡级人民政府”。新法规定，农村村民住宅用地，由乡(镇)人民政府审核批准；其中，涉及占用农用地的，依照本法第四十四条的规定办理审批手续。《土地管理法》第四十四条规定，建设占用土地，涉及农用地转为建设用地的，应当办理农用地转用审批手续。三是“宅基地建设不得占用永久基本农田”。新法第六十二条明确规定，农村村民建住宅不得占用永久基本农田，并尽量使用原有的宅基地和村内空闲地。第三十五条规定，永久基本农田经依法划定后，任何单位和个人不得擅自占用或者改变其用途。禁止通过擅自调整县级土地利用总体规划、乡(镇)土地利用总体规划等方式规避永久基本农田农用地转用或者土地征收的审批。因此，任何情况下，农村村民建住宅都不得占用永久基本农田。四是“农村村民建房既要符合土地利用总体规划，又要符合村庄规划”。新法规定，农村村民建住宅，应当符合乡(镇)土地利用总体规划、村庄规划。《城乡规划法》第十八条规定，村庄规划的内容应当包括住宅、道路、供水、排水、供电、垃圾收集、畜禽养殖场所等农村生产、生活服务设施、公益事业等各项建设的用地布局、建设要求。五是“宅基地使用权依法流转”。新法规定，宅基地使用权流转方式包括“出卖、出租、赠与”。农村村民出卖、出租、赠与住宅后，再申请宅基地的，不予批准。依照相关规定，农村村民“出卖”宅基地使用权，双方必须是本集体经济组织成员，受让方需符合宅基地申请条件且需本集体经济组织同意。但农村村民“出租、赠与”住宅的对象不受本集体经济组织限制，出租房屋期限不得超过 20 年。另外，因继承导致宅基地使用权变更的，可以办理不动产登记，但房屋不能翻建，房屋损坏后，由集体经济组织收回宅基地。六是“施行宅基地有偿使用和自愿有偿退出机制”。新法第六十二条规定，国家允许进城落户的农村村民依法自愿有偿退出宅基地，鼓励农村集体经济组织及其成员盘活利用闲置宅基地和闲置住宅。

2. 集体经营性建设用地使用制度

农村集体经营性建设用地制度是我国农村土地制度中较为特殊的制度安排。农村集体经营性建设用地入市试点工作是农村土地制度改革的重要组成部分，是实现农村土地权利资本化、破解城乡二元结构的重大举措，对让更多农民分享城镇化进程中土地增值收益、加快推进乡村振兴具有重要的意义。

(1)农村集体经营性建设用地制度变迁。

①严格限制阶段(1982—1997 年)　20 世纪 80 年代初期，我国人均耕地由 1958 年的 0.173 $hm^2$ 减少到 0.100 $hm^2$，建设单位多征少用等浪费土地现象严重。有些社队企业圈占大院，有些地方甚至出现了变相高价买卖和出租土地，以土地入股的方式搞合营等现象，更加剧了耕地的浪费。为此，1982 年国家出台《国家建设征用土地条例》，规定：“禁止任何单位直

接向农村社队购地、租地或变相购地、租地。农村社队不得以土地入股的形式参与任何企业、事业的经营。”随着乡镇企业的迅速发展，农村工业在20世纪80年代中期迅速成为农民的重要收入来源，占农村总产出的比例也在1987年超过了农业。国家为给农村工业和小城镇建设提供法律保障，在强调耕地保护的同时，允许农民以土地使用权作为联营条件，以此提高土地经济产出。1986年《土地管理法》第三十九条规定：“乡(镇)村企业建设用地，必须严格控制。乡(镇)办企业建设使用村农民集体所有的土地的，应当按照省、自治区、直辖市的规定，给被用地单位以适当补偿，并妥善安置农民的生产和生活。”

②有限放开和局部探索阶段(1998—2012年)　1998年修订的《土地管理法》规定，符合土地利用总体规划并依法取得农民集体所有的建设用地的企业，因破产、兼并等情形可以将土地使用权出让、转让或者出租用于非农业建设。2004年《国务院关于深化改革严格土地管理的决定》进一步提出，在符合规划的前提下，村庄、集镇、建制镇中的农民集体所有建设用地的使用权可以依法流转。2008年中共中央《关于推进农村改革发展若干重大问题的决定》提出“逐步建立城乡统一的建设用地市场，……在符合规划的前提下实现农村集体经营性建设用地与国有土地享有平等权益”的改革目标。2009年《关于促进农业稳定发展农民持续增收推动城乡统筹发展的若干意见》再次提出，加快城乡统一的土地市场建设，促进集体建设用地进场交易。

③改革试点阶段(2013—2019年)　党的十八大以来，我国经济社会发展进入新常态，经济发展供给侧结构性改革倒逼国家进一步改革土地制度。2013年11月，《中共中央关于全面深化改革若干重大问题的决定》提出，建立城乡统一的建设用地市场，在符合规划和用途管制的前提下，允许农村集体经营性建设用地出让、租赁、入股，实行与国有土地同等入市、同权同价。2015年12月，第十二届全国人大常委会第十三次会议审议通过了《关于授权国务院在北京市大兴区等三十三个试点县(市、区)行政区域暂时调整实施有关法律规定的决定》，为集体经营性建设用地改革扫清制度设置上的障碍。总体来看，改革试点取得了预期的成果：一是绝大多数地区实现了集体经营性建设用地抵押权能；二是各地区因地制宜确定了入市主体；三是大多数试点地区以存量集体建设用地入市，入市途径以就地入市为主，入市方式以租赁和出让为主；四是试点地区建立了入市管理办法，搭建了农村产权交易平台；五是制定了土地增值收益调节金征收基数、比例和征收方式。

(2)农村集体经营性建设用地使用制度内容概述。一是“集体经营性建设用地利用与国有建设用地同地、同权”。在前面试点总结的基础上，2020年1月1日起实施的《土地管理法》充分吸收了集体经营性建设用地入市政策的经验，并将其上升为法律。新法第六十三条规定，“集体经营性建设用地，土地所有权人可以通过出让、出租等方式交由单位或者个人使用”“通过出让等方式取得的集体经营性建设用地使用权可以转让、互换、出资、赠与或者抵押”。集体经营性建设用地的出让、出租，集体建设用地使用权的转让、互换、出资、赠与、抵押及其最高年限，参照同类用途的国有建设用地执行。从而将集体建设用地与国有建设用地赋予了平等的法律地位和相同的权能，为建设城乡统一的建设用地市场提供了保证。二是“农村集体经营性建设用地入市应符合规划”。新法规定，集体经营性建设用地入市应当满足以下3项条件：经土地利用总体规划、城乡规划，确定为工业、商业等经营性用途，且需在每年的土地利用年度计划中做出安排；依法办理土地所有权登记；具备基础设施配套等基本条件。根据新法的规定，集体经营性建设用地的所有权人可以通过出让、出租等方式向单位或者个人转让土地使用权，并应当签订书面合同。结合国内不同地区试点实践情况，出让集体经营性建设用地的具体规则可以参考国有土地执行。按照海南、四川、天津等地的一些实践做法，一般采用招标、拍卖、挂牌方式进行集体经营性建设用地出让、入股等。根据《民法典》第七百零五条的规定，租赁期限不得超过20年，超过20年的，超过部分无效。

## 第二节 我国农村土地管理

受到快速工业化和城镇化的冲击，农村土地管理的问题日益增多，目前已经成为影响我国农村社会稳定的一大问题。加强农村土地管理，能够有效遏制“农地非农化、非粮化”“建设用地空废化”等问题，促进节约集约用地，切实保护耕地，是实现农村经济社会高质量发展的关键。

### 一、农村基层土地管理机构及其职能

农村基层的土地管理工作处于土地管理工作的最前沿，接触面广，工作具体，国家一系列土地政策措施，大部分必须通过农村基层土地管理才能得到具体贯彻落实。目前我国大部分地区农村在乡(镇)和村两级设立了基层农村土地管理机构。在乡(镇)设自然资源所(或规划和自然资源所)，由县(市、区、旗)人民政府管理，是县(市、区、旗)自然资源主管部门的派出机构。其主要任务是负责本辖区内的规划和自然资源管理工作，其职能是：

一是宣传贯彻执行国家、省、市、县规划和自然资源管理法律法规、方针政策，以及各级政府规划和自然资源管理的决定和措施。按照统一部署，开展规划和自然资源管理相关政策法规的宣传贯彻。认真贯彻执行上级在规划自然资源管理、安全生产、维护稳定、行政服务、党的建设、廉政建设、学习培训等方面的相关决议决定和有关工作部署。

二是协助市、区、县规划和自然资源执法机构开展规划和自然资源执法工作。按照市、区、县规划和自然资源综合行政执法机构有关工作要求(包括年度卫片执法、督察整改、日常监察执法等)，协助开展调查取证、档案资料收集查询等基础性工作。

三是承担规划和自然资源方面的巡查工作。科学制订年度、月度巡查计划，明确巡查路线，落实人员安排，做到辖区内全覆盖、重点区域重点巡查。承担村镇规划和市政交通规划实施、生态保护、永久基本农田和耕地保护、地矿管理、地灾防治、安全生产等方面的日常巡查排查。做好巡查排查记录，发现问题及时报告、及时制止违法行为。建立工作台账，做好相关登记。

四是承担规划和自然资源方面信访事项的受理、办理，排查化解基层矛盾纠纷。承担辖区内所涉的信访案件和矛盾纠纷等的办理和处置等工作，并建立工作台账，做好相关登记，实行清单制、责任制、销号制的台账化管理。及时将相关办理情况书面报送主管部门审核、处理、回复、归档等。

五是依法承担规划和自然资源管理方面的基础性工作。

农村村民住宅建设方面。承担辖区内农村村民住宅建设的规划及用地报批初审工作。承担辖区内占用农用地的农转用方案编制及报送用途管制科报批报备等工作。

自然资源调查和不动产登记方面。承担辖区内自然资源基础调查、国土调查、年度变更调

查等的调查、监测、评价分析等工作；承担辖区内不动产权籍调查、测绘、确权等登记业务的受理、外业调查、初审及其档案整理、纠纷调解、信息保密、安全生产等工作；协助开展辖区内地下管线数据动态巡查、更新管理、统计上报等工作；承担辖区内测量标志的动态巡查、日常保护维护等工作。

地质灾害防治方面。承担辖区内地质灾害防治监测等工作。

农村土地整理复垦方面。协助农村土地整治中心开展农村土地整理、复垦相关工作。落实年度耕地保护目标任务。协助开展村镇规划编制实施及监督管理、市政交通建设、生态修复、自然资源调查、土地节约集约利用、地矿管理、地理信息调查测绘等工作。协助开展辖区内集体土地征收拆迁安置监督管理等工作。建立工作台账，做好相关登记，实施台账化管理。

## 二、农村土地管理的主要内容

### （一）农村土地权属管理

#### 1.农村土地权属

农村土地所有权，是农村土地所有者在法律规定的范围内，对其拥有的农村土地享有的占有、使用、收益和处分的权利，是一定农村社会形态下土地所有制的法律表现。我国农村土地所有权属于农村集体。

农村土地使用权是指农民集体土地的使用人依法利用土地并取得收益的权利。农村土地使用权可分为农用土地使用权、宅基地使用权和建设用地使用权。农用地使用权是指农村集体经济组织的成员或者农村集体经济组织以外的单位和个人从事种植业、林业、畜牧业、渔业生产的土地使用权。宅基地使用权是指农村村民住宅用地的使用权。建设用地使用权是指农村集体经济组织兴办乡（镇）企业和乡（镇）村公共设施、公益事业建设用地的使用权。按照《土地管理法》的规定，农用地使用权通过发包方与承包方订立承包合同取得。宅基地使用权和建设用地使用权通过土地使用者申请，县级以上人民政府依法批准取得。

农村土地他项权利，包括农村土地租赁权、抵押权、继承权等。农村土地租赁权指所有权人或使用权人对所使用的土地进行出租，并由此获得收益的权利，出租行为多是发生于土地使用权人与承租人之间，如农地承包经营权流转。抵押权指农村土地使用权人在法律许可的范围内不转移土地占有而将土地使用权作为债权担保，在债务人不履行债务时，债权人有权对土地使用权及其上建筑物、其他附着物依法进行处分，并以处分所得的价款优先受偿的担保性土地他项权利，如一些地方实施的农村土地“三权抵押”。继承权是指合法继承人依法取得被继承人土地资产的权利，如农村宅基地继承权。

#### 2.农村土地权属管理主要内容

农村土地权属管理主要内容包括依法确认农村土地权属、依法管理农村土地所有权和使用权权属变更和他项权利变更及主要用途变更等，并依法调查、处理土地权属纠纷。

（1）农村集体土地所有权的确认　根据《土地管理法》第十一条以及《土地管理法实施条例》第四条规定：农民集体所有的土地，由土地所有者向土地所在地的县级人民政府土地主管部门提出土地登记申请，由县级人民政府登记造册，核发集体土地所有权证书，确认所有权。

（2）农村集体土地使用权的确认　①农村承包地使用权的确认系由县级以上人民政府向

承包方颁发土地承包经营权证，并登记造册，确认土地承包经营权，其具体承包程序如下：发包方（合作社或村民小组）对本区域内土地承包现状进行清理核实，登记造册；发包方（合作社或村民小组）和农户配合农地测绘部门对农户田块进行确界、实测；村民小组根据农地测绘部门公示无异议的测绘数据和本组基本情况填表、确认、进行公示；经公示无异议后报乡（镇）人民政府土地承包流转管理机构确认后申请确权登记；乡（镇）人民政府农村土地承包流转管理机构核实无误后，将村民小组提供的材料，报县级农地管理部门申请确权登记；县级农地管理部门进行审核登记，进行发证公示；公示无异议后，发包方（合作社或村民小组）与承包方签订《农村土地承包合同》，由县级农地管理部门按程序制作《农村土地承包经营权证》；发包方（合作社或村民小组）向承包方颁发农村土地承包经营权证书，同时旧证作废；逐级建立《农村土地承包台账》，健全档案。②农村集体建设用地使用权的确认。主要根据《土地管理法实施条例》第四条第二款规定，农村集体所有的土地依法用于非农业建设的，由土地使用者向土地所在地的县级人民政府土地主管部门提出土地登记申请，由县级人民政府登记造册，核发集体土地建设用地使用权证书，确认建设用地使用权。

(3)农民集体土地所有权的变更　农民集体土地所有权的变更是指将农民集体所有的土地转变为国有土地，主要包括如下情形：①农村集体经济组织全部成员转为城镇居民的，原属于其成员集体所有的土地转变为国家所有。②因国家组织移民、自然灾害等原因，农民集体迁移后，不再使用的原属于迁移农民集体所有的土地，转变为国家所有。③国家依法征收农民集体土地，并给予补偿，征收后的农民集体土地所有权转变为国家土地所有权。

(4)农民集体土地使用权的收回　有下列情形的农民集体土地使用权将被收回：①因撤销、迁移等原因而停止使用土地的。②乡（镇）村公共设施和公益事业建设需要使用土地的，可依法收回土地使用权。③因不按照批准的用途使用土地的，可依法收回土地使用权。

3.农村土地权属转移管理

农村土地流转是指在市场经济条件下，农村土地使用权和他项权利按照价值规律的作用在市场上流动和转移，充分发挥市场机制的基础性作用，实现土地资源在各市场主体间的优化配置。我国农村土地资源流转中不包括土地资源所有权的流转，这是由我国的土地资源所有权国家垄断的现状决定的，农村土地流转仅是使用权流转，包括承包经营权流转和农村建设用地使用权流转。主要流转方式包括出租、转让、抵押、入股、合营、交换、赠与等，通过这些多元化的市场交易行为使自然资源得到了更加合理有效的配置。

(1)农村土地使用权出租　农村土地使用权出租是指在约定的期间内，出租人将农村土地使用权（承包经营权）让与承租人以获取租金的行为。它有助于促进资源最大经济效益的发挥，防止资源的闲置和浪费。

(2)农村土地使用权转让　农村土地使用权转让是指拥有土地承包经营权或宅基地资格权的农户将土地使用权（经营权）转让给其他农户或经济组织，即保留承包权或资格权，转让使用权。

(3)农村土地使用权抵押　农村土地使用权抵押是指农村土地使用者将其依法取得的农村土地使用权作为清偿债务的担保的法律行为。农村土地使用权抵押在其产权体系中占有极其重要的地位，但长期以来，我国法律对农村土地使用权抵押规定得过严过死，这无疑不利于资源的优化配置，容易造成资源浪费。因此，健全农村土地抵押制度是农村土地产权制度改革的重要内容。

(4)农村土地使用权的入股与合营　农村土地使用权的入股与合营是指农村土地的所有者或者使用者依法以农村土地使用权作价入股,或者作为投资、合作、联营的条件,与其他单位或个人共同举办企业或其他营利性组织的行为。从广义上讲,入股与合营是农村土地使用权转让的一种形式,但它与狭义上土地使用权转让又有区别:联营条件下,农村土地使用权仍归原使用权人拥有,转让以后的农村土地使用权却归新的受让人拥有,原使用权人失去使用权。

(5)农村土地使用权交换　农村土地使用权交换是指当事人双方约定互相转移农村土地使用权或一方转移使用权,另一方转移金钱以外标的物的法律行为。

(6)农村土地使用权赠与　农村土地使用权赠与是指赠与人自愿将自己的农村土地使用权无偿转移给受赠人,受赠人表示接受的法律行为。

### (二)农村地籍管理

#### 1.土地调查

土地调查是指通过全面查清土地资源和利用状况,掌握真实准确的土地基础数据,为科学规划、合理利用、有效保护土地资源,实施最严格的耕地保护制度,加强和改善宏观调控提供依据,促进经济社会全面协调可持续发展。我国已经实施三次土地调查,第一次全国土地调查于1984年5月开始一直到1997年年底结束。第二次全国土地调查于2007年7月1日全面启动,于2009年完成。2017年10月16日,中国政府网发布《国务院关于开展第三次全国土地调查的通知》,宣布根据《中华人民共和国土地管理法》《土地调查条例》有关规定,国务院决定自2017年起开展第三次全国土地调查,第三次全国国土土地调查于2020年年底结束。

土地调查一般内容包括:①土地利用现状及变化情况,包括地类、位置、面积、分布等;②土地权属及变化情况,包括土地的所有权和使用权状况;③土地条件,包括土地的自然条件、社会经济条件等状况;④进行土地利用现状及变化情况调查时,应当重点调查基本农田现状及变化情况,包括基本农田的数量、分布和保护状况。

调查方式一般可分为:①土地普查。在全国或较大范围内进行全面调查,查明在某一时点或一瞬间的土地数量、质量及其利用状况。②土地重点调查。一种非全面性调查,即在拟调查单位中选择一部分具有代表性的重点单位进行调查。③土地抽样调查。按随机原则在用地单位总体中选取一部分单位为样本进行调查。④土地典型调查。在拟调查单位中选择若干典型单位进行深入的、系统的调查。通过土地调查可以从整体上认识土地利用中存在的问题与发展趋势。

土地调查是自然资源部落实“两统一”职责的具体举措之一。土地权属调查指遵照国家法律规定,通过权属调查和地籍测量的方法,查清每一宗土地资源及其附着物的位置、权属、界线、数量、质量和用途等基本情况,并以图、簿等信息数据库记载,为土地资源登记、核发证书提供依据的调查工作(是自然资源登记前具有法律意义的初步确认)。它既是一项政策性、法律性和社会性很强的基础工作,又是一项集科学性、实践性、统一性、严密性于一体的技术工作,是实现多部门、多口径数据融会贯通及不同环节、机构信息互联互通的重要基础。

#### 2.土地登记

土地登记是国家土地管理行政当局为加强土地管理,要求土地所有人或使用人在一定期间内申报土地权益,经认可后记载于专设簿册的法律行为,是国家管理土地和确定地权的一项重要措施。具体是国家依照法定程序对土地的坐落、面积、用途、价格、权利等项登记在册、核发证书的一项制度。农村集体土地确权登记发证是对农村集体土地所有权和集体土地使用权等土地权利的确权登记发证。农村集体土地使用权包括宅基地使用权、集体建设用地使用权等。农村集体土地所有权确权登记发证要覆盖到全部农村范围内的集体土地,包括属于农民集体所有的建设用地、农用地和未利用地,不得遗漏。土地登记具有"强制性、公信性、完整性、保护性"等特点。加快农村集体土地登记,能有效地解决农村集体土地权属纠纷,化解农村社会矛盾,依法确认农民土地权利,强化农民的土地物权意识,将农民与土地物权紧密联系起来,可以进一步激发农民保护耕地、节约集约用地的积极性,对于夯实农业农村发展基础、促进城乡融合发展有重要意义。农村土地登记主要包含农村土地承包经营权登记和农村宅基地登记。

(1)农村土地承包经营权登记　农村土地承包经营权确权登记就是依据法律规定,由县级以上地方人民政府将农户承包土地的地块、面积、空间位置等信息及其变动情况记载于登记簿,颁发土地承包经营权证等证书,以进一步明确农民对承包土地的各项权益。这是强化对农村耕地等各类土地承包经营权的物权保护,是国家明确土地承包经营权归属、发挥土地承包经营权效用、保护土地承包经营权人权利的重要手段。

(2)农村宅基地登记　农村村民在集体土地上因建房需要,向集体组织申请建房用地,经集体报送县(市)人民政府批准后,向县(市)土地主管部门申请办理集体土地使用权登记并由县(市)人民政府颁发《集体土地使用证》。具体流程为:审查证件→情况调查→测量尺寸→填写报表→上报审批→发证。宅基地使用权实行严格的"一户一宅"制。根据土地管理法的规定,农村村民一户只能拥有一处宅基地,其面积不得超过省、自治区、直辖市规定的标准。农村村民建住宅,应符合乡(镇)土地利用总体规划,并尽量使用原有的宅基地和村内空闲地。农村村民申请住宅用地,经乡(镇)人民政府审核,由县级人民政府批准,但如果涉及占用农用地的,应依照土地管理法的有关规定办理审批手续。农村村民出卖、出租住房后,再申请宅基地的,不予批准。具体登记程序与内容如下:

①申报　凡是拥有宅基地的土地使用权人,须领取由土地主管部门统一印发的《农村宅基地使用权申报登记表》,以户为单元,每宗宅基地填写一份。村民使用的宅基地,必须提交由经济社、村委会二级经济组织及镇政府出具的土地权属来源证明。然后由调查组负责收集申报材料上交土地主管部门对权属进行审核。

②权属调查　土地主管部门根据土地使用权人的申请,对宅基地范围、界线、界址、权属性质、用途等情况进行实地调查、记录并经相邻各方认定,填写宅基地地籍调查表,绘制宗地草图,为地籍测量做准备。在宅基地调查过程中,本宗地使用者和相邻地使用者应按通知规定时间内到场共同指界,对双方共同确认的用地界线和界址点进行签名、盖章,如不能参加指界的,应书面委托代理人出面指界。

③审核与公告　经土地主管部门审核,对认为符合登记要求的宗地进行公告,公告内容主要包括土地使用者的名称、地址、准予登记的土地权属性质、面积、坐落、四至范围等。

④审批　公告期满,土地权利者及其他土地权益有关者对土地登记审核结果未提出异议的,在农村宅基地使用权登记审批表上签署同意登记发证的意见,由市(县)人民政府领导签章,并加盖市(县)人民政府土地登记专用章。

⑤登记注册　根据农村宅基地登记审批表结果,以宅基地为单位逐项填写宅基地登记卡、

宅基地归户卡及土地证书，并由登记人员和土地主管部门主管领导分别在两卡上签字。

3. 土地统计

土地统计是农村土地管理的重要内容，是以数据、图形为主要形式，对土地资源的数量、质量、分布、权属、利用状况及动态变化等进行的调查、整理、分析和预测的全过程。

对于农村，土地统计的对象是中华人民共和国版图内的全部农村土地。

土地统计的特点：数量的地域性，图、表、实地的一致性，总面积的稳定性，质量的相对性。

土地统计的任务：准确、及时、全面、系统地掌握土地的数量、质量、分布、权属、利用状况及其动态变化信息；分析土地统计数据，为土地利用和制定管理措施，提供可选择的咨询建议与对策方案；加强对土地的监测；建立土地统计信息库。

土地统计的基本内容：主要包括五个方面，即土地总面积、土地质量等级、土地权属、利用状况和土地分布。

依据标准的不同，土地统计有不同的类型划分方法。根据统计时间和任务的不同，土地统计分为初始土地统计和年度土地统计。

初始土地统计：是土地统计工作的起点，或者说，它是在某一时点上首先开展的土地统计。"时点"是人为确定的，这一时点的数据作为历年统计的初始值。我国以县级为单位的土地利用现状调查已完成，故应将土地利用现状调查的结束作为初始土地登记的起点，土地利用现状调查的成果作为初始土地统计的依据。

年度土地统计：随着时间的推移，土地的自然、经济、法律状况不断发生变化，初始土地统计阶段调查、整理、汇总的土地统计资料，与土地的实际情况产生了不一致现象。为了保持土地统计资料（数据、文字、图件）和实地的一致，必须坚持年度土地统计制度，根据土地变更调查成果，更新土地统计数据，完成年度土地统计。

根据国家土地统计管理体制有关土地统计报表报告程序的规定，土地统计又可分为基层土地统计和国家土地统计。

基层土地统计：是以图斑或宗地为基础进行的，是保证提供准确、及时统计资料的关键。基层土地统计工作包括在土地利用现状调查基础上，以县为单位，建立各乡（镇）初始土地统计，根据土地变更调查成果，进行年度土地统计，做好年报，建立和完善各项土地统计工作制度等。

国家土地统计：是指县级（含县级）以上土地管理部门所进行的土地统计设计、调查、整理和分析等土地统计工作。它包括土地统计的有关制度和方法的设计，按国家统一制定的土地统计报表制度，定期完成年报的填写和汇总，进行数据整理和分析，检查和监督国家各项土地管理政策执行情况，并提出改进土地管理工作的建议和措施，为国家提供科学、准确、全面、系统的土地信息。县级人民政府土地管理部门负责本县的土地统计报表的汇总和上报工作，进行本级土地统计成果的整理、分析和提供利用等工作。在国家土地统计管理体制中，县级土地统计是基础，它起着承上启下的作用。县级以下的基层土地统计工作，由县级土地管理部门组织乡（镇）土地管理所（员）负责进行。

### （三）农村土地规划管理

我国土地利用规划总共编制了三轮，2019 年 5 月《中共中央国务院关于建立国土空间规划体系并监督实施的若干意见》要求建立国土空间规划体系并监督实施，将主体功能区规划、土地利用规划、城乡规划等空间规划融合为统一的国土空间规划，实现“多规合一”，强化国土空间规划对各专项规划的指导约束作用，这是党中央、国务院做出的重大部署。国土空间规划总体由“五级、三类、四体系”构成。国土空间规划涉及农村土地利用规划部分主要有耕地和基本农田保护规划、村庄规划、土地整治规划等内容。

1. 耕地和基本农田保护规划管理

耕地规划是在既定耕地面积的前提下，对合理组织耕地利用的措施进行的全面安排。内容包括：作物布局、耕地利用时空组织、耕作田块（方向、边长、形状等）的规划、田间渠道规划、田间道路规划、护田林带规划。上述各项规划有机地联系在一起，在规划时必须综合地加以解决。耕地规划是防止耕地“非农化”“非粮化”的关键，也是国家实现“藏粮于地、藏粮于技”战略的基础。

基本农田保护是指根据一定时期人口和国民经济发展对农产品的需求，以及对建设用地的预测，而对长期不得占用的耕地依法实行保护的一项土地管理措施。基本农田保护的对象是：国务院有关主管部门和县级以上地方人民政府批准确定的粮、棉、油和名、优、特、新农产品生产基地；高产、稳产田和有良好的水利与水土保持设施的耕地以及经过治理、改造和正在实施改造计划的中低产田；大中城市蔬菜生产基地；农业科研、教学试验田；省级以上人民政府确定的其他农业生产基地。

2016 年 8 月，国土资源部和农业部联合发布《关于全面划定永久基本农田实行特殊保护的通知》，对全面完成永久基本农田划定工作加强特殊保护做出部署，明确了永久基本农田划定的目标任务：按照“依法依规、规范划定，统筹规划、协调推进，保护优先、优化布局，优进劣出、提升质量，特殊保护、管住管好”五项原则，将《全国土地利用总体规划纲要（2006—2020年）调整方案》确定的全国 15.46 亿亩基本农田保护任务落实到用途管制分区，落实到图斑地块，与农村土地承包经营权确权登记颁证工作相结合，实现上图入库、落地到户，确保划足、划优、划实，实现定量、定质、定位、定责保护，划准、管住、建好、守牢永久基本农田。

基本农田保护规划（又称划定基本农田保护区）是按一定程序和方法划定基本农田保护区的规划。它是贯彻土地基本国策、保护耕地的有效办法，是增强农业后劲，保证国民经济持续稳定协调发展的战略措施，其主要内容包括：搞清规划区耕地利用现状、特点，耕地的生产力状况和利用中存在的问题；明确基本保护的指导思想、原则和任务；划定基本农田保护区范围，确定保护的数量指标，分类分级保护和布局安排；保护面积指标逐级分解下达；制定保护措施；设立保护标志，建立基本农田保护档案；整理成果资料，请上级政府组织验收。

2. 村庄规划管理

村庄规划是国土空间规划的重要组成部分，属于详细规划。实用性是村庄规划编制的根本要求，也是指导农村建设用地布局的重要基础。

实用性村庄规划编制的主要内容包括：村庄概况，现存问题分析，规模预测及用地布局规划；公共服务设施规划，基础设施规划，环境卫生整治规划，防灾减灾规划，景观风貌保护规划，产业规划，近期建设项目及投资估算；其重点包括道路分布、道路横断面图、道路走向；村庄定位、发展方向、产业支持；建设用地、宅基地标准等。

实用性的村庄规划在乡村振兴战略背景下具有重要的意义。一方面，实用性村庄规划能够有效保证村民的基本生活条件，同时解决村庄建设与发展中存在的一系列问题，提高村庄建设的科学性与合理性，也为村民的生活提供了极大的便利。同时，实用性村庄规划还能够对村庄环境进行治理，有效地维护生态平衡。另一方面，实用性村庄规划还能够为村庄建筑提供设计方案，解决村庄房屋建设中存在的私搭乱建等不安全因素，同时也能够对村庄原有的具有一定研究或者保护价值的历史或文物古迹建筑进行有效、科学的保护、管理与优化，凸显村庄特色。

3. 农村土地整治规划管理

农村土地整治是指在一定区域内，按照土地利用总体规划、土地整治专项规划确定的目标和用途，通过采取行政、经济和法律等手段，运用工程建设措施，通过对田、水、路、林、村实行综合整治、开发，对配置不当、利用不合理以及分散、闲置、未被充分利用的农村居民点用地实施深度开发，提高土地集约利用率和产出率，改善生产、生活条件和生态环境的过程，其实质是合理组织土地利用。

农村土地整治规划的主要内容涵盖采用工程、生物等措施，对田、水、路、林、村进行综合整治，增加有效耕地面积，提高土地质量和利用效率，改善生产、生活条件和生态环境的活动；采用工程、生物等措施，对在生产建设过程中因挖损、塌陷、压占造成破坏、废弃的土地和自然灾害造成破坏、废弃的土地进行整治，恢复利用的活动；在保护和改善生态环境、防止水土流失和土地荒漠化的前提下，采用工程、生物等措施，将未利用土地资源开发利用的活动。

**(四)农村土地利用与保护管理**

1. 基层耕地利用保护管理

乡镇、村两级是耕地保护基层组织，因而对于耕地保护有特殊意义，同时对于基层耕地利用保护有特殊的职责。村委会负责本行政区域内的耕地保护管理工作，村委会主要负责人为第一责任人，严格执行土地利用总体规划，维护土地利用总体规划的严肃性。新农村建设规划和集镇规划中建设用地规模不得超过土地利用总体规划确定的村庄、集镇建设用地规模。落实土地用途管制，村、组不得擅自将耕地划为宅基地。稳定耕地保有量和基本农田保护面积，确保耕地保有量、基本农田保护面积和保护率不低于中寨镇土地利用总体规划确定的控制指标。严格执行耕地保护制度。认真贯彻《基本农田保护条例》，严禁擅自占用耕地搞非农建设，坚决制止占用基本农田建房、建坟、取土、烧砖和种果、植树、挖塘养殖等违法行为。要加强耕地保护动态巡查，包村村干部对责任内各类违法用地行为要做到早发现、早制止、早汇报、早查处。积极做好辖区内违法用地专项整治工作。做好耕地保护宣传工作，积极设立并保护好基本农田保护界桩、标志牌。近年来，随着耕地保护目标责任制建设推进，进一步催生了“田长制”等耕地保护措施，即在每个行政村配备一名总田长，每个或多个图斑圈定的农田配备一名田长，通过镇街任命与群众推选相结合的方式产生，实现块块农田有田长，保护责任全覆盖，充分调动村民自主管理保护耕地的积极性。

2. 农村宅基地管理

(1)严格落实“一户一宅”规定　宅基地是农村村民用于建造住宅及其附属设施的集体建设用地，包括住房、附属用房和庭院等用地。农村村民一户只能拥有一处宅基地，面积不得超过本省、自治区、直辖市规定的标准。农村村民应严格按照批准面积和建房标准建设住宅，禁止未批先建、超面积占用宅基地。经批准易地建造住宅的，应严格按照“建新拆旧”要求，将原宅基地交还村集体。农村村民出卖、出租、赠与住宅后，再申请宅基地的，不予批准。对历史形成的宅基地面积超标和“一户多宅”等问题，要按照有关政策规定分类进行认定和处置。人均土地少、不能保障一户拥有一处宅基地的地区，县级人民政府在充分尊重农民意愿的基础上，可以采取措施，按照省、自治区、直辖市规定的标准保障农村村民实现户有所居。

(2)鼓励节约集约利用宅基地　严格落实土地用途管制，农村村民建住宅应当符合乡(镇)土地利用总体规划、村庄规划。合理安排宅基地用地，严格控制新增宅基地占用农用地，不得占用永久基本农田；涉及占用农用地的，应当依法先行办理农用地转用手续。城镇建设用地规模范围外的村庄，要通过优先安排新增建设用地计划指标、村庄整治、废旧宅基地腾退等多种方式，增加宅基地空间，满足符合宅基地分配条件农户的建房需求。城镇建设用地规模范围内，可以通过建设农民公寓、农民住宅小区等方式，满足农民居住需要。

(3)鼓励盘活利用闲置宅基地和闲置住宅　鼓励村集体和农民盘活利用闲置宅基地和闲置住宅，通过自主经营、合作经营、委托经营等方式，依法依规发展农家乐、民宿、乡村旅游等。城镇居民、工商资本等租赁农房居住或开展经营的，要严格遵守合同法的规定，租赁合同的期限不得超过20年。合同到期后，双方可以另行约定。在尊重农民意愿并符合规划的前提下，鼓励村集体积极稳妥开展闲置宅基地整治，整治出的土地优先用于满足农民新增宅基地需求、村庄建设和乡村产业发展。闲置宅基地盘活利用产生的土地增值收益要全部用于农业农村。在征得宅基地所有权人同意的前提下，鼓励农村村民在本集体经济组织内部向符合宅基地申请条件的农户转让宅基地。各地可探索通过制定宅基地转让示范合同等方式，引导规范转让行为。转让合同生效后，应及时办理宅基地使用权变更手续。对进城落户的农村村民，各地可以多渠道筹集资金，探索通过多种方式鼓励其自愿有偿退出宅基地。

(4)依法保护农民合法权益　要充分保障农户宅基地合法权益，不得以任何名义违背农民意愿强制流转宅基地和强迫农民“上楼”，不得违法收回农户合法取得的宅基地，不得以退出宅基地作为农民进城落户的条件。严格控制整村撤并，规范实施程序，加强监督管理。宅基地是农村村民的基本居住保障，严禁城镇居民到农村购买宅基地，严禁下乡利用农村宅基地建设别墅大院和私人会馆。严禁借流转之名违法违规圈占、买卖宅基地。

3.集体经营性建设用地管理

农村集体经济组织可以设立独资经营的企业，将符合乡(镇)土地利用总体规划的建设用地提供给企业从事生产经营活动，土地使用权由该集体经济组织或企业享有。农村集体经济组织可以通过以符合乡(镇)土地利用总体规划的非农经营性土地使用权作价入股或出资及联营的形式与其他单位、个人设立公司、合伙等企业，土地使用权由该企业享有。非本农村集体经济组织投资设立的独资企业、合伙企业、公司企业或外商投资企业，不得申请取得或继受取得乡镇企业用地使用权。其应依法申请取得或继受取得国有土地使用权。

农村集体经济组织兴办企业应当经县级以上人民政府批准。土地管理法规定，只有农村集体经济组织利用本集体所有的土地兴办企业的和利用本集体所有的土地与其他单位和个人以联营形式入股共同举办企业的，可以使用农民集体所有的土地。村农民集体使用村农民集体所有的土地，村民组使用本村民组的土地，或村内联户或农户使用本村(或村民组)的土地，应当在土地利用总体规划确定的建设用地区内，由农民集体经济组织或村民委员会向县级以上人民政府土地主管部门提出用地申请，报人民政府批准。乡镇企业使用农民集体所有土地的批准权限，由省、自治区、直辖市规定，即只能由地方人民政府批准。各省、自治区、直辖市在制定土地管理的具体实施办法时,应对此做出明确的规定。

申请取得乡镇企业用地使用权,涉及占用农用地的,应当按照《土地管理法》第四十四条的规定,办理农用地转用审批手续。其具体权限为:所申请的用地项目在依据土地利用总体规划和土地利用年度计划批准的农用地转用范围内的,由市、县人民政府批准;超出此范围的,由省、自治区、直辖市人民政府批准。

乡镇企业用地使用权人对土地享有占有权、使用权。其收益权按照有关公司法、合伙企业法的规定或依约定处置。乡镇企业用地使用权不得转让、出租。但是,因企业破产、兼并、分立等情形致使土地使用权依法发生转移的,不在此限。因企业破产、兼并、分立等情形致使土地使用权流转,继受取得土地使用权的企业不属于本集体经济组织投资设立的企业的,应当办理国家土地征用和国有土地出让手续。乡镇企业用地使用权经县级人民政府土地管理部门登记的,可以随厂房一同抵押。但是,在实现抵押权后,未经法定程序不得改变土地集体所有和土地用途。

4. 农村公益设施用地管理

农村集体经济组织可以依法对用于本集体经济组织公益性活动和建设公共设施的非农用地享有土地使用权。农村集体经济组织依法设立的学校等公益性组织也可以对用于其从事公益性活动的非农用地享有土地使用权。

依据《土地管理法》第六十一条的规定:“乡(镇)村公共设施、公益事业建设需要用地的,必须依法提出申请,并按规定的批准权限取得批准。乡村公共设施和公益事业主要指乡村行政办公、文化科学、医疗卫生、教育设施、生产服务和公用事业等,如乡(镇)政府、村民委员会办公、公安、税务、邮电所、学校、幼儿园、托儿所、医院、农技推广站、敬老院以及乡村级道路、供水、排水、电力、电讯、公共厕所等用地。按本法规定,乡村公共设施、公益事业符合土地利用整体规划,经过批准可以使用农村集体的土地。”

依法审批后经农村集体经济组织拨付,用地申请人取得乡村公益用地使用权。用地申请人为农村集体经济组织的,不经拨付径自取得乡村公益用地使用权。

乡村公益事业用地使用权人对土地享有占有权和使用权。

非农公益性用地使用权人不得擅自改变土地用途,不得擅自将土地用于经营性活动,不得将土地使用权转让、出租或抵押。

## 第三节　我国农村土地制度改革

### 一、农村土地制度改革的时代需求

1. 缩小城乡差距,实现共同富裕的需要

城乡分割的土地管理制度阻碍了城乡融合发展进程。农村土地在取得、使用、收益、处分等权能设置和管理制度上与城市土地显著不同,由此形成城乡用地二元结构,进一步固化了业已形成的城乡利益失衡格局。特别是农村集体土地权能不够完整,用益物权没有充分保障,转让、出租、抵押等权利受到限制,制约了土地资产的价值实现,影响广大农民平等参与现代化进程、共同分享城镇化成果;对进城落户农民是否放弃原有土地权益的法律政策规定不尽一致,权益预期不明确，制约着农业转移人口市民化；土地供需紧张导致农村新增人口的宅基地需求得不到保障，建房用地成本增加，加重农民负担。城乡收入差距不断扩大的问题显然不能任其恶化下去。2021 年 2 月，习近平总书记在全国脱贫攻坚总结表彰大会上的讲话指出“共同富裕是社会主义的本质要求，是人民群众的共同期盼。我们推动经济社会发展，归根结底是要实现全体人民共同富裕”。7 月习近平总书记在庆祝中国共产党成立 100 周年大会上强调，在新的征程上要“推动人的全面发展、全体人民共同富裕取得更为明显的实质性进展”。8 月召开中央财经委员会第十次会议，提出“扎实促进共同富裕”。共同富裕是社会主义的本质要求，是中国式现代化的重要特征。习近平总书记强调，“随着我国全面建成小康社会、开启全面建设社会主义现代化国家新征程，我们必须把促进全体人民共同富裕摆在更加重要的位置，脚踏实地，久久为功，向着这个目标更加积极有为地进行努力”。通过改革农村土地制度，实现土地要素市场化配置，逐步建立城乡统一的建设用地市场，建立兼顾国家、集体、个人的土地增值收益分配机制，逐步提高农民土地财产性收益，是实现缩小城乡差距，实现农民共同富裕的重要路径。

2. 维护农民权益，保障社会公平正义的需要

市场经济发展给中国社会带来的突出变化，是利益关系分化、权利意识觉醒，这又反过来推动甚至左右着市场化取向的改革。可以说，公民的权利意识、平等精神增强在很大程度上正在决定着中国改革的进程和方向。这一点在土地制度改革问题上表现尤为明显，农民由起初对征地补偿分配的关注，发展到土地产权观念的普遍强化，正在倒逼农村土地制度改革的提速。从总体上看，当前城乡居民收入差距中很大一块就是由城乡居民占有财产的不均所造成。特别是城市实施土地有偿使用和住房商品化的制度，而农村宅基地仍然执行不能流转的制度，更是快速拉开城乡居民的财富占有差距。有专家计算，2002 年我国城市人均房地产财富是农村人均房地产财富的 4.5 倍，随着城市房地产价格上涨，到 2007 年这一比例已迅速扩大到 7.2 倍，明显超过城乡居民收入比。如果考虑到近些年来城市房地产价格的大幅上扬，这一差距只会更大。可见，城乡居民财富差距的过度拉大，还需要从改革本身找原因，尽快补上农村土地制度改革滞后的短板。此外，现行的农地制度运行 20 多年，对农民解决贫困问题和农村社会的稳定起到了关键性作用。但随着农地非农化进程的迅速加快，农民的土地权益受到其他利益集团严重侵害。相关资料表明，80％以上的农民赞同继续实行现有的农地制度，但也有 60％以上的农民对现有农地制度执行过程中出现的种种问题表示不满，其焦点集中在强势利益集团在农地征收、征用、农地调整上对农民土地财产权的侵害。国家利益集团、集体利益集团已从现行农地制度获取了巨大的社会效益和经济效益，解决了粮食问题和农村社会的温饱问题，因此两大利益集团均赞成维持现有农地制度。农民利益集团尽管对农地财产权保护不力颇有异议，但对现行农地制度持肯定意见的仍占支配地位。因此现行农地制度只有进一步完善的问题，尤其是在土地处置权、收益权上进一步完善，真正给予农民完整的土地财产权。

3. 推动资源节约，提高土地资源配置效率的需要

改革开放以来，由于人户分离、历史遗留、法律制度等原因，导致我国农村建设用地利用低效问题突出。第一，超标准占用宅基地现象十分突出，造成了宅基地对耕地资源的大量挤占。超标准占用的主要表现，有的是一户多处宅基地，有的是尽管一户一处宅基地但面积明显超过标准。据中部某省国土资源部门的抽样调查，全省约 15％的农户一户拥有多处宅基地，城中

村和城乡接合部的一户多处宅基地比例更是高达40%以上。即使是一户一处宅基地的农户，建房占地面积超标准现象也很普遍。各地尽管大多对每户宅基地的审批指标控制在120～200 $m^2$，但绝大多数农民都将这一指标理解为住房主体建筑的墙基面积，并未将辅助用房、柴草垛、场院、院落等占地面积包括在内，因而在主体住宅之外尽可能多地占地、乱搭滥建，形成相互攀比、多占土地的不良风气。超占现象在平原地区更为多见，超出的面积也比较大。据北京市有关部门调查，郊区某镇农民户均宅基地1.2亩，户均1.15个宅院，按"一户一院"标准，超标占地面积合计占宅基地总面积的59%。据东部某省调查，该省农村居民点用地按人平均由1996年的122 $m^2$ 增加到2004年的164 $m^2$，增加34%。第二，闲置宅基地现象大量存在，造成土地资源极大浪费。农村宅基地闲置的主要表现为：一是"建新不拆旧"，二是举家进城务工的农民在农村的房屋长期闲置。在农村不少地方，农户建房申请新的宅基地，新住宅建好并搬入居住后，原来的旧房不拆、旧宅基地不交。据上述中部某省国土资源部门对该省一个县的调查，该县全部9 792个自然村中，50%以上存在"建新不拆旧"现象。国土资源部的调查显示，农村闲置宅基地、空置住宅占地、村内空闲地面积占农村居民点用地总面积的9%，宅基地闲置浪费现象普遍而且严重。宅基地及住房闲置，不仅浪费了土地资源，而且影响了村容村貌，使农村出现了大量"空心村"。据中国科学院地理资源所调查测算，农村宅基地及住房闲置引发的"空心村"问题十分突出，村庄空心化程度由城市核心区向郊区呈梯度分布，距离城市核心区越远空心化程度越高，平原农业区的"空心村"类型最具代表性，传统农区1/4～1/3的村庄存在空心化问题。据该所测算，全国农村"空心村"综合整治，增加耕地的潜力达1.14亿亩。国土资源部的资料也显示，通过农村土地综合整治，可新增耕地10%～15%。第三，宅基地使用权权能单一，限制了宅基地对于农民的财产属性和功能。农民在宅基地上建造的房屋无法产权化，限制了农民房屋的财产所有权权能，进而限制了农户房屋财产的经济功能，如抵押、担保等，使农户房屋财产权益无法在经济上充分实现，不能进入社会财产增值体系和流动体系，不利于农户房产增值及实现增值收益，不利于保障农民的财产权益。

## 二、未来农村土地制度改革与完善方向

党的十八大以来，中国特色社会主义发展进入新时代，经济社会转向高质量发展，未来农村土地改革以服务于乡村振兴与农村高质量发展为目标，稳步推进农地承包经营制度、农村宅基地制度和农村经营性建设用地制度改革。

### (一)农地承包制度改革完善方向

#### 1.经济新常态对农业现代化的要求

在原有土地承包制度影响农业生产水平提高的同时，经济形势的显著变化也给我国当前农业带来了巨大压力。2014年年末，中央经济工作会议明确提出经济发展进入新常态，经济发展在速度、结构、动力等三大方面表现出明显的趋势性变化。经济发展进入新常态，对各行各业发展都有深刻影响。具体到农业上，主要面临着三方面的问题：一是经济增速放缓，宏观形势严峻。由此引起的财政收入增速下降、财政支出收紧对支撑现代农业发展的高投入因素带来不利影响，农业作为工业原料的需求也会呈现缩减趋势。二是农业生产成本持续上升。随着农业生产要素特别是土地流转费用、劳动力成本不断上升，我国农业成本连续几年迅速攀高，传统农业依靠的劳动密集型生产方式受到挑战。三是受到国际农业的冲击日趋严重。我

国农业补贴接近世贸组织规定的上限，国际农产品成本及价格优势明显，农产品贸易逆差连年拉大，我国农业遇到发达农业国家的挑战日趋明显。只有改革完善我国现有土地承包制度，改变粗放的小农经济模式，学习先进农业国家集约化、工业化、信息化的经验，探索具有中国特色的当代农业合作化道路，才有可能衍生高级产业链条，将我国打造成现代农业强国。

2. 农地承包制度的改革完善方向

要改革完善我国现有土地承包制度，核心是通过改革激发经营主体的创造力，释放农业经营主体活力。《中共中央关于全面深化改革若干重大问题的决定》提出，“稳定农村土地承包关系并保持长久不变，在坚持和完善最严格的耕地保护制度前提下，赋予农民对承包地占有、使用、收益、流转及承包经营权抵押、担保权能，允许农民以承包经营权入股发展农业产业化经营”。这其中包括三个方面：一是坚持所有权制度，稳定农户承包权，盘活土地经营权，在保证农村土地集体所有制不变的大前提下引导土地经营权有序流转；二是完善经营制度，坚持农民家庭经营主体地位，培育新型农业经营主体，发展包括集体经营、合作经营、企业经营在内的多种形式适度规模经营；三是改革产权制度，对农村土地等资源性、经营性及非经营性资产全面进行改革，将资产变为资本，增加农民的财产性收入。由此可见，改革完善农村土地承包经营制度，一是要紧紧围绕土地承包关系“长久不变”的原则，扎实推进农村土地承包经营权确权登记工作，确保广大农民的合法权益。二是要在土地承包关系“长久不变”前提下，深化对土地经营权抵押、担保、入股等问题的研究。

### （二）宅基地制度改革与完善方向

1. 乡村振兴对宅基地利用的要求

党的十九大报告提出实施乡村振兴战略，标志着我国乡村发展进入了全新阶段，已然从城市附庸转为优先发展。以产业兴旺、生态宜居、乡风文明、治理有效和生活富裕为总要求的乡村振兴，强调基本居住福祉和财产权利显化的有机均衡。乡村振兴是我国未来“三农”工作的重心，乡村振兴要求强化村庄治理，改善村容村貌。新中国成立后，农村宅基地制度最主要的变革是，由农民的私有财产转变为农民集体所有，农民只有使用权。现行农村宅基地制度有 7 个最主要的特点：主体的身份属性、使用的无偿性、申请的唯一性、使用的无期限性、用途和转让的限制性、“地随房走”的从属性、对农民居住的保障属性。宅基地上述属性与法律规定，在一定程度上，造成了现在宅基地利用的问题，制约乡村振兴的实现：一是农村居民点用地非正常增长。2014 年印发执行的《国家新型城镇化规划（2014—2020）》提供的数据显示，2000—2011 年，农村人口减少了 1.33 亿人，农村居民点用地却增加了 3 045 万亩。二是人均用地严重超标。2011 年农村居民点用地为 2.48 亿亩，占全国建设用地的 51%，人均用地高达 229 $m^2$，远超国家制定的相关标准。三是违规违法用地屡禁不止。这方面主要包括占而不用、未批先占、非法转让、擅自占用、建新不拆旧、人情宅地、权力宅地等。四是利用效率低。村庄缺乏统一规划，乱建乱占，布局杂乱，导致“散、乱、空”现象比较普遍。上述问题制约了我国乡村振兴推进的步伐，改革宅基地制度，赋予宅基地更多财产性权能势在必行。

2. 宅基地制度的改革完善方向

未来宅基地改革依然按照所有权、资格权和使用权“三权分置”的原则，落实宅基地集体所有权、保障宅基地农户资格权、适度放活宅基地和农房使用权。一是落实所有权。成立村民事务理事会，着力发挥村民自治作用，履行所有者职责，强化宅基地收益权和处分权的落实，探索形成所有权的多种实现形式。二是保障宅基地农户资格权。资格权是在这次宅基地“三权分置”中首次提出来的，是一项全新的权利，在法学界也是一个新事物。对资格权的概念、权能、功能和实现途径，社会各界还有不少争议。因而要强化对资格权的认定，在资格权的认定上，强化对“身份”和“户”的界定。探索资格权在取得、流转、保留、置换和收益方面的多种实现形式。三是适度放活宅基地和农房使用权。放活宅基地和农房使用权，激活沉睡的土地资产，是实施宅基地“三权分置”的核心内容。围绕宅基地使用权的概念、内涵、权能、功能和放活使用权的具体实现形式等，探索宅基地使用权在出租、转让、抵押入股等方面的多种实现形式。通过宅基地三权分置改革，着力解决宅基地所有权虚置与处分权落实不到位等问题，资格权的权能、认定和实现形式不统一等问题，使用权放活的属性、权能、实现形式以及法律障碍等问题，形成可复制、可推广和利修法的经验总结，待形成比较成熟的制度经验后再进行立法规范。

### (三)农村集体经营性建设用地改革与完善方向

1. 城乡统一建设用地市场建设对集体经营性建设用地改革要求

党的十八届三中全会通过的《中共中央关于全面深化改革若干重大问题的决定》提出了建立城乡统一建设用地市场的政策目标，明确了深化农村土地制度改革的方向、重点和要求。集体经营性建设用地入市，意味着农村集体经营性建设用地可以同国有建设用地一样直接进入土地市场进行市场化的有偿使用，真正实现同城镇国有建设用地的统一市场、同地同权。它致力于改变长期以来地方政府高度垄断建设用地一级市场的征地供给模式。目前集体经营性建设用地入市，在入市主体、入市范围和入市收益分配等方面存在较大问题，依然难以与国有土地享有“同地、同权、同价”。因而这对构建统一的城乡建设用地市场构成较大挑战。

2. 农村集体经营性建设用地改革与完善方向

党的十八届三中全会提出构建城乡统一的建设用地使用权市场，“同等入市、同权同价”正式成为中国集体经营性建设用地改革的核心目标，为构建城乡统一的建设用地市场勾画了具体的“路线图”。构建城乡统一的建设用地使用权市场就是要打破城乡二元建设用地结构，实现集体经营性建设用地与国有经营性建设用地的“同等入市、同权同价”，其中“同地”是前提，“同权”是核心，“同等入市”是目标。围绕这一总体思路，未来集体经营性建设用地改革与完善，主要围绕“谁来入市、哪些地入市、怎么入市、钱怎么分”四个核心问题。一是需要明确入市主体，即由谁作为集体土地所有权主体？是村民委员会、村民小组，还是乡(镇)政府？二是需要明确“存量”与“增量”集体建设用地入市前提，是否只有符合规划和用途管制的集体经营性建设用地才能入市？三是对于“钱怎么分”，这是集体经营性建设用地改革的核心问题，不仅政府与农民集体、农民个体之间的土地收益分配不易确定，不同地区集体之间的土地收益如何平衡更是难题。上述问题对于构建城乡统一的建设用地市场至关重要，在一定程度上影响到国有土地市场的秩序，系未来改革需要重点关注的问题。

【本章小结】

1. 农村土地所有制是人们在一定社会制度下拥有农村土地的权属形式，即农村土地归谁所有以及这种所有制的实现形式，它是整个农村土地制度的核心，是土地关系的基础。

2. 农村土地使用制度，主要包含农地承包经营制度和农村建设用地使用制度两大类。农村土地承包的方式主要有三种：按人口承包、按劳力承包、按“人劳比例”承包；其内容包括家庭承包和四荒地承包。农村建设用地使用制度，主要包括宅基地使用制度和集体经营性建设用地使用制度。宅基地使用制度主要包含“有偿使用”“一户一宅”“有偿退出”“依法流转”等内容。集体经营性建设用地使用制度，主要涵盖“集体经营性建设用地利用与国有建设用地同地、同权”“农村集体经营性建设用地入市应符合规划”等利用制度。

3. 农村土地管理主要涉及权属管理、地籍管理、规划管理、利用保护管理四部分。①农村土地权属管理主要包括依法确认农村土地权属、依法管理农村土地所有权和使用权权属变更和他项权利变更及主要用途变更等，并依法调查、处理土地权属纠纷。涵盖农村集体土地所有权、使用权的确认与农村土地使用权流转等内容。②农村地籍管理，主要涉及土地调查，农村承包地登记、农村宅基地登记、土地统计等内容。③农村土地规划管理主要有耕地和基本农田规划、村庄规划、土地整治规划等内容。④农村土地利用与保护管理主要涵盖基层耕地利用保护管理、农村宅基地管理、集体经营性建设用地管理和农村公益设施用地管理四部分内容。

4. 我国农村土地制度改革是缩小城乡差距，实现共同富裕的需要；是维护农民权益，保障社会公平正义的需要；也是推动资源节约、提高土地资源配置效率的需要。①未来承包经营权改革应“稳定农村土地承包关系并保持长久不变，在坚持和完善最严格的耕地保护制度前提下，赋予农民对承包地占有、使用、收益、流转及承包经营权抵押、担保权能，允许农民以承包经营权入股发展农业产业化经营”。②未来宅基地改革依然按照所有权、资格权和使用权“三权分置”的原则，落实宅基地集体所有权、保障宅基地农户资格权、适度放活宅基地和农房使用权，探索宅基地市场化路径。③未来农村集体经营性建设用地改革，应主要围绕“同地、同权、同价”，解决“谁来入市、哪些地入市、怎么入市、钱怎么分”四个核心问题，构建统一的城乡建设用地市场。

【习题及思考题】

1. 简述我国农村土地所有制与使用制度主要内容。
2. 简述我国农村土地制度的具体内容。
3. 农村土地管理的内容体系是什么？
4. 简述我国农村土地制度改革的时代需求。
5. 简述我国农村土地制度改革的未来方向。
6. 试论我国农村土地制度改革与乡村振兴的关系？
7. 试论我国农村建设用地利用中如何保护耕地？
8. 通过所学谈谈如何防止耕地“非农化”“非粮化”？
9. 试论如何通过农地地籍管理，促进农村宅基地高效利用？
10. 谈谈如何通过村庄规划，实现农村土地高效利用？

【参考文献】

[1]何朝银. 试论我国农村土地制度的形成和发展——学习习近平总书记关于乡村振兴的重要论述[J]. 毛泽东邓小平理论研究,2020(6):6-14,108.

[2]史卫民,曹姣. 中国共产党百年征程中农村土地制度的探索与经验[J]. 财经科学,2021(8):39-52.

[3]朱晓哲,刘瑞峰,马恒运. 中国农村土地制度的历史演变、动因及效果:一个文献综述视角[J]. 农业经济问题,2021(8):90-103.

[4]曲福田,马贤磊,郭贯成. 从政治秩序、经济发展到国家治理:百年土地政策的制度逻辑和基本经验[J]. 管理世界,2021,37(12):1-15.

[5]张清勇,杜辉,仲济香. 农村宅基地制度:变迁、绩效与改革——基于权利开放与封闭的视角[J]. 农业经济问题,2021(4):46-58.

[6]高延利. 土地登记实务[M]. 北京:中国农业出版社,2012.

# 第十四章　自然资源执法与督察

土地作为人类赖以生存的宝贵资源，是实现社会经济可持续发展的重要保障。土地利用和管理中存在大量违法违规现象，造成耕地资源破坏、土地闲置和低效粗放利用、国有土地资产流失等。为了实现耕地保护、合理利用土地的目标，在建立最严格的耕地保护制度基础之上，进一步改革完善我国土地管理制度，加强土地执法，完善土地执法监督体系，是亟须解决的问题。2018 年国务院机构改革组建自然资源部，土地执法与督察均纳入自然资源执法与督察体系。本章从介绍自然资源执法和国家督察的产生和发展入手，分析当前自然资源执法和国家督察的概念与区别；介绍执法的特点、职责、形式和方法；阐述现阶段国家自然资源督察制度的设计、特点、职责、督察方式。

## 第一节　自然资源执法与督察概述

### 一、自然资源执法与国家督察的产生与发展

#### （一）自然资源执法的历史沿革

1986 年《土地管理法》颁布后，负责统一管理全国土地、城乡地政的国家土地管理机构成立，标志着我国土地管理进入一个新的发展时期，土地执法监察作为重要的执法手段纳入土地管理之中。1995 年 6 月 12 日，国家土地管理局发布施行《土地执法监察暂行规定》明确了土地执法监察的职权和工作制度。国家土地管理局的政策法规与监察司发布了《关于强化土地执法监督工作若干问题的决定》和《土地执法监察发展纲要》。自 1986 年国家土地管理局成立以来，土地执法监察工作取得了显著成效：土地执法监察网络基本形成，为土地执法监察的全面发展提供了组织保证；土地执法监察法制建设日臻完善，为土地执法监察全面发展提供了法制保障；探索土地执法新途径，为土地执法监察全面发展积累了基本经验；土地执法监察体制改革试点取得了阶段性成果。1998 年 3 月，地质矿产部、国家土地管理局、国家海洋局、国家测绘局共同组建国土资源部，国土资源部设立了执法监察局，主要负责对土地资源、矿产资源的监督检查，围绕国土资源执法监察体制改革问题，提出建立集中统一、合法有效的执法监察体制。2004 年 4 月，中央决定改革省以下国土资源管理部门的领导干部管理体制，对省以下国土资源管理部门领导干部实行以上一级国土资源管理部门党组（党委）管理为主、地方党委协助的双重管理体制，以严格土地利用总体规划的管理，强化国土资源执法监察职能。2006 年 8 月 31 日，国务院发布了《国务院关于加强土地调控有关问题的通知》（国发〔2006〕31 号），

通知在强化对土地管理行为监督检查和惩处土地违法违规行为方面有诸多突破，其中最显著的突破在于对政府实行问责制。2008 年，监察部、人力资源和社会保障部、国土资源部共同研究制定了《违反土地管理规定行为处分办法》（监察部、人力资源和社会保障部、国土资源部令第 15 号），进一步完善国土资源执法问责机制，对不履行或不正确履行国土资源管理职责的行为，将依法依规进行责任追究。为认真执行《违反土地管理规定行为处分办法》，加强政府协调和部门联动，积极配合公安、司法机关和金融机构，充分调动群众保护资源的积极性，实施最严格的耕地保护制度和最严格的节约用地制度，2008 年以来全国逐渐构建起土地和矿产资源管理共同责任的新体制、新机制。为规范国土资源行政处罚的实施，保障和监督国土资源主管部门依法履行职责，保护自然人、法人或者其他组织的合法权益，2014 年，国土资源部发布《国土资源行政处罚办法》和《国土资源违法行为查处工作规程》，以规范国土资源违法行为查处工作，明确查处工作程序和标准，提高执法水平，提升执法效能。2016 年，国土资源部印发《国土资源部立案查处国土资源违法行为工作规范（试行）》，规范国土资源部本级立案查处国土资源违法行为工作，明确了部立案查处的范围、工作程序和内容。2018 年，国土资源部公布《国土资源执法监督规定》（国土资源部令第 79 号），其中明确了国土资源主管部门的执法监督职责，《规定》自 2018 年 3 月 1 日起施行，国家土地管理局 1995 年 6 月 12 日发布的《土地监察暂行规定》同时废止。

2018 年，按照党的十九届三中全会审议通过的《中共中央关于深化党和国家机构改革的决定》《深化党和国家机构改革方案》和第十三届全国人民代表大会第一次会议批准的《国务院机构改革方案》，新组建的自然资源部设立的执法局，负责自然资源、国土空间规划、测绘违法案件的查处。2019 年 8 月 26 日第十三届全国人民代表大会常务委员会第十二次会议《关于修改〈中华人民共和国土地管理法〉〈中华人民共和国城市房地产管理法〉的决定》第三次修正，《土地管理法》第七十八条“农村村民未经批准或者采取欺骗手段骗取批准，非法占用土地建住宅的，由县级以上人民政府农业农村主管部门责令退还非法占用的土地，限期拆除在非法占用的土地上新建的房屋”。明确了非法占用土地建住宅的土地执法由“自然资源主管部门”修改为“农业农村主管部门”。2020 年 3 月 20 日，自然资源部关于第二批废止和修改的部门规章的决定（自然资源部令第 6 号），制定《自然资源行政处罚办法》，在原《国土资源行政处罚办法》的基础上，明确了全国范围内重大、复杂的自然资源违法案件具体所指。同时制定《自然资源执法监督规定》，将《国土资源执法监督规定》中的“国土资源”修改为“自然资源”，“国土资源部”统一改为“自然资源部”，规范自然资源执法行为，依法履行自然资源执法职责，切实保护自然资源，维护公民、法人和其他组织的合法权益。本书内容主要侧重自然资源执法中的土地执法进行介绍。

### （二）国家自然资源督察的发展历程

按照 1986 年《土地管理法》的规定，国家土地管理局作为国务院的一个部门，并设有执法监察权。在实践中发现，土地违法主体除了公民、法人之外，地方政府及相关行政管理部门也成为违法主体之一。同时，由于中央与地方在土地管理的目标取向与行为模式上的差异，中央政府在赋予地方政府更多的责任和权力的同时，需要不断加强土地政策参与宏观调控，强化对地方政府土地利用和管理行为的监管。因此，有必要建立一个能够解决地方政府违法问题的监督检查机制。为此，国家土地管理局借鉴了国外设立土地监察长制度的经验，提出了建立国家土地总监制度的设想。1995 年，正式向中央编办提出了建立国家土地总监制度的报告，从此，开始了对建立国家土地督察制度的酝酿研究工作。2003 年，在党中央、国务院的领导下，在全国开展了以清理开发区为重点的土地市场治理整顿。从土地市场治理整顿反映出来的问题看，主要是地方政府大量圈占土地兴办开发区，以低地价甚至零地价招商引资，造成土地资源闲置浪费、地区之间恶性竞争和国有资产大量流失，地方政府成为重要的违法主体。与此同时，为了加强中央对土地管理的监管能力，国土资源部开展了建立国家土地监察制度的研究和设计，并与中央编办进行了沟通，报送了关于建立这一制度的初步思路。2004 年 10 月，国务院下发的《关于深化改革严格土地管理的决定》(国发〔2004〕28 号)文件明确提出了"完善土地执法监察体制，建立国家土地督察制度，设立国家土地总督察，向地方派出土地督察专员，监督土地执法行为"的要求，并将其作为加强土地调控、管住土地闸门的重要手段。2006 年 7 月 17 日，国务院办公厅印发《关于建立国家土地督察制度有关问题通知》的规定：国务院授权国土资源部代表国务院对各省、自治区、直辖市，以及计划单列市人民政府土地利用和管理情况进行监督检查，并设立国家土地总督察、副总督察负责组织实施国家土地督察制度。至此，国家土地督察制度正式建立。

2018 年，按照党的十九届三中全会审议通过的《中共中央关于深化党和国家机构改革的决定》《深化党和国家机构改革方案》和第十三届全国人民代表大会第一次会议批准的《国务院机构改革方案》，组建自然资源部，其职责之一是：根据中央授权，对地方政府落实党中央、国务院关于自然资源和国土空间规划的重大方针政策、决策部署及法律法规执行情况进行督察。自然资源部机关设立国家自然资源总督察办公室，主要负责完善国家自然资源督察制度，拟订自然资源督察相关政策和工作规则，指导和监督检查派驻督察局工作，协调重大及跨督察区域的督察工作，承担对自然资源和国土空间规划等法律法规执行情况的监督检查工作等。土地督察全面升级为自然资源督察。

## 二、自然资源执法和国家督察的概念与区别

### (一)自然资源执法和自然资源督察的概念

自然资源执法监督，是指县级以上自然资源主管部门依照法定职权和程序，对公民、法人和其他组织违反自然资源法律法规的行为进行检查、制止和查处的行政执法活动。

自然资源督察是指自然资源部经国务院的授权，代表国务院对省、自治区、直辖市人民政府以及国务院确定的城市人民政府自然资源利用和管理情况进行监督检查的活动。就性质而言，国家自然资源督察制度是国务院的一种授权行为。国家自然资源督察工作，监督的对象是省、自治区、直辖市人民政府以及国务院确定的城市人民政府；监督的内容是政府的自然资源利用和管理行为，重点是耕地保护目标责任制的落实、土地调控政策的实施，以及与此密切相关的自然资源审批、自然资源执法等法定职责的履行情况。从行政管理的过程阶段看，自然资源督察属于监督范畴。

### (二)自然资源执法和自然资源督察的区别

(1)主体不同　自然资源执法的主体是依法享有自然资源行政管理职权的县级以上人民政府自然资源主管部门，包括自然资源部；省、自治区、直辖市人民政府自然资源主管部门；设

区的市、自治州人民政府自然资源主管部门和县级人民政府自然资源主管部门。具体是自然资源主管部门内部的一个专门内部机构，而自然资源督察的主体则是国家自然资源总督察、向各地区派驻的国家自然资源督察局及国家自然资源督察专员，整个国家自然资源督察机构均是实施主体。

(2)客体不同　自然资源执法的对象是管理相对人，即一切与自然资源发生法律关系的单位和个人，在一定的条件下，还包括地方各级人民政府及其自然资源主管部门，是一件件具体的自然资源违法违规事项。而自然资源督察的对象则是省、自治区、直辖市人民政府以及国务院确定的城市人民政府，是对其执行自然资源利用和管理法律法规的合法性监督。从某种意义上讲，自然资源督察的客体也包括自然资源执法的主体。

(3)内容不同　自然资源执法的内容是对自然资源管理法律、法规的执行情况进行监督，并对违法者实施法律制裁。而自然资源督察的内容则是监督检查地方政府落实党中央、国务院关于自然资源重大方针政策、决策部署及法律法规执行等情况；督察地方政府落实最严格的耕地保护制度和最严格的节约用地制度等土地开发利用与管理情况；督察地方政府落实自然资源开发利用中的生态保护修复、矿产资源保护及开发利用监管等职责情况；督察地方政府实施国土空间规划情况，重点是落实生态保护红线、永久基本农田、城镇开发边界等重要控制线情况；对涉及自然资源开发利用、生态保护重大问题开展督察等。

(4)职能权限不同　自然资源执法的职能是对自然资源管理法律、法规的执行情况进行监督监察，并依据法律对违法者的违法行为直接给予法律制裁。法律制裁包括给予违法者行政处罚和行政处理，即有执法权。而自然资源督察的职能权限则包括调查权、审核权、纠正权和建议权。自然资源督察机构区别于自然资源执法机构，不具有直接处罚权。根据中央与地方自然资源管理事权的划分，派驻地方的自然资源督察机构，坚持监督与调查研究并重，负责监督检查地方政府自然资源利用和管理情况，主要是对存在的问题向当地政府提出整改意见，不改变、不取代地方政府及其自然资源主管部门的行政许可、行政处罚等自然资源管理职权，不削弱地方政府现有自然资源管理职权，并确保地方政府自然资源管理职权有效行使。

## 三、国家自然资源督察与政府管理

### 1.与地方政府的关系

各级政府是自然资源行政管理和行政监督的主体。自然资源督察机构履行自然资源督察职能过程中，不取代、不替代地方政府的管理与监督职权。总体来说，在自然资源利用和管理大的目标与原则上，自然资源督察机构代表中央政府，法定职责是监督地方政府。因此，自然资源督察机构必须坚持“党中央精神”“国家立场”，依法督察，坚定维护国家利益，切实履行对地方政府自然资源利用和管理行为监督检查的职责。

### 2.与地方自然资源管理部门的关系

地方自然资源管理部门是具体管理事务的执行者，对贯彻执行自然资源管理政策法规、依法用地管地、落实最严格的保护耕地和节约集约用地制度负有具体责任。因此，督察机构监督省级政府的行为，会与地方自然资源管理部门联系比较紧密，但不重复地方自然资源管理部门的业务。

### 3.与相关行政监督机构的关系

与自然资源督察机构在职能上存在关联度较高的，主要有行政监察、审计监督、巡视巡察等部门。在对地方政府土地利用和管理的监督工作中,应加强与相关部门的配合和合作,打好“组合拳”。自然资源督察机构对督察中发现政府工作人员涉嫌违法违规使用土地的,可移送监察部门;对督察中发现的涉嫌违反财政收支、财务收支规定的,可移送审计部门。自然资源督察机构本身也要接受监察、审计部门的监督检查,确保督察工作依法依规和“严明勤廉”进行。

## 第二节 自然资源执法

自然资源执法目的是实现国家的自然资源管理职能,保证自然资源管理法律法规的全面实施。在自然资源管理、自然资源利用的过程中,自然资源执法机构依法对其过程进行监督检查,预防、制止、查处自然资源违法行为,从而维护自然资源的社会主义公有制和自然资源管理的正常秩序,保证自然资源管理法律、法规全面实施,最终实现自然资源管理的总目标。

### 一、自然资源执法的职责与权力

自然资源执法的职责和权力是自然资源管理法律法规赋予自然资源主管部门的,自然资源执法机构以自然资源主管部门的名义行使职权。自然资源执法必须始终坚持预防为主、预防和查处相结合的方针。

1. 自然资源执法的职责

根据《土地管理法》《矿产资源法》及其他有关自然资源管理的法律法规规定,自然资源主管部门的执法职责主要有以下几个方面:①监督检查自然资源法律法规的执行和遵守情况;②受理对自然资源违法行为的检举、控告;③调查处理自然资源违法案件;④依照有关规定,向公安、检察机关移送涉嫌犯罪的自然资源违法案件;⑤对下级自然资源主管部门履行自然资源管理职责的情况进行监督检查;⑥指导下级自然资源主管部门的自然资源执法工作。

2020 年 3 月 20 日修正的《自然资源执法监督规定》明确县级以上自然资源主管部门依照法律法规规定,履行下列执法监督职责:①对执行和遵守自然资源法律法规的情况进行检查;②对发现的违反自然资源法律法规的行为进行制止,责令限期改正;③对涉嫌违反自然资源法律法规的行为进行调查;④对违反自然资源法律法规的行为依法实施行政处罚和行政处理;⑤对违反自然资源法律法规依法应当追究国家工作人员责任的,依照有关规定移送监察机关或者有关机关处理;⑥对违反自然资源法律法规涉嫌犯罪的,将案件移送有关机关;⑦法律法规规定的其他职责。

2. 自然资源执法的权力

自然资源主管部门履行执法职责,享有以下权力:①检查权。对单位和个人执行和遵守自然资源法律、法规情况进行检查的权力。②调查权。对违反自然资源法律、法规的行为依法进行调查的权力。③制止权。对正在进行的自然资源违法行为依法进行制止的权力。④处罚权。对自然资源违法行为依法实施行政处罚的权力。⑤处分权。上级人民政府自然资源主管部门依法直接给予下级自然资源主管部门的负责人处分的权力。⑥处分建议权。对违反自然资源法律、法规,依法应当给予处分的个人和单位主管人员,依法向纪检监察机关等提出处分建议的权力。

## 二、自然资源执法的方法

自然资源执法的方法有超前控制方法、跟踪检查方法、目标管理方法以及协作处理或公开处理等项处理方法。

（1）超前控制方法　超前控制方法是通过实行“政务”公开的制度，对可能出现的各种自然资源违法现象，超前控制，预防其发生。这是实现自然资源执法防范职能的重要途径。具体做法包括：①公开用地审批制度。②各项用地实行顺序排队制度。③公开自然资源执法办法和制度。

（2）跟踪检查方法　跟踪检查方法就是通过各种途径，对各项建设用地实行全过程的跟踪管理，及时发现和制止违法行为的方法。具体做法包括：①市、县自然资源主管部门应当建立执法巡查、抽查制度，组织开展巡查、抽查活动，发现、报告和依法制止自然资源违法行为。②省级以上自然资源主管部门实行自然资源违法案件挂牌督办和公开通报制度。③对上级自然资源主管部门交办的自然资源违法案件，下级自然资源主管部门拖延办理的，上级自然资源主管部门可以发出督办通知，责令限期办理；必要时，可以派员督办或者挂牌督办。

（3）目标管理方法　目标管理方法是将依法管理自然资源和干部目标管理挂钩，防止和杜绝管理者违法行使自然资源管理权。这是对管理者实施监察的有效方法。

（4）协作处理方法　协作处理方法是指某些自然资源违法案件因为案情复杂、涉及面广，根据不同情况，需要与行政监察机关、党的纪检机关、经济监督部门、政府其他部门以及司法机关等，组成联合调查组进行调查和处理的方法。

（5）公开处理方法　公开处理方法是指对一些在本地区有重大影响的自然资源违法案件，实行公开处理的制度。在处理时，组织干部和部分群众到场，请新闻、舆论界公开报道。

## 三、自然资源执法的特点

（1）自然资源执法是国家组织管理自然资源的重要保障手段。没有自然资源执法的作用，对自然资源违法行为不予处理，自然资源管理法律法规所规定的权利的实施和义务的履行就没有实际上的保障。

（2）自然资源执法主体的双重性。自然资源执法的主体是指各级自然资源主管部门。自然资源管理部门既是行政监督的主体，又是行政监督的客体，同时兼具双重身份。这是因为自然资源执法部门不光要监察社会一切机关、团体、个人的用地情况，也要对其自身的用地情况进行监督监察。自然资源执法形式按照执法对象的不同可分为外部监察和内部监察。

（3）自然资源执法对象的广泛性。自然资源执法的对象不仅包括执法相对人，即与自然资源发生法律关系的自然人或者法人，而且还包括享有土地征收、农用地转用与建设用地审批权的县级以上人民政府及代表国家行使自然资源管理权的自然资源主管部门。自然资源执法活动就是监督检查自然资源所有者、自然资源管理者和自然资源使用者的活动和行为。

（4）自然资源执法性质的复合性。自然资源执法同时具备了自然资源执法、自然资源监督和行政监察的性质。自然资源执法不仅仅是对违法用地案件进行查处，最关键的是监督各类用地的来源与使用情况。做到从源头开始监督，保证用地的合法性与合理性，杜绝各类违法行为的发生，变被动式“救火”为主动出击式“看护”。同时还要指导、监督检查下级自然资源管理部门的履职工作；受理对自然资源违法行为的检举和控告；受理对自然资源行政处罚决定存在异议并申请复议的案件；协助有关部门调查处理自然资源执法人员在依法履职时遭受打击报复的案件。且自然资源执法自身还具有双重性，即自然资源管理部门既是被监督的客体，又是监督的主体。这些都使得自然资源执法的性质充满了复合性。

# 第三节 国家自然资源督察

自然资源督察制度是一种行政监督制度。这一制度的建立，对于落实最严格的耕地保护制度、合理调整中央与地方关系、保证国家宏观调控政策的有效落实、提高自然资源管理行政执行力，都具有十分重要的意义。

## 一、自然资源督察制度

### (一)自然资源督察制度设计的目的和意义

1.国家自然资源督察制度的建立，有利于实行最严格的耕地保护制度

实行最严格的耕地保护，是党中央、国务院确立的一项基本的指导方针，关系中华民族的核心利益，对保证我国的粮食安全、金融安全、社会稳定和经济长远持续发展至关重要。国家自然资源督察制度的建立，全面加强了中央政府对省、自治区、直辖市人民政府以及国务院确定的城市人民政府自然资源利用和管理情况的监督检查。从制度框架来看，这项制度弥补了中央对地方政府自然资源利用和管理行为纠正监督机制的不足，有利于提高中央政府的监管能力，促进省级人民政府更好地落实耕地保护目标责任制，进一步完善最严格的耕地保护制度。

2.国家自然资源督察制度的建立，有利于保证中央履行自然资源管理职责

如何划分中央与地方政府权力，处理中央与地方关系，是新中国成立以来始终在研究探索的问题。国家自然资源督察制度的建立，适应了这一需要，有效保证中央职权的实施。国家自然资源督察制度的建立和实施，为合理划分中央与地方职权，正确处理中央与地方关系提供了有益的探索；也是我国行政管理体制改革的组成部分。

3.国家自然资源督察制度的建立，有利于保证国家宏观调控政策的有效实施

运用自然资源政策参与宏观调控，是党中央、国务院做出的重大决策。严把“银根”和“地根”两个“闸门”，是自然资源督察机构组建和发展阶段我国宏观调控的新特点。自然资源政策是最直接、最有效的宏观调控手段之一。要真正发挥好自然资源调控的作用，切实管住管好土地，把好土地“闸门”，需要建立有利于控制土地供应总量、供应速度、用地结构和区别对待的调控机制，需要建立与之相适应的制度和体制保障。国家自然资源督察制度正是在这种情况下应运而生，成为中央加强和改善宏观调控的一个重要举措。

4.国家自然资源督察制度的建立，有利于提高自然资源管理行政执行力

一是国家自然资源督察制度的建立，通过国务院的明确授权，就使中央对地方的自然资源管理监督有了制度化保证，有利于自然资源管理行政效能的提高。二是建立国家自然资源督察制度，有利于各地在统一的自然资源政策下依法有序地管理和利用自然资源，确保自然资源

管理法律法规在全国的统一实施，保证中央严格自然资源管理的政策措施得到切实落实。

### （二）自然资源督察机构设置

自然资源部印发了《自然资源部职能配置、内设机构和人员编制规定》，自然资源督察制度的机构设置如下：

1.设立国家自然资源总督察及其办公室

2018年机构改革中，中央以加强党的全面领导为统领，以国家治理体系和治理能力现代化为导向，深入贯彻习近平生态文明思想，着眼于解决自然资源开发利用、保护和管理中存在的突出问题，组建自然资源部，履行自然资源"两统一"职责，国家自然资源督察制度也随之诞生。自然资源督察既根据中央授权履行监督地方政府的职责，又在自然资源部担当"制衡"角色，督察的定位更高，内涵更丰富，自然资源督察以土地督察为基础，职能拓展到国土空间规划、海洋、森林、草原、矿产等自然资源，督察的任务更繁重、平台更广大。

2.向地方派驻国家自然资源督察局

根据中央授权，自然资源部向地方派驻国家自然资源督察北京局、沈阳局、上海局、南京局、济南局、广州局、武汉局、成都局、西安局，承担对所辖区域的自然资源督察工作。国家自然资源督察北京局督察范围为：北京市、天津市、河北省、山西省、内蒙古自治区；国家自然资源督察沈阳局督察范围为：辽宁省、吉林省、黑龙江省及大连市；国家自然资源督察上海局督察范围为：上海市、浙江省、福建省及宁波市、厦门市；国家自然资源督察南京局督察范围为：江苏省、安徽省、江西省；国家自然资源督察济南局督察范围为：山东省、河南省及青岛市；国家自然资源督察广州局督察范围为：广东省、广西壮族自治区、海南省及深圳市；国家自然资源督察武汉局督察范围为：湖北省、湖南省、贵州省；国家自然资源督察成都局督察范围为：重庆市、四川省、云南省、西藏自治区；国家自然资源督察西安局督察范围为：陕西省、甘肃省、青海省、宁夏回族自治区、新疆维吾尔自治区、新疆生产建设兵团。

3.人员编制

根据工作需要，国家自然资源督察局可以适时向其督察范围内的有关省、自治区、直辖市人民政府以及国务院确定的城市人民政府派出国家自然资源督察专员和工作人员进行巡视与督察。派驻地方的国家自然资源督察局，代表国家自然资源总督察履行监督检查职责。根据中央授权，自然资源部向地方派驻的9个督察局行政编制336名。

### （三）自然资源督察的特点

（1）直接授权，层层代表，落实了层级负责制。国务院直接授权于自然资源部、由自然资源总督察代表国务院负责督察体系构建和行使监督检察权，而派驻地方的自然资源督察局代表总督察负责在督察范围内落实对地方政府的自然资源利用和管理情况进行监督和检查。

（2）各地派驻，垂直监督，实现信息的及时反馈。通过向地方派驻9个自然资源督察局，实现了对地方政府自然资源利用行为的垂直监督。自然资源督察局通过调查、核实，发现地方政府存在违规、违法的举动便可以直接向自然资源部汇报情况，这样既简化了信息递送上级机关审核的程序，也缩短了违法案件立案的时间。

（3）责权分明，原则清晰，实施有效地监督检查。自然资源督察局主要职责包括四个方面：

一是保护耕地;二是审核农用地转用和土地征用的合法性与真实性;三是监督运用自然资源政策参与宏观调控情况;四是开展调查并提出建议。督察机构职权设置遵循的原则:中央与地方管理事权的划分不改变;自然资源利用与管理行为的全方位监督检查;监督与调查研究并重。明确了权责和原则,自然资源督察工作才能进入规范化和制度化的轨道。

## 二、自然资源督察机构职责与权力

根据中央授权,自然资源督察机构对地方政府落实党中央、国务院关于自然资源和国土空间规划的重大方针政策、决策部署及法律法规执行情况进行督察。

1. 自然资源督察机构的职责

2019年5月10日,中共自然资源部党组关于印发《各派驻地方的国家自然资源督察局职能配置、内设机构和人员编制暂行规定》的通知,规定了各派驻地方的国家自然资源督察局的主要职责是:①督察地方政府落实党中央、国务院关于自然资源重大方针政策、决策部署及法律法规执行等情况;②督察地方政府落实最严格的耕地保护制度和最严格的节约用地制度等土地开发利用与管理情况;③督察地方政府落实自然资源开发利用中的生态保护修复、矿产资源保护及开发利用监管等职责情况;④督察地方政府实施国土空间规划情况,重点是落实生态保护红线、永久基本农田、城镇开发边界等重要控制线情况;⑤对涉及自然资源开发利用、生态保护重大问题开展督察;⑥按照有关规定对地方政府负责人开展约谈,移交移送问题线索;⑦督察地方政府组织实施整改情况,按照有关规定提出责令限期整改建议;⑧承办国家自然资源总督察交办的其他任务。

2. 自然资源督察机构的权利

《土地管理法实施条例》规定的权力的行使方式包括:

一是调查了解。主要通过例行督察、专项督察、日常督察等组织方式,了解地方政府特别是省级人民政府贯彻落实党中央、国务院土地管理重大决策部署、落实耕地保护主体责任以及批、供、用、补、查全过程全流程情况,发现其中是否存在违法违规问题。调查方式包括通过技术手段研判分析、材料审核,或者通过媒体披露、群众举报等发现问题线索。在进行调查过程中,有权向有关单位和个人了解督察事项有关情况。《土地管理法实施条例》还将有关单位和个人协助配合督察工作确定为法定义务,规定应当支持、协助督察机构开展工作,如实反映情况,提供相关材料,为自然资源督察获取真实、有效的信息提供了法律保障。

二是整改纠正。这是保障督察权威性和监督有效性的核心要求,也是从行政法规的层面对《关于建立国家土地督察制度有关问题的通知》有关规定做出进一步确认。督察机构在开展督察工作中发现地方政府土地管理与利用中存在的问题或者落实国家有关土地管理重大决策不力的,在经总督察批准后,可以向地方政府提出督察意见。整改工作由地方人民政府组织实施。《条例》针对督察实践中时常发生的地方政府虚假整改、应付整改、拖延整改或者整改不到位等问题,突出督察意见的刚性约束力,将地方政府认真组织整改并报告整改情况作为法定义务予以确认。

三是约谈。约谈是督察机构约见对落实党中央、国务院重大决策部署不力,或者违法违规问题突出的地方党委政府有关负责人及其相关部门负责人,指出相关问题、听取情况说明、提出整改建议的一种行政措施。这既是坚持最严格的耕地保护制度和最严格的节约集约用地制度的一种工作方式，也是当前在推动生态文明建设、确保粮食安全的形势下，严格实行党政同责，压实各级党委政府保护耕地责任的具体体现。根据工作需要，约谈可以采取集中约谈和个别约谈的方式，可以由总督察、副总督察约谈或者委托派驻地方的督察局进行约谈。实践中，除涉及国家秘密、商业秘密和个人隐私外，约谈应当对外公布相关信息，必要时可邀请媒体记者参加约谈会议，接受社会监督和舆论监督。

四是追责建议。贯通协调其他各类监督是必然趋势。自然资源部已尝试将督察工作与违法问责机制有机结合，开展了督察、执法与中央纪委国家监委贯通协调机制先试探索，形成监督合力。《土地管理法实施条例》要求提高督察成果效用，将土地违法问责工作制度化和法律化，规定可以依法向监察机关、任免机关等有关机关提出追责建议，形成严肃整改的高压态势。另外，督察机构还在探索加强与中央巡视、审计、环保督察等中央监督机构的协作配合，实现部门协同联动常态化，营造有利于督察工作开展的社会氛围。

## 三、自然资源督察的方式

督察方式，即国家自然资源督察机构对地方政府自然资源利用和管理情况进行监督检查的具体组织形式和工作方法。合理、适当的督察方式，对保证依法督察、提高工作效率和实现督察目标有重要影响。

按照山水林田湖草沙冰生命共同体的理念和自然资源全面督察的要求，构建日常督察、专项督察和例行督察为核心的自然资源督察业务体系。按照“守土有责、权责对等”的原则开展日常督察。根据党中央、国务院的重大决策，部党组、总督察的重要工作部署，重点围绕自然资源重要领域、重点区域、重大问题开展专项督察。以自然资源“两统一”监管职责为重点，以问题为导向，每年选取若干省（自治区、直辖市）为督察对象，按照兼顾时效度的原则，在对省（自治区、直辖市）范围内自然资源保护和开发利用进行全面综合分析研判的基础上，确定自然资源以及国土空间规划方面若干重点、突出问题开展例行督察。

【本章小结】

为推进自然资源执法工作，国务院机构改革组建自然资源部，将土地执法与监督纳入自然资源执法与监督体系，加强自然资源法制建设，完善行政执法程序，加大执法力度、完善执法程序、创新执法方式，提高自然资源督察执法效能，深化行政执法体制改革，全面推进严格规范公正文明执法。

1. 在自然资源管理和利用过程中，自然资源执法机构依法对其过程进行监督检查，预防、制止、查处自然资源违法行为；而自然资源督察机构可以保障国家宏观调控政策得到落实，使中央对地方的自然资源执法监管常态化，可以有效遏制自然资源违规违法高发势头，自然资源管理权力关系的制度化得以促进，自然资源管理行政效能得以有效提高。国家自然资源督察，就性质而言，该制度是国务院的一种授权行为；就法律地位而言，国家自然资源总督察代表国务院行使监督检查的职权，督察的对象主要是地方政府的自然资源利用和管理行为。

2. 自然资源执法是指县级以上人民政府自然资源主管部门按照法定程序和方式，依法对本行政区域内自然资源管理法律、法规的执行情况进行监督检查，并对违法者实施法律制裁的活动。它具有监察主体双重性、对象广泛性和性质复合性等特点。自然资源执法的方法包括超前控制方法、跟踪检查方法、目标管理方法以及协作处理或公开处理等方法。

3. 自然资源督察制度的建立，是中国在市场经济条件下，探索解决中央与地方关系新方式的改革实验，是中央和地方的关系调整的新模式，也是政治体制改革的一部分。同时，也有利于保证省级人民政府有效履行自然资源管理职责。国家土地督察的方式包括例行督察、日常督察、专项督察。由于机构整合，国家自然资源督察职能拓展到国土空间规划、海洋、森林、草原、矿产等自然资源。

【习题及思考题】

1. 简述自然资源执法和自然资源督察的区别。
2. 简述自然资源执法的职责和方式。
3. 简述自然资源督察制度设计的目的和意义。
4. 简述国家自然资源督察的职责和方式。

【参考文献】

[1]董祚继. 走向良好监管：国家土地督察制度的理论和实践研究［M］. 北京：地质出版社，2009.

[2]国家土地总督察办公室. 国家土地督察［M］. 北京：地质出版社，2010.

[3]张传玖. 新的制度新的角色——国家土地督察制度评析[J]. 中国土地，2006，12：7-10.

[4]甘藏春. 在实践中不断推进国家土地督察制度的实施和完善[J]. 国土资源通讯，2007(2)：33-38.

# 第十五章　其他国家土地管理比较

各国的土地管理体制受不同的法系的影响，其土地管理体制及其特点各不相同。本章首先对各国土地制度和土地管理体系进行比较，然后分别介绍了日本、韩国、新加坡、美国、英国、德国等国家的土地制度、土地管理体制、土地管理机构、土地管理主要工作内容、土地管理特点、土地管理经验及土地管理与相关部门或行业的关系协调。

## 第一节　土地制度比较

土地制度是指人类社会发展各个阶段中土地所有制、土地使用制和土地管理体制三个方面的总称，因此土地制度也是土地关系的总称。广义的土地制度包括土地所有制度、土地使用制度、土地规划制度、土地保护制度、土地征收制度、土地税收制度和土地管理制度等。土地所有制往往被认为是土地制度的核心，是土地使用制度和土地管理体制的基础和前提，是土地政策的出发点。土地所有制是土地所有关系的总称，它在人类社会不同历史发展阶段或不同社会制度下，表现为不同的形式。世界各国，由于国家制度和土地制度千差万别，社会经济发展水平也各不相同，再加上各国的法律体系、文化背景、风俗习惯和自然条件也各有差异，因此各国的土地管理模式也各有特色。

### 一、土地所有制度

#### （一）以土地公有制为基础的土地所有制

以土地公有制为基础的土地所有制形式，采取的是一个国家全体人民或集体共同拥有土地所有权，但具体由国家来代表全民（集体）拥有属于全民的占有、使用、收益、处分等权利。这种所有制形式的土地不限于国家或全民组织直接使用，往往也为集体组织、私人企业或居民个人使用。这种土地所有制形式存在于朝鲜、越南、匈牙利等国。

朝鲜民主主义人民共和国在1977年4月通过的土地法，宣告全国的土地已经彻底实行土地改革和农业合作化方针，永远消灭了农村的封建土地所有制和一切剥削关系，全面确立了社会主义土地所有制。共和国的土地属于国家和合作社所有，土地所有制属于全民所有制，国家所有制土地的范围没有限制。

越南的土地归全民所有，不允许土地集中到个人手中。1986年越共六大提倡改革路线，将土地的经营使用权下放给农民和各组织，以鼓励农民投资和精耕细作，促进农业生产的发展，并规定各组织和个人可继承土地的使用权和按法律规定转让土地使用权，把土地本身与土地使用权分开来，以便更有效利用土地。

匈牙利原来法律规定，国有农场和国有企业可以购买集体土地，而集体所有制的企业就无权购买国家的土地，但可以免费长期使用。1987年匈牙利国会通过一部新的土地法律，打破了国家和集体两种所有制界限，规定可相互购买土地，并取消了免费长期使用国家土地的条件，私人可购买耕地。这样在土地公有制条件下，扩大或放宽了土地使用权的权利内涵，促进了土地的有效利用。

### (二)以土地私有制为基础的土地所有制

以土地私有制为基础的土地所有制，土地所有权可以私有，并允许买卖，土地交易方式和交易价格由市场与供求关系决定。这种土地所有制形式存在于美国、日本等国家。

美国土地有三种形式：私人所有、联邦政府所有和州政府所有，分别占美国国土的58%、32%和10%。如果把私人、联邦政府、州政府看成为在经济上平等的经济主体，那么美国的土地制度就是土地私有制的国家；如果把州政府和联邦政府所有与国家所有联系在一起，那么他的土地制度又可看成是以私有制为主的混合土地制度。美国土地所有制状况的形成直接取决于政府的土地政策，而土地政策本身又从属于美国政府的政治、经济总体目标，因此，美国的土地制度是为美国政府服务的。美国实行土地私有化，而且绝大部分是耕地，以提高农业用地的劳动生产力。州政府所拥有的土地，是为保证州政府的用地需要和支付州政府的财政支出。各级政府之间，无论是上级政府对下级政府，还是下级政府对上级政府，以及同级政府之间，都不能任意平调土地，如果确实需要，像对待其他土地所有者一样，相互买卖和租赁。因此，美国的土地所有权是清晰和明确的，是更经济意义的财产权。不过，在某些特殊情况下，为了相互支持或某种原因，在价格、租金或其他方面等优惠却是常有的事。不同级政府之间相互赠送土地也时有发生。这里还要说明一点，美国不同的地区，土地所有制状况并不完全相同。如在阿拉斯加州，目前联邦政府拥有或控制该州96%的土地。

日本现行的土地所有制分为三种形式，即国家所有、公共所有、个人与法人所有，其中个人所有和法人所有属私人所有，构成私有制的主体，它们各占日本国土总面积的23.7%、5.6%和70.7%。其中国有土地，是指作为国家财产由中央政府进行管理的土地。而归各级地方政府管理和使用的土地，如都道府县和市町村地方政府拥有的土地，不称为国有土地，而称为公共所有土地，像美国州政府拥有的土地，不归联邦政府或国家所有，而由州政府所有一样。因此美国和日本的土地制度是非常相似的。

### (三)由国家控制的土地所有制

由国家控制的土地所有制，土地属于国家(或皇家)所有，使用土地通过批租获得，国家控制土地最终权利并获得大量批租收入。这种土地所有制形式存在于英国、加拿大、新加坡等国家。

英国的全部土地在法律上都归英王所有，也就是说，英王是唯一绝对的土地所有人，个人、企业和各机构团体仅拥有土地的使用权。但是，如果拥有自由处置所持有的土地的权利(freehold，意思为“自由的土地保有权”)，就相当于拥有实际意义的土地所有权，只要他不违反土地法律、土地规划或侵犯他人利益，就可以充分自主地利用其所持有的土地。与freehold相对应的是leasehold，其意思为“有期限的土地保有权”或“由承租获得的定期土地保有权”。英国的土地买卖与西方多数国家的土地买卖在实际上可以说并无多大区别，因为土地的卖者不必证明自己是土地所有人，而买者也只须满足于土地所有权或经营使用权的长期存在。

加拿大是由欧洲移民建立起来的联邦制国家，历史、政治的因素在很大程度上决定着其现在的土地制度。作为英联邦成员之一的加拿大，仍保留着英王是加拿大国家元首的名义，在土地问题上，也仍保留着法律上加拿大的全部土地与英国本土一样，最终所有权均属于英王。如果从现实的土地所有、占有角度来看，加拿大现行土地所有制形式与英国又大不相同，而与美国的土地所有制形式相似，它分为联邦公有、省公有和私人所有三种形式，分别占国家土地总面积的 40%、50%和 10%。私有土地比重不大，但主要分布在肥沃地带，这与他们人口少、劳动力缺乏有关。

新加坡在独立以前也是属英国统治的，因此土地的所有制和使用制基本上是由英国政府规定的，即在国土中，除私人开发利用并按批准可拥有土地保有权外，其他土地一律归政府所有，任何个人或集体不准擅自占用。目前，国有土地占国土总面积的 80%，私人所有土地占国土总面积的 20%。因此，新加坡的土地所有制主要有国有和私有两种形式。其中国有土地具体地又可分成两种形式：一是国有土地，约占国土总面积的 53%；二是公有土地，约占国土总面积的 27%。两者的共同点是，其土地主要用于公共目的，都可以出售或长期出租。而两者的区别主要在于，国有土地的所有权属于国家，由土地局代表国家行使所有权，它包括尚未开发利用的土地，如暂时闲置的土地、围海填土增加的土地等；公有土地的所有权虽然仍属于国家，但业权已归属法定局或其他社会团体，因此一般是正在使用的土地。

## 二、土地管理模式

### (一)分层次管理模式

采取分层管理模式的国家或地区，目前的土地所有制基本上以私有为基础。因此，土地管理的权限、土地管理机构的设置，都脱离不开“私”字，即土地行政管理是以保护私有制为前提，进行分门别类或分层次管理。其中又可分为“分层按类管理模式”和“分级按类管理模式”两种类型。

#### 1. 分层按类管理模式

“分层按类管理模式”的基本特点是，中央不设集中统一的土地行政管理机构，而是由各有关部委和地方政府设管理机构，对全国土地分门别类或分层次地进行各负其责的管理。这种土地管理体制存在于美国、加拿大等国家。

美国的这种土地管理模式是由美国的土地制度所决定的。美国的土地有私有、联邦政府所有、州政府所有三种形式。美国国家土地管理局主要负责对联邦政府土地的管理，并对州政府和私人土地进行协调。而州和私人所有土地的主要管理工作则由政府有关土地部门和私人分别负责。其他联邦政府机构也参与部分土地管理工作，如美国内政部印第安事务局负责印第安人居住区的土地管理工作；农业部水土保持局负责全国土壤调查和水土保持工作；城市规划委员会负责城市用地的管理工作；国防部则负责军用土地的管理工作等。

加拿大的土地所有制实质上与美国类似，分为联邦政府公有、省政府公有和私人所有三种形式。该国对土地的行政管理实行土地所有权、使用权和管理权基本一致的管理制度，并根据国家土地立法分为：联邦政府管理联邦公有土地，省政府管理省公有土地，私有者管理私有土地。进行分部门按类别管理土地。其中管理联邦公有土地是加拿大联邦政府的职责,主要是通过制订计划和政策来影响土地的利用。对联邦公有土地的处置权旨在保护和合理利用这些土地。对于省的某些特殊用地,联邦政府根据联邦公共利益,有调整使用权,但没有立法管理权,联邦政府为全国办事需要用地时,有权征用省公有土地,但必须是有偿的,而对私人所有的土地,联邦政府基本上不直接参与管理。省政府有关土地管理部门,主要负责省级公有土地的行政管理工作,如法律管理、规划管理和地政管理等方面的工作。加拿大是保护生产资料私有制的资本主义国家。全国最好的土地基本上为私人所有,并制定了一系列法律,通过经济、政策和社会措施保证法律目标的实施,私有土地者根据法律要求,能够充分行使一个独立业主的权利,包括享有充分自由的支配权、继承权、买卖权、租赁权、获得超额利润权等。

2.分级按类管理模式

“分级按类管理模式”的基本特点是,中央不设集中统一的土地管理机构,而是在地价昂贵的情况下,按土地利用类型进行分级管理,以充分发挥有限土地的生产效率。这种土地管理体制,存在于西欧发达资本主义国家,如芬兰、英国等。

芬兰的土地管理主要按土地利用类型进行分级管理,共分三级:第一级为国家土地调查测量局,内设总务、监察、地产、测量、制图五个处,主要负责农村土地的地籍管理和地籍图的编制工作;第二级为省级土地调查测量局,主要实施各省的土地测量工作,并建立地籍档案,负责土地登记与地产买卖注册工作;第三级为区级土地调查测量机构,主要负责辖区的地产测量与土地调整工作。通过这种分配按类管理,机构分明,目的明确,充分利用了有限土地,提高了土地的生产效率。

英国是个人多地少的国家,为了有效利用宝贵的资源,英国很早就重视土地管理工作。但是,在中央一级没有设置统一的土地管理机构,而是由若干部委按类分级管理,即对不同土地利用类型由不同部委分别管理。例如,农业用地,由农渔食品部土地管理局管理,负责农业用地的使用、统计、地籍管理与绘制土地分类图;森林和林业用地,由林业委员会管理,主要是林业用地的使用和统计;城市用地,则由环境部管理。

### (二)统一垂直管理模式

统一垂直管理模式的基本特点是,由于土地不足、人多地少,实行自上而下的统一垂直管理,以加强土地资源的保护和合理利用。这种管理模式主要存在于日本、俄罗斯。

日本经济发展迅速,而土地资源有限,为了满足社会经济发展的要求,1974年成立了国土厅,从此全国土地问题都划归国土厅土地局管理。目前国土厅土地局是日本土地的唯一管理机构,行使统一的垂直的全国土地管理职能。日本国土厅土地局下设四个课,分别是土地政策课、土地利用调整课、地价调整课和国土调查课。他们的主要职能是,制定土地管理政策,编制和实施全国城乡土地利用计划,限制土地交易,管理全国休闲土地,管理地价,组织地籍调查,以及编制土地利用形态分布图表等工作。由于机构健全,人员精干,政策落实,措施得当,在土地管理上取得了很好的效果。

俄罗斯的土地管理过去是以“块块”管理的模式,近年来进行了改革,建立了垂直管理体制。全国86个州级行政区划(包括莫斯科市和圣彼得堡,相当于我国的省级区划),每个州的土地资源与土地管理委员会均直属俄罗斯土地资源与管理委员会领导。州土地资源与管理委员会主席由中央土地资源与管理委员会征得州政府同意后直接任命,经费也由中央土地资源与管理委员会拨付。州以下各级(地区、县、区)土地资源与管理委员会也与此相同。这种体制加强了土地管理部门的权威性,有效地保证了全国土地的统一管理。例如,由土地管理部门制定的土地利用规划一旦公布,便具有法律效力,其他部门必须遵守。

#### (三)多部门管理模式

实行土地多部门分管模式的国家一般地处亚洲、非洲和拉丁美洲,国情十分复杂,经济发展水平千差万别。但是有一个共同特点,就是经济建设处在发展阶段,土地所有制以私有制为基础。因此,土地管理权限及其机构设置与职能仍以保护、巩固私有制为前提。印度、巴西等国家均属这种模式。

印度政府比较重视土地的逐步开发、合理利用与有效管理。在土地管理方面进行多部门分管。为了使有限的土地资源能够合理分配、有效利用,广泛为人类服务,印度政府设置了三种土地管理部门。第一种,土地开发利用管理部门。主要包括:①国家土地局。由联邦农业部长领导,负责制定土地管理政策,批准和实施有关专业委员会提出的土地利用计划和改良方案。②国家土地资源保护和开发委员会。由国家计委的农业委员主持,各部选派专家代表组成,主要负责制订土地逐步开发计划,以及保护资源的各种措施等。③国家土地利用和荒地开发委员会。由国家总理主持,主要制定荒地开发政策措施与造林综合措施。④全国土壤及其利用组织。由农业合作部和全部农业研究委员会领导,专门研究治理河谷问题,尤其是三角洲的综合治理问题。第二种,土地分配管理部门。主要负责制订土地合理分配方案,控制土地私有的最高限额,使无地或少地农民获得部分土地,避免有限土地资源的极大荒废。第三种,城市土地管理部门。主要负责制订城市土地利用方案与计划,合理分配城市土地,让各部门与城市居民各得其所。

巴西是一个典型的实行土地由各部门分管的行政管理模式的国家。早在1964年,巴西就建立了全国土改和垦殖委员会,隶属于国家土地改革和开发部领导,并在全国各州、地区设有分支机构,主要负责农村土地的再分配和监督、管理工作。1986年又成立了城市开发委员会,负责城市问题的调解,制订并实施城市土地开发利用计划,以及裁决城市土地交易的地价等。此外,巴西政府内与土地有关的其他部门,也行使土地管理职能。这些部门通过制定农村土地税,实行移民垦殖,允许外国人购买农村土地等措施,加强对农村土地的管理。

综上所述,各国不论实行什么样的土地管理体制,总是适应该国的国家制度和土地制度,并为该国的国家制度和土地制度服务,保护和巩固该国的国家制度和土地制度,保证土地合理分配,保证国民经济各个部门对土地的需求,并使土地资源得到合理利用,促进国民经济的正常发展。

## 第二节　土地管理体制比较

土地行政组织是土地行政管理的主体,而土地行政组织的制度化,就是土地管理体制。土地管理体制是指土地管理机构的设置、职能权限的划分及土地管理的基本运行方式和原则的总称。

## 一、日本土地管理体制

日本行政区划实行都道府县制，全国共设一都、一道、两府、43个县(日本的县相当于我国的省级，市町村相当于我国的县级)。土地总面积为37.8万$km^2$，其中山地面积占土地面积的75%；平原面积占25%；耕地面积4.7万$km^2$，仅占12.4%。日本全国总人口约12 562万人，人均耕地面积约3 $km^2$。日本是人多地少、土地资源相当短缺的国家。

日本不仅人均耕地少，而且人口密度高，平均每平方公里330多人。日本有80%的人口密集地分布在太平洋沿岸狭窄的平原上，尤其大中城市的人口十分拥挤，仅东京、横滨、大阪、名古屋四大城市的人口，就约占全国总人口的20%。全国90%的人口集中在城市，只有10%的人口在农村。

### (一)日本土地管理机构设置

日本政府土地行政主管部门的设置是与其联邦自治的管理体制相一致的。分为相互制约、相互衔接的两个体系。一是自上而下的，担负决策、计划、控制、监督等宏观职能的行政管理部门；二是以科技手段，提供技术标准，进行实际操作的土地科技服务部门。日本全国共分为47个管辖区：1都、1道、2府和43县，这一层的行政划分被统称为都、道、府、县。1都是东京都，是日本的政治、经济和文化中心；1道是北海道；2府是京都府和大阪府，是关西的历史和经济中心地带；43县则相当于我国的省。除北海道之外，都、府、县以下分成两个系统：一个是城市系统，有市、町(街)、丁目(段)、番地(号)；另一个是农村系统，有郡(地区)、町(镇)和村。

在政府行政管理部门中分为三个层次，实行国家、都道府县、市町村三级管理。国家土地行政主管部门为国土厅(除土地管理外，还担负水资源管理)，其职能是土地法规的制定、调查、监督。都道府县土地行政主管部门，一般设在政企划部(局)内，名称或叫土地对策科，或叫土地水对策科。其职能是在国家法律范围内，提出本地的具体办法。市町村一级，是日本的基层权力机构。在企划局内独立的或联合的土地对策部门。市町村依据国家法律、都道府县的地方土地法规制定本地的法规，引导国民，组织法规的具体实施，日本还有11个政令指定城市，类似我国的计划单列市，享受都道府县级权限。

日本土地由五个部门进行管理，即住宅都市部，负责实施都市计划法，管理都市地域；农牧部，管理农业地域；土木部，负责实施道路法、河流法，管理其相应地域；林务部，负责实施森林法，管理森林地域；保健环境部，负责实施自然公园法，管理自然公园地域和自然保全地域。

国土厅成立前，由农林水产省、建设省、通商产业省分别管理各自有关的土地。1974年成立国土厅以后，全国城乡土地问题，都划归国土厅统一管理，在国土厅内，主要由土地局负责。地方在企划振兴部内设土地对策课，实施国土利用计划法，进行土地管理。在土地水对策课内，按上述五个地域设五个系(科)，进行协调。国土厅的主要任务，是保证城乡土地合理利用和稳定地价。2001年国土厅和运输省、建设省、北海道开发厅合并成立国土交通省，对国土计划、河川、都市、住宅、道路、港湾、铁路、航空、政府厅舍营缮的建设与维护进行管理。

### (二)日本土地管理机构职能

1. 土地政策课主要职责

调整和协调土地局内部事务；规划、起草和实施地价及其他有关土地的基本政策；编制城乡土地利用白皮书，向国会报告有关国土政策和国土利用情况；实施农用地与居住地组合法；控制农村耕地与非耕地的利用方向；制订和指导国土利用转换计划，如耕地转用于城市用地等；国土利用审议会的总务工作。

2. 土地利用调整课主要职责

指导与调整土地利用基本计划；根据国土利用计划法限制土地交易；其他有关的国土利用计划法的实施。

3. 地价调整课主要职责

调整全国地价，并以法律形式向全国公示各类地价；制定不动产的鉴定评价标准，执行不动产的鉴定评价法律；负责土地鉴定委员会的总务工作；实施国土利用计划法，如有关土地价格等。

4. 国土调查课主要职责

规划和起草国土调查课有关基本政策；制定和实施国土调查法；促进国土调查特别措施的实施。

## 二、韩国土地管理体制

在土地所有制方面，韩国与一般资本主义国家相同，以私人制为主，而且是一种垄断式土地私人占有。据统计地主中的5％占有65.2％的土地，在农村和林区，10％的地主竟占有98％的林地和农地。尽管韩国是典型的土地私有制国家，但政府对土地的利用和管理却行使着强有力的权力，运用行政、法律、经济手段实行土地有效管理。

### (一)韩国土地管理机构

韩国建设交通部于1994年在建设部和交通部的基础上组建，其主要职责是：国土规划、交通和后勤服务政策、土地事务、住宅和城市建设事务、陆路运输、建设、道路、水资源、航空等。交通部管辖的旅游、海洋、港口等方面的职能现归属文化旅游部和海洋渔业部。

建设交通部下设办公厅、规划和管理办公室、交通政策办公室、国家发展局、土地局、住宅和城市事务局、地面交通局、建设经济局、技术安全局、道路局、水资源局、国内航空局等部门。此外，还有7个直属机构和6个直接管理的地方国土管理厅。

### (二)韩国土地管理机构职能

韩国政府的土地管理机构主要是制定全国的土地使用及管理政策，草拟国家土地法令，负责全国的土地利用规划，制定分布全国的标准地价，并是全国的信息中心，它的作用主要是宏观的政策指导作用。地方分支机构除制定总体规划下的区域规划外，没有规定地方政策的权力，仅是执行上级机构提供的任务，负责土地的登记注册，审查土地买卖合同，监督检查土地利用情况，制定标准地价。1991年为加强土地市场管理、防止土地投机现象，在政府总理办公室专设一机构负责土地市场的交易政策工作。为利用城市公共设施建设，政府还成立了“土地开发合作公司”，从事道路、桥梁、公园、地铁等基础设施和其他公益设施的建设。

## 三、新加坡土地管理体制

新加坡独立以前是属英国统治的马来西亚共和国的属地，因此，新加坡土地的所有制和使用制，基本上是由英国政府规定的，即在国土中，除私人开发、利用并按批准手续拥有土地保有权外，其他土地一律归政府所有，任何个人或集体不准擅自占用。如欲使用土地（包括国有土地、私人永久使用的土地和为数少量的集体性公有土地），必须向政府提出申请，经土地管理机关审查批准后，方能依法使用。新加坡独立以前，国有土地的数量约占国土总面积的60％，私人保有各公用的土地约占国土总面积的40％，独立以后，在经济建设发展的地区，通过强行征用的办法，从私人占有者那里陆续征用了不少土地，作为建设用地。最近20多年间，国家向私人占用土地者征用了不少土地，作为建设用地，已达国土总面积的20％左右。因此，目前全国私人占用的土地面积已由独立前约占国土总面积的40％下降为20％左右。

新加坡政府为经济建设提供必需的用地，对国有土地，由国家土地行政主管部门采取划拨的方式办理用地手续；对私人占用的土地，由国家土地行政主管部门依法征用，而后根据用途的性质，按照法律规定不同的使用年限，例如娱乐场所用的，使用年限为15～30年，到期后，必须续办用地手续；厂矿等生产用地，使用年限为60～90年；文化教学用地为30年；住宅用地为99年，期满后确需续用的，可续办用地手续。新加坡独立以前的住宅用地，通常规定999年，期满后确需续用的，还可办理续用手续。独立以后，这方面的法规做了修改，最长的使用年限为99年，期满后确需续用的，可办理续用手续。

新加坡政府规定，私人保有的土地可以买卖，但必须报经国家土地行政主管部门审查，如不涉及有关问题的，即可办理登记、发证手续。如出卖的土地涉及购买者用于建设用地的，土地行政主管部门即会同城市建设规划部门审查是否违反建设规划的具体规定，如有违反的行为，土地行政主管部门不予办理登记、发证手续。同时规定国有土地的所有权不准出卖，但是土地使用权可定期出租，租方除按法律规定交付相应的土地租金外，还应根据法律规定向国家按期缴纳比较低微的土地使用费，借此象征性地体现国家的土地所有权。基于上述规定，新加坡的土地权概分为三种，土地局发放三种契。第一种为自由保有权地契，即私人一次交清地价后，保有永久使用权。第二种为法定转让的地契，也为永久使用权，但在1936年通过的法律规定，得到这种地契者除了在购买土地时要一次交清地价外，每年还要向国家交纳地租，并受国家法律有关条款的约束。发放这种地契的地租每30年调整一次，最近一次调整为2005年。第三种地契是规定使用年限的土地租契，期限有999年、99年或30年，除了购买土地时要交清房价，每年还要纳地租。租契的地租按用途不同确定不同的租额。如用于建房的土地，年租为地价的0.5％，商业工业用地年租为地价的1％。国家规定年租可按租期年限的1/3时间调整一次，每次调整部分不超过现有年租的50％。征收这种象征性的年租，一是表明国家土地具有法定利益，二是国家通过收取年租适当收回土地增值费。

新加坡发出的第一批地契，是1826年，租契的期限为99年。自由保有权地契，于1945年发出。第一批法定转让证书于1886年发出。目前土地局发出的地契，大部分是期限99年或更短的租契。土地使用者租到土地后，在政府规定的年期内可以自由转让，年期届满政府即收回土地，地上建筑物原则上无偿收归国家所有，由土地局负责管理，采取招标办法出让给新的使用者。到期后，如用地者要继续使用，必须向政府申请。经批准后，可以再获得一个规定年限的使用期。但要有估价师对土地重新估价，按新价购买。

法定的土地转让证书和土地租契中均列有限制土地用途特别条件，如限于农业用途或居住用途。用地者如果违反特别条件，土地局限其在一定时间内恢复土地的原定用途，否则收回其土地。

用地者如果要改变土地用途，可以向土地局申请，经审查并征得规划局同意，土地局割让署则会批准其申请，取消原来地权限制，但需用地者交纳溢价差额(因土地用途不同的地价差额和增加年限的差额)，另外发给期限不超过 99 年的新地契后，让其进行新的发展计划。

### (一)土地管理机构

新加坡土地管理体制，是根据政府关于国家土地实行统管和有效管理的指示建立的。在独立以前，国家已设置了土地统管机构，即新加坡土地局，直属国家总理领导。独立以后，在精兵简政和高效服务总原则指导下，国家对行政管理机构设置做了统一调整。基于土地管理本身的职能具有直接为国家利益服务的明显特点，以及政策性、科技性和综合性都比较强的实际情况，决定土地管理是以土地局为主，有关部门密切配合的"主从型"土地管理体制。土地局从属于律政部管辖，与土地局业务紧密相关的地契登记局、测量局也归属律政部领导。

新加坡土地局是个有权威的行政管理机构，它代表政府对全国土地实行统一管理。该机构既通过制定政策、法规、计划、规划从宏观上对土地进行管理，又通过出让国有土地、征用私人土地、监督和处理违法占地和用地以及征收地税等微观手段管理土地，是对土地统一到底，实施全面管理的综合性管理机构。

### (二)土地管理机构职能

新加坡土地管理机构主要的管理职能任务包括：保护和管理国家土地，巡回检查和处理违法占地和非法建筑；代表国家出让或临时出租国有土地，发放地契或临时土地使用证；根据建设需要强制征用私人土地；代表国家征收土地税；负责管理和分配空闲的国家建筑；负责填海造地的计划、规划和审批工作；负责土地管理业务需要的测量、制图和地籍档案管理工作。

根据上述规定的职能任务，国家进一步研究审定了律政部土地局下属机构的设置方案，即土地局下设土地割让署、土地征用署、国家土地管理与监督署以及综合服务署四个署级机构。对上述四个署的工作职责，土地局也做了明确规定。

(1)土地割让署负责审查和出售国有土地使用权的工作(包括地契的登记、发放工作)，同时负责处理取消地权限制、放弃地权的申请，以及认真做好围海造地和海岸建设的计划编制工作。

(2)土地征用署负责制订强制征用土地的计划，举办与征用土地有关的各种听证会。主管土地征用计划的实施，负责土地征用后地籍的变更和赔偿费的发放。

(3)国家土地管理署负责对全国 34 个地区 30 个镇区土地进行定期巡察；主管违法用地后的查处(包括对非法建筑物的拆除)；负责发放和转让临时住用户的土地准用证；负责国有土地和地上国有产业的招标、投标；主管政府闲置建筑物的分配。

(4)综合服务署负责人事调配、财务收支、存储土地档案和承办制图；搞好土地税、费的征收(包括土地产业税金、土地临时使用费、土地税、土地租金以及土地溢价等税、费的征收)；负责全系统的土地信息的研究和处理(其中包括土地局各办公室电脑化的筹备工作)等。

为了有计划地开展工作,土地局还对34个地区和30个镇区派有土地管理稽查员,承办该地区的土地管理稽查任务。

### (三)土地局与有关部门关系

新加坡实行的是"主从型"土地管理制度,土地由土地局为主进行管理,其他部门配合。

1.土地局与地契注册局的关系

地契注册局是承办地契保存和证件发放的部门,在土地管理上没有其他职能。

国家规定购买国有土地者的地契由土地局发放,经地契注册局检核后,由地契注册局向购买者发放地契证书。凡是买卖私人土地,则必须向地契注册局登记;如果在私人土地上建成多层公寓出售,则每单元的购买者只有若干分之一地权,在向地契注册局登记后,由地契注册局发放地契证书。

2.土地局与规划局的关系

土地局与规划局的关系也是律政部和发展部的关系。规划局负责土地的规划利用,其主要职责是:草拟国家发展的总体规划图,每年审查一次;审核及批准每一小区或地段的建设发展蓝图;通过总体规划委员会分配和协调,为各业发展安排合理的土地利用条件。

规划局不仅管理国有土地的规划利用,而且还管理私人土地的规划利用,私人土地利用由设在规划局内的发展管制委员会负责,规划局局长(总规划师)任委员会主席。

规划局和土地局的职责分工非常明确,概括地讲,规划局管土地的用途,土地局决定土地的使用对象。单位、企业或个人需要建设用地,在向土地局申请后,都要由规划局审查其土地用途是否符合规划,然后再由土地局承办征地或售地手续。所有使用国有土地的单位如果原用途中止,而规划上又不许改变用途,该土地则由土地局收回,另行安排用户。

新加坡对土地管理很重视,土地局原设在总理署,1963年划归律政部,国家发展部一度曾想把土地局划入该部,内阁和国会都不同意,认为用地部门管地,易出现滥用权力使用土地的现象。为此,国会曾做出决定,凡是土地工作一律归口由土地局管。

3.土地局与财政部的关系

财政部设有不动产业总估价师,数十个副估价师,对土地房产进行估价。在价格问题上,土地局重视财政部的意见。凡是出售土地,其地价都由估价师进行估价。

新加坡的所有地段都有价格,每年8月都要公布一次,私人的房地产交易,政府要收印花税(根据交易额按印花税率向买方收),为了防止偷税,总估价师对私人房地产也进行估价。印花税按估价师估价数抽收。凡是土地交易,土地局都要及时通知财政部估价师。

土地局还是政府的主要税收机关之一,负责征收土地税、费,包括产业税(又称门牌税)、临时住用准证费、地权税、地租(年租)和土地溢价。产业税为财政部第二大税收(第一大税收为所得税),征收的标准是,按土地价格的5%,乘以23%的税率计征。土地局所收的一切税费全部交财政部。

4.土地局与市区重建局、建房发展部、裕廊工业局、港务局等的关系

市区重建局、建房发展局、裕廊工业局、港务局都是新加坡国营用地大户。他们申请国有土地,由土地局批准租给他们,并发放地契。在批租期限内,裕廊工业局、港务局还可以把土地

再批租给用地户，土地局不干预；如果申请占用私人土地，经总统批准后，由土地局按《强制征用法》征用。

上述法定机构都不能代表政府进行围海造地。如造地面积少于 8 $hm^2$ 的，由律政部报国会批准。地造好后国家发展部公共工程局审查是否合乎标准，然后由律政部测量局测定面积，交给土地局。如果这些机构要用这些土地，须向土地局申请购买。

另外，市区重建局还代土地局招标出售国有土地。市区重建局、裕廓工业局、港务局等部门都尊重土地局的意见，支持土地局的工作。

## 四、美国土地管理体制

美国国土的主要部分位于北美洲中央（另有阿拉斯加在加拿大西部，夏威夷在太平洋中）。国土总面积 936.3 万 $km^2$，耕地和永久性农作物田地近 1.9 亿 $hm^2$，占世界总数的 15%，人均 0.8 $hm^2$。长期的草地与放牧场 2.4 亿 $hm^2$，林地 2.65 亿 $hm^2$。属于人少地多的国家。

自 20 世纪 30 年代以来，美国的土地利用方式有很大的改变。由滥垦、滥伐、滥牧掠夺式经营，逐步转为立足于提高单产和土地利用率的集约式经营，农林牧并举，全面发展。

近半个世纪以来，美国政府对于土地的管理和保护极为重视，在行政立法、机构设置、资金投入、经济政策和技术措施等方面做了巨大的努力，取得了一定的成效和经验。

早在 1934 年，由于掠夺式经营，酿成一次席卷全国 2/3 国土的"黑风暴"，吹走表土约 3 亿 t，无数农田被毁，作物大幅度减产。当时的美国总统罗斯福指出："毁掉自己土壤的国家，最终必然要毁掉自己。"从此土地保护和水土保持被列为"仅次于保卫美国国家的头等大事"，并采取了一系列立法措施和成立了土地管理机构。

美国土地所有制有三种形式：一是私人土地；二是联邦土地；三是州政府土地。其中私人土地占美国国土面积的 58%，主要分布在东部和中部；联邦政府土地为 32%，主要分布在西部地区；州政府土地 10%。联邦内政部土地管理局，主要负责占全国 1/3 的联邦政府所有的土地管理，包括地上资源与地下资源及其辅助性业务活动的管理。

在美国，土地的管理、整治和利用没有一个全国统一的机构，它分属于国家有关部门和地方政府管理。联邦政府在土地利用、开发和管理方面主要通过法律和有关部门行使职能。

### （一）美国内政部

美国内政部是管理、保护国土资源的主要部门，是美国最早成立的部之一，每年预算 134 亿美元。美国内政部不仅负责美国的国土资源管理，也负责美国的产业管理，每年从能源、矿产、放牧、木材、休闲娱乐、土地出售获得的收入为 83 亿美元。

美国内政部成立于 1849 年，其职能是：①有效管理、恢复和保护国有土地、水利、矿产、能源等资源；②合理使用和发展联邦管辖的各种资源；③保护国家自然和文化遗产；④保护各种动植物；⑤负责联邦有关印第安部落和阿拉斯加土著人事务；⑥促进相关研究，提高对自然的认识，提供各种科学信息。

美国内政部设有 8 个专业局，负责业务管理。它们是国家公园局、美国鱼类和野生动物局、印第安事务局、美国地质调查局、复垦局、土地管理局、露天采矿复垦和执行局和矿产管理局。

在美国内政部，土地和矿产资源管理主要涉及 3 个局，即土地管理局、矿产管理局、露天采矿复垦与执行局。矿产管理局负责联邦海上矿产资源管理;土地管理局负责联邦陆上矿产资源管理;露天采矿复垦与执行局负责联邦土地上的煤炭生产管理。此外,土地管理局还负责联邦所有土地和印第安土地管理。事实上,从资源管理角度上说,还应涉及地质调查局,其主要负责矿产资源和土地利用的调查,不在产业上进行管理。

### (二)美国联邦内政部土地管理局

#### 1.土地管理局机构

美国独立后,政府先把土地收归国有,然后卖给私人,土地所有制基本属私有制。当时为了有效管理土地,进行土地的买卖和登记工作,1812 年在联邦政府内成立了土地管理办公室。后来从实际出发,于 1946 年 7 月把土地管理办公室和放牧局合并,组建了美国联邦内政部土地管理局。现在的土地管理局设正、副局长各一名,正、副局长助理各 4 名。局内除正副局长直接管理两个办公室外,下设能源矿产资源、土地与再生资源、辅助业务、行政事务、州办公室五个局以及丹佛联邦中心与联邦防火中心。局以下设 25 个处。在全国还设有 13 个区域性土地办公室,58 个地区性土地办公室,143 个资源区办公室。在首都华盛顿总部有雇员 1 200 人,总部之外的雇员约 5 800 人,分布在全国各地。

#### 2.土地管理局职能

1986 年美国国会通过的《土地政策和管理法》规定了该局的主要职能有:①主管地籍档案,负责地籍测量,确认公有土地的境界和界标。②负责土地利用规划的编制工作。③负责国有土地的出让工作。④国家授权依法强制征用私人土地。⑤负责开矿占地特许证的签发。⑥依法在国有土地上授予使用权。⑦依法管理规定的特殊地区。⑧负责法律规定的与土地管理有关的业务。

#### 3.土地管理局的工作范围

美国的土地管理工作范围较广,其业务管理范围包括三部分:土地和再生资源,包括林业、猎区资源、野马、渔业、娱乐、文化和自然保护区;能源和矿产资源,包括液体矿产和固体矿产;辅助业务,包括环境、地籍调查、信息资源、消防和资源保护等。

具体管理职能为地籍调查、土地利用规划、建立土地调查和土地管理信息系统、牧场管理、为国民经济的发展提供有关服务、制订国家矿产开发与利用计划等。此外,该局还对各州政府所有土地和私有土地进行协调工作。

美国土地利用计划的制订,一般分为三个连续阶段:第一为准备阶段,主要工作是针对需要计划的地区组织专家和相应的机构,进行广泛的讨论和可行性研究;第二为深入计划阶段,主要进行土地调查、土地分类、绘制土地利用图,并研究当地有关问题的性质和解决方法;第三为统一计划阶段,对各种问题进行全面考虑,并提出解决方案和行动纲领。

### (三)美国其他土地管理相关机构

#### 1.矿产管理局

1982 年,内政部矿产管理局(MMS)正式成立,主要任务和职责:一是及时收取、说明、分配和核查从联邦和印第安土地上的矿产收益;二是管理外大陆架矿产资源,包括政策制度,安全生产,环境保护等。

矿产管理局有两个经常性工作项目——权利金管理项目(Royalty Management Program,RMP)和海上矿产管理项目(Offshore Minerals Management Program,OMM)。权利金管理项目(RMP)负责收取、核查和分配从联邦陆上和印第安土地上的矿产租约中(土地管理局所管)和联邦海上矿产租约中(矿产管理局所管)所产生的矿产收益。RMP 所收取的矿产收益(包括权利金、租金和红利)是联邦政府最大的非税收收入来源之一,每年收入可达几十亿美元(平均 60 亿美元左右)。在分配矿产收益方面,RMP 每月将矿产收益分配上交给相关机构,包括美国财政部、水土保持基金会、复垦基金会、国家历史保护基金会、相关各州和印第安托管基金管理办公室。自 1982 年以来,矿产管理局将 638 亿美元上交了美国财政部,占总收益数目的 60.2%,245 亿美元分配给了水土保持基金会、国家历史保护基金会和复垦基金,占总收益数目的 23.8%;115 亿美元分配给了 38 州,占总收益数目的 11.2%,28 亿美元分配给了部管印第安基金办公室,占总收益数目的 2.8%。

海上矿产管理项目(OMM)主要负责外大陆架矿产资源(主要是石油天然气资源)的寻找、开发和环境保护平衡,依据的管理法律是《外大陆架土地法 1953》。OMM 的管理职能:一是确保安全的外大陆架矿产开发;二是确保环境可靠的外大陆架矿产开发;三是确保矿产开发为美国人民产生公正的市场价值。

在海上环境保护和安全生产方面,MMS 认为,制定的规章必须要实施,并通过给予警告、关闭和处罚来促进遵守规章,对引起伤害、死亡、环境损害,或对生命或环境构成威胁的违规者给予民事刑罚调查。

MMS 认识到美国对石油、天然气需求的长期性,将继续进行价格监督、生产预测、趋势分析,并进行正确决策,以保护美国人民利益。

2.露天采矿复垦和执行办公室

露天采矿复垦和执行办公室成立于 1977 年,执行的主要法律是《采矿管理与复垦法》。其职能主要有两项:一是保护煤矿生产和复垦过程中的公民安全与环境;二是开垦、改造 1977 年前的废弃煤矿山。

在联邦土地、印第安保护区和还没有建立管理条例的煤炭生产州(田纳西和华盛顿州),露天采矿复垦和执行办公室发放煤矿开采许可证,进行生产和安全监督,并执行实施责任。

露天采矿复垦和执行办公室(局)成立的背景是,在 1977 年前,有 25 个州管理地表煤炭生产,但没有一个项目能满足《露天采矿法》规定的要求,大量未进行复垦的煤炭生产矿山和废弃矿山对环境和土地利用产生了巨大的破坏和影响。1977 年 8 月 3 日,当时的卡特总统将公共法《露天采矿法》签署成法律。为加强管理,内政部也于同日成立了露天采矿办公室,专责煤炭生产安全、环境保护和土地复垦,并对过去煤炭开采过程中遗留的废弃矿山土地进行恢复。

3.农业部水土保持局

该局成立于 1935 年,是美国负责土壤保护工作的最高机构,下设州水土保持局、地区水土保持局和现场办公室。三者之间的分工明确,自上而下垂直领导,形成一个完整的管理系统。

水土保持局总部设在华盛顿,主要是领导全国的土壤调查,向国家有关机构和地方政府提供基本的水土资源的资料,负责小流域多目标的综合开发治理。为地方土壤保持区提供技术指导和咨询,培养技术人员,推广水土保持新技术和新措施等。州水土保持局是总局在各州的派出机构,负责该州的水土保持和农田水利工作。每个州按其面积、自然条件和水土保持区任务，划分成若干地区水土保持站，负责管理和指导现场办公室的工作。现场办公室是整个水土保持系统中的基层工作单位，直接为各土壤保持区服务，其管辖范围相当于县一级行政区。美国整个水土保持机构的工作员约1.5万人，除总局集中约400人外，其余分散在各下属机构。

总之，美国的土地管理工作，实际上是一种分层次、按类别进行管理的类型。在统计和数据调用上不如统一管理便利。

## 五、英国土地管理体制

### （一）英国土地管理机构与职能

英国的土地制度历史悠久，土地管理的法律、政策和体系相当完备。在英国，中央一级没有统一的土地管理机构，而是实行土地分类管理。英国涉及土地管理的机构主要有：英国副首相办公室，环境、食品和农村事业部，林业委员会以及司法部等。

副首相办公室是一个综合性的政府管理部门，成立于2002年5月，2006年5月起改组为社区和地方政府事务部，主要负责城市发展、规划政策、权利授予政策、地方政府政策、住房政策制定等，它的主要作用体现在促进政府部门间合作，提高人们的生活水平、创造更多的就业机会，保证社会的可持续发展和繁荣稳定，城市发展和住房用地主要归该部门负责。

环境、食品和农村事业部成立于2001年，由农渔食品部和环境、交通和区域部的环境和乡村事业局组建，主要负责农地和农村发展用地。

林业委员会负责森林和林地的管理和统计等工作。

司法部则主要管辖土地登记局及相关法律事务。

相应地，英国各级地方政府也设立了土地管理的相关机构，形成了较完善的政府土地管理系统。

英国于1909年建立了土地规划制度，1947年做了进一步修改，形成了完善的土地利用规划制度。规划的目的是调控土地近期需求与长远需求，促进社会经济的可持续发展。

### （二）英国土地规划管理体制

英国的土地规划管理是中央与地方政府分权管理，中央政府仅负责英格兰地区的规划事务，威尔士、苏格兰的规划事务由各地区政府自主管理。北爱尔兰环境部的规划服务局负责北爱尔兰的规划管理。

1. 中央政府的组织管理

中央政府规划方面的主管部门是社区和地方政府部，负责发布英格兰地区的规划政策和指南，批准区域规划政策，受理对地方规划管理机构的申诉。一些重大开发项目地方规划当局无权决策，由规划事务大臣直接受理，并决定是否批准规划许可。这些重大开发项目主要包括：可能与国家政策发生冲突的项目，对周围产生重大影响的项目，对国家利益有较大争议的项目，引起重大建筑和城市设计问题或涉及国家安全和外国政府利益的项目等。

英格兰设定了9个大区，每个大区设一个规划机构，这些机构统称“政府办公室”，归口社区和地方政府部管理。“政府办公室”不仅负责各大区层面的城乡规划事务，同时还综合地区和地方、交通、环境、经济发展等中央政府多个部门赋予的职能。该办公室根据中央政府主管部门的授权负责提出各大区的区域规划和政策，主要职责包括：提出综合考虑土地利用、交通、经济发展以及环境问题的战略规划，与经济和其他战略相衔接，规定地方发展规划的框架。其中最重要的职责是制定各区的区域规划指南(RPG)，现称作区域空间战略(RSS)。RSS也是在公众的充分参与下完成的。

2. 地方政府的组织管理

在大区之下的各郡、市镇、社(教)区议会及其执行机构负责本地区的城乡规划事务。主要职责包括：编制发展规划(包括74个单一单元的规划，40个结构规划和288个社区或教区的规划)和审批规划许可申请。一般由地方议会选举出来的规划委员会负责批准规划许可，或者指定规划部门一位高级官员代表议会进行批准。根据规划法，地方政府可以批准或拒绝规划申请。同时，地方政府还可附加他们认为适宜的有关条件。以伦敦市沃斯旺斯区为例，该区有自己的议会，共有60名议员，其中12名议员组成了规划委员会，作为该区的规划机构。规划委员会下设执行机构，具体负责有关规划事务。

在各级土地利用规划管理体系中，郡、市政府对土地利用规划有更多更大的权力，规划的作用也更直接。政府土地利用规划的重点是土地开发，对改变土地用途及改变建筑物本身用途和性质的项目开发，必须得到规划许可，而对土地转让、地价、土地使用安全性等，土地利用规划没有做过多的控制和限制。

大多数农村地区有教区或镇议会，但这一级政府无权制定正式的发展规划，也无权决定规划申请，但是可以对规划工作进行评价。

3. 其他相关机构的作用

在一些特定地区，政府设立机构，这些机构有权负责一系列规划事务，例如建设国家公园。国家公园有关机构在进行规划时，必须首先考虑保存当地自然风光。城市发展公司(UDC)旨在促进地区发展，同时也有一些规划方面的相关权利。

在某些特殊情况下，规划许可的批准会征求环境、食品和农村事务部、自然英格兰、运动英格兰、环境机构、森林委员会、英国古物古迹办事处等一些国家级机构的意见。这些部门给出相关的咨询意见，但并不具有审批规划许可的权利。

地方规划当局在审批规划许可过程中，也可以向一些地方机构(如城市社团、英国农村保护议会在当地的办事处等)征求相关意见。

4. 规划管理中的上诉制度

英国土地利用规划实施中的上诉制度独具特色。当开发项目不被当地政府许可时，申请者可直接向中央政府提出上诉，如确有必要，中央政府可以直接否决地方政府的决定，地方政府必须修改规划。但一般来讲，地方政府是规划的最终裁定者，中央政府只从战略角度参与地方规划的制定，间接影响地方政府的规划修改。

## 六、德国土地管理体制

统一后的德国国土面积为35.7万$km^2$(联邦德国部分24.9万$km^2$，民主德国部分为10.8万$km^2$)。1985年统计资料，有可耕地及永久性作物用地1 242万$hm^2$(联邦德国745万$hm^2$、民主德国497万$hm^2$)、人口7 772万(联邦德国6 105万人，民主德国1 667万人)，人均可耕地及永久性作物用地0.16 $hm^2$(联邦德国0.12 $hm^2$/人，民主德国0.3 $hm^2$/人)，属耕地偏少的国家。

联邦德国的土地管理工作分散在许多部门管理，通过立法，形成各部门的分工合作制度。

(1)州测量局　州测量局归口州经济技术部，下辖市、县地籍局，主管城乡地籍工作。在大多数地籍局设有地产估价委员会，负责地产估价工作。

(2)地方法院土地登记局　地方法院土地登记局主管土地法律登记工作。

(3)国家财政部　税收评价联邦法律规定由财政部主管农业用地评价和地产价值评价。联邦、州、县分别设立各级评价委员会。各州、县财政局均设有地产税和土地交易税科，负责组织农地评价和地产价值评价。

(4)州发展规划与环保部　州发展规划与环保部，地区政府设规划处，主管各级土地利用规划工作。

(5)土地整理司　州粮食、农林部的土地整理司，地区的土地整理局主管各级土地整理工作和土地整理评价工作。

## 第三节　土地管理内容比较

各国的土地管理都是为了维护本国的土地所有制，调整国内各种土地关系，以提高土地利用效益和土地资源的可持续发展。各国土地管理的主要内容一般围绕土地权籍管理、土地法制管理、土地利用管理和土地市场管理等方面开展相关管理工作。

### 一、日本土地管理内容

#### (一)土地征收管理

日本一半以上的土地都归为私人所有，为了解决在公共事业上的用地问题，日本在1951年制定的《土地征收法》，对土地征收的范围及土地征收的程序以及土地征收的补偿标准等都做了具体的规定，在该法律中规定，只要是为了重要的公共事业都可运用土地征收制度，行使土地征收权。

日本的《土地征收法》重点在于对土地征收的目的，即公共利益、土地征收补偿、土地征收程序方面的规定：

(1)公共利益的界定　在《土地征收法》中，以列举式的方式对公共利益做了详细规定，其详细规定包括35种公共利益项目允许土地征收，例如道路及停车场修建，运河使用设施，汽车运送事业设施等。从《土地征收法》规定来看，其可行使土地征收权的范围看似非常广泛，但在这35种项目中，对于公共利益的项目在单行法中都有非常明确而且具体的规定，因此，其实则是非常狭窄的。此外，《土地征收法》还规定即使行使土地征收权符合上述35种的规定，在没有特别的情形下也不得行使征收权。

(2)土地征收补偿的确定　日本关于土地征收补偿最早实行在《土地征收法》中，在该法中，以土地地券所示的价格来补偿被征地者，后又改为“价值相当的原则”，日本的现行《土地征收法》以两种方式来补偿，即金钱的补偿原则和替代土地或实物补偿。同时，日本存在的其他补偿原则还有事前补偿原则和同时补偿原则。在补偿主体方面，土地的用地人为补偿主体，土地征收的补偿标准为完全补偿标准。

(3)土地征收程序　关于土地征收补偿的程序,日本法律上没有统一的规定,现行的法律规定各不相同,在申请征地方面,用地人须取得公益事业的认定然后到征收委员会申请征收裁决。在此审理过程中,征收委员会要充分地听取被征收人的意见,认为被征收人意见合理的不予允许,但对于不服公益事业认定的要求则不予审理。

### (二)土地利用管理

1. 土地利用计划管理

土地利用管理是日本土地管理的核心工作,一是国土利用计划。该计划属长期计划,以未来设想为主,其目的在于综合地、有计划地利用国土。有全国计划和地方计划两种。二是土地利用基本计划。是以国土利用计划为基础,以地方(都、道、府、县)为单位编制以便对城市、农业、森林、自然公园与自然保护区 5 种土地利用类型进行管理,并逐步调整其利用方向。

2. 土地调查管理

根据《国土调查法》以及《促进国土调查特别措施法》的规定,要对国土的实际情况进行科学的、综合的调查,精确掌握国土情况。调查项目分地籍调查、土地分类调查、水域调查 3 种。这种调查,有计划地分区进行。从 1980 年起,实行第三次国土调查 10 年计划。

3. 土地监控管理

为了掌握国土利用形态的变化,尤其是土地利用的转化,对国土利用形态要进行分类,并编制有关图表。其项目包括农地、林地、荒地、水域和水路、道路、宅基地、其他用地等。而且每年还要统计各类土地利用的变化,了解土地的转用情况。

### (三)土地市场管理

1. 土地交易

虽然日本的土地制度为土地私有制,但是《国土利用计划法》中还是规定了严格限制土地交易,把土地交易控制在土地局管理的范围内。其主要做法有:

一是监视土地交易的动向。对需要特别加强监督的地域,对每项土地交易都要进行实地调查,而且监督其发展方向。

二是规定限制区域和实行许可证制度。对投资交易集中的地区,或者地价暴涨的地区,各地方政府有权采取紧急措施,并实行严格的许可证制度。

三是实行呈报劝告制度,由地方政府审查,并确定是否可以进行交易。如发现不符合政府要求者,要劝告交易者停止交易。

2. 地价管理

各级政府要严格控制土地交易,严格限制地价的变动,主要工作为:①调查地价。调查地价动向,并采取有力措施控制地价。②实行土地交易许可制和土地交易申报制。③政府公布公示地价。根据《地价公布法》,从 1970 年第一次公布地价后,每年 4 月份都要公布土地交易价格。全国土地价格由国土厅的土地鉴定委员会确定标准地价,然后再评价土地,以确定各类土地的交易价格,由政府统一公布,作为土地交易的依据。

### (四)土地权籍管理

日本国土厅土地局不掌握土地权属管理,土地权属管理由司法部门负责。具体是日本的不动产登记在属于日本法务省的不动产登记所进行。

## 二、韩国土地管理内容

### (一)土地利用管理

韩国政府通过土地利用调节农业生产、工业建设和环境关系,使国家处于一种协调发展状态。在 1990 年,全国的土地利用状况是森林面积占土地总面积的 66.1%;农业用地占 21.5%;住宅用地占 2.0%;公共用地占 2.1%;工业用地占 0.3%;其他土地占 7.9%。从这些数据可看出,韩国是一个多林国家,这是保护生态环境最为有效的措施。从农地面积与人口比例的关系看,基本解决了国民的吃粮问题。韩国政府对于砍伐森林,占用林地和农地有着非常严格的限制,以防止环境恶化和无地种粮的问题。韩国土地署经过多年的调查、论证,制定出全国土地利用规划,将全国分为 10 个大区,并对每个区的土地利用和各类用地面积提出明确方案,同时还颁布了《国家土地利用和管理法》,它要求所有土地使用者必须服从规划要求。到 1993 年,经过 8 年的实践,对土地利用规划进行了新的调整,将原来的 10 个区合并成 5 个区,给地方政府较大的权力,调整那些不适合于工业建设的环境敏感地区的土地用途,并要求地方政府对实施新的土地利用规划承担更多的义务。

长期以来,韩国政府十分重视农业生产,为农业用地的保护制定了一系列规定,最重要的一项措施是将农业用地分为两大类:一类是土质好生产量高的划为农田保护区,绝对不得改变用途;另一类则可以按规划要求改变用途,用于工业、基础设施或公益设施建设。

### (二)土地市场管理

随着经济的发展,土地市场同时发生大变化,尤其是出现了土地价格的增长和土地投机现象。1975 年,仅占全国国土面积 4%的城市区域在全国总地价中所占比重为 45%。1988 年,占全国国土面积 2.4%的六大城市的地价占全国总地价的 52%;1994 年上升为 58%。这种区域地价的不均衡性在首尔和首都圈更加显著。首尔的土地面积仅占全国国土面积的 0.6%,首都圈的面积也仅占全国国土面积的 11.8%,但 2000 年首尔和首都圈的地价分别占全国总地价的 29.3%和 54.1%。从 1964 年至 1990 年,土地增价出现过三次高峰,第一次是 1969 年,由于首尔至釜山的高速公路的修通,完成了贯穿全国最重要的交通动脉,使之沿线地区吸引了大量的投资者,导致了地价的猛增,并波及全国范围。第二次高峰是 1978 年,政府对重工业和化学工业采取了鼓励政策,工业开始了高速发展,此期间经济发展速度每年递增 20%以上,同时房地产业伴随着兴旺起来,全国的固定资产投资呈现大规模增加,使地价再次大幅度上升,地价上涨不仅局限在城市范围,而且影响到全国其他地区。第三次高峰是 1988 年,由于出口贸易扩大,外汇储备增加,市场资金充裕,掀起购置地产高潮加上政府推出西南部发展规划,鼓励投资及汉城奥运会召开导致的基础建设规模扩大,都刺激了地价再次呈现峰值。总的来看,地价的上涨主要由于较高的经济增长率,而出现了土地供应量不足;其次是货币市场的低利率和低贴现率促使资金大量进入土地市场；再是存在土地投机现象，哄抬地价。

地价的增长同时带来一系列社会问题。一是高地价给政府购地进行基础设施建设带来更大的经济负担；二是地价上涨导致房价上涨，使一些中下收入水平的家庭买房出现困难；三是诱使土地投机现象的加剧，造成财富的分配不均；四是导致生产投资的相对短缺给社会经济发展带来不良影响。

地价上涨带来的一系列副作用逐渐引起政府的高度重视，并于1975年开始采取措施控制地价。首先是在全国公布法令，冻结土地市场，停止价格浮动，随后又对房地产市场做出规定，提出建立标准地价评估体系；实行房地产经纪人许可证制度；增加不动产交易所得税和土地闲置税；建立国家土地开发公司扩展公共事业用地数量；建立土地开发银行。这些措施的实施对控制土地市场开始起到积极作用，地价上涨得以抑制。在对地价水平采取控制手段的同时，政府对土地利用、土地收益分配和土地中介服务机构等加强管理。1987年以来，政府颁布了《土地利用管理法》，对农业用地和林业用地改变用途做了严格规定，这两类土地的买卖如涉及改变用地性质必须经地方政府批准。在地产市场管理方面，政府对全国的地价评估机构进行资质审查，并对所有的评估行为和结果实行监督，统一技术指标和程序。为调节土地分配，削弱土地的垄断现象，政府颁布了“综合土地持有税”，税赋很高，其目的在于限制占用过大的土地，鼓励将闲置的、过剩的土地调剂出来。为解决众多人口的居住问题政府颁布了“城市宅基地限量法令”，其主要内容是规定在城市规划区范围内每户住宅面积不得超过2 000坪(660 $m^2$)，如果超出限定面积，超出面积将按地价评估值的7%～11%交纳“超占费”。

为解决政府进行城市基础设施和公共事业的建设资金，对从事工业、住宅和娱乐用途的面积超过2 000坪(660 $m^2$)的土地交易，按地价的50%收取“土地开发费”，如果是政府或代表政府的建设项目将会免收或减半收取。

再一个防止土地暴利的措施是政府征收土地增值税。韩国的土地增值税包含两种形式：一是土地买卖时，买卖价格与宗地标准地价的差额达到一定数值时政府将按差额的一定比例征收土地增值税；二是对土地不发生交易的自然增值，征收土地增值税。这种税赋是以每3年的土地标准地价的差额为基数，按一定比例对宗地征收。如果土地增值在1年之内超过1.5倍，则按每年收取。土地增值税是韩国政府一项非常重要的财政收入。

城市发展建设所占用土地和开发资金是土地管理的重要内容，也是最难解决的一个难题。“土地调整措施”作为解决城市基础设施和公益事业用地和资金的一个有效方法已经在韩国执行了许多年。

在城市，土地基本都为私人占有，随着城市的发展需要占用大量土地进行道路、桥梁、医院、公园等设施建设，政府将要买地并投资开发这些项目，这是一笔十分沉重的财政负担，严重影响了城市的发展速度。“土地调整措施”是利用基础设施建设能带来相邻地段地价增值的原理由政府组织进行的。它的基本做法是，政府根据地市规划方案，在将进行基础设施的地段向地主无偿索取一部分土地，其中一部分用于基础设施用地，另一部分推向市场，所得到的资金用于这项基础设施和建设资金，提供土地的地主将从自己保留土地的大幅度增值来补偿他所失去土地的经济损失。政府向地主所索取的土地和地主保留下的土地的比例关系决定于对地价的评估，如预期增值高，保留的土地少；如地价增值低，保留的土地则多。

“土地调整措施”于1934年引入韩国，一直是旧城的改造和新城建设的主要方法，一是解决了城市建设的土地问题，在1960—1980年的城市发展最为迅速的期间，城市建设所需土地的95%是以“土地调整措施”提供的，在首尔“土地调整措施”一次可解决市政设施的数百公顷土地。二是“土地调整措施”不仅提供了所需土地，同时还提供了相当规模和数量的城市基础设施，包括道路、学校、公园、上下水管道等。三是解决了政府的城市建设资金，从1960—1970年土地价格大幅度提高，基础设施建设成本相应提高，一些大型工程如不借助“土地调整措施”，政府几乎难以承担这笔财政支出。

事实上，一些贯穿全国的交通动脉，如首尔至釜山高速公路和汉江以南的首尔新区都借助这个措施完成的。在解决城市居民住房问题上，“土地调整措施”也发挥了作用，从1960—1990年期间韩国城市人口增加了2 500万人，将近总人口的一半以上在这期间进入城市，同时期由于经济的迅速发展地价大幅度提高，给相当多的中低收入的居民带来了住房困难的矛盾。为解决这一问题，政府对规划范围内的居住区采取措施强行压低价以降低建房的投资成本，解决中低收入的居民住房困难，同时在居民区旁规划出一定规模的商业娱乐设施用地，刺激地价上扬以弥补地主因被强行压低部分土地地价引起的损失。

## 三、新加坡土地管理内容

### (一)土地立法及执行管理

新加坡的立法机构是国会，国会通过后报总统批准实施。

有关土地的政策、法规由律政部负责制定，在上报国会前，交内阁讨论。律政部是法律制定部，其他部门制定的法律文件在交国会讨论前，也要交给律政部常务秘书。

新加坡先后制定与土地有关的法规有20多种，主要有《界标法》《特别物产法》《产业转让法》《滩涂法》《土地征用法》《土地契约登记法》《土地改良法》《土地局授权法》《土地税征收法》《规划法》《地价租赁金法》《国有土地法》和《土地侵权法》等。

土地局是执行有关土地法规的主要机构。土地局的土地署、割让署和征用署三个主要管理机构中，都设有土地稽查员，负责监督法律的贯彻执行。

割让署的土地稽查员在国有土地出让后，定期巡回检查，如发现土地使用者擅自改变原批准用途，则令其在规定的时间内恢复土地的原定用途，否则收回其土地。

土地局内最大的执法机构为国家土地管理署，该署除有48名土地稽查员外，还有专门的执法组，执法组共有人员49名，其中土地稽查员28人。另外还有一个拥有11人的拆除队，配有卡车和吊车，负责拆除违法建筑。执法组的土地稽查员，被称为土地局的耳目。新加坡共分34个地区，30个镇区，土地稽查员每天要对这些地区内国有土地做系统地巡察以防被人非法侵占。执法组的稽查员每人负责2～3个区，他们都配有管辖区的地籍图，发现有新的建筑物，就和地籍图核对，地籍图上没有的，则为非法建筑，由国家土地管理署的副地税征收官发出“拆除通知书”，让违法者自行拆除，对于领有临时用地证的违法者，如果不拆除，或吊销临时用地执照，或由拆除队强行拆除。对于未经批准占用国有土地的，如果违法者不自行拆除，土地局则依照《侵占国有土地法》的有关规定，向法院起诉，由法院向违法者发传票，开庭审理，并下庭令要其退出国有土地。庭令由法院下给警察局长，实际执行者为土地局，如果在执行中遇到麻烦，由警察出面解决。

对于一些技术性违法，如超过批准的面积多建了房屋，不一定都拆除，可以采取罚款的方法处理，罚款标准按拆除房屋的补偿标准，即搬迁拆迁户时，拆 1 $m^2$ 需要补偿多少钱，则对违法户多违 1 $m^2$ 罚多少钱。

属于政府的产业，如市中心产业和在三巴旺的亚洲人宿舍，也由执法组负责管理。土地稽查员经巡察这些房屋，以防住户私自将它们分租出去，或者偷用公共用电，同时还要监督承包商对公共走廊的清洗工作。

### (二)土地征用和割让

征用土地是新加坡政府为了发展公共、公益建设事业(有的是政府机关有关部门主办的，有的是居于半官方机构，通常称法定机构主办的)需要使用一定数量的私有土地，采取强制性征用的办法把它们收归国有，然后分配给申请用地的主办单位使用。征用土地是法律规定政府的专有行为，任何个人和集团都无权出面行使这个属于政府的专有行为。

割让土地是新加坡政府为发展公共、公益事业需要使用国有土地，采取分配划拨和招标出让的办法提供使用的做法。

土地征用和割让的通常程序是：

(1)申请用地者向土地局递交申请报告，并交纳 50 新元手续费。在申请中要注明用地的地点和用途，附上建设发展蓝图。

(2)土地局将申请报告及有关资料转给规划局征求意见(如申请者先向规划局申请，规划局将转到土地局征求意见)。

(3)规划局签署意见后，由土地局转请财政部估价师对这块土地进行估价(土地价格因位置、用途和使用年限不同而不同)。

(4)土地局将土地价格通知申请者，然后双方就价格问题谈判直至成交。

(5)申请者同意价格后，先交相当地价 10%的抵押金。由土地局打报告(建议书)给律政部长，报告中列明土地价格、面积、批准用途、地权种类等，报告如被部长接受，由部长呈报总统批准，如果未获批准，退还申请押金。如果申请者改变计划，不买地了，抵押金不退，上交国库。

(6)总统批准后，申请者交纳地价其余的 90%，如不能一次付清款，可以分期付款，但要经过部长批准，并且征收较高的利息(高于银行贷款利息 3%～4%)。采取高息的办法主要为了限制分期付款，鼓励购地者向银行贷款，然后一次付清地价。

(7)收清地价后，土地局发文让测量局或测量专业社团去勘测土地(费用由买主支付)，测量者将测量图交土地局后，如测量的面积与原定的面积有出入，经土地局验核后，要根据测量的面积对购地款多退少补。

(8)土地局根据准确的测量图，发给一张共和国地契，地契正本寄给律政部地契注册局，副本留在土地局。地契注册局接到地契后，向申请人发一张地契证书。

国家出让土地，视不同使用对象采取不同的政策，对于政府用地和公用设施用地，基本上是无偿划拨，但也要计算价格备案。对于国家所属大的建设用地单位(法定机构、国有公司)，如建房发展局、裕廊工业局、港务和民航局等，则采取上述批租程序，由土地局将土地直接卖给他们。国家对大面积的、可供单独发展的国有土地，一般只考虑直接出让给这些法定机构和国有公司做特定的发展用途。对于私营公司和个人申请购买国有土地，则一律通过投标程序，以确保土地在公平竞争下求得合理分配。

土地局卖给建房发展局的土地，使用期在103～115年，主要考虑建房发展局出售房屋给私人时，使用期是99年，而房屋建设还要一段时间。

建房发展局购买土地建成房屋后，按户发放分层地契。裕廓工业管理局购买土地后，向建厂投资者或购买通用厂房者发放地契。以上单位发放地契，不得超过土地局发放地契年限。

### （三）土地招标出让

国有土地采取招标办法出让，一般是由土地局委托国家发展部的法定机构——市区重建局来代办。

土地局之所以委托市区重建局代办招标出售土地，主要是市区重建局为法定机构，不像政府机构受各种约束，它可以做广告，可以经营地产，由它通过代办招标，可以提取3%～10%的手续费。同时市区重建局有这方面的专门人才，在国际上也有一定的知名度。

采取招标方式销售土地的程序是：

(1)由土地局、规划局、市区重建局共同研究招标出售的地段。

(2)由估价师对出售地价进行估价，由标价委员会决定出售地段的底价。标价委员会由土地局长、财政部总估价师、规划局总规划师、市区重建局总经理等有关人员组成，一般由受托方市区重建局总经理任主席。

(3)由招标委员会发放标书，提出要求，规定投标截止日期。

(4)欲购者投标后，由设计委员会审查投标者的建筑设计是否符合规划。在确定中标者时，价格不是唯一原因。除了价格外，还要看是否符合规划，设计水平高低及购买土地后对建设的投入(新加坡莱福市旅馆在市中心一块土地出售时竞投中标，主要是设计出色和建设投入多，它报的地价比最高者少2 000万新元)。

(5)招标委员会确定中标者后，要推荐上报律政部长批准，最后决定权在律政部；律政部长批准后，中标者将购地款付给市区重建局，市区重建局再交给委托人土地局，由土地局交给国库。购地者原则上要一次付清价款，经过批准也可以分10年还清，利息高于私人银行贷款利息，如到期还不清款者，由土地局收回土地(一般宽容几个月)。

(6)契约由土地局发，租期一般为99年，99年后，连同地面建筑物一并收回。委托市区重建局第一次招标出售土地于1967年举行，共有14个地段出售。到1987年为止，共招标出售土地166个地段，158 $hm^2$，建设项目共计143个，已建成项目135个，包括购物中心(大型商场)、办公楼、娱乐场、工厂、货仓和住房。在招标出售土地上所建的办公楼占全国办公楼的25%，商店占60%，酒店、旅店占25%，住宅占10%～12%。

### （四）土地税征收与管理

新加坡的非农业建设用地，都须按照国家法律规定的标准，由用地的单位或个人向国家缴纳土地税。法律同时规定新加坡共和国的土地管理机关负责国家土地税的征收工作。国家土地管理机关征收到的土地税款一律上交国库，任何部门、集团或个人都不得擅自占用。如违法占用，一经查出，将依法从重惩处。

国家根据工作需要规定由土地局系统设置地税征收官的职位，国家还规定土地局内除局长、副局长和局长助理被委任为土地税的征收官外，另行配置一定数量的土地税正职的征收官和副职的征收官。土地税征收官一律由总统委任。

征收的土地税款是国家财政的一笔重大收入。近年来，每年征收的土地税额值很大，一般是在5亿美元以上，占整个国家财政收入的1/5～1/4。

### (五)对独立区管理

1.裕廓镇管理区

新加坡有一个独特的和建设用地有密切关系的机构，即政府贸易与工业部下属的一个法定机构——裕廓镇管理局。它的主要任务，只管土地的开发经营，不负责管理企业。该局最初是在裕廓镇开发一小片工业用地，以后逐渐发展，目前已成为全国性的开发机构，在它开发的工业用地上，聚集了全国70%的工业。

裕廓镇工业管理局，按照城市规划要求，通过依法统一征用或割让的手续获得裕廓镇的全城土地，经平整加工，埋设各种管网及通信设施，修筑道路，开发成为适宜建设工业厂房的地区。为了改善环境，还修建了许多大小不等的公园绿地，建造了现代化的高尔夫球场，相应的学校、购物中心、医院以及其他一些康乐设施。此外，还在工业用地内修建了一些比较适用的单层和各层的标准厂房，供有条件办厂的单位租用或购买。他们在3 000多$hm^2$的土地上已建标准厂房1 600间，利用率是88.9%，多层厂房61座，利用率为92.9%，整个裕廓镇年盈利1.6亿新元，为国家积累了资金。裕廓区内土地租期一般为30～40年，租金随行就市，一般每平方米每年10元新币左右，最高的约40元。每3个月收取一次，每年调整一次，其调整幅度不超过7.6%。

这种做法，为吸引外资办厂创造了一个非常良好的投资环境，一般企业包括外资企业，只要投资落实、项目肯定，即可商谈。这种讲求实效的做法，有利于加快投资回转和发挥土地效益。对我国，特别是沿海开放城市的土地开发很值得借鉴。

2.港务局的海港管辖区

新加坡海港，是新加坡的重要经济支柱，1986年收入5.4亿新元，盈利2.7亿新元。

目前，海港管辖区拥有土地约700 $hm^2$，海港业务由港务局管理，港务局是政府的法定机构。为了促进转口贸易和装卸转运货物，在海港区不仅设有各种现代化的码头，还设自由贸易区，有约43万$m^2$的货仓供储存和加工使用。在自由贸易区内，货物一般不用报送存放，有的只需报关税后在此加工。在自由贸易区外也有40万$m^2$的货仓及几座十几层的大楼，以供使用者租用。这些措施是政府特许的，能发挥土地的最大效益。他们还可以租地给企业主，让他们在货场内建厂加工。企业既可以利用海港之便在此将原料加工出售赚钱，同时政府也得到了土地使用租金。这是新加坡共和国开发利用土地发展经济和有效管理土地的一个典型地区。

## 四、美国土地管理内容

从1785年美国联邦宪法之前制定的第一个土地法令开始，美国的国土资源管理大体经历了粗放管理、协调过渡和严格依法科学管理三个阶段。

从19世纪中期的淘金热到20世纪30年代属于粗放管理阶段。开放式获得公共土地，每户免费分给160亩土地；矿产发现者和土地所有者可以免费获得矿产开采权。适于娱乐、具有历史保护意义和公共利用的土地由议会或政府圈定出来得到完整的保护。粗放管理的有利影响包括刺激资源开发，使矿产开发达到最高产量，满足了国家工业化的需求，提供了全国性的就业机会；其不利影响是忽视了对环境的保护。

1930—1960年属于协调过渡阶段。联邦政府认识到应将公共土地和公共资源的多用途作用作为追求目标，并采用调整的办法来协调竞争性利用，从纽约开始实行土地功能分区管理。

20世纪60年代至今属于严格依法科学管理阶段。主要是强调科学规划、有效合理开发利用国土资源，强调人的生活环境和野生生物保护。

美国法律保护私有土地和国有土地所有权不受侵犯，法律规定私人所有、联邦政府所有和州及地方政府所有的土地之间可以自由买卖和出租，所有的土地都实行有偿使用，价格由市场供求关系决定。联邦政府所有土地主要包联邦政府机关及派驻各州、县、市机构的土地和军事用地等。州、县、市政府也各自拥有自己的土地。联邦、州、县、市在土地的所有权、使用权和受益权上各自独立，不得任意占用。为了国家和社会公益事业，兴建铁路、公路以及其他设施时，联邦政府如果确实需要占用州属公有土地或私人土地，也要依法通过交换、购买或租赁等有偿方式取得。通信、输电、输油等管线要经过公有土地的地上或地下，都必须向内政部土地管理局通行权处申请批准并支付租金。联邦所有的土地包括地下矿产和水资源的出卖和出租收入是联邦政府仅次于税收收入的第二大财政来源。

在联邦政府拥有的308.4万$km^2$的土地中，也存在多元化的所有形式，即国家土地管理局控制60%，国家森林局控制24%，国防部、垦荒局、国家公园局、水电资源局等部门控制16%。

美国土地占有权分为地下权（包括地下资源开采权）、地面权和地上空间权（包括建筑物的容积率以及在容积率范围内空间设定的通过权），这三部分权益可以分别转让。

### （一）美国土地管理层次

#### 1.联邦土地资源管理

美国土地、矿产、水、森林和海洋等资源的所有权属于联邦政府、州政府和私人所有。联邦政府主要负责管理联邦政府所有的土地及其上的矿产、森林、水、海岸线3英里（1英里＝1.61 km）以外的海洋及其海底上的矿产等；州政府主要负责管理州政府所有的土地及其上的矿产、水和森林等，沿海各州还管理3英里以内的海洋资源；私人土地则由土地所有者自主经营管理。从本质上来说，美国国土资源是按照所有权进行分权独立管理的。

美国联邦所有土地一般称公共土地，约占全国土地的1/3，其中90%分布在西部11个州和阿拉斯加州，而阿拉斯加州96%的土地则为联邦政府所拥有或控制，大部分禁止使用。在城市土地构成中，约30%的土地为联邦所有，其中波士顿联邦所有土地占37.5%。公共土地归内政部土地管理局管理。

#### 2.各州土地资源管理

美国各州之间国土资源的管理模式以及与联邦政府国土资源管理模式有所不同。与中央集权制国家不同的是，美国各州政府与联邦政府不属于隶属关系，联邦各州具有独立的立法、司法和行政权，各州可根据具体情况负责管理州政府所有的土地及其上的矿产、水和森林等国土资源，没有统一的必须遵守的管理模式。美国依据法律管理国土资源，随着联邦政府权力的增大，联邦政府对各州资源管理的影响在增强，另外国会可以通过立法、政策、财政拨款等手段影响州政府国土资源管理。

### (二)美国土地管理主要内容

美国土地管理从维护国家的长远利益,保证土地最佳综合利用和保持地力出发,对联邦土地进行宏观管理,宏观管理通过制订政策,制订计划、规划,采取必要的经济手段实施。美国土地管理是为了维持土地最佳利用状态,从长远角度考虑土地在自然、科学、文化和风景等方面的价值,充分照顾人们对可更新资源和不可更新资源的需求。对可更新资源的管理,要求适应全国粮食、纤维、木材等国内资源高产、稳定和野生动物繁殖环境的需要,并利用公共土地资源为地方经济的发展服务。对矿产资源的管理,主要是提供安全的国内能源资源及有重要战略意义的非能源矿产,使联邦政府能够有计划地、及时地开发这些矿产,以获得相应的合理收入。在土地管理过程中,既注重开发资源,又注重环境保护。

1. 土地法制管理

美国土地资源利用、开发和保护之所以比较合理,是和联邦及州政府重视法律的作用、人民有高度的守法精神分不开的。此外,法律的执行往往与经济手段相结合,使管理更有实效。如对农用土地采取差别税率的办法以及制定《露天开矿管理和开垦法》,都是一些比较好的经济与法律相结合的例证。对保护土地资源,政府大量投资,采取有效的经济鼓励政策。直接鼓励措施有财政、技术上的具体援助;间接鼓励措施包括优惠税率、贷款、保险及签订租赁合同等。

2. 地上地下资源统一管理

在美国内政部土地管理局设有能源和矿产资源管理机构,负责联邦公有土地上矿产资源的管理工作。私人或企业要在联邦公有土地上采矿,应向内政部土地管理局申请租地,由内政部地表采矿局审定开采技术和方式,向内政部矿产局交纳土地资金和矿产资源费。以开采石油为例,如土地管理局已探明藏量和矿藏分布面积,则按此计算每年土地租金,并交纳矿产销售收入25%的矿产资源费。如未探明藏量,则每年每公顷交土地租金5美元,如能出油,按销售收入12.5%交纳资源费。出租地下矿产资源,虽按矿藏分布面积计算土地资金,但地表国家仍有权出租给农民放牧牛羊。以蒙他那州为例,每头牛每月收取1.87美元的费用。有的地方,国家还可以出租通行权。如果把土地切出两个横断面,就可以看出,在同一块地上,由于所用资源和部位不同,同时有几个承租者。

3. 土地资源有偿使用管理

美国法律规定土地可以买卖和出租。联邦政府为了国家和社会公益事业兴建铁路、公路及其他设施,需要占用州属公有土地或私人土地,也要通过交换或购买。通信、输电、输油等管线要通过公有土地的地上或地下,都必须向土地管理局通行权处申请批准,并支付租金。据美国内政部土地管理局介绍,联邦公有土地,包括地下矿产、水资源的出卖、出租收入,是仅次于税收收入的联邦政府第二大财政来源。

4. 土地利用适宜性管理

在全国土壤普查的基础上,建立了很有实用价值的土地潜力分级标准,用以表示土地适宜耕种和限制利用的程度。分级标准是根据土壤特性、坡度、侵蚀程度和侵蚀类型为标志的地面状况以及气温、降水等气候条件等因素而确定的。土地潜力被划分为8级,用罗马数字Ⅰ～Ⅷ

表示，随数字增大，土地利用限制增加，实际利用的选择余地变小。美国全国及各农业企业都以此分级作为规划利用土地的依据，做到宜农则农，宜林则林，各得其所。

5. 土地信息管理

美国农业部农业研究局、水土保持局，分布在全国和各州的农业研究、试验机构以及全国农业大专院校均把保护土地、保持地力、防止水土流失等作为重要研究课题。重视土地各因素的相关性，进行定量分析。

1980 年起，美国土地管理局就采用先进技术建立土地管理系统，并在 20 多个州和县进行试验。现行的土地管理情报系统由缩微存贮和数字化存贮两部分组成。它把各种土地档案、地籍图件，经缩微照相保存在缩微平片上，使用时可通过阅读机光学放大，了解每块土地的情况。这种贮存方法简便易行，成本较低，工作方便，已用于县级土地管理办公室的日常工作；数字化存贮技术先进，在专用软件支持下，它可以对图形、图像、特殊数据进行三维立体分析，把多种信息进行多层重叠，具有人机对话数据输入功能、编辑功能、联网功能、三维立体分析功能和自动检索五个方面的功能。

## 五、英国土地管理内容

### (一)英国土地法制管理

从法理上讲，英国土地法很值得研究，因为它是当今世界上两大主要法系即大陆法系和英美法系之一。英国土地法导源于 11 世纪罗曼(Roman)人入侵英国，1066 年罗曼公爵威廉(William)侵入后，宣布所有土地归王室所有，在加强中央集权的同时，英王派官员至各国和各地进行巡回审查案件，并逐渐建立了一批王室法院，以后通称为普通法法院。这些官员和法院根据英王敕令，罗曼人习惯，并参照当地习惯进行判决。在这种判例法基础上，逐步形成了一套全国的法律，通称为普通法(Common Law)。

与普通法平行发展的衡平法，出现于 14～15 世纪。当时由于社会经济发展，出现了许多前所未有的案件。但普通法院的程序极为僵化，妨碍了对这些案件的处理，因为根据这种程序，当事人在提起诉讼时必须申请一定法院发布令状，但令状种类极为有限，而法院却只能在令状规定范围内进行审理，结果有的当事人由于在普通法院无法提出申诉后，就向英王上告，由他委托大法官进行审理，最后为专门审理这类案件而建立了独立的法院系统——大法官法院或衡平法院。大法官或大法官法院对这类案件的判决所形成的判例法就称为衡平法。英国法律体系复杂难以被外人理解，症结也在于此。

虽然英国土地法重视判例法，但近半个多世纪以来，成文法也不断增多，涉及地权的主要法规有住宅法、不动产法、土地登记法、征地法、土地补偿条例、土地托管条例、地主与佃户法、租赁法、租赁改革法、住宅和城市发展条例、地租条例、规划法、公司法、合伙法、破产法、相邻土地进入法、农地持有法、继承法和土地产权安排法等。

英国人最引以为豪的自由是：即使是穷人破旧的茅舍，风能进、雨能进，但不经主人允许，即使国王也不能进。但是，如果国王不是来叩门，而是通过征收权来购买他的茅舍，那么他便无力来对抗国王。

一般国家都在宪法上规定了征收权的法源，同时施以宪法上的约束。众所周知，英国是一个习惯法的国家，但对于土地征收制度却以成文法的形式对其加以规定。在英国，行使土地征收权必须要经过议会的批准才可。英国行使土地征收权主要依据两部法律的规定，即1965年的《强制征购土地法》和1981年的《土地征收法》。《土地征收法》以列举的方式对有权征收机关及征收项目加以详细规定。将政府机关以及从事任何铁路、电车道、道路等的兴办事业者规定为有权征收机关。关于补偿范围方面，将土地的补偿、迁移费、经营损失等以及因土地征收而造成的其他必要费用支出都列为英国的土地征收的补偿范围。在英国，土地征收补偿价格的标准，是以被征收土地所有者在公开土地市场上能得到的出售价格为计算基础，补偿开始计算的时期是以在征收者进入土地的日期为确定日期。在合理的情况下，补偿价格包括土地征收之前转为公用事业开发而造成的价差。

在《强制征购土地法》中，规定了议会对土地的征收享有审批权，且该法律规定，中央政府、地方政府享有征收土地的权力，以及地方政府中的相关部门也享有征收土地的权力。英国是一个对征地条件要求比较苛刻的国家，其要求在征地被许可前，征地部门须提供其征的土地符合土地征收的目的，且要求征地部门证明其所征的土地使用后带来的利益远远大于失地人因被征地而受到的损失。因此，在行使征地权时常常受到限制。

英国法律对征地部门提供的证明其所征土地是否符合公共利益方面有着其独特的方式，议会对征地具有审批权，在议会审核时会召开一个由相关大臣、一位独立督察员和征地利益关系人组成的公开调查会。在此调查会上，对其是否符合公共利益的认定标准采取共同讨论、共同协商的方法，此方法兼顾了不同主体利益的需要且可有效避免在征收问题上产生的重大分歧。

### (二)英国土地权籍管理

英国土地制度是一种混合的所有制形式。主要土地权利状态包括：

1.永业权

土地上最大的、最完全的权力是永业权。绝对无限继承永业权，即永业权可以无条件继承，这是比较普遍的形式。可调整的无限继承永业权可细分为：

(1)事务决定的永业权，这种永业权当某些特例发生时，永业权自动结束复归让与者。如“X”有某块地永业权直到他成为律师。这里“X”成为律师的时间和事件都是不确定的。

(2)条件决定的永业权，当某些无法确定特殊事例发生时，让与者有权力收回永业权。如果这种权力不实施则永业权继承存在。如“X”有永业权但条件是不允许他把地卖给家庭成员以外的人。

(3)基础继承的永业权，当限定继承地产权受阻时，就产生了基础继承。如“X”有终生地产权，“Y”和他的直系继承人有“X”死后的地产权，以后“Z”有永业权。如果“X”活着，“Y”的限定继承权受阻，这时就产生了基础继承。这种权力一直持续直到“Y”的直系继承人死了，然后永业权归“Z”。

2.租赁权

普通法最初不承认租赁是一种个人的合同，直到15世纪末租赁者才得到法律的保护。但是在理论上一个永业权者仍优于租赁者。租赁的这种历史地位引起的第二个结果是租赁权被视为动产，而永业权和其他土地合法权利均是不动产范畴。租赁权的最大特点是必须有明确的期限，从少于一年到2000年，但并不要求现时，如“L”在1995年可以让与“T”从1990年开始的租赁权。

(1)租赁权的主要形式

固定期限租赁:租赁的时间是固定的,固定期限在租期届满时自动解除,不需要通知单。

周期性租赁:租期届满时,必须有通知单且承租人可以要求延长租用期。

意愿租赁:地主和承租人任何一方均有权在任何时间内决定租赁命运,除非各方同意无偿租赁,承租人必须付地主认可的合理的租金。

许可租赁:当有效租赁期满后,承租人在未经地主表态情况下,占有土地并付给合理的地租叫许可租赁。

终生租赁:指租期决定于承租人有生之年或婚姻期。

永久可续租赁:这种租赁合同给予承租人永远可续期的权力。但 1992 年的租赁条例规定时间为 2000 年且需有 10 天之前的通知单。

复归租赁:即出让一个 21 年以后生效的租赁。1925 年租赁条例规定租赁有效期是从合同签订后 21 年开始。

(2)租赁权利与义务

承租人的权力:移动某些固定装置的权力,根据合同承租人有权移走地产上的固定装置。收获权,主要是对农村产品,承租人有收获所播农作物或林木的权力即使是在合同期满以后。其他权力,如农作物补偿权。

承租人的义务:交纳地产税;交纳地租;维持地产的良好状态。如果是地主负责维修的,承租人有义务提供方便条件。

地主的权力:收取地租权;回收土地权力。

地主的义务:保证承租人平静地享受地产。这意味着地主不得干扰承租人享受地产;不得贬值地产,即地主不得做或允许别人做使地产不适宜出让的用途;维修义务,公共法没有地主必须维修地产适宜用途的一般条款,但下列情况除外:第一种情况是出租有家具的住宅。在租赁开始时地主必须保证合理的人类住宅条件,否则承租人可以视为租赁合同终止而不付租金。第二种情况是出租公寓房。出租公寓房地主必须保证公共空间(如电梯、楼梯间等)的维修。第三种是租赁期少于 7 年的住宅房。第四种是低租金住宅房。根据 1957 年住宅条例,当一个单人房间年租金在伦敦不超过 80 英镑,在其他地区不超过 52 英镑时叫低租金住宅,地主有义务维持低租金房符合人类住宅条件。

(3)租金的形式

高额租金:在新的租赁开始时房地产的市场租金。

基础租金:低于高额租金,区别于在它是出让金总价格的资本化。这种租金主要用于有建筑物的地产出租中,每五年重新估价。

胡椒面租金:是一种象征性的基础租金。实际上由于只是一种所有权的象征,所以很少被收取。

实物地租:是一种非现金地租,它主要用于赔偿。

完全地租:是矿山或其他可耗性资源租赁时所必须交纳的租金。其中最著名的是矿区使用费和油井使用费。

控制租金:永业权人需交纳的年租金。历史上曾经是永业权人向所有权人支付的租金。现在一般是当土地转移时,永业权人同意永久或一段时间内交纳控制地租以代替全部或部分购买价格,两年未交控制地租法律规定卖地者有绝对的重新获得地产的权力。

3.他项权利

所有者为他人在其土地上通行、通光、排水、架埋管道等所设定的权利。主要有:①通过建筑物的缝隙采光的权利。②通过规定的通道通气的权利。③相邻建筑物支撑权。④建筑物投影于他人土地上的权利。⑤在规定的区域停放汽车的权利。⑥在他人土地上埋设管道的权利。⑦在邻居房子上写标志的权利。

4.土地登记

英国的土地登记始于19世纪,现在土地登记制度基于1925年土地登记条例。英国的土地登记制度为契约登记,由政府土地登记局负责。土地登记局总部设在伦敦,7个分局分布在英国各地。土地登记局与军用测绘部门配合密切,土地登记所需的图件,一般由军用测绘部门负责提供,宗地图由业主委托测量师测绘。英国土地登记局是一个权力很大的机构,通过登记收费设立不动产基金,土地登记局的业务经费从收取的土地登记费中解决。

土地登记的目的有两个:一是为土地转移提供一条简捷、快速地获取各种产权证明的途径;二是为更好地保护土地购买者和所有者的衡平法权利(他项权利、抵押权等)。

土地登记的内容包括:①对不动产的描述,即物质特征和各种产权;②对产权人的描述;③对他项权利及法律责任,如过路权、抵押权等的描述。

在土地登记区各种土地权利都必须有官方登记,任何形式的权利转移都必须有记录,政府确保各种权利的准确性,土地登记的任何错误造成的损失由政府负责赔偿。

### (三)英国土地规划管理

土地利用规划管理,英国是由中央规划、大区规划、郡规划和市规划四级构成,四级规划均具有法律效力。在规划制定上,各级政府部门制定本级土地利用规划。全国实行自下而上编制规划的方法,上级规划控制下级规划,下级规划要与上级规划协调一致。规划期限也有控制,大区规划期为20年,每5年修编一次;郡规划和市规划期为5年。

从土地利用规划的作用讲,在四级土地利用规划中,市政府对土地利用规划有更多更大的权力,规划的作用也更直接。政府土地利用规划的重点是土地开发,对改变土地用途及改变建筑物本身用途和性质的项目开发,必须得到规划许可,而对土地转让、地价、土地使用安全性等,土地利用规划没有过多的控制和限制。

英国的土地利用规划还实施了上诉制度。当私人开发商的开发项目不被当地政府许可时,可直接向中央政府提出上诉,如理由充分,中央政府可以直接否决地方政府的决定,地方政府必须修改规划。但一般来讲,地方政府是规划的最终裁定者,中央政府只是从战略角度参与地方规划的制定,通过间接方式影响地方政府的规划修改。

1.发展规划内容

发展规划由郡、市、区规划部门制定,规定了地方发展和土地利用的政策和计划,是指导地方发展的基本依据。除非有更重要的合理考虑,该规划一经依法批准,规划许可申请和申诉必须符合有关规划要求。

发展规划必须与国家规划政策和区域规划指南保持一致。发展规划往往不是一个单一的规划。目前,大致分为两种情况。一是在大多数非都市地区,发展规划通常由结构规划、地方规划组成。结构规划由郡政府制定,地方规划由区政府制定,单一发展规划(Unitary Development Plan,UDP)由单一政府机构制定。结构规划通常由郡政府制定,主要确定该郡的战略政策以及地方规划框架。地方规划由区议会制定,是指导区域内开发活动的直接依据。地方规划必须符合结构规划。二是在都市地区以及一些非都市单一地区(包括国家公园),发展规划是单一发展规划。该规划涵盖了该地区所有的规划政策,并由两部分组成,其中第一部分内容相当于前述的结构规划,明确了地方规划机构关于该地区发展和土地利用的战略政策,第二部分则相当于地方规划,详细规定了土地开发利用的框架和计划。

《2004 年规划和强制购买法》颁布后,英格兰开始引入一个新的规划系统——地方发展框架(Local Development Frameworks,LDF),将逐步取代结构规划和地方规划。

地方规划机构负责制定 LDF,由一系列发展文件组成,这些文件发布了地方规划管理机构关于该地区的土地利用和开发政策。具体文件包括:

地方发展计划(Local Development Scheme,LDS),包括计划安排和文件产生的时间表;

发展规划文件(Development Plan Documents,DPDs),是法定发展规划的一部分,并发布空间政策和将来的开发地点,包括一个核心战略文件和一份详细的土地规划情况和相关图件;

辅助规划文件(Supplementary Planning Documents,SPDs),详述 DPDs 的政策;

社区联合声明(Statement of Community Involvement,SCI),关于社区如何参与规划制定;

年度监督报告(Annual Monitoring Report,AMR),是发展规划文件中政策贯彻程度和地方发展规划执行监督的年度报告;

矿产和废弃物规划,被称为矿产和废弃物发展构架(MWDFs)的地方发展构架,是整个发展规划的一部分,是关于该地区将来矿产供应和废弃物处置方面的规划政策。

该框架包括一个对战略和长期规划目标的简短陈述和更为详细的具体场址和专题的"行动规划"。这些行动规划将处理行政区范围内的专题(如绿带或设计等方面的内容)或者特定区域(如主要的开发或更新地区)。战略目标的核心陈述应当定期进行修订,以避免与政府规划政策相矛盾。行动规划在条件状况发生变化时就应该进行检讨并替代,例如涉及住房项目,或者新的开发或更新政策发生改变时。

2. 发展规划的编制

结构规划和地方规划的编制程序相近,下面以结构规划为例介绍发展规划的编制程序。

结构规划从编制到正式实施要经过 5 个环节:

当地规划机构要在规划编制前进行咨询,听取社会各方意见。

规划草案提出后,地方规划机构要将其放在公共图书馆等处,供公众查看。这一阶段为期 6 周,在此期间,任何组织和个人都可以就规划纲要提出反对意见和建议。对提出的所有反对意见和建议,地方规划机构必须充分考虑。

规划机构就草案中特定问题组织公众测评,届时规划事务大臣授权的审查小组将当面听取意见。

审查小组向当地规划机构提出报告和建议。

当地规划机构考虑是否根据审查小组的建议调整规划草案,如调整,仍要就调整内容征求 6 周的意见。

另外，规划机构还要发表一个书面声明，说明针对每条建议做出处理决定的理由。在经过上述环节后，若规划事务大臣没有不同意见，结构规划将被正式采用。

### (四)英国的土地税收管理

1. 英国土地税制

由于土地是一种主要的不动产，英国的土地税是合并在不动产税内征收的。居民买了房屋就同时买了土地，所以计税时也把房屋建筑物等不动产包括在内。因此，英国土地及相关不动产税的税基包括两个部分：一部分是土地，另一部分是建筑物和其他不动产。该类税收是目前英国税收体系中的一个重要组成部分，具有增加财政收入、促进土地有效利用、调节土地级差收入等重要作用。

英国的土地税制是一个包括许多税种的复杂体系，其中主要包括地方议会税(家庭财产税)、营业房产税、遗产税、印花税，以及所得税、增值税等。上述税种中地方议会税属于地方税，其他均为中央税(营业房产税虽然由地方政府征收，但需要全部上交中央政府处置分配，因此也将其列入中央税)。总的来说，土地税制是以土地为课税对象的税收制度。土地包括农业用地、住宅用地、经营用地、林地等。英国的土地税制主要包括两个方面的内容：①土地保有课税；②土地有偿转移和增值课税。

中央政府的税务主管部门是国税与海关局(HM-RC)。在英格兰、威尔士和北爱尔兰，中央政府负责收集房地产的数据及对纳税房地产进行评估；在苏格兰，这些是地方政府的一项职能。

在英国的各郡、市、区等地方政府也设有相应的税务机构，负责本地的地方税的征管工作。地方政府有地方税的征收权并且相应的收入归地方所有，但地方税种的开征、税率的提高和征税范围的扩大等，必须由中央政府决定并通过相应的立法程序进行。

2. 主要税种设置与管理

(1)地方议会税(家庭财产税)　英国地方议会税属于地方税，是目前英国与土地有关的主要税种之一。地方议会税的课税对象为居住房屋，包括自用住宅和租用住宅。纳税人为年满18周岁的住房所有者或承租者(含地方政府自有房屋租客)，包括永久地契居住人、租约居住人、固定居住人、业主、特许居住人等。该税实行累退税制，对较贵的物业征收的税额虽然增加，但税率却是降低的。税率由英国各地方政府自行确定。具体做法是，将辖区内所有住宅依其价值进行分类，统计出各价值等级内应税住宅的数量，地方议会根据当地政府收支情况和应税住宅数决定该税的税率税额。

地方议会税税额具体的确定方法是，先确定地方政府各项支出的总额，再减去中央政府按一定标准计算确定的转移支付金额、营业财产税返还金额以及地方其他收费的预计金额，其余额就是应通过地方议会税征收的税额。再根据掌握的地方财产情况确定中等级别的应征税额，然后按照规定的比率计算出其他级次的应征税额。各地区财产和收支情况不同，确定的中等级别税额也有明显差异。2008年英格兰中等级别税额最低的旺兹沃思市为676.16英镑，最高的里士满为1 490.6英镑，高低相差1倍多。苏格兰差距较小，2009/2010年度中等级别税额最低的是Western Isles的1 024英镑，最高的是阿伯丁市的1 230英镑，差距仅为20.1%。同一级次的住宅课征相同的税额。对于不同级次房产的纳税额，以中等级别为课税标准，乘以一定比率系数来决定。英格兰的中等级别税额呈稳定增长趋势，除个别年份，每年的增长率在4%～7%之间。

在地方议会税的征管方面，首先由纳税人向税务机关申报，并提供与住宅有关的资料；税务机关将对住宅进行评估，最后在每年的4月1日向纳税人发出税单，通知纳税人应缴纳的税额，并且允许纳税人在10个月内分期支付。苏格兰和威尔士情况类似，只是细节有所不同。

(2)营业房产税　营业房产税是1990年依据1988年地方政府金融法(Local Government Finance Act 1988)在英格兰和威尔士引入的新税种，也称非家庭财产税(non-domestic rates)，以取代之前的普通地方税(general rate)，英国其他地区后来也相继引入该税种。

营业房产税的课税对象为不用于住宅的房屋，包括法人营业用房和自然人营业用房，如商店、写字楼、仓库、工厂等。英国营业房产税的纳税人为非住宅用房屋的所有者，包括自然人和法人。英国营业房产税的课税依据为房屋租金收益。房屋租金收益由国税与海关局(HMRC)下属的评估办公室负责，每5年评估一次，为了减少新评估对纳税人的负担造成较大影响，英国政府规定了一个缓冲期税率变化的过渡性措施，以缓解税负增长过快。

在税收征管方面，地方政府税务机构会按照评估价值，在每年三四月份将纳税通知单寄给纳税人，纳税人按税务机构寄来的纳税通知单缴纳税款，按年纳税，一年缴纳一次。营业房产税实行全国统一的税率，由财政部逐年核定和变更。税率因房屋使用用途不同而有所差别，如工业用房所适用的税率就不同于商业用房的税率，但税率提高幅度不得超过全国通货膨胀指数。

营业房产税虽然由地方政府征收，但地方政府无权直接处置，征收的税款全额上交中央政府，中央政府再根据各地人口等情况按一定标准返还给地方，这部分税收返还也是地方政府的一项重要收入来源，如伦敦市布罗姆雷区的营业财产税占到该区总收入的近20%。

(3)遗产税　英国遗产税的课税对象是财产所有人死亡后遗留的财产总额以及亡者生前规定时间内(7年内)的赠与资产。

遗产税的纳税人为遗嘱执行人、遗产管理人和赠与人。遗产处理上“先税后分”，征收不考虑继承人的负担能力。该税种实行40%的单一比例税率，但若作为礼物转让或赠与的时限超过3年，征税将逐渐减少。遗产税是英国政府的一项重要税收，但由于起征点较高(2008/2009年度起征点为31.2万英镑)，避税的方法比较简单，遗产税一般仅占政府收入的1%左右。

(4)土地印花税　土地印花税是针对土地及相关不动产转让、典卖、分割、租赁等事务征收的税种，税基是涉及的不动产价值和租金额，住宅和非住宅用地及房屋税率有所差异。购买住宅用地及不动产的土地印花税的起征点为17.5万英镑，2010年起征点提高到25万英镑，需缴纳税率为0～4%的累进税率，2011年4月起达到5%。非住宅用地及资产或混用资产(商店、办公楼、农业用地、森林用地、其他非住宅用地或资产、一次交易中购买的6处或6处以上的住宅资产)土地印花税的起征点为15万英镑。

## 六、德国土地管理内容

### (一)德国土地征收法制管理

随着资本主义的萌芽与发展，在欧洲经历了文艺复兴和改革运动后，“第一个世界性法律”——罗马法得以复兴，罗马法以维护私有财产为中心。在土地征收方面，各邦国陆续地制定了征收法典，例如巴伐利亚邦国于1837年颁布的《公益征收法》，1874年的《普鲁士土地征收法》等。其中在1850年《普鲁士宪法典》中更周详地规定了征收的要件及程序。1900年的《德国民法典》规定了限制所有权的目的及条件。

德国是一个实行土地私有制的国家，但在德国行使土地征收权须以公共利益优先的原则来使用土地。为了保障城市建设等需要，政府时常行使土地征收权来征收未开发的土地。

德国并无联邦统一的征收法，但是从现行的《德国基本法》的第十四条关于对所有权和继承权的保护条款中可以看出，在土地征收的实际操作中，对土地征收遵守的规定基本相似，主要表现为：①在征地程序上，其要求程序的正当性，只有程序的正当性才能保证土地征收的顺利进行；②在征地手段上，行政机关一般利用行政处分的法律手段，以保证土地征收的合法性；③在征收的目的上，在征收私人的土地财产权利时，公共福利是行使土地征收权的主要目的；④在征地补偿上，合理的征地补偿征收必须给予全额的补偿。

### （二）德国土地管理内容

#### 1. 地籍管理

德国经历了税收地籍、产权地籍和多用途地籍三个阶段。技术方法从钢尺加直角棱镜发展为电子速测仪，并逐步向自动化地籍转变。

地籍资料由地籍图、地籍册和地籍数据三部分组成。地籍资料的采集（含测量）、编绘、保管、更新、统计和提供利用是地籍管理部门的日常工作。

根据《日常地籍管理规程》规定，地籍局是统管其辖区内地籍的唯一合法机关。只有地籍管理部门提供的地籍资料才具有法律效力。同样有关的地产数据、图件资料，没有地籍局的认可是不具法律效力的。因此，地籍管理部门是一个法定的权威部门。

它的日常管理工作是：①接受委托，为地产主地产划分、调整、用途改变等进行定界埋石、测量计算，并作地籍变更记载。②对其他测量部门或国家批准的私人测量工程师事务所接受委托进行的地籍测量工作进行监督、检查、验收，并接受他们合格的地籍资料，变更原有资料。③接受土地登记局转来的土地权属变更等有关资料，变更原有地籍。④接受财政局土地评价方面新资料和新图件。⑤接受土地管理局和其他业务部门通过大型工程建设、土地整理及其他途径更新的地籍资料。⑥将变更后新的图、册、资料，复制送给地产主、土地登记局、财政局及地方政府。⑦根据地产主或有资格查询者的要求，提供有关地产情况数据、图件资料，其中包括土地的租赁、抵押买卖、划分、合并、调整所需的各种资料。⑧满足社会各方面的需求，提供各种地籍信息资料。⑨土地统计，统计土地动态变化情况，逐级上报直至联邦统计局。

联邦德国地籍建立很早，资料早已覆盖全国土地，现在的重要任务之一是地籍资料的更新。地籍更新包括地籍图更新和地籍册更新。

地籍图更新的内容是：①将岛图转换成框图，以统一坐标系统（历史上许多公园或地方建的地籍坐标不统一，现全部统一到高斯—克吕格坐标系）；②统一图式符号。

地籍图更新的途径一般有三种：①重新测量绘制；②利用原来岛图，测出部分相关点坐标，采用数据化法和坐标变换计算其他点坐标，转绘成新图；③通过大型工程建设、土地整理、旧城区改造等途径更新。

2. 土地登记

德国为产权保险所进行的土地登记始于1900年，当时通过的《帝国土地登记规则》，使地籍资料通过法律确认为地产凭证。延续到了今天，土地登记内容和工作范围有了很大的发展。产权，已不单是地产本身，而且包含着利用要求。因此，对土地所有权的权利、义务用法律登记形式加以固定，促进了社会经济的发展。

土地登记的法律依据是《土地登记规则》《民法》。对土地的权利和义务只有通过法律登记才能得到确认。主管部门是地方法院土地登记局，工作人员全都是律师或其他法律工作者。

土地登记内容共有四大部分：①地产状况，包括地块面积、位置、用途、等级、价值、权属等内容（同于地籍的不动产册），特殊的产权形式，如住房产权、租地造屋权等也要登记。②产业主状况，包括姓名、年龄、住址、婚姻状况、家庭成员、共有产权人情况等。③他项权利、义务，他项权利与义务分为两大类：一是公法规定的权利或为公共利益承担的义务，如国家大型建设需要的土地的应征、缴纳税金、文物保护、水源保护、生态保护等义务；二是属于民事范畴的，一个土地所有者允许另一个土地所有者在自己某块地产上行使的某种权利，前者为义务，后者是权利，这需要双向登记。④财产、借贷、抵押方面的经济关系。

土地登记的一般程序是：产业主提出申请；出示证明、公证书等；登记局审查，批准；变更登记册内容；变更结果转给地籍局，变更地籍资料。

3. 土地利用规划

德国的《基本法》明确规定，规划是国家基本任务之一。全国各级政府都负责规划，但规划的具体技术工作可以部分委托给高等院校或私人公司去做。

德国的整个规划贯穿着双向原则（即从上到下、自下而上的原则）；公开性原则（大家都知道）；法律效力原则（一经会议通过就具有法律效力）。

规划的目的从上到下是一致的，只是联邦级规划的目的更宏观、更概括，州、地方规划在联邦规划的基础上进一步加深和补充。

联邦区域规划的目的主要有：①能够保证公民的基本生活需要；②使公民的工作和居住地分布合理；③工作岗位、教育、文化设施分布合理；④交通联系方便；⑤顾及环境保护、供应和排污；⑥使自然景观得到保护。

联邦区域规划和州发展规划是指导性的规划，真正具体的规划则是地区、县的区域发展规划。据此，德国的规划把全国分成74个规划区，每区2～3个县。规划中要确定不同层次的中心，构成不同层次的规划轴线，如大城市慕尼黑为高级规划中心，中等城市如维尔茨堡市为一般规划中心，类推到乡、镇小中心，中心间的交通线是轴线连接，由低向高，一级比一级粗，表示规划的内容一级比一级广泛。

地方的区域发展规划实际上就是土地利用总体规划。规划制订的步骤是：①收集底图（地籍图），由地籍局长签字认定合法；收集有关部门的专业规划，由各有关部门首长签字认定合法；②规划主管机关拟定规划方案；③向有关部门如交通、水利、铁路、教会等部门以书面形式征询对规划方案的意见；④张榜或登报告示居民周知；⑤限期请居民提出意见；⑥对收集的意见进行处理，并写出处理报告；⑦初步方案和意见进行处理，并写出处理的报告送议会批准；⑧政府签字施行，再次张榜公告。

德国的各级规划一经相应的议会通过就具有法律效力，任何人不得违反，违反的依法处理。

在地区、县区域规划(亦即土地利用规划)指导下,进行小区建设规划,土地整理、村屯改造规划及其实施工作,规划一片、实施一片,把规划真正落到实处。同时年年实施,年年检查,四年总结一次,并根据实际情况的变化,修改、补充原规划内容。

4. 土地整理

德国的土地整理有悠久的历史,早在中世纪就有了局部的土地整理。由于德国的农业人口占全国人口总数比例较小(全国只有 5%,称之农业州的巴伐利亚也只有 7.3%),加之欧洲共同体农产品过剩,土地整理不再单纯是以小地块并大块,提高农产品产量为目的,而是:①合并、调整地块,改善交通,便于机械化作业,改善农业生产经营条件,提高生产集约水平;②改造村屯,美化环境,改善农民居住条件,以稳定居民、吸引旅游者;③保护自然景观,促进生态平衡。

为此,土地整理的重点是下列地区:地块零碎、分散的;交通不畅的;农民居住条件差的;大型建设工程打乱了地块的;经济发展较慢的;农业生产经营条件不好的;经济发展过速带来不良影响的;以及自然景观保护特别重要的。

根据 1953 年颁布、1976 年修订的《土地整理法》的规定,德国土地整理的执行机构由各州自行设立,巴伐利亚州土地整理最高领导机关是州粮食、农林部的土地整理司,下面 7 个地区都设有土地整理局,有些地区下面还成立分局。地区土地管理局内除了 4 个直属业务处室外,还有 3 个按片划分的区域管理处,每处 6 科,每科 8 人,各科直接联系着基层土地整理参加者协会。一般一个地区土地整理局联系 250 个协会。

土地整理参加者协会,以整理区为单位组织,它是土地整理区内所有地产主参加的一种自治性质的基层组织。它通常选出一个 5～7 人的理事会,具体负责规划实施、工程施工。

理事会主席是官员,一般是地区局区域处一位科长兼任。每个地区又设有土地整理参加者联合会,负责土地整理协会的财务、施工测量等。

【本章小结】

1. 各国的土地管理体制主要受其法律制度影响,其土地管理体制及其特点各不相同。分层按类管理模式主要存在于美国、加拿大等国家。统一垂直管理模式主要存在于日本、俄罗斯。多部门管理模式一般地处亚洲、非洲和拉丁美洲。

2. 日本土地管理的主要特点:①重视土地调查工作;②科学地制订国土利用计划;③在国土管理工作中,实行法制,而不是人治。

3. 美国土地管理的原则有:①维持土地最佳利用状态,从长远角度考虑土地在自然、科学、文化和风景等方面的价值,充分照顾人们对可更新资源和不可更新资源的需求。②对可更新资源的管理,要求适应全国粮食、纤维、木材等国内资源高产、稳定和野生动物繁殖环境的需要,并利用公共土地资源为地方经济的发展服务。③对矿产资源的管理,主要是提供安全的国内能源资源及有重要战略意义的非能源矿产,使联邦政府能够有计划地、及时地开发这些矿产,以获得相应的合理收入。在土地管理过程中,既注重开发资源,又注重环境保护。

4. 英国土地规划管理特点:①规划编制中公众拥有广泛的参与权;②规划具有法律效力;③规划实施中的上诉制度。

5.德国土地管理的主要经验:①重视土地立法;②采用先进技术手段;③重视土地信息的保存、利用和完善;④注意培养一支较高素质的土地管理队伍。

【习题及思考题】

1.世界各国的土地所有制有哪些?

2.新加坡土地管理机构有哪些职能?

3.美国土地管理局的主要职能有哪些?

4.英国土地税类型主要包括哪些?

5.德国土地管理的主要内容有哪些?

6.各国土地管理体制对我国土地管理体制完善有何借鉴?

7.不同土地所有制对土地管理体制的影响?

【参考文献】

[1]孙利. 美国土地管理制度对我国的借鉴与启示[J]. 中国土地,2021(3):57-59.

[2]朱道林,甘藏春,程建. 论土地制度的公私矛盾[J]. 中国土地科学,2020,34(10):1-6.

[3]颜学毛. 美国土地利用管理及借鉴[J]. 中国土地,2013(6):60-62.

[4]宋国明. 英国土地规划管理[J]. 国土资源情报,2010(12):2-6.

[5]宋国明. 英国土地税收制度特征与启示[J]. 国土资源情报,2010(7):2-8, 25.

[6]陈美华,罗亦泳. 英国土地管理的成功经验及对中国的启示[J]. 南昌大学学报,2009,40(2):99-103.

[7]束雷. 英国土地利用与管理[J]. 中国土地,2002(2):42-43.